U0892032

交通职业教育教学指导委员会推荐教材
高职高专院校港口物流设备与自动控制专业教学用书

高等职业教育规划教材

Gangkou Shusong Jixie Yu Jizhuangxiang Jixie

港口输送机械与集装箱机械

（第二版）

顾海红　主　编
刘善平　主　审

人民交通出版社

内 容 提 要

本书是高等职业教育规划教材，由交通职业教育教学指导委员会交通工程机械专业指导委员会组织编写。内容包括：港口连续输送机械、港口连续装卸机械、集装箱起重运输机械等。

本书作为高职高专院校港口物流设备与自动控制专业教学用书，也可供相关专业教学使用，或作为职业技能培训教材，也可供有关工程技术人员学习参考。

图书在版编目（CIP）数据

港口输送机械与集装箱机械/顾海红主编. --2 版. --北京：人民交通出版社，2010.1
ISBN 978-7-114-08073-9

I. 港… II. 顾… III. ①港口设备－输送机②集装箱运输－机械设备 IV. U653.92 U169

中国版本图书馆 CIP 数据核字（2009）第 228380 号

书　　名： 港口输送机械与集装箱机械（第二版）
著 作 者： 顾海红
责任编辑： 周往莲
出版发行： 人民交通出版社股份有限公司
地　　址： （100011）北京市朝阳区安定门外外馆斜街 3 号
网　　址： http://www.ccpress.com.cn
销售电话： （010）59757973
总 经 销： 人民交通出版社股份有限公司发行部
经　　销： 各地新华书店
印　　刷： 北京市密东印刷有限公司
开　　本： 787×1092　1/16
印　　张： 17.75
字　　数： 438 千
版　　次： 2004 年 12 月第 1 版　2010 年 1 月第 2 版
印　　次： 2016 年 12 月　第 7 次印刷　总第 11 次印刷
书　　号： ISBN 978-7-114-08073-9
印　　数： 22001－24000 册
定　　价： 46.00 元
（有印刷、装订质量问题的图书由本社负责调换）

交通职业教育教学指导委员会
——交通工程机械专业指导委员会——

主　任：汪诚强

副主任：张海英　邹嘉勇

委　员：（按姓氏笔画排序）

仇桂玲　王经文　任　威　吕　宏　孙珍娣　杨永先

苏　曙　张心宇　张爱山　周惠棠　欧志峰　郑见粹

柴　野　常　红　黄俊平

秘　书：马乔林

前　　言

交通职业教育教学指导委员会交通工程机械专业指导委员会自1992年成立以来，对本专业指导委员会两个专业（港口机械、筑路机械）的教材编写工作一直十分重视，把教材建设工作作为专业指导委员会工作的重中之重，在“八五”、“九五”和“十五”期间，先后组织人员编写了20多种专业急需教材，供港口机械和筑路机械两个专业使用，解决了各学校专业教材短缺的困难。

随着港口和公路事业的不断发展，港口机械和公路施工机械的更新换代速度加快，各种新工艺、新技术、新设备不断出现，对本专业的人才培养提出了更高的需求。另外，根据目前职业教育的发展形势，多数重点中专学校已改制为高等职业技术学院，中专学校一般同时招收中专和高职学生，本专业教材使用对象的主体已经发生了变化。为适应这一形势，交通工程机械专业指导委员会于2006年8月在烟台召开了四届二次会议，制订了“十一五”教材编写出版规划，并确定了教材的编写原则：

1. 拓宽教材的使用范围。本套教材主要面向高职，兼顾中专，也可用于相关专业的职业资格培训和各类在职培训，亦可供有关技术人员参考。

2. 坚持教材内容以培养学生职业能力和岗位需求为主的编写理念。教材内容难易适度，理论知识以“够用”为度，注重理论联系实际，着重培养学生的实际操作能力。

3. 在教材内容的取舍和主次的选择方面，照顾广度，控制深度，力求针对专业，服务行业，对与本专业密切相关的内容予以足够的重视。

4. 教材编写立足于国内港口机械和筑路机械使用的实际情况，结合典型机型，系统介绍工程机械设备的基本结构和工作原理，同时，有选择地介绍一些国外的新技术、新设备，以便拓宽学生的视野，为学生进一步深造打下基础。

《港口输送机械与集装箱机械》第一版于2004年12月出版，解决了当时专业教材短缺的困难，受到教材使用者的欢迎，至今连续印刷4次，发行量达8000册。本次再版，融入了近几年的教学改革成果，同时根据行业发展情况对部分内容做了调整，使教学目标更明确，更具针对性和实用性。

《港口输送机械与集装箱机械》（第二版）是高职高专院校港口物流设备与自动控制专业规划教材之一，内容包括：港口连续输送机械、港口连续装卸机械、集装箱起重运输机械等。

本书由南通航运职业技术学院顾海红主编，江苏海事职业技术学院刘善平主审。

本套教材在编写过程中，得到交通系统各校领导和教师的大力支持，在此表示感谢！编写高职教材，我们尚缺少经验，书中不妥和疏漏之处，敬请读者指正。

交通职业教育教学指导委员会
交通工程机械专业指导委员会
2009年10月

目　录

第一篇　港口连续输送机械

第二篇　港口连续装卸机械

第三篇　集装箱起重运输机械

第一篇　港口连续输送机械

第一章　概　　论

知识目标

1. 知道港口运输机械的基本分类；
2. 描述港口连续输送机械的工作特点；
3. 说出港口连续输送机械的发展趋势；
4. 描述散粒物料的基本性能；
5. 描述港口连续输送机械的主要参数；
6. 描述港口连续输送机械的工作制度。

第一节　港口运输机械的分类、工作特点和发展趋势

一、港口运输机械的分类

港口运输机械的类型很多，由于作业环境及运输对象的不同，相同类型的港口运输机械也有不同的结构特点。因此，要对种类繁多的港口运输机械作一个统一的综合分类是很困难的。

港口运输机械主要包括：港口连续输送机械、港口连续装卸机械和辅助装置三大类，各类常见的港口运输机械分类详见图 1-1。

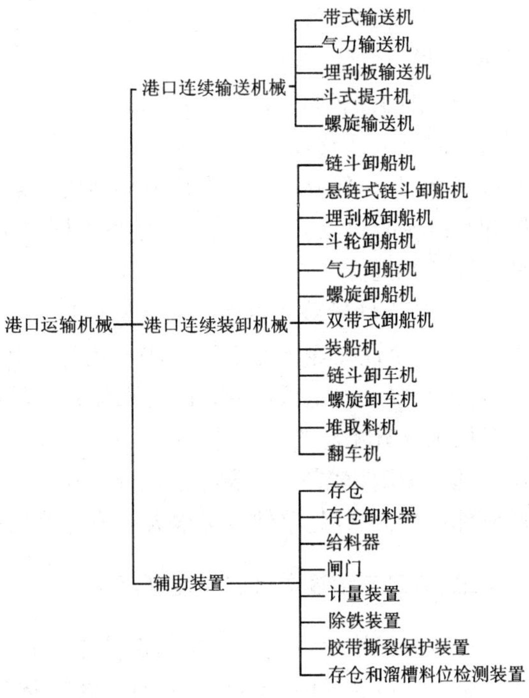

图 1-1　港口运输机械分类表

港口连续输送机械是指：可以沿一定的输送路线从装料点到卸料点连续均匀输送物料的机械。各种连续输送机械根据有无牵引构件可分为：有牵引构件的和无牵引构件的连续输送机械。

有牵引构件的连续输送机械一般具有挠性牵引构件（如胶带、链条）和承载构件，有时两者合而为一，例如普通的带式输送机。被输送的货物置于承载构件上，通过挠性牵引构件的连续运动，使货物沿一定的路线输送。有牵引构件的连续输送机械如：带式输送机、埋刮板输送机、斗式提升机等。

无牵引构件的连续输送机械是利用工作

构件的旋转、往复运动输送物料,或者利用气流运动在封闭的管道输送物料。其主要类型有螺旋输送机、滚子输送机、气力输送机等。如螺旋输送机利用工作构件螺旋的机械旋转运动使物料沿封闭的管道或料槽移动。

港口连续装卸机械是指:在港口连续输送机械的基础上,配以能自行取料、提升散粒物料的机头或配以取料喂料装置,从而能将散粒物料进行连续不断的装卸船作业或装卸车作业的机械。

二、港口连续输送机械的工作特点

港口连续输送机械与周期性动作的港口起重机械相比,具有以下特点:

(1)以连续动作的方式不间断地搬运物料,装货、运送、卸货均连续进行,不因空载回程而造成运货间断,由于不必经常起动和制动而可采取很高的工作速度,连续高速的输送使港口连续输送机械能获得很高的生产率,同时可减小冲击、振动,延长机械的使用寿命,这些远非间歇式作业的港口起重机械所能比拟的。

(2)沿固定的路线搬运货物,动作单一,结构简单,操作简便,易于实现自动控制。同样的生产率,连续输送机械比起重机械的结构紧凑、自重小、造价低,对码头和场地的要求不高。

(3)效率高。由于连续作业,且连续卸船机的清舱量比抓斗卸船机的清舱量小,有些连续卸船机,如气力卸船机还具有清舱功能,故连续运输机械的平均效率较高。

(4)能耗低。除了气力输送机的能耗较高,其他各种机械式连续卸船机的能耗都比抓斗式卸船机小,而且连续输送机械的供料均匀、运行速度稳定,因而,它在工作过程中所消耗的功率变化不大;而间歇工作的起重机械的功率消耗变化很大。

(5)港口连续输送机械的单机长度日益增加,由多台单机组成的输送装置,可以进行长距离的物料运输,特别是原材料的运输,这是起重机械所不能做到的。

(6)环境保护好。港口连续输送机械一般均能实现密闭输送,避免环境污染,减少货损货差,提高货运质量。

(7)机动性较差。港口连续输送机械只能沿着一定的路线搬运物料,不能随意地改变装料点及卸料点,当输送线路改变时,必须重新布置机械。因而输送机械一般不全部装设在固定的机架上,有一部分装设在沿轨道移动的门架及其悬臂上,伴随着门架的移动、悬臂的回转及俯仰来改变装料点或卸料点。按各种不同的结构与功能就有了装船机、卸船机、堆取料机等各种连续装卸机械。

(8)独立性较差。由连续输送机械作为主体所组成的港口物料装卸运输系统,其工作的可靠性、安全性及经济性不仅取决于输送机械性能,也在相当大的程度上依赖于各种辅助装置、自控装置及安全保护装置的密切配合。其中任一环节出现故障就会使整个系统停顿,而起重机械则具有相对的独立性。

(9)通用性较差。每种机型只能适用于一定类型的货种。港口连续输送机械一般不宜运送成件物品,尤其是单件重量很大的成件物品或集装容器。

三、港口连续输送机械的发展趋势

在世界经济全球化大发展的形势下,将产生巨大的货物运输需求,而全球货物贸易量的80%是由港口完成的。港口是交通运输的枢纽,水陆联运的咽喉,在港口总货运量中,散货运输占总运量的50% ~70%以上。另一方面,随着科技的不断发展,运输船舶的吨位日趋大型化,这些都推动着港口连续输送机械朝着大型、高效、低能耗等方向发展。

港口连续输送机械的发展趋势:

(1)大型化、高效化和低能耗。目前,带式输送机最大带宽达3200mm,输送能力最大可达40000t/h,单机最大距离可达60km以上。

(2)自动化、智能化。将机械技术和电子技术相结合,将先进的微电子技术、电力电子技术、光缆技术、液压技术、模糊控制技术应用到机械的驱动和控制系统,实现自动化和智能化,使港口连续输送机械具有更高的柔性。

(3)实用化和轻型化:采用计算机模拟技术对产品机械总体主参数进行优化设计,提高港口连续输送机械的可靠性和经济性,采用轻型、高强度的材料、合理的结构和新加工工艺,以减轻机械自重,提高零部件的使用寿命。

第二节　物料的基本性能

港口运输机械所搬运的物料有件货和散粒物料两大类。件货包括袋装、箱装、筒装、单件、托盘和集装箱等多种包装形式。件货性能主要表现在整件重量、形状和外形尺寸(长×宽×高),以及包装所用材料的物理性能等。在港口,除了袋装物料采用带式输送机装卸以外,港口运输机械极少装卸其他件货。

港口连续输送机械主要用来输送散粒物料。散粒物料的物理(或机械)性能对港口连续输送机械的选型、主要技术参数的确定影响很大,散粒物料的物理性能包括:粒度和颗粒组成、密度(堆积密度、填实密度)、湿度(含水率)、流动性、内摩擦系数、外摩擦系数、温度、孔隙率、抗剪强度和压结性等。

一、粒度(或块度)和颗粒组成

1. 物料颗粒(或料块)的粒度(或块度)d

物料颗粒(或料块)的粒度也称为块度。大多数散粒物料均含有不同大小和形状的颗粒(或料块)。物料颗粒(或料块)的粒度(或块度)是指物料单个颗粒(或料块)的尺寸大小,用其最大线尺寸 d (mm)表示。

对粒状物料,粒度为组成颗粒的最大直径 d (图1-2a);对块状物料,块度为组成料块的最大对角线长度 L(即 $d=L$)(图1-2b)。

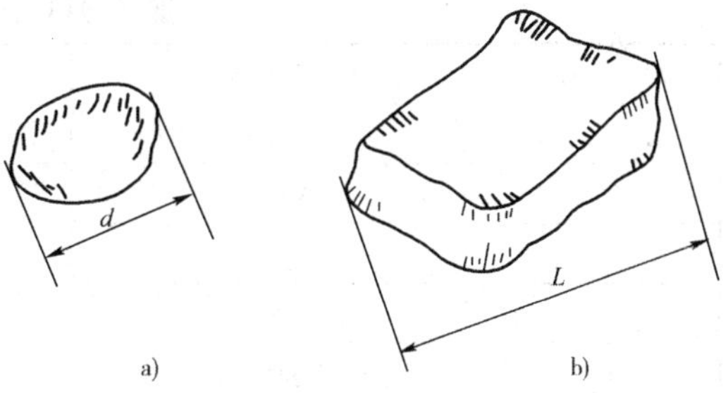

图1-2　物料颗粒(或料块)的粒度(或块度)

2. 物料的粒度(或块度)极限比值

在整批物料中,最大颗粒(或料块)的粒度(或块度)d_{max}和最小颗粒(或料块)的粒度(或块度)d_{min}的比值叫做该批物料的粒度(或块度)极限比值。

按物料的粒度(或块度)极限比值,可将散粒物料分为分选物料和原装物料。物料的粒度(或块度)极限比值小于或等于2.5的物料,叫做分选物料。物料的粒度(或块度)极限比值大于2.5的物料,叫做原装物料。

3. 颗粒组成

物料中所含的不同粒度(或块度)的颗粒(或料块)的质量分布状况叫做物料的颗粒组成。

物料的颗粒组成用颗粒级配百分率和物料典型颗粒粒度(或块度)表示。

1)颗粒级配百分率

物料中各个不同粒度(或块度)级别的颗粒的质量占整批取样物料的质量的百分比,叫做物料的颗粒级配百分率。颗粒级配百分率有累计级配百分率和分计级配百分率两种表示方法。

(1)累计级配百分率 A_i

物料中大于某粒度(或块度)的物料颗粒(或料块)的累计质量占整批取样物料质量的百分比,叫做物料在该粒度(或块度)级别以上的累计级配百分率,用 A_i 表示。

例:粒度大于 20mm 的物料质量占整批取样物料质量的 15%,则表示为:

$$A_{20} = 15\%$$

(2)分计级配百分率 $a_{i \sim i'}$

某相邻粒度(或块度)大小之间的物料颗粒(或料块)的质量占整批取样物料质量的百分比,叫做物料在该粒度(或块度)级别的分计级配百分率,用 $a_{i \sim i'}$ 表示。

例:粒度在 20 ~40mm 之间的物料占整批取样物料质量的 10%,则表示为:

$$a_{20 \sim 40} = 10\%$$

2)典型颗粒粒度 d_0

典型颗粒粒度是用来表示整批取样物料的粒度大小的特征指标,它用 d_0(mm) 表示,且按下述原则确定:

对分选物料:

$$d_0 = \frac{d_{max} + d_{min}}{2} \tag{1-1}$$

对原装物料:

$$d_0 = 0.8d_{max} \quad 或 \quad d_0 = d_{max} \tag{1-2}$$

在原装物料中,粒度级别为 0.8 至 1 倍最大颗粒 d_{max} 的物料组,叫做物料的最大颗粒组。当最大颗粒组物料质量大于取样物料质量的 10% 时,典型颗粒粒度为:$d_0 = d_{max}$;当最大颗粒料组的物料质量小于或等于取料物料质量的 10% 时,典型颗粒粒度为:$d_0 = 0.8d_{max}$。

散粒物料按其典型颗粒粒度的分类见表 1-1。

散粒物料按粒度(或块度)分类 表 1-1

序号	粒度类别	类别代号	粒度(或块度)级别 d(mm)
1	特大块	T	>100 ~300
2	大块	D	>50 ~100
3	中块	Z	>25 ~50
4	小块	X	>13 ~25
5	颗粒状	K	>6 ~13
6	小颗粒状	XK	>3 ~6
7	粒状	L	>0.5 ~3
8	粉尘状	C	>0 ~0.5

4. 颗粒(或料块)的形状

根据物料颗粒(或料块)的几何形状和包容物料颗粒(或料块)的最小长方体的三向尺寸比例关系,可将物料颗粒分为 5 种不同特征形状,分别表示如下:

(1)——表示具有尖角、平面，且三向尺寸相同的颗粒形状（例如正方体）；

(2)——表示具有尖角、平面，且三向尺寸中一个尺寸明显地大于其他两个尺寸的颗粒形状（例如棱形体）；

(3)——表示具有尖角、平面，且三向尺寸中一个尺寸明显地小于其他两个尺寸的颗粒形状（例如片状）；

(4)——表示具有圆角、弧面，且三向尺寸相同的颗粒形状（例如球体）；

(5)——表示曲面，且三向尺寸中一个尺寸明显地大于其他两个尺寸的颗粒形状（例如圆柱体、棒料）。

二、密度

散粒物料的密度用堆积密度和填实密度表示。

1. 堆积密度 ρ

在自然松散堆积状态下占据单位体积的干燥松散物料的质量，叫做该物料的堆积密度，用 ρ 表示，单位为 t/m^3。

一般来说，物料的堆积密度与该物料的粒度（或块度）大小有关，对于块状和颗粒状的物料，随着粒度（或块度）的减小，其堆积密度也相应有所减小，这是因为颗粒间的空隙增加了的缘故。散粒物料按其堆积密度分类见表 1-2。

散粒物料按堆积密度分类 表 1-2

类别	轻物料	一般物料	重物料	特重物料
堆积密度(t/m^3)	≤0.4	>0.4～1.2	>1.2～1.8	>1.8

散粒物料的堆积密度等特性参数见表 1-3。

物料的堆积密度、静堆积角及不同带速下的运行堆积角（参考值） 表 1-3

序号	物料名称	堆积密度 ρ(t/m^3)	输送机允许最大倾角 δ(°)	静堆积角 α(°)	运行堆积角 θ(°)							
					带速 v(m/s)							
					1.0	1.25	1.6	2.0	2.5	3.15	4.0	5.0
1	烟煤（原煤）	0.85～1.0	20	45	35	35	30	25	25	20	18	15
2	烟煤（粉煤）	0.8～0.85	20～22	45	35	35	30	30	25	25	20	20
3	炼焦煤（中精尾）	0.85	20～22	45	35	35	30	25	20	20	15	15
4	无烟煤（块）	0.9～1.0	15～16	27	25	25	20	15	10			
5	无烟煤（屑）	1.0	18	27	25	25	20	15	10			
6	焦炭	0.45～0.5	17～18	40	35	30	25	20				
7	碎焦、焦丁	0.4～0.45	20	40	35	30	25	20				
8	铁矿石	1.9～2.7	16～18	37	35	30	25	22	20	18	15	10
9	铁粉矿	1.8～2.2	18	40	35	35	30	30	25	20	20	15
10	铁精矿	2.0～2.4	20	40	35	35	30	30	25	20	20	15
11	球团矿（铁）	2.0～2.2	12	30	25	20	20	15	10			
12	烧结矿（铁）	1.7～2.0	16～18	40	35	30	25	20				
13	烧结矿粉（铁）	1.5～1.6	18～20	40	35	30	25	20				
14	石灰石、白云石（块）	1.6～1.8	16～18	40	35	30	25	25	20	20	15	10

续上表

序号	物料名称	堆积密度 $\rho(t/m^3)$	输送机允许最大倾角 $\delta(°)$	静堆积角 $\alpha(°)$	运行堆积角 $\theta(°)$							
					带速 v(m/s)							
					1.0	1.25	1.6	2.0	2.5	3.15	4.0	5.0
15	石灰石、白云石(粉)	1.4~1.5	18~20	40	35	30	25	25	20	18	15	10
16	活性石灰	0.8~1.0	16~18	40	35	30	25	20				
17	轻烧白云石	1.5~1.7	14~16	35	30	25	20	15				
18	干砂	1.3~1.4	16	30	27	25	20	15	10	8	5	0
19	湿砂	1.4~1.8	20~24	45	40	35	30	25	20	15	10	10
20	废旧型砂	1.2~1.3	20	40	35	30	25	20	15			
21	干松粘土	1.2~1.4	20	35	32	30	27	25	25	20	15	10
22	湿粘土	1.7~2.0	20~23	45	40	35	32	30	25	25	20	15
23	油母页岩	1.4	18~20	40	35	30	25	20	15	10	5	0
24	高炉渣(块)	1.3	18	35	30	25	20	15	10			
25	高炉渣(水渣)	1	20~22	35	30	25	25	20	15	10		
26	钢渣(块)		18	35	30	25	20	15	10	10	5	0
27	原盐	0.8~1.3	18~20	25	22	20	15	10	5	0		
28	谷物	0.7~0.85	16	24	20	20	15	15	10	10	5	0
29	化肥	0.9~1.2	12~15	18	15	15	10	10	5	0		

注:1. 物料的堆积密度、静堆积角和输送机允许最大倾角等随物料的水分、粒度、带速等的不同而变化,应以实测值为准。表中所列运行堆积角系根据对煤、石灰石和河砂的运转实验值推算的,仅供参考。

2. 当无条件获取精确的运行堆积角时,可按 $\theta=0.75\alpha$ 近似计算。如果物料具有特殊流动性,如很粘或自然流动性很好,则 θ 偏离此近似值会很大。

2. 填实密度 ρ_y

在自然堆积状态下的干燥松散物料,经一定振动和加载压实后占据单位体积的物料质量,叫做该物料的填实密度,用 ρ_y 表示,单位为 t/m^3。

3. 填实系数 K

同一散粒物料的填实密度 ρ_y 显然大于堆积密度 ρ,二者之比可以用填实系数 K 表示。

$$K=\frac{\rho_y}{\rho}>1 \tag{1-3}$$

对于砂,$K=1.12$;煤,$K=1.4$;矿石,$K=1.6$。对于其余各种不同物料的填实系数大致在 $K=1.05\sim1.52$ 之间。

三、湿度(含水率)

1. 散粒物料所含的水分

散粒物料所含的水分有以下三种:

(1)结构水:与物料以形成化合物的方式联系在一起的水分。

(2)湿存水:物料颗粒(或料块)自周围空气中吸附而来的水分。

(3)表面水:在物料颗粒(或料块)表面形成薄膜水和填充物料颗粒间孔隙的重力水的总和。

物料试样所含的湿存水和表面水的质量占该试样在105℃ ±5℃温度下，干燥至恒重的干燥物料的质量的百分比，叫做物料的湿度（或称含水率），用 w（%）表示。

对不允许在105℃ ±5℃温度范围内干燥的物料的湿度（含水率），应用物料在规定允许干燥温度下干燥至恒重时，以干燥过程去除的水分的质量占干燥后物料质量的百分比表示，并在标定时予以说明。

2. 散粒物料按湿度分类

散粒物料按湿度分为以下三类：

（1）干燥物料：只含结构水的物料。

（2）风干物料：含结构水和湿存水的物料。

（3）潮湿物料：含结构水、湿存水和表面水的物料。

四、流动性

在四周无容器侧壁限制的条件下，散粒物料具有的向四周自由流动的性质，叫做物料的流动性。物料的堆积角和逆止角反映了物料的流动性。

1. 堆积角

堆积角是指物料从一个规定的高处自由均匀地落下时，所形成的能稳定保持的锥形料堆的最大坡角（即自然坡面表面与水平面之间的夹角），用 φ 表示。物料的堆积角愈小，则流动性愈好，堆积角愈大，则流动性愈差。堆积角有静态和动态之分，在静止平面上自然形成的静堆积角为 α，在振动的平面上测得的堆积角为运行堆积角 θ。物料的静堆积角 α 和不同带速下的运行堆积角 θ 等特性的参考值列于表1-3。

2. 逆止角 β

逆止角是指物料通过料仓卸料口连续卸料后形成的最大坡角，用 β 表示。

3. 散粒物料按流动性分类

散粒物料按其流动性分为以下六类：

（1）能悬浮在空气中并能像液体那样自由流动的物料。

（2）自由流动的物料，$\varphi \leqslant 30°$。

（3）正常流动的物料，$30° < \varphi \leqslant 45°$。

（4）流动性差的物料，$45° < \varphi \leqslant 60°$。

（5）压实性物料，$\varphi > 60°$。

（6）不易破碎、易缠绕、易起拱、不易分离的物料。

五、内摩擦系数

物料由于物料颗粒（或料块）间的相互嵌入作用及其表面接触而引起的阻碍料层间发生相对滑移的摩擦力，该摩擦力与物料所受的法向压力之比叫做物料的内摩擦系数 μ_i。

物料的内摩擦系数有静态内摩擦系数和动态内摩擦系数之分。

1. 静态内摩擦系数 μ_{is}

在相对静止状态下两料层间的最大摩擦力与法向压力之比，叫做物料的静态内摩擦系数 μ_{is}。

2. 动态内摩擦系数 μ_{id}

两料层以一定的速度相对滑移时，料层间的摩擦力与法向压力之比，叫做物料的动态内摩

擦系数 μ_{id}。

六、外摩擦系数

物料和与之接触的某种固定材料表面之间的摩擦力与接触面上的法向压力之比，叫做物料对该固体材料表面的外摩擦系数，用 μ_0 表示。

外摩擦系数有静态外摩擦系数和动态外摩擦系数之分。

1. 静态外摩擦系数 μ_{os}

物料和与之接触的某种固体材料表面在相对静止状态下的外摩擦系数，叫做静态外摩擦系数，用 μ_{os} 表示。

2. 动态外摩擦系数 μ_{od}

物料和与之接触的某种固体材料表面以一定速度相对滑移时的外摩擦系数，叫做动态外摩擦系数，用 μ_{od} 表示。

根据大量试验表明，动摩擦系数值大致为静摩擦系数值的 70% ~90%。

七、温度

物料在连续输送设备中输送时料流的最高温度（低温物料为最低温度）叫做物料的温度 T(℃)，物料按其温度分类见表 1-4。

散粒物料按其温度分类 表 1-4

序号	类　别	温　度　T(℃)	序号	类　别	温　度　T(℃)
1	低温物料	≤4	3	中温物料	>50 ~450
2	常温物料	>4 ~50	4	高温物料	>450

八、其他特殊性能

以上所列举的是散粒物料的基本物理性能，它们直接影响到港口连续运输机械的尺寸及构造。除此之外，在研究具体的设计任务时，有时还要考虑影响港口连续运输机械的结构形式和输送效果的物料的其他特殊性能，如孔隙率、抗剪强度、压结性、磨琢性、爆炸危险性、腐蚀性、有毒性、吸湿性等。

第三节　港口连续输送机械的主要参数和工作制度

一、主要参数

1. 生产率（输送量）

（1）生产率：港口连续输送机械及辅助装置单位时间（小时）内输送或装卸的物料量。

（2）额定生产率（设计生产率）：指港口连续装卸机械在考虑到物料性能、充填系数及在某一特定的设计工况下所计算出的单位时间（小时）内装卸的物料量。

（3）尖峰生产率：指港口连续装卸机械在考虑到物料性能、最大充填系数、最有利的输送布置、最有利的工艺路线及在特定条件下短时间内所能达到的最大生产率。

2. 输送速度

被运物料沿输送方向的运行速度。

(1)带速:输送带或牵引带在被输送物料前进方向的运行速度。

(2)链速:牵引链在被输送物料(或物品)前进方向的运行速度。

(3)主轴转速:传动滚筒轴或传动链轮轴的转速。

3. 充填系数

考虑运输机械承载构件被物料填满程度的系数。

4. 安全系数

牵引构件的破断张力与最大张力之比。

5. 轴功率

传动滚筒轴或传动链轮轴上的计算功率。

6. 电动机功率

驱动电动机的额定功率。

7. 输送长度

运输机械装载点与卸载点之间的展开距离。

8. 提升高度

物料在垂直方向的输送距离。

9. 倾角

运输机械纵向中心线与水平面间的夹角。

10. 滚筒直径

通过滚筒筒体中心的径向轮廓尺寸。

11. 链轮直径

链轮的分度圆直径。

12. 围包角

牵引构件在其卷绕构件上的包角。

二、港口连续输送机械的工作制度

港口连续运输机械在选驱动电机时,一般应按 $JC=100\%$ 考虑。

思考与练习

1. 港口运输机械是如何分类的?
2. 港口连续输送机械与港口起重机械相比有何特点?
3. 港口连续输送机械的发展趋势怎样?
4. 什么是粒度(块度)?
5. 用什么指标来表示物料的颗粒组成?
6. 什么是物料的堆积密度 ρ 和填实密度 ρ_y?
7. 湿度的含义是什么? 如何计算?
8. 什么是堆积角? 它与物料颗粒的什么性能有关? 有怎样的关系?
9. 什么是外摩擦系数? 什么是内摩擦系数?
10. 港口连续输送机械有哪些主要参数?
11. 港口连续输送机械与港口起重机械的工作制度有何区别?

第二章　通用型带式输送机

知识目标

1. 解释通用型带式输送机的工作原理及典型整机结构；

2. 知道通用型带式输送机的适用范围、产品规格及产品代号；

3. 描述通用型带式输送机的特点；

4. 描述通用型带式输送机输送带的规格、结构、主要技术参数，输送带的连接方法及各连接方式的特点；

5. 知道输送带的工作条件；

6. 描述通用型带式输送机驱动装置的组成和两种典型的驱动装置形式；

7. 描述传动滚筒、改向滚筒的结构形式、技术参数；

8. 描述托辊的种类、结构、主要技术参数、各类托辊的作用；

9. 描述各类制动器、逆止器的结构、工作原理及各自的适用场合；

10. 知道拉紧装置的作用、结构、种类和适用场合；

11. 描述给料装置、卸料装置的种类、结构及各自的适用场合；

12. 知道清扫器的种类、结构及工作原理。

能力目标

1. 会根据实际生产要求选择合理的带式输送机驱动装置形式；

2. 会根据实际需求选用输送带、托辊、滚筒等主要部件；

3. 能根据实际情况合理配设制动器或逆止器；

4. 能进行简单的单滚筒驱动的带式输送机的设计计算。

第一节　概　　述

带式输送机是具有挠性牵引构件的输送机械，以连续运动的无端输送带输送物料的机械。

带式输送机是港口连续输送机械中效率最高，使用最普遍的一种机型。它广泛用于冶金、煤炭、交通、电力、建材、化工、轻工、粮食和机械等行业。在煤炭、矿石、散粮等专业码头中，采用了许多长距离、大运量的固定带式输送机，以及以带式输送机为主体的各种装船机、卸船机、取料机和堆料机等，如煤炭装船机、矿砂装船机。有的国家矿砂装船机的生产率已达20000t/h，带速达6m/s。在美国密西西比河沿岸某些煤码头，利用链斗卸船机从煤驳卸煤，生产率可达3600t/h。在大宗散货港口装卸作业中，带式输送机已成为不可缺少的主要装卸输送设备。带式输送机的种类很多，可细分为：

1. 按承载能力分类

轻型带式输送机：专门应用于轻型载荷的运输机；

通用带式输送机:这是应用最广泛的带式输送机,其他类型带式输送机都是这种带式输送机的变形;

钢绳芯带式输送机:应用于重型载荷的运输机。

2. 按可否移动分类

固定带式输送机:输送机安装在固定的地点,不需要移动;

移动带式输送机:具有移动机构,如行走轮、履带;

移置带式输送机:通过移动设备变换设备的位置;

可伸缩带式输送机:通过储带装置改变输送机的长度。

3. 按输送带的结构形式分类

普通输送带带式输送机:输送带为平型带,带芯为帆布或尼龙帆布或钢绳芯;

钢绳牵引带式输送机:用钢丝绳作为牵引机构,用带有耳边的输送带作为承载机构;

压带式输送机:用两条闭环带,其中一条为承载带,另一条为压带;

钢带输送机:输送带是钢带;

网带输送机:输送带是网带;

管状带式输送机:输送带围包成管状或用特殊结构输送带密闭输送物料;

波状挡边带式输送机:输送带边上有挡边以增大物料的截面,倾斜角度大时,一般在横向设置挡板;

花纹带式输送机:用花纹带以增大物料和输送带的摩擦,提高输送倾角。

4. 按承载方式分类

托辊式带式输送机:用托辊支撑输送带;

气垫带式输送机:用气膜支撑输送带。另外还有磁性输送带、液垫带式输送机,它们共同的特点都是对输送带连续支撑;

深槽型带式输送机:由于加大槽深,除用托辊支撑外,也起到对物料的夹持作用,可增大输送倾角。

5. 按输送机线路布置分类

直线带式输送机:输送机纵向是直线,但可在铅垂面上有凸凹变化曲线;

平面弯曲带式输送机:可在平面内实现弯曲运行;

空间弯曲带式输送机:可在空间实现弯曲运行。

6. 按驱动方式分类

单滚筒驱动带式输送机;

多滚筒驱动带式输送机;

线摩擦带式输送机:用一个或多个输送带作为驱动体;

磁性带式输送机:通过磁场作用驱动输送带。

本章以 DTⅡ(A)型带式输送为例,重点介绍通用型带式输送机(简称通用机)的工作原理及基本结构。

一、DTⅡ(A)型带式输送机的工作原理及典型整机结构

DTⅡ(A)型带式输送机是由承载托辊和回程托辊支承的作为承载构件和牵引构件的输送带,绕过头、尾滚筒形成闭合环路的输送机械,它借助于传动滚筒与输送带之间的摩擦来传递动力,实现物料输送。

DTⅡ(A)型带式输送机典型整机结构见图2-1。

电动机16经液力耦合器17、带制动器的联轴器18、减速器19、低速轴联轴器20等驱动传动滚筒4。无端的输送带6绕过传动滚筒4和尾部改向滚筒10,输送带上分支(有载分支)支承在承载托辊7上,下分支(无载分支)支承在回程托辊14上。物料加载到输送带上,随输送带一起运移到头部漏斗1卸出,输送带的工作面由头部清扫器3清扫。

带式输送机的输送带既是承载构件又是牵引构件。

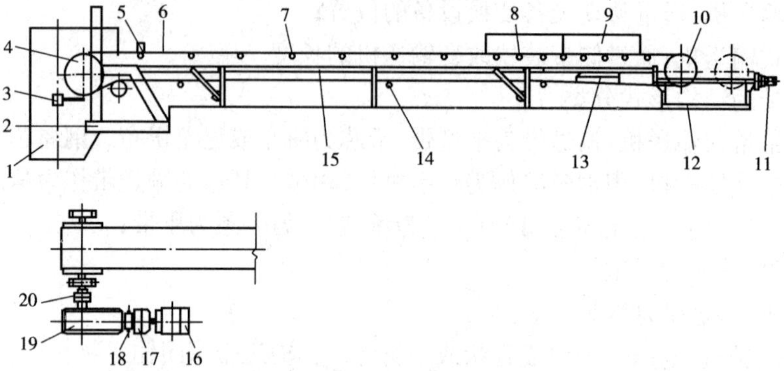

图2-1 DTⅡ(A)型带式输送机典型整机结构

1-头部漏斗;2-头架;3-头部清扫器;4-传动滚筒;5-安全保护装置;6-输送带;7-承载托辊;8-缓冲托辊;9-导料槽;10-改向滚筒;11-螺旋拉紧装置;12-尾架;13-空段清扫器;14-回程托辊;15-中间架;16-电动机;17-液力耦合器;18-带制动器的联轴器;19-减速器;20-联轴器

二、DTⅡ(A)型带式输送机的适用范围

DTⅡ(A)型固定式带式输送机是通用型系列产品,可广泛用于冶金、煤炭、交通、电力、建材、化工、轻工、粮食和机械等行业,输送堆积密度为500~2500kg/m³的各种散状物料和成件物品,适用环境温度为-20~40℃。

对于有耐热、耐寒、防腐、防爆和阻燃等要求的工作环境,在选用DTⅡ(A)型固定式带式输送机时,需选用特种橡胶输送带并采用相应防护措施。

三、DTⅡ(A)型带式输送机的产品规格和产品代号

1.产品规格

DTⅡ(A)型固定带式输送机以其带宽作为主参数,见表2-1,表中带宽系列符合GB/T 987—1991《带式输送机基本参数与尺寸》的规定。

带宽系列 表2-1

带宽(mm)	(400)	500	650	800	1000	1200
代码	40	50	65	80	100	120
带宽(mm)	1400	(1600)	(1800)	(2000)	(2200)	(2400)
代码	140	160	180	200	220	240

注:括号中的规格尚待开发。

2.产品代号

DTⅡ(A)型固定式带式输送机以其带宽(B)、传动滚筒直径(D)和传动滚筒许用扭矩(序号)作为产品代号,即:

DTII(A) B D ·X

传动滚筒扭矩顺序号(1,2,3,…) 只有一种扭矩时,此部分空缺

传动滚筒直径(不包括胶层厚度),cm

输送机带宽,cm

型号(D-带式输送机;T-通用型,IIA-新系列)

DTⅡ(A)型固定式带式输送机已开发的产品规格如表2-2所示。

产品规格 表2-2

序号	输送机代号	带宽(mm)	传动滚筒直径(mm)	传动滚筒许用扭矩(kN·m)	序号	输送机代号	带宽(mm)	传动滚筒直径(mm)	传动滚筒许用扭矩(kN·m)
1	5050	500	500	2.7	29	12063.1	1200	630	12
2	6550.1	650	500	3.5	30	12063.2	1200	630	20
3	6550.2	650	500	6.3	31	12080.1	1200	800	12
4	6563.1	650	630	4.1	32	12080.2	1200	800	20
5	6563.2	650	630	7.3	33	12080.3	1200	800	27
6	8050	800	500	4.1	34	12080.4	1200	800	40
7	8063.1	800	630	6.0	35	12080.5	1200	800	52
8	8063.2	800	630	12	36	120100.1	1200	1000	12
9	8063.3	800	630	20	37	120100.2	1200	1000	20
10	8080.1	800	800	7.0	38	120100.3	1200	1000	27
11	8080.2	800	800	12	39	120100.4	1200	1000	40
12	8080.3	800	800	20	40	120100.5	1200	1000	52
13	8080.4	800	800	32	41	120100.6	1200	1000	66
14	80100	800	1000	40	42	120125.1	1200	1250	40
15	80125	800	1250	52	43	120125.2	1200	1250	66
16	10063.1	1000	630	6	44	120140	1200	1400	80
17	10063.2	1000	630	12	45	14080.1	1400	800	20
18	10080.1	1000	800	12	46	14080.2	1400	800	27
19	10080.2	1000	800	20	47	14080.3	1400	800	40
20	10080.3	1000	800	27	48	14080.4	1400	800	52
21	10080.4	1000	800	40	49	140100.1	1400	1000	20
22	100100.1	1000	1000	12	50	140100.2	1400	1000	27
23	100100.2	1000	1000	20	51	140100.3	1400	1000	40
24	100100.3	1000	1000	27	52	140100.4	1400	1000	52
25	100100.4	1000	1000	40	53	140100.5	1400	1000	66
26	100100.5	1000	1000	52	54	140125.1	1400	1250	40
27	100125	1000	1250	52	55	140125.2	1400	1250	66
28	100140	1000	1400	66	56	140140	1400	1400	80

四、DTⅡ(A)型固定式带式输送机的特点

(1)生产率高,输送能力大;

(2)输送距离长;

(3)结构简单,易于制造维修,基建投资少,营运费用低;

(4)能耗低;

(5)操作简单,安全可靠,方便管理,易实现自动控制;

(6)输送线路可以呈水平、倾斜布置,也可在水平方向、垂直方向弯曲布置,因而受地形条件限制较小;

(7)不能自动取料,需要辅助设备或其他机械进行喂料;

(8)运输线路固定,当货流方向变化时,往往要对带式输送机输送线路重新布置;

(9)倾斜角度受物料的流动性和动摩擦系数等特性限制,只能在对水平面成不大的倾角时进行工作,且中间卸料有难度。

五、DTⅡ(A)型固定式带式输送机的整机典型配置

DTⅡ(A)型固定式带式输送机的整机典型配置有如图 2-2 所示的 14 种形式。带式输送机沿倾斜方向输送物料时,其对水平面的允许倾角 β 取决于:被输送物料与输送带(表现特征和材料)之间的动摩擦系数;输送面的断面形状(平的或槽形的);物料的堆积角;装载的方式和输送带的运动速度等。

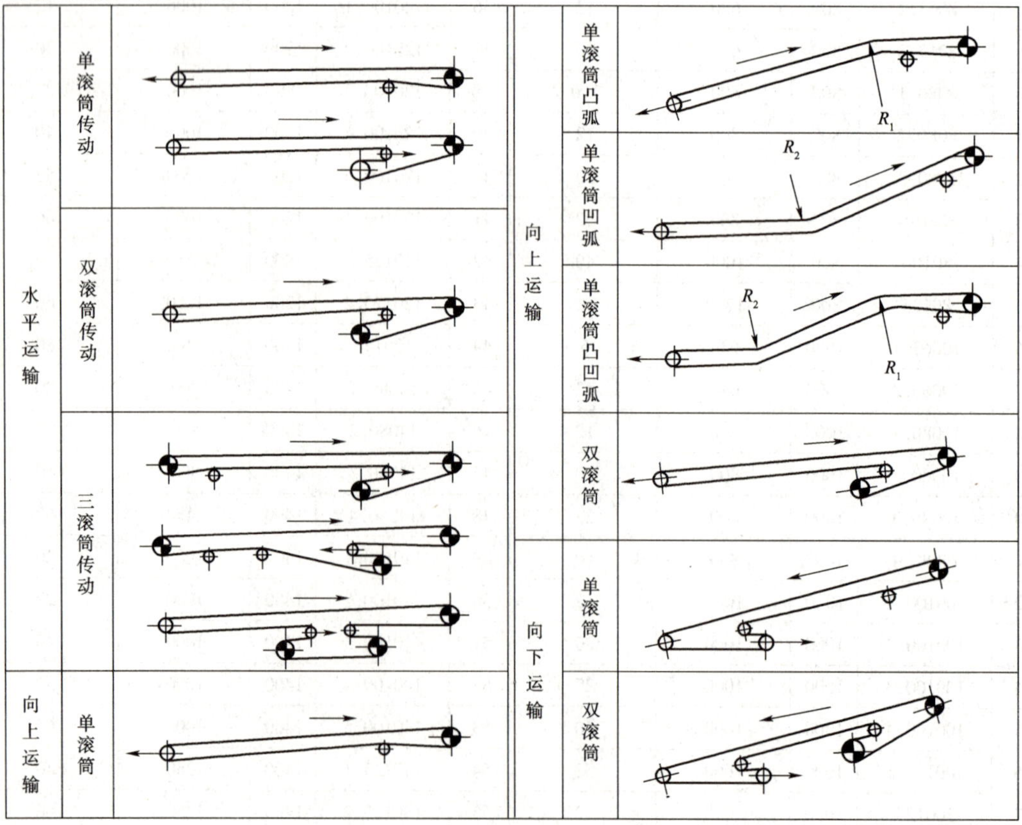

图 2-2　带式输送机的典型配置

为了保证物料在输送带上无纵向向下滑移，输送机的倾角应取得比物料与带条之间的动摩擦角还要小，这是因为带条在两个托辊组之间有悬垂，使靠近托辊处的带条的实际倾角大于几何轮廓线的倾角。

此外，输送带在托辊上运行时，由于托辊不可避免的振动而引起的跳动也会助长物料的下滑。输送机在正常工作条件下的最大允许倾角可参考表 1-3。

第二节　DTⅡ(A)型带式输送机的主要部件

一、输送带

输送带是带式输送机中的牵引构件和承载构件，是带式输送机最主要也是最昂贵的部件，输送带的价格约占整机价格的 30% ~40% 或以上，所以在带式输送机的设计和使用过程中必须注意以下问题：(1)正确地计算、选择合适的输送带；(2)降低输送带所承受的张力；(3)保护输送带在使用中不被损伤；(4)方便输送带的安装、更换和维修；(5)延长输送带的使用寿命。

1. 输送带的规格和技术参数

DTⅡ(A)型带式输送机采用的输送带的品种规格符合 GB/T 4490—1994《运输带尺寸》、GB/T 7984—2001《输送带　具有橡胶或塑料覆盖层的普通用途织物芯输送带》和 GB/T 9770—2001《普通用途钢丝绳芯输送带》的规定，参见表 2-3。

输　送　带　　　　表 2-3

种类	抗拉体强度(N/mm·层)	输送带宽度(mm)											
		400	500	650	800	1000	1200	1400	1600	1800	2000	2200	2400
帆布带	CC-56	√	√	√	√	√	√	√					
尼龙带	NN-100	√	√	√	√	√	√	√					
	NN-150		√	√	√	√	√	√	√				
	NN-200			√	√	√	√	√	√	√			
	NN-250			√	√	√	√	√	√	√	√	√	
	NN-300			√	√	√	√	√	√	√	√	√	
聚酯带	EP-100			√	√	√	√	√	√	√	√	√	
	EP-200			√	√	√	√	√	√	√	√	√	
	EP-300			√	√	√	√	√	√	√	√	√	
钢绳芯带	St630				√	√	√	√	√				
	St800				√	√	√	√	√	√			
	St1000				√	√	√	√	√	√	√	√	√
	St1250				√	√	√	√	√	√	√	√	√
	St1600				√	√	√	√	√	√	√	√	√
	St2000				√	√	√	√	√	√	√	√	√
	St2500				√	√	√	√	√	√	√	√	
	St3150				√	√	√	√	√	√	√	√	√
	St4000					√	√	√	√	√	√	√	√
	St4500					√	√	√	√	√	√	√	√
	St5000					√	√	√	√	√	√	√	√

注：黑框内的√表示目前应用范围。

普通输送带的抗拉体(芯层)和覆盖胶可用多种材料制成,以适应不同的工作条件。DTⅡ(A)型带式输送机的输送带按抗拉体(芯层)的材料可分为:棉帆布、尼龙帆布、聚酯帆布、织物整体带芯和钢绳芯等种类。输送带的代号、常用的几种普通输送带的规格和技术参数参见表2-4~2-6。

普通输送带的芯层及覆盖胶代号　　表2-4

	代号	材　料		代号	材　料
芯层	CC	棉帆布芯	覆盖胶	NR	天然橡胶
	VC	维棉帆布芯		SBR	丁苯橡胶
	VV	维纶帆布芯		CR	氯丁橡胶
	NN	锦纶(尼龙)帆布芯		BR	顺丁橡胶
	EP	涤纶(聚酯)帆布芯		NBR	丁腈橡胶
	St	钢丝绳芯		EPDM	乙丙橡胶
	PVC	锦纶或涤纶长丝与纤维编织整芯带基浸渍 PVC,贴 PVC 塑胶面		IIR	丁基橡胶
				PVC	聚氯乙烯
	PVG	锦纶或涤纶长丝与纤维编织整芯带基浸渍 PVC,贴橡胶面		CPE	氯化聚乙烯
				IR	异戊二烯橡胶

帆布芯输送带规格及技术参数　　表2-5

抗拉体材料	输送带型号	扯断强度(N/mm·层)	每层厚度(mm)	每层质量(kg/m²)	伸长率(定负荷)(%)	带宽范围(mm)	层数范围	上胶层 厚度(mm)	上胶层 质量(kg/m²)	下胶层 厚度(mm)	下胶层 质量(Kg/m²)
棉帆布	CC-56	56	1.5	1.36	1.5~2	400~2400	3~12	1.5 3.0 4.5 6.0 8.0	1.7 3.4 5.1 6.8 9.5	1.5 3.0	1.7 3.4
尼龙帆布	NN-100	100	0.7	1.02	1.5~2		2~8				
	NN-150	150	0.75	1.12		500~2400					
	NN-200	200	0.9	1.22							
	NN-250	250	1.15	1.32							
	NN-300	300	1.25	1.42							
	NN-400	400	1.75	1.63		800~2400					
	NN-500	500	2.55	1.95							
聚酯帆布	EP-100	100	0.75	1.22	1~1.5	500~2400	2~8				
	EP-200	200	1.1	1.58							
	EP-300	300	1.35	1.7							
	EP-400	400	1.55	1.98		800~2400					
	EP-500	500	1.75	2.10							

钢丝绳芯输送带规格及技术参数(参考值)　　表2-6

项目＼规格	630	800	1000	1250	1600	2000	2500	3150	4000	4500	5000
纵向拉伸强度(N/mm)	630	800	1000	1250	1600	2000	2500	3150	4000	4500	5000
钢丝绳最大直径(mm)	3.0	3.5	4.0	4.5	5.0	6.0	7.5	8.1	8.6	9.1	10
钢丝绳间距(mm)	10	10	12	12	12	12	15	15	17	17	18

续上表

项目＼规格	630	800	1000	1250	1600	2000	2500	3150	4000	4500	5000
带厚(mm)	13	14	16	17	17	20	22	25	25	30	30
上覆盖胶厚度(mm)	5	5	6	6	6	8	8	8	8	10	10
下覆盖胶厚度(mm)	5	5	6	6	6	6	6	8	8	10	10
带宽(mm)	钢丝绳根数										
800	75	75	63	63	63	63	50	50			
1000	95	95	79	79	79	79	64	64	56	57	53
1200	113	113	94	94	94	94	76	76	68	68	64
1400	113	113	111	111	111	111	89	89	79	80	75
1600	151	151	126	126	126	126	101	101	91	91	85
1800		171	143	143	143	143	114	114	103	102	96
2000			159	159	159	159	128	128	114	114	107
2200			176	176	176	176	141	141	125	125	118
2400			192	192	192	192	153	153	136	136	129
单位面积输送带质量(kg/m^2)	19	20.5	23.1	24.7	27	34	36.8	42	49	53	58

1)织物芯输送带

织物芯输送带的应用较广。参见图 2-3,这种输送带由三部分组成:

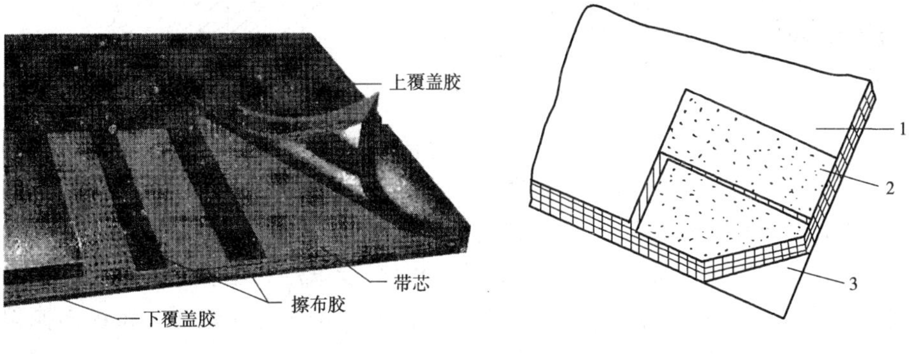

图 2-3　织物芯输送带的组成

1-上覆盖胶;2-胶布层;3-下覆盖胶

(1)覆盖层:包括上、下覆盖层和侧面覆盖层。覆盖层用以保护带芯帆布层不受机械损伤及周围介质的有害影响。上、下两面覆盖层的厚度不同,较厚的那面是工作面,这是输送带的承载面,直接与物料接触并承受物料的冲击和磨损;较薄的那面是非工作面,是输送带与滚筒、托辊接触的一面,主要承受滚筒和托辊的摩擦,非工作面的厚度较薄,可减少输送带沿托辊运行时的压陷滚动阻力。工作面和非工作面的厚度参见表 2-7。侧面覆盖层的作用是,当输送带跑偏时,保护其不受机械损伤,所以常采用高耐磨的橡胶作侧面覆盖层。

(2)带芯:由若干层棉或化纤织物挂胶后的胶布层为带芯材料,带芯的四周用各种橡胶或 PVC(聚氯乙烯)等作覆盖材料,由此可制成具有各种特性的织物芯输送带。带芯必须有足够的强度以传递功率,驱动输送带,并支撑输送带所承载的物料,输送带的强度由带芯强度决定。

(3)粘合层:带芯的粘接介质。粘合层提供良好的粘接性能将带芯粘合在一起,并帮助承受载荷、吸收装料处的物料冲击。

橡胶输送带覆盖胶的推荐厚度　　表 2-7

物料特性	物料名称	覆盖胶厚度(mm)	
		上胶厚	下胶厚
$\rho_0 < 2t/m^3$,中小粒度或磨损性小的物料	焦炭、煤、白云石、石灰石、烧结混合料、砂等	3.0	1.5
$\rho_0 < 2t/m^3$,块度≤200mm 磨损性较大的物料	破碎后的矿石、选矿产品、各种岩石、油母页岩等	4.5	1.5
$\rho_0 > 2t/m^3$,磨损性大的大块物料	大块铁矿石、油母页岩等	6.0	1.5

2)钢丝绳芯输送带

钢丝绳芯输送带典型结构如图 2-4 所示。它用特殊的钢丝绳作带芯,用各种不同配方的橡胶作覆盖材料,从而制成具有各种特性的输送带。带芯的钢绳材料为高碳钢,为了增加钢丝绳与橡胶之间的粘着力,钢丝绳要镀铜或镀锌。钢丝绳用左旋和右旋两种,并在输送带中要间隔分布,以使钢丝绳的旋转趋势给胶带带来的不良影响互相抵消。

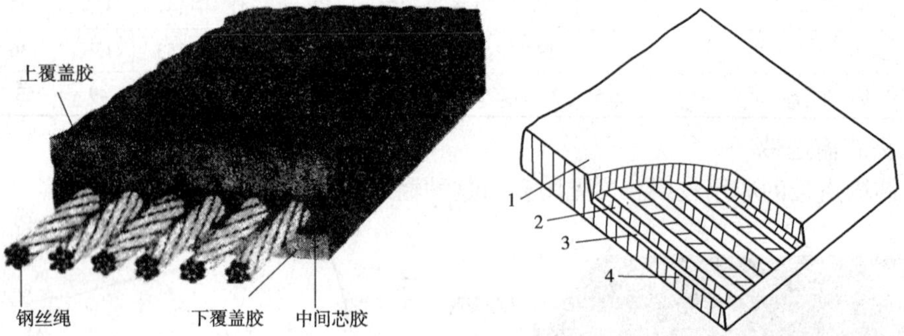

图 2-4　钢丝绳芯输送带断面图

1-上覆盖胶;2-钢丝绳;3-带芯胶;4-下覆盖胶

钢丝绳芯输送带的主要优点是:抗拉强度高;弹性伸长小;成槽性好;寿命长;抗冲击性能好;耐曲挠疲劳性好;与同样强度的帆布芯输送带相比,能采用较小直径的滚筒。它的主要缺点有:制造工艺要求高,必须保证各钢丝绳芯的张力均匀;钢丝绳芯输送带抗纵向撕裂的能力要比帆布芯输送带弱得多;由于钢丝绳芯输送带的弹性伸长小,所以当滚筒表面与输送带之间卡进物料时,容易引起钢丝绳芯断丝,因此要求有可靠的清扫装置。

钢丝绳芯输送带适用于长距离、大运量、高速度的带式输送机。其规格见表 2-6。

2. 输送带的连接方法

带式输送机上的输送带要连接成无端的,就至少有一个带端的接头,对于长距离的带式输送机,其输送带太长不便运输,一般也做成 100 ~ 200m 一段,运到目的地以后再连接起来。这里都有一个输送带的连接问题。输送带的连接质量是影响输送带使用寿命的关键之一。织物芯输送带的连接方法可分为机械连接、冷粘连接和硫化连接,钢丝绳芯输送带均采用硫化连接法。

1)机械连接法

机械连接法俗称“打卡子”。有多种形式,常见的有钩卡连接(图 2-5)和皮带扣连接。钩卡连接时,将卡子整齐地排列在输送带带端,用锤子将蹄形钉子钉入卡子上的小孔,再将蹄形钉子的钉尖部分敲弯钩住，最后穿入销柱。皮带扣的形状如图 2-6 所示，连接时，用锤子将皮带扣的钩爪钉入带端，再穿入销柱即成。

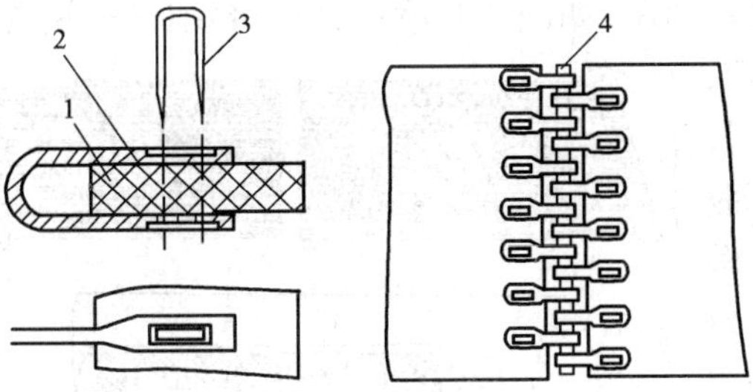

图 2-5　钩卡连接

1-橡胶（或塑料）输送带；2-卡子；3-蹄形钉子；4-销柱

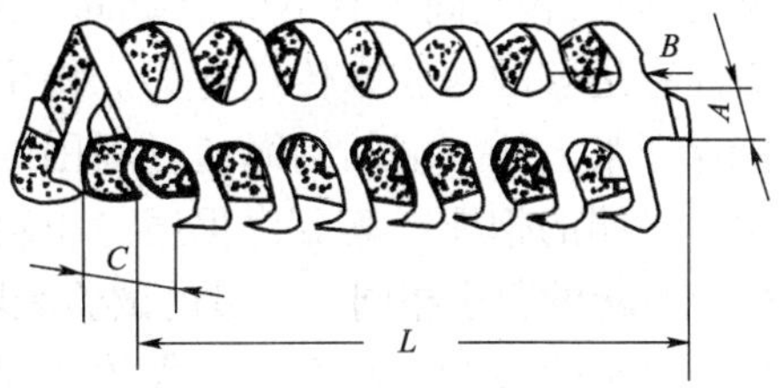

图 2-6　皮带扣

机械接头的强度为输送带强度的 35% ~40%，且带芯外露易受腐蚀。只适用于机长短、带速低、输送无腐蚀性物料、要求检修时间较短的场合，故其应用日渐减少。

采用机械接头时应注意：输送带端部的裁切要严格成直角，钩卡接头的卡子要排成一线并与输送带纵向垂直，皮带扣也应与输送带纵向垂直，否则会导致输送带跑偏；对厚度不同的输送带应选用不同号码的皮带扣或卡子；为保证输送带接头处的成槽性能，皮带扣应随二辊式或三辊式托辊组而分段。

2）冷粘连接法

冷粘连接是将输送带接头部位的胶布层和覆盖胶层剖切成对称的阶梯状，如图 2-7 所示，将胶布层打毛并清洗干净后涂三遍氯丁胶粘接剂，将输送带两端合拢后加压，在常温下（25℃ ±5℃）保持 2h 使其固化即可。这种方法操作方便，成本低，接头强度可达带体强度的 70% 左右，因而其应用渐多。

3）硫化胶接法

织物芯输送带采用硫化胶接法时，先将带接头部位的胶布层和覆盖胶层剖切成对称的阶梯状，如图 2-7 所示，剖割处表面要平整，不得有破裂现象，其阶梯宽度 S 的最小尺寸，可按表 2-8 的规定执行。将胶布层打毛并清洗干净后，再涂以胶浆，胶浆的成分应与胶带中的橡胶的成分一致。然后将带两端放入硫化器中合拢，加以 1.0 ~ 1.5MPa 的压力和 145℃ 的温度并保温一段时间即可。

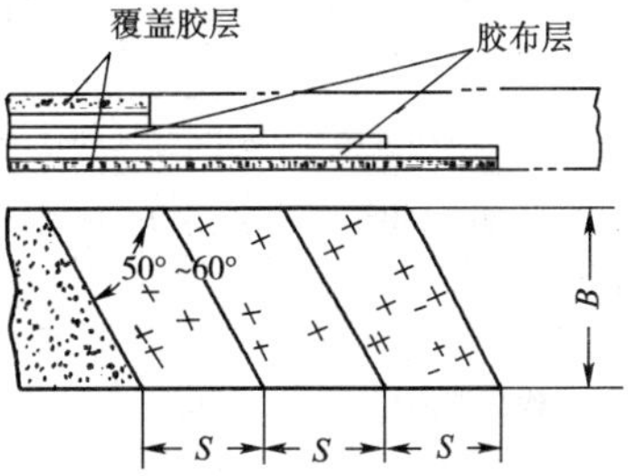

图 2-7　阶梯形接头

阶梯宽度 S（最小值）　　表 2-8

阶梯层数 Z / 带宽 B(mm)	3	4	5	6	7	8
400	250	200	200	150		
500	300	250	250	200	200	
650	300	250	250	200	200	
800	350	300	300	250	250	200
1000	450	400	350	300	250	200
1200	550	500	450	400	400	350
1400	650	600	550	500	450	400

硫化接头的强度能达到带体强度的85% ~96%，接头寿命长，且能防止带芯腐蚀，因此重要的带式输送机多采用硫化接头。

对于钢丝绳芯输送带，钢丝绳之间有一定的间距，如图2-8所示，可以容纳另一端的钢绳端头排列其间，相互间留有不少于2mm的间隙，以便中间有足够的橡胶来传递剪力。接头的长度应能保证张力从一端的钢绳通过周围的芯胶传递给另一端的钢绳。其硫化程序与织物芯输送带硫化胶接的程序相同。大量的试验表明，钢绳芯输送带硫化接头的动载强度大约在胶带强度的40% ~60%之间。

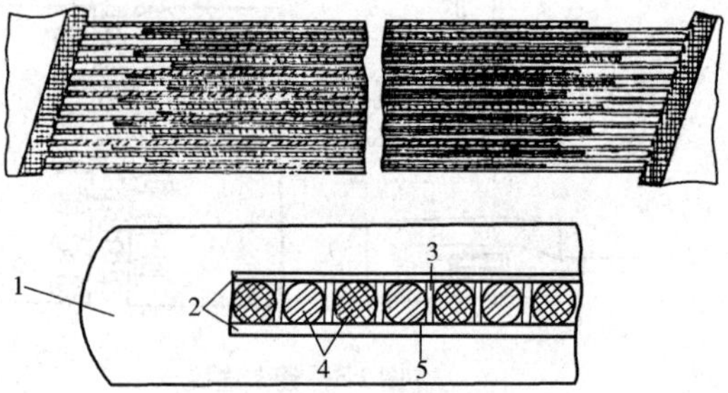

图2-8 钢绳芯输送带的端头连接(一级连接)

1-覆盖胶;2、3-中间橡胶片;4-钢绳;5-原有钢绳芯胶

3. 输送带的选用

各类输送带适宜的工作条件见表2-9。

输送带类型及适应工作条件 表2-9

物料及工作条件特性	宜选输送带		
	类型	芯层代号	覆盖胶代号
松散密度较小、摩擦性较小的物料，如谷物、纤维、木屑、粉末及包装物品等	轻型(薄型)	CC、VV、NN	NR、PVC
松散密度在2.5t/m^3以下的中小块矿石、原煤、焦炭和砂砾等对输送带磨损不太严重的物料	普通型	CC、VV、NN、EP	NR、SBR
松散密度较大的大、中、小块矿石、原煤等冲击力较大、磨损较重的物料，输送量大、输送距离较长的输送机	强力型	NN、EP、ST	NR、SBR、IR
矿井下运送物料	井巷型	CC、VV、NN、EP	PVC、CR、CPE、NBR
工作区域易于爆炸、易于起火(如地下煤矿)	难燃型	CC、NN、EP、PVC、PVG、ST	CR、PVC、CPE、NBR
输送80 ~150℃的焦炭、水泥、化肥、烧结矿和铸件等	耐热型	CC、VV、EP、NN、ST	SBR、CR
工作环境温度 -30 ~ -40℃	耐寒型	CC、VV、EP、NN、ST	NR、BR、IR
输送150 ~500℃的矿渣和铸件等热物料	耐高温型 难燃型	CC	EPCM、IIR
输送机倾斜角度较大	花纹型 波状挡边型	CC、VV、NN、EP	NR、SBR
输送量大、输送距离长	高强力型	ST	NR、IR、SBR
物料冲击较严重	耐冲击型	VV、NN、EP、ST	NR、IR
物料含油或有机溶剂	耐油型	CC、VV、NN、EP、ST	CR、NBR 、PVC
物料带腐蚀性(酸、碱)	耐酸碱型	CC、VV、NN、EP、ST	CR、IIR、NR
食品，要求不污染	卫生型	CC、NN	NR、PVC、NBR
物料带静电	导静电型	CC、NN	SBR、NR、BR、CR

普通输送带一般多采用橡胶覆盖层，其适用的环境温度与输送机一样为－20～40℃。环境温度低于－5℃时，不宜采用维纶帆布芯胶带。环境温度低于－15℃时，不宜采用普通棉帆布芯胶带。

普通橡胶输送带适用的输送物料温度一般为常温。当输送物料温度为80～200℃时，应采用耐热带。我国生产的耐热带分三型，即1型100℃、2型125℃、3型150℃，而有的特种耐热带其耐热类型为1型130℃、2型160℃、3型200℃。

有火灾危险的场所使用的输送机，应采用阻燃型、难燃型输送带。输送具有酸性、碱性和其他腐蚀性物料或含油物料时，应采用相应的耐酸、耐碱、耐腐蚀或耐油橡胶带或塑料带。

二、驱动装置

1. 驱动装置的组成

驱动装置是带式输送机的原动力部分，由电动机、减速器及高、低速轴联轴器、制动器和逆止器等组成，如图2-9所示。

电动机通过高速轴联轴器、减速器、低速轴联轴器，驱动传动滚筒转动，借助于传动滚筒和输送带之间的摩擦力驱使输送带运动。

DTII(A)型带式输送机配设了两种典型的驱动装置：Y-ZLY/ZSY驱动装置和Y-DBY/DCY驱动装置。如图2-10所示，可根据带式输送机的具体布置要求和周围环境状况进行选择。

Y-ZLY/ZSY驱动装置由Y系列鼠笼型电动机、ML/MLL-1型梅花形弹性联轴器或YOX II（YOX_F）/YOX II z（YOX_{FZ}）型液力耦合器、ZLY/ZSY硬齿面圆柱齿轮减速器等部分组成，需要时，驱动装置还可配设YW系列/YWZ_5型电力液压块式制动器，NFA型/NYD型逆止器。

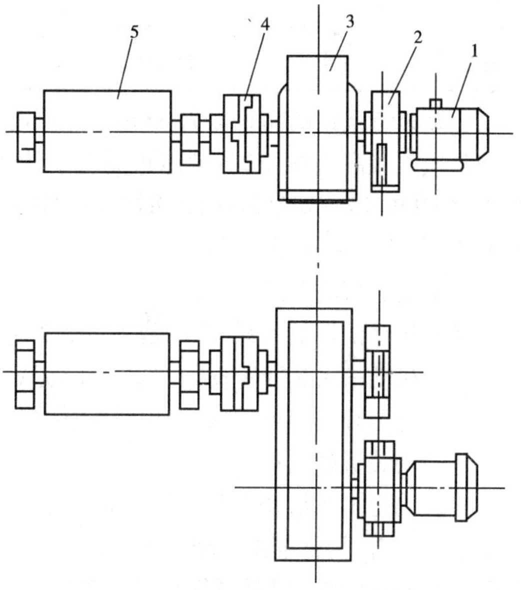

图2-9 驱动装置

1-电动机；2-高速轴联轴器；3-减速器；4-低速轴联轴器；5-传动滚筒

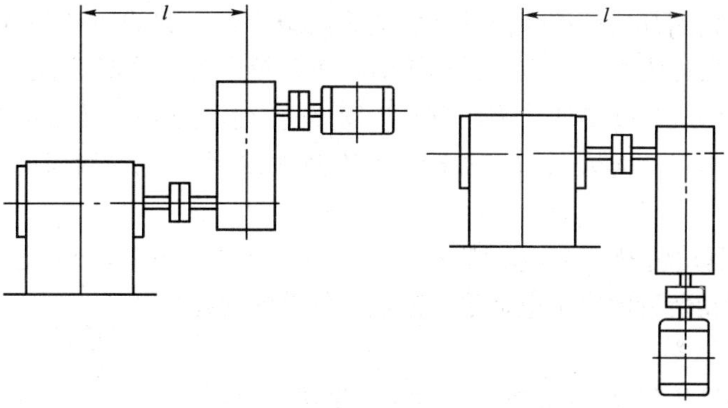

Y-ZLY/ZSY 驱动装置　　Y-DBY/DCY 驱动装置

图2-10 驱动装置典型布置

Y-DBY/DCY 驱动装置的减速器为 DBY/DCY 型硬齿面圆锥圆柱齿轮减速器，其余配置与 Y -ZLY/ZSY 驱动装置相同。如表 2-10 所示。两种驱动装置配设的电动机功率为 2.2 ~ 315kW，减速器公称速比为 10 ~ 50，传动滚筒的直径为 $\phi500 \sim \phi1400$。当电动机功率≤37kW 时，驱动装置采用梅花形弹性联轴器连接电动机和减速器；当电动机功率≥45kW 时，采用液力耦合器连接电动机和减速器。

驱动装置的型式 表 2-10

类型	代号	功率范围(kW)	驱动系统组成
分离式	Y—DBY/DCY	2.2 ~ 315	Y 电机—MLL 联轴器/YOX 耦合器—直交轴硬齿面减速器— ZL 联轴器
	Y—ZLY/ZSY	2.2 ~ 315	Y 电机—MLL 联轴器/YOX 耦合器—平行轴硬齿面减速器— ZL 联轴器
半组合式	YTH	2.2 ~ 250	Y 电机—HL 联轴器/YOX 耦合器—减速滚筒
组合式	YⅡ	2.2 ~ 55	Y 电机电动滚筒

驱动装置采用的逆止器为 NFA 型非接触式逆止器和 NYD 型逆止器。NFA 型逆止器置于高速轴或二级高速轴，NYD 型逆止器置于低速轴。按被保护设备的重要性区分，一般电动机功率≤90kW、减速器型号≤355 时，选用 NFA 型逆止器；电动机功率≥110 kW、减速器型号≥400 时，选用 NYD 型逆止器。

2. 驱动装置的型式

按与传动滚筒的关系，驱动装置可分为分离式、半组合式和组合式三种，见表 2-10。

电动机功率≤200kW 时，一般采用 380V 电压，电动机功率≥220kW 时，为减少损耗和避免过大的电压降造成启动困难，电动机多采用 3kV 或 6kV 电压。

3. 驱动装置的选择

计算确定电动机功率和传动滚筒型号后（参见第三节的相关内容），查附表 3 可得需要的驱动装置组合号，再根据驱动装置型式、是否需要制动器、是否需要加配逆止器等条件，在附表 4 或附表 5 中查得驱动装置图号及全部组成部件的型号。

（1）分离式驱动装置有 Y-ZLY（ZSY）和 Y-DBY（DCY）两种，在这两种驱动装置中，应优先选择 Y-ZLY（ZSY）驱动装置；Y-DBY（DCY）适用于要求特别紧凑的地方。

（2）组合式驱动装置。对于要求结构紧凑的带式输送机，常使用电动滚筒。电动滚筒是将电动机和减速齿轮副都装入滚筒内部与传动滚筒组合在一起的驱动装置。具有结构紧凑、重量轻、便于布置、操作安全等优点。适用于短距离及较小功率的带式输送机。但电动机在滚筒体内部，散热条件差，检修不便。因而电动滚筒不适合长期连续运转，也不适合在环境温度大于 40℃ 的场合下使用。电动滚筒有油冷及风冷两种，油冷式电动滚筒用得较多。如图 2-11 所示。

（3）半组合式驱动装置，其减速滚筒只将减速齿轮副置于滚筒内部，电动机布置在滚筒外面。这种型式的驱动装置解决了电动滚筒散热条件差的问题。

4. 驱动装置的位置

单滚筒传动输送机，其驱动装置一般设于头部滚筒处。

因工艺布置需要或为了维修方便或为了不增加投资，可考虑将驱动装置设于中部或尾部。

采用双滚筒传动或多滚筒传动时，驱动装置的位置应根据计算决定。参见图 2-2。

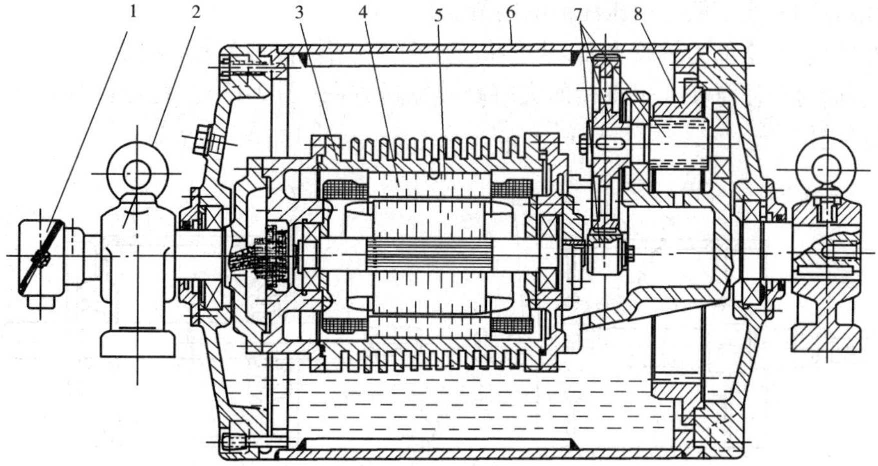

图 2-11　油冷式电动滚筒

1-接线盒;2-轴承座;3-电机外壳;4-电机定子;5-电机转子;6-滚筒外壳;7-正齿轮;8-内齿圈

三、传动滚筒

传动滚筒与驱动装置相联(图 2-9),是带式输送机动力传递的主要部件。

传动滚筒的直径与长度应符合 GB/T 988—1991《带式输送机滚筒基本参数与尺寸》的规定,见表 2-11 和附表 1。

传动滚筒参数　　表 2-11

带宽 B (mm)	滚筒直径(mm)											
	500		630		800		1000		1250		1400	
	光	胶	光	胶	光	胶	光	胶	光	胶	光	胶
(400)												
500		✓										
650		✓		✓								
800		✓		✓		✓		✓		✓		✓
1000				✓		✓		✓		✓		✓
1200				✓		✓		✓		✓		✓
1400				✓		✓		✓		✓		✓
(1600)				✓		✓		✓		✓		✓
(1800)				✓		✓		✓		✓		✓
(2000)						✓		✓		✓		✓
(2200)								✓		✓		✓
(2400)								✓		✓		✓

注:滚筒直径为不含胶面的名义值。黑框内部分已有图纸。

传动滚筒的承载能力为:扭矩与合力,应根据计算得出。DT Ⅱ(A)型带式输送机的传动滚筒按承载能力可分为:轻型、中型和重型三种。其中,轻型传动滚筒:轴与轮毂为单键连接的单幅板焊接筒体结构;中型传动滚筒:轴与轮毂为胀套连接的单幅板焊接筒体结构;重型传动滚筒:轴与轮毂为胀套连接,筒体为铸焊结构,见图 2-12,有单向出轴和双向出轴两种。

传动滚筒轴承座一般采用压注油嘴润滑。

传动滚筒表面全部为铸胶表面，其形状有左向人字形，右向人字形和菱形等三种。选用人字形铸胶表面时应注意使人字刻槽的尖端顺着输送方向(图2-13)。菱形铸胶表面适用于可逆运转的输送机。

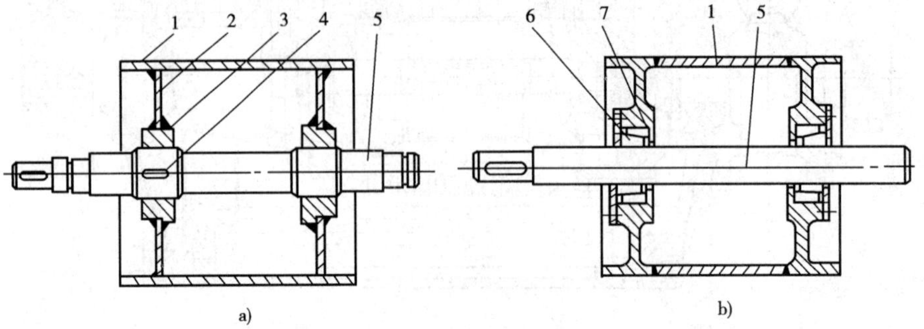

图2-12　传动滚筒结构

a)钢板焊接结构；b)铸焊结构

1-筒体；2-腹板；3-轮毂；4-键；5-轴；6-胀圈；7-铸钢组合腹板

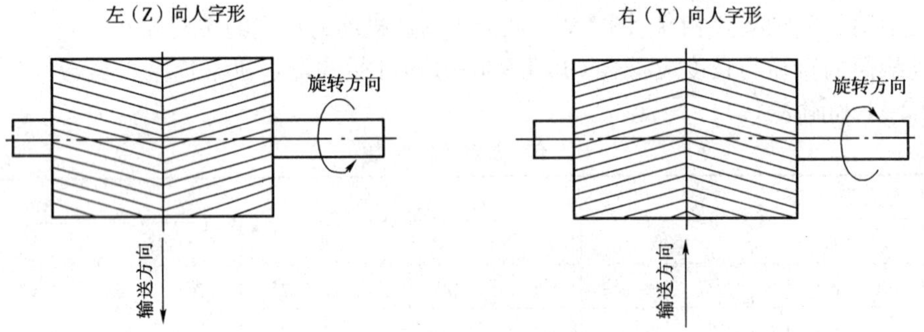

图2-13　滚筒胶面与输送方向的关系

传动滚筒设计时，已考虑了输送机起、制动时出现的尖峰载荷，因而传动滚筒只需按稳定工况计算出的扭矩和合力进行选择(附表1)。但对于提升高度特别大的带式输送机，或特别重要的如需要载人的输送机，则必须按起、制动工况进行选择。

四、改向滚筒

改向滚筒用于改变输送带的运行方向或增加输送带在传动滚筒上的围包角。

改向滚筒的直径与长度应符合GB/T 988—1991《带式输送机滚筒基本参数与尺寸》的规定，见表2-12和附表2。

改向滚筒按承载能力同样可分为：轻型、中型和重型三种，结构与同带宽、同直径的传动滚筒相同。改向滚筒表面有光面和胶面两种。滚筒轴承座的润滑方式也与传动滚筒相同。

与输送带承载表面接触的改向滚筒一般应选用胶面，而只与输送带非承载面接触的改向滚筒在大多数情况下也采用胶面，只有当传动功率较小，输送物料较清洁时才选用光面滚筒。

改向滚筒设计时，同样也已考虑了输送机起、制动时出现的尖峰载荷，因而改向滚筒只需按稳定工况计算出的合力进行选择(附表2)。但对于提升高度特别大的带式输送机，或特别重要的如需要载人的输送机，则必须按起、制动工况进行选择。

改 向 滚 筒 参 数 表2-12

带宽 *B* (mm)	滚筒直径(mm)																	
	250		315		400		500		630		800		1000		1250		1400	
	光	胶	光	胶	光	胶	光	胶	光	胶	光	胶	光	胶	光	胶	光	胶
(400)																		
500	✓	✓	✓	✓	✓	✓	✓	✓										
650	✓	✓	✓	✓	✓	✓	✓	✓	✓	✓								
800	✓	✓	✓	✓	✓	✓	✓	✓	✓	✓	✓	✓	✓	✓	✓	✓		
1000	✓	✓	✓	✓	✓	✓	✓	✓	✓	✓	✓	✓	✓	✓	✓	✓	✓	✓
1200	✓	✓	✓	✓	✓	✓	✓	✓	✓	✓	✓	✓	✓	✓	✓	✓	✓	✓
1400			✓	✓	✓	✓	✓	✓	✓	✓	✓	✓	✓	✓	✓	✓	✓	✓
(1600)						✓		✓		✓		✓		✓		✓		✓
(1800)						✓		✓		✓		✓		✓		✓		✓
(2000)								✓		✓		✓		✓		✓		✓
(2200)										✓		✓		✓		✓		✓
(2400)												✓		✓		✓		✓

注:滚筒直径为不含胶面的名义值。黑框内部分已有图纸。

五、托辊

托辊用于支承输送带及其上面所承载的物料,保证输送带沿预定的方向平稳运行。

托辊辊径与长度应符合 GB/T 990—1991《带式输送机托辊基本参数与尺寸》的规定,参见表 2-13 和表 2-14。

托辊可分为承载托辊和回程托辊两类,列于表 2-15。

辊 子 参 数 表2-13

带宽(mm) / 托辊直径(mm)	(400)	500	650	800	1000	1200	1400	(1600)	(1800)	(2000)	(2200)	(2400)
63.5	✓	✓										
76	✓	✓	✓									
89	✓	✓	✓	✓								
108			✓	✓	✓	✓	✓					
133				✓	✓	✓	✓	✓	✓	✓		
159					✓	✓	✓	✓	✓	✓	✓	✓
194								✓	✓	✓	✓	✓
219											✓	✓

注:黑框内部分已有图纸。

托辊的选择主要考虑托辊组的承载能力和寿命,主要有下列因素:载荷大小、载荷特征、带宽、带速、输送机的使用条件和工作制度、被运送物料的性质、轴承寿命、维修制度等。

托辊形式的选择可根据托辊在不同部位的情况选择。例如:受料处选用缓冲托辊;在过渡段选用过渡托辊;为防止跑偏在整个输送机上设置一定数量的调心托辊;在输送量较大时可选用槽形托辊,而输送量较小时选用二托辊组或平形托辊(图 2-14)。

托辊辊子长度序列 表 2-14

辊子长度(mm)	带宽(mm)	辊子长度(mm)	带宽(mm)	辊子长度(mm)	带宽(mm)
160	400	700	1200	1400	1200
200	500	750	650,2000	1500	2600
250	400,650	800	800,1400,2200	1600	1400
315	500,800	900	1600,2400	1800	1600
380	650,1000	950	800,2600	2000	1800
465	800,1200	1000	1800	2200	2000
500	400	1050	2800	2500	2200
530	1400	1100	2000	2800	2400
600	500,1000,1600	1150	1000	3000	2600
670	1800	1250	2200	3150	2800

托 辊 种 类 表 2-15

承载托辊	槽形托辊		槽形前倾托辊	过渡托辊					缓冲托辊		调心托辊		平行托辊	
	35°	45°	35°	10°	20°	30°	变槽形		固定式		摩擦上调心辊	锥形上调心辊	摩擦上平调心辊	平行上托辊
							10°	20°	35°	45°				

回程托辊	平行下托辊	平行梳形托辊	V形托辊	V形前倾托辊	V形梳形托辊	摩擦下调心辊	反V形托辊	锥形下调心辊	螺旋托辊
			10°	10°	10°	二节		10°	一节

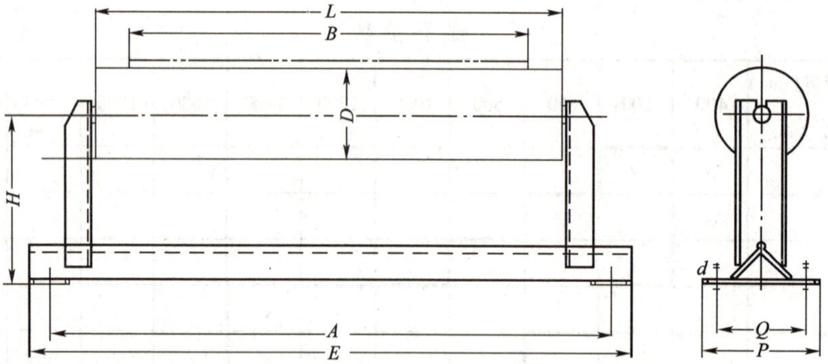

图 2-14 平形托辊

由于加工精度和管体材料的不均匀,托辊存在着一个偏心矩,转速越大,托辊的振动也越严重,特别是当托辊振动的频率与输送带的自由振动频率相等时,将产生共振,使输送机不能正常工作。当带速一定时,托辊的直径越小,其转速就越大,振动也就越强烈。为了避免过大的振动,规定所有托辊辊子转速不能超过600r/min。托辊辊子的直径应根据限制带速和承载能力进行计算选择。一般情况下,应尽量选用大直径的托辊,其好处在于:能减少运行时的托辊阻力,减小托辊的旋转速度,从而减少由于托辊制造质量引起的动载荷。

根据辊子直径和承载能力,托辊辊子可分为轻型、中型、重型三种,全部采用大游隙轴承。

托辊间距应满足辊子承载能力和输送带下垂度两个条件,常用托辊间距见表 2-16。

DTⅡ(A)型固定式带式输送机常用托辊间距 表 2-16

物料堆积密度(t/m^3)	承载托辊间距(mm)	回程托辊间距(mm)
≤1.6	1200	3000
>1.6	1000	3000

凸弧段托辊间距一般为承载分支托辊间距的1/2。

受料段托辊间距一般取为承载分支托辊间距的1/2~1/3。

输送重量大于20kg的成件物品时,托辊间距不应大于物品在输送方向上长度的1/2;对输送20kg以下的成件物品,托辊间距可取为1000mm。

1. 槽形上托辊

槽形上托辊包括槽形托辊和槽形前倾托辊,有35°和45°两种槽角,标准槽角为35°,故一台输送机中使用最多的是35°槽形托辊和35°槽形前倾托辊,如图2-15、图2-16所示。加大槽角有利于增大输送能力、减少输送带跑偏和物料撒落,故随着新型带芯材料的广泛采用,槽角加大已成为带式输送机的发展趋势。

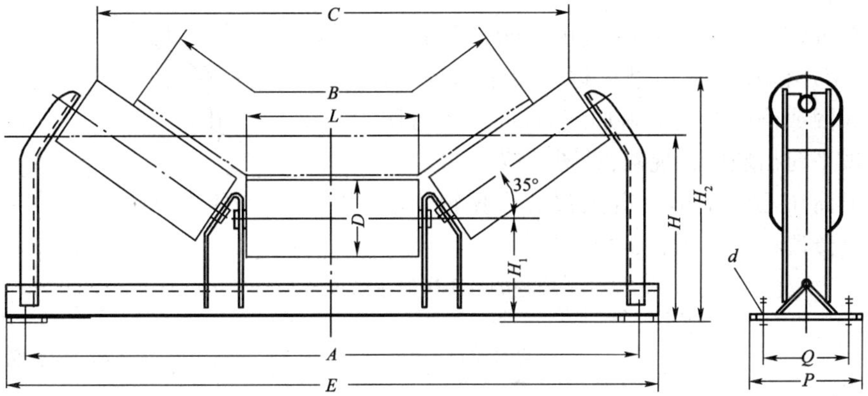

图2-15 35°槽形托辊

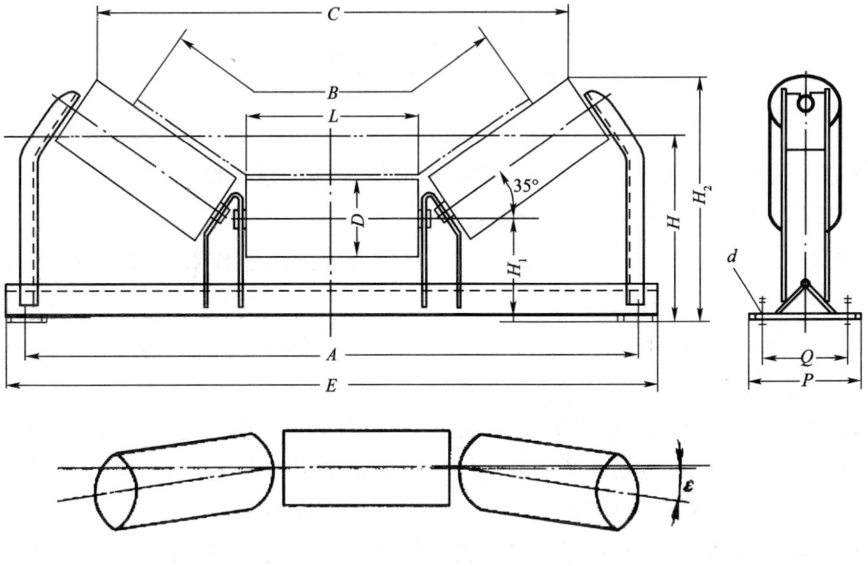

图2-16 35°槽形前倾托辊

槽形前倾托辊对输送带可起到调心防偏作用。其调心防偏原理为：将三辊式槽形托辊组的两个侧托辊朝输送带运行方向前倾一定角度 $\varepsilon(<2°)$，如图 2-16 所示。由于在输送带和偏斜托辊之间产生一相对的滑动速度，托辊与输送带之间就有轴向的摩擦力存在，当输送带不跑偏时，两侧的轴向摩擦力相互抵消，只产生一个同输送带运动方向相反的阻力；当输送带跑偏时，一侧的摩擦力大于另一侧的摩擦力，促使输送带自动回复到输送机的中心位置。这种调心托辊简单而可靠，但由于输送带运行时，存在输送带与侧托辊之间的滑动摩擦力，增加了输送带的磨损和运行阻力。

在槽形托辊和 35°槽形前倾托辊两种托辊的选配上有三种方式：

(1)全部采用 35°槽形前倾托辊；

(2)每 5 组上托辊中设 1 组 35°槽形前倾托辊；

(3)不采用 35°槽形前倾托辊，而采用调心托辊。

目前(1)、(2)两种方式使用较多。

2. 过渡托辊

过渡托辊装在滚筒与第一组正常槽形托辊之间，使输送带逐渐成槽或由槽形逐渐展平，以降低输送带边缘因成槽而产生的附加应力，同时也可防止输送带展平时出现撒料现象，见图 2-17。

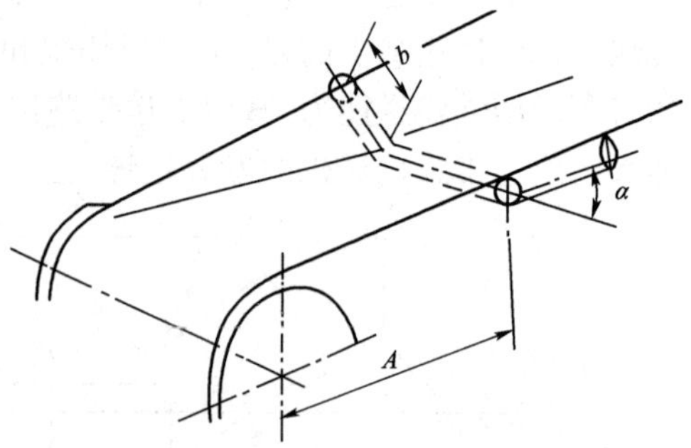

图 2-17　头部滚筒中心轴与第一组槽形托辊组的间距

头部滚筒中心线至第一组正常槽形托辊中心线的最小过渡段长度 A 见表 2-17。

推荐的最小过渡段长度 A　　表 2-17

带型 张力利用率(%)	各种织物芯输送带	钢丝绳芯输送带
>90	1.6B	3.4B
60 ~ 90	1.3B	2.6B
<60	1.0B	1.8B

注：输送带张力利用率 $=\frac{\text{实际张力}}{\text{许用张力}}\times 100\%$。

有条件时，设置了头部过渡段的输送机宜相应设置尾部过渡段。尾部(装载)滚筒到第一组正常槽形托辊的间距应不小于承载托辊间距。

采用 45°深槽形托辊的尾部受料段，至少应在尾部改向滚筒和第一组 45°槽形托辊间加设一组 35°(或 30°)槽形托辊作为过渡。

过渡托辊有固定槽角和可变槽角两类，如图 2-18 和图 2-19 所示。

3. 缓冲托辊

缓冲托辊安装在输送机的受料处用以减小物料对输送带的冲击，延长输送带寿命。其间距根据物料的堆积密度、粒度及落料高度而定，一般取承载托辊间距的 1/2 ~ 1/3。缓冲托辊的额定负荷和标准托辊相同。DTⅡ(A)型固定式带式输送机的缓冲托辊有 35°和 45°两种槽角。选用棉帆布芯输送带时，只能使用 35°槽形缓冲托辊，如图 2-20 所示。45°槽形缓冲托辊可在导料槽不受物料冲击的区段使用。

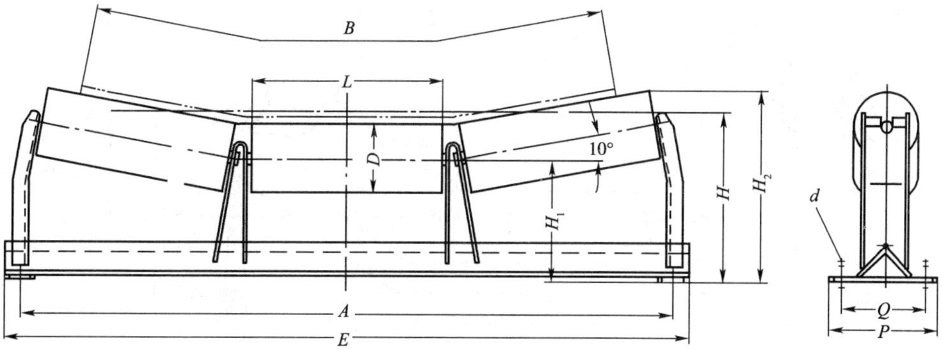

图 2-18　10°过渡托辊

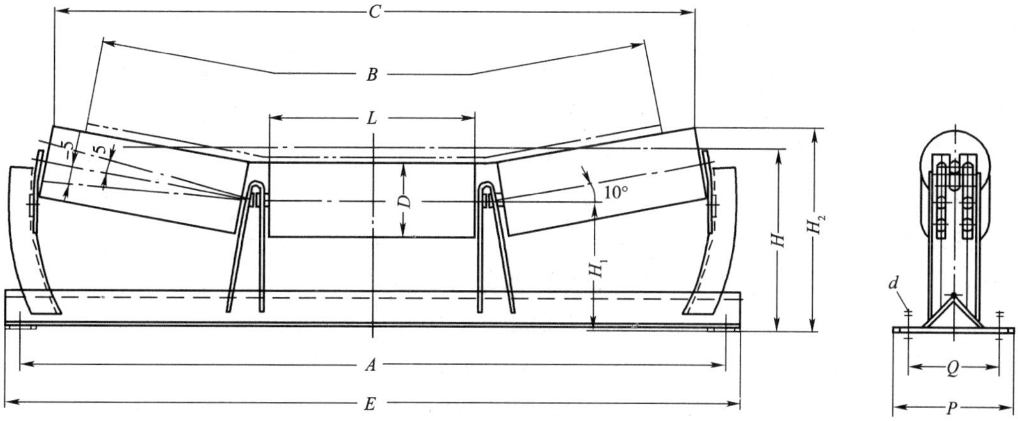

图 2-19　10° ±5°可调槽角过渡托辊

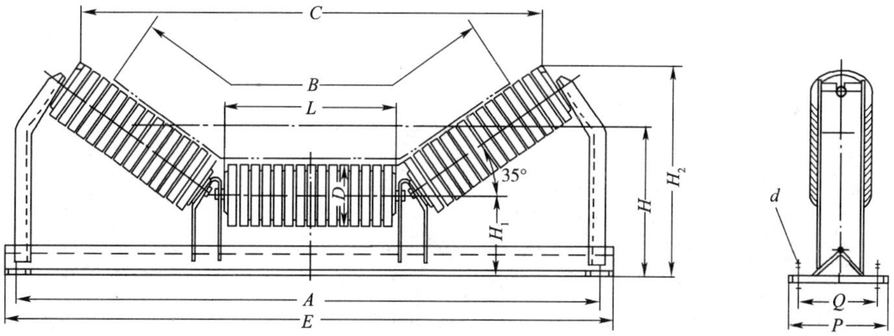

图 2-20　35°缓冲托辊

4. 调心托辊

调心托辊用于自动纠正输送带在运转中出现的过量跑偏，以保证输送带正常工作。

DTⅡ(A)型带式输送机配设了摩擦调心托辊和锥形调心托辊两种形式的调心托辊，如图 2-21 和图 2-23。

摩擦调心托辊有一个支撑托辊组的托架，托架通过止推轴承装在机架上，托架可围绕着止推轴承的中心线回转，但不能移动。托辊两侧具有曲线回旋体的摩擦轮，摩擦轮内部装有阻尼弹簧。当输送带正常运行不跑偏时，输送带不与摩擦轮接触；当输送带跑偏时，输送带会接触跑偏一侧的摩擦轮，并驱使摩擦轮旋转，由于阻尼弹簧的阻尼作用，使摩擦轮的线速度小于带

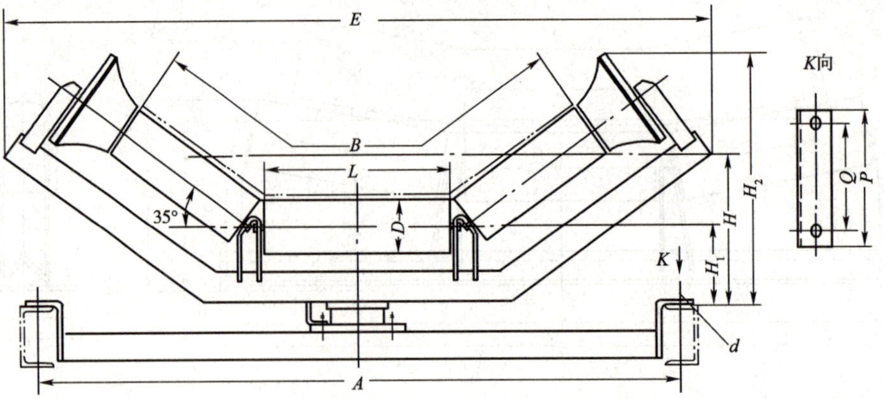

图 2-21　摩擦上调心托辊

速，因此，摩擦轮与输送带产生相对滑动，输送带和摩擦轮之间就会有相互作用的滑动摩擦力，跑偏的输送带给予摩擦轮一个与运行方向相同的力，促使托架相对于止推轴承的中心线偏转。分析这一瞬间输送带和托辊的受力状态，如图 2-22 所示。输送带给予托辊一个与运行方向一致的力 F，该力可分解为：使托辊绕自己的轴线转动的径向力 F_r 和使托辊轴向移动的轴向力 F_a，由于调心托辊在支架上的定位使其不能轴向移动，因而调心托辊就会给输送带一个反作用力，正是这个反作用力促使输送带回到输送机的中心位置。过去的调心托辊组多在侧边上设立辊，虽然可以强制地纠偏，但是由于立辊和输送带的侧边连续接触，会加大输送带边缘的磨损，降低输送带的使用寿命。

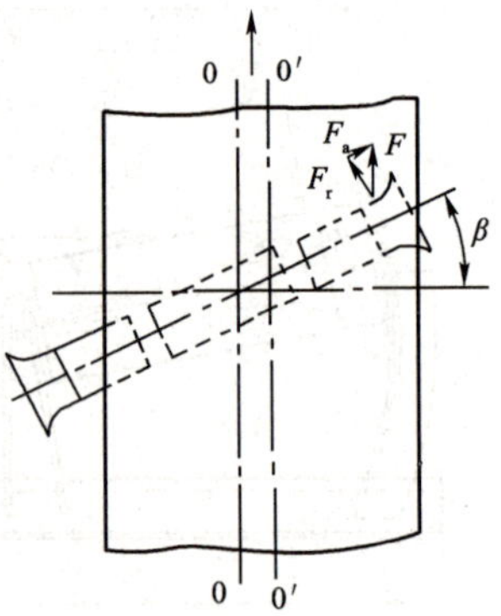

0- 0- 输送机中心

0′- 0′- 输送带中心

图 2-22　回转式调心托辊组工作原理

锥形调心托辊的两侧辊均为锥形，侧辊的内侧（大端）支承于固定支点上，外侧（小端）支承于小滚轮上，如图 2-23 所示，此种结构

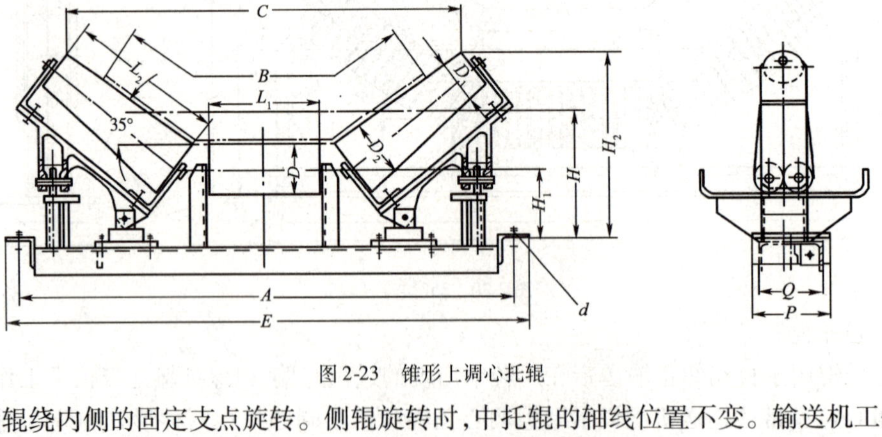

图 2-23　锥形上调心托辊

可便于侧辊绕内侧的固定支点旋转。侧辊旋转时，中托辊的轴线位置不变。输送机工作时，物料主要压在中托辊和侧辊的锥体大端上，因此中托辊和侧托辊锥体大端均作纯滚动与输送带同步运行，而侧辊小端因线速度低，与输送带之间有滑动摩擦，输送带给予侧辊小端一个与运行方向相同的摩擦力，该摩擦力驱使侧辊围绕内侧支点向带的运行方向偏转一个不大的角度，这就与槽形前倾托辊自动调心机理相似。当输送带不跑偏时，两侧的轴向摩擦力相互抵消，只产生一个同输送带运动方向相反的阻力；当输送带跑偏时，一侧的摩擦力大于另一侧的摩擦

力，促使输送带自动回复到输送机的中心位置。

还有一种腰鼓形调心托辊，如图 2-24 所示，其结构与摩擦调心托辊相似，托架通过止推轴承装在机架上，托架可围绕着止推轴承的中心线回转，但不能移动，两侧辊采用腰鼓形辊子，侧辊的大端位于侧辊内侧大约 1/3 处，输送量较大时，可在托架的两侧设置小滚轮，便于托架回转。

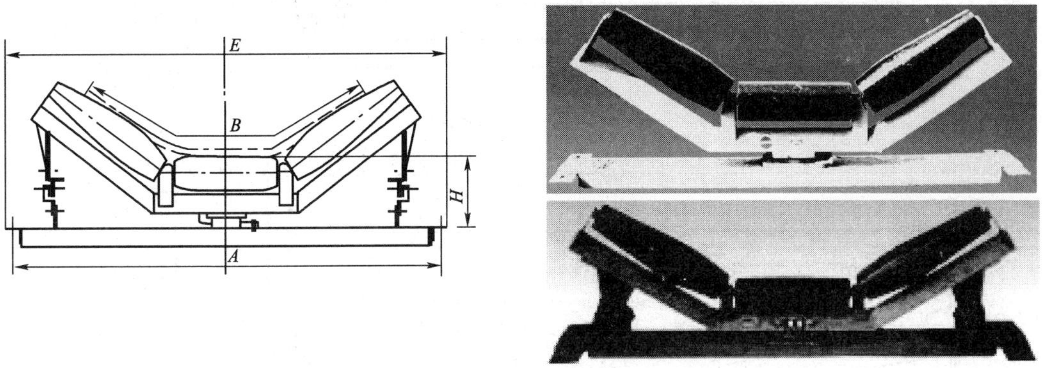

图 2-24　腰鼓形调心托辊

其调心原理为：侧辊大端处线速度与输送带运行速度相同，而其余直径稍小处的线速度则小于带速，带与侧辊小端之间存在着滑动摩擦。当输送带正常运行时，带给予两侧辊小端的摩擦力大小相同，方向均沿着带的运行方向，两边的摩擦力产生的回转力矩互相抵消，托架不发生偏转，但输送机必须要消耗一些功率用于克服由此引起的摩擦合力。当输送带往一侧跑偏时，假设带向右偏，右侧辊所受到的带的摩擦力增大，托架就会围绕止推轴承的中心线偏转一个角度，该角度的大小与跑偏程度有关。这个角度与摩擦调心托辊中的转角本质上一样，力的分析也完全相同，参见图 2-22。

使用前倾式槽形托辊对输送带也能起到调心对中作用，如前所述的 35°槽形前倾托辊。已设置了前倾托辊的输送机，可不设置调心托辊。调心托辊的间距一般为每 10 组托辊中设 1 组调心托辊。

下托辊组为二托辊时，也可以对输送带的运行进行纠偏。

5. 回程托辊

DTⅡ(A)型带式输送机回程托辊的标准式样是平形下托辊(图 2-25)，也是带式输送机使用最多的一种下托辊。若将下托辊做成两辊式 V 形托辊，对防止输送带下分支跑偏有一定的效果，特别是 V 形前倾式下托辊防偏效果更好。所以一些只使用前倾槽形托辊而不设置其他任何调心托辊的输送机，往往在其下分支配设 V 形托辊或 V 形前倾托辊，常常是每隔 7 组平行下托辊连续设 3 组 V 形托辊(图 2-26)或 V 形前倾托辊(图 2-27)。为了更有效地防止输送带下分支跑偏，有的带式输送机还在某些区段加设反 V 形下托辊，如图 2-28 所示。

6. 梳形托辊

梳形托辊的应用可以增加纠偏能力，同时具有一定的清扫作用，故梳形托辊专用于输送粘性物料的输送机(图 2-29)。

7. 螺旋托辊

螺旋托辊的作用除支撑输送带外，还可用于清扫输送带承载面上粘附的物料，其作用与清扫器相同，一般将距离输送机头部滚筒最近的那组下托辊设计为螺旋托辊(图 2-30)。

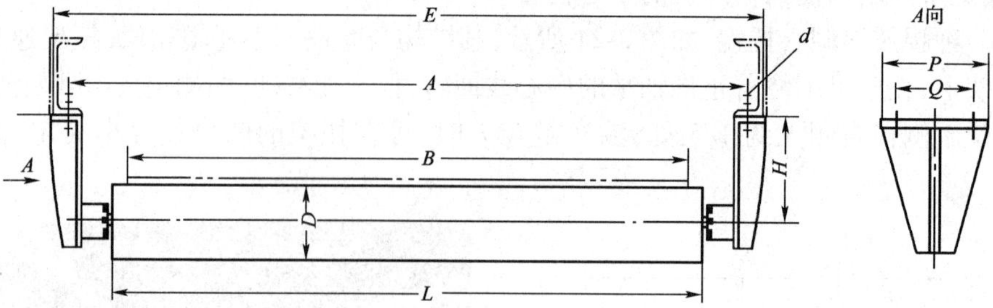

图 2-25　平形下托辊

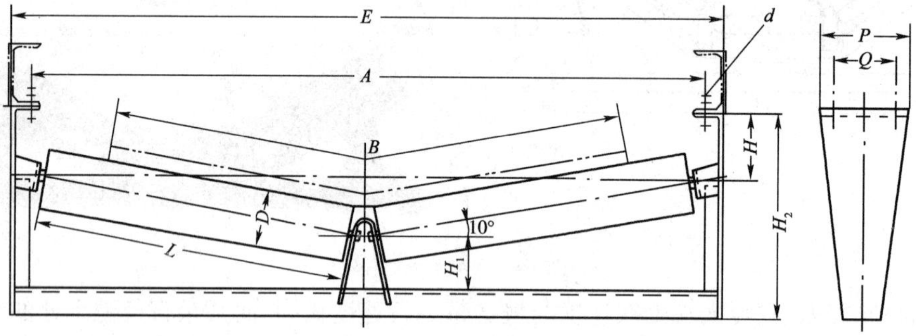

图 2-26　V 形下托辊

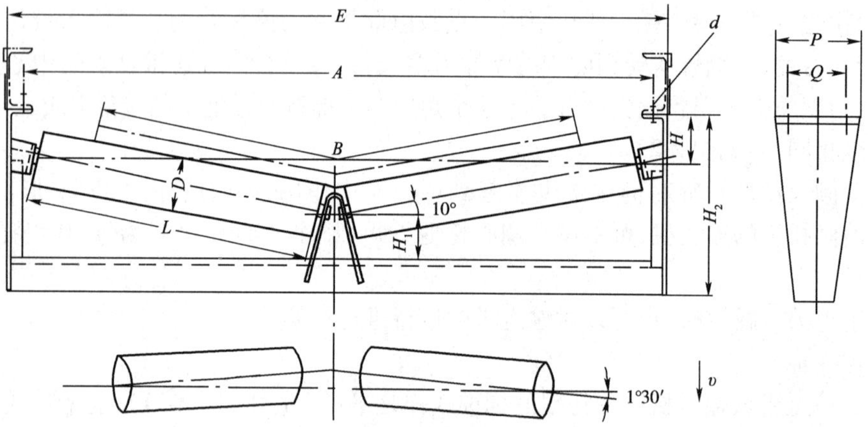

图 2-27　V 形前倾托辊

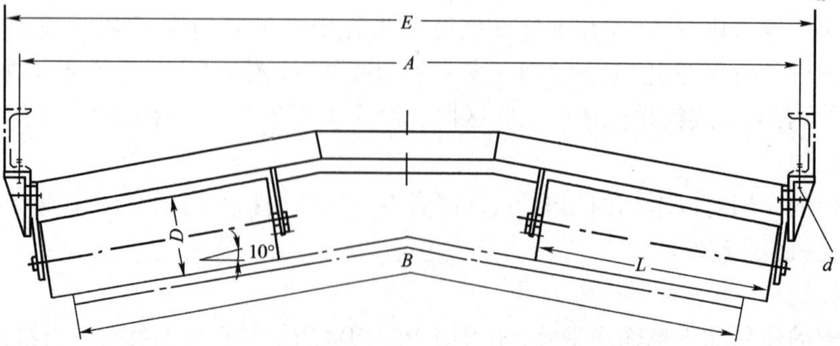

图 2-28　反 V 形下托辊

托辊是带式输送机中使用最多、维修工作量最大的部件，托辊质量的好坏影响胶带的使用寿命和胶带的运行阻力，托辊的维修或更换费用是带式输送机营运费用的重要组成部分。所以对托辊的基本要求是：经久耐用；转动阻力小；托辊表面光滑，径向跳动小；轴承能得到很好的润滑，密封可靠；自重较轻等。

托辊一般做成定轴式的，其构造形式如图 2-31 所示。托辊的外圆部分一般用无缝钢管制

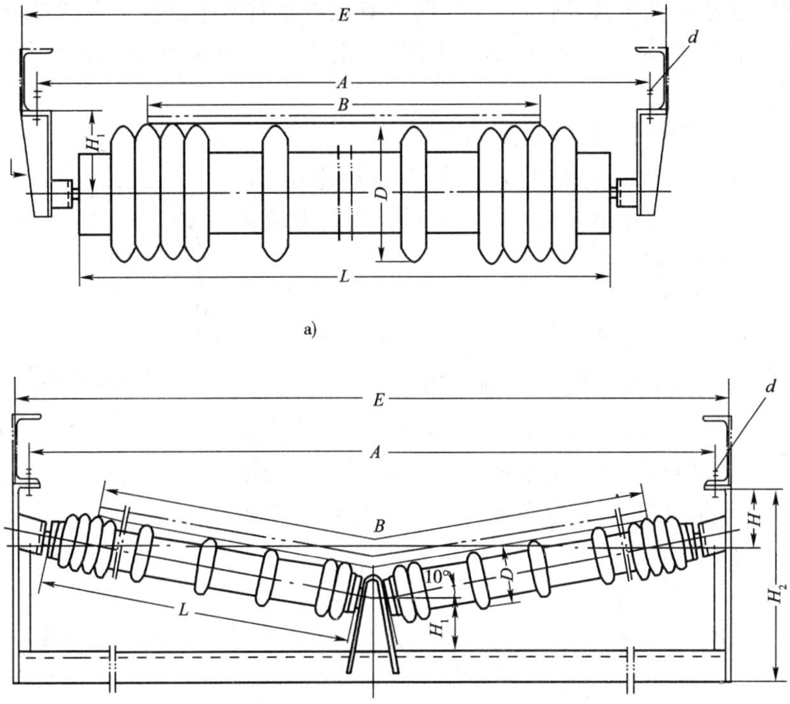

图 2-29　梳形托辊

a）平形梳形托辊；b）V 形梳形托辊

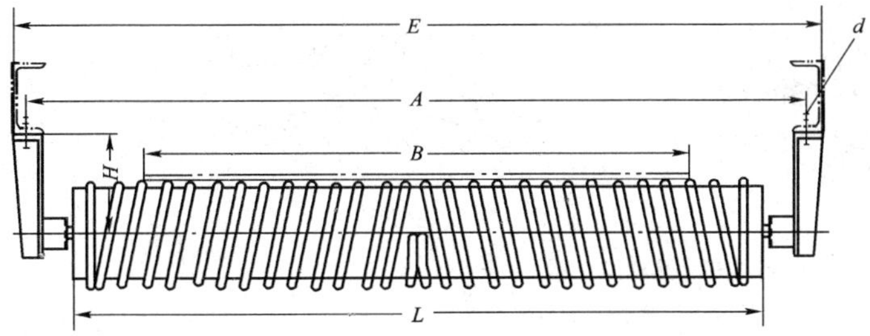

图 2-30　螺旋托辊

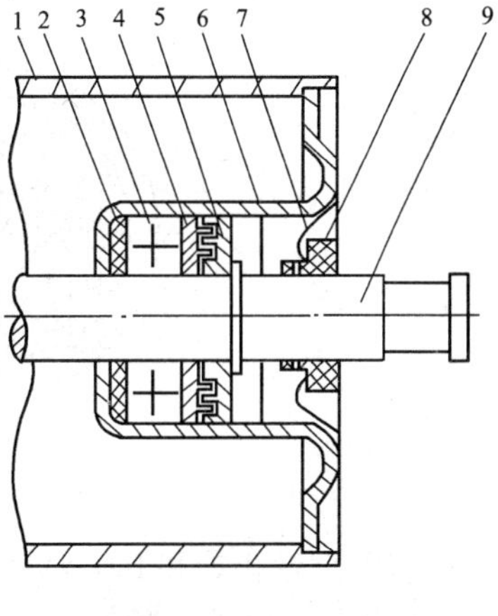

图 2-31　辊子结构图

1-外筒；2-内密封；3-轴承；4-外密封；5-弹簧卡圈；6-轴承座；7-防尘盖；8-橡胶密封圈；9-轴

成。托辊的密封形式很多,但是根据国内外大量的实践经验证明,迷宫式密封的防尘效果最好,阻力也小。托辊的转动阻力不仅与速度有关,而且与轴承及其润滑有很大的关系,轴承采用锂基脂的阻力最小。

六、制动装置

对于倾斜输送物料的带式输送机,为了防止有载停车时发生倒转或顺滑现象,在倾斜的带式输送机的驱动装置中,应设置逆止器或制动器。对于有停车时间要求的水平带式输送机也应设置制动器。

逆止器和制动器都是使输送机停止的装置。

织物芯胶带输送机常采用带式逆止器、滚柱逆止器、NF型逆止器、NJ(NYD)型逆止器、YW系列/YWZ_5型电力液压块式制动器、YZQ系列液压制动器等。

1. 带式逆止器(图2-32)

当倾斜输送机停车时,在负载重量作用下,输送带倒转,将制动斜带带入滚筒与输送带之间,制动带被楔住,输送机即被制动。这种逆止器结构简单、造价便宜,适用于倾角≤18°的上行输送机。缺点是制动时先倒转一段,造成给料处堵塞溢料。头部滚筒直径越大,倒转距离愈长,因此对功率较大的输送机不宜采用。

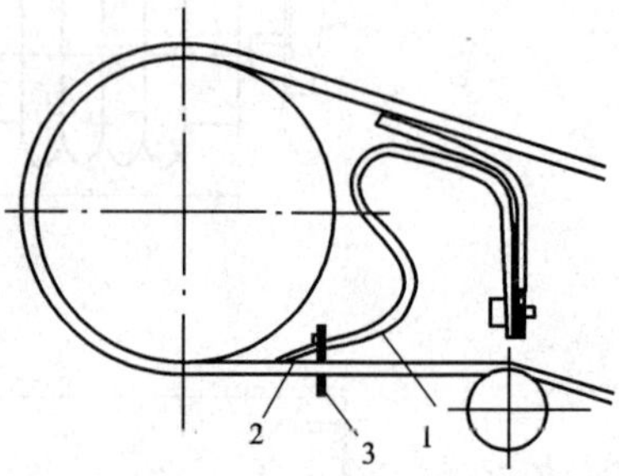

图2-32　带式逆止器

1-限制器;2-制动带;3-固定架

2. 滚柱逆止器

滚柱逆止器实际上就是一个滚柱超越离合器(图2-33),它由内圈、外圈、滚柱和弹簧组成。逆止器的外圈固定不动,在输送机正常工作时,传动滚筒轴带动内圈逆时针方向转动,滚柱在楔形空间的最宽处,因此,滚柱不妨碍内圈的运转;当输送机停车时,在负载重量的作用下,输送带带动传动滚筒轴、内圈顺时针方向转动,滚柱不被内圈推动,并且在弹簧力的作用下,向楔形空间的小端运动,滚柱被楔住,输送机就被制动。这种制动器工作平稳可靠,并且已系列化,可按减速器进行选配,最大制动力矩达48500N·m。

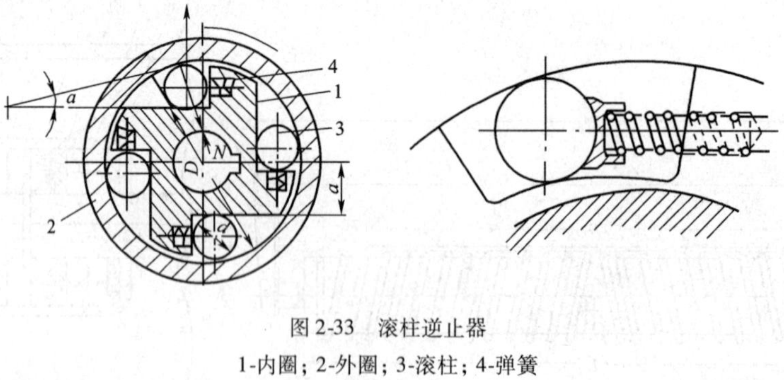

图2-33　滚柱逆止器

1-内圈; 2-外圈; 3-滚柱; 4-弹簧

3. NF型逆止器和NJ(NYD)型逆止器

DTⅡ(A)型带式输送机采用的逆止器主要是NF型非接触式逆止器(图2-34)和NJ(NYD)型接触式逆止器(图2-35),并与Y-DCY(DBY)和Y-ZLY(ZSY)型驱动装置进行了固定配套。前者一般装在减速器高速轴上,适用电动机功率≤90kW,减速器名义中心距≤355mm的驱动装置。后者装在减速器低速轴上,适用电机功率≥110kW,减速器名义中心距≥400mm

的驱动装置。也可根据经验选用滚柱逆止器、减速器自带的逆止器以及近年来开发的其他型式的逆止器。

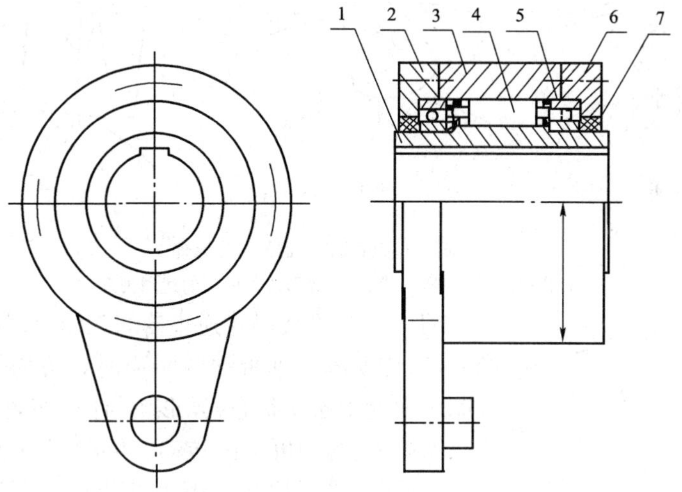

图 2-34　NF 型逆止器

1-内圈;2-防转端盖臂;3-外圈;4-异形楔块;5-轴承;6-前端盖;7-密封圈

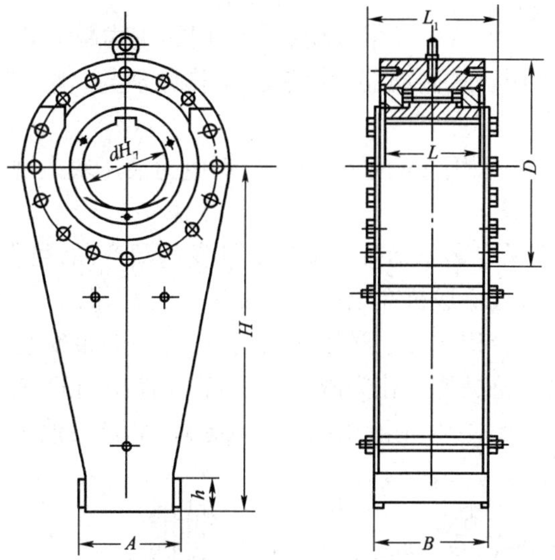

图 2-35　NJ(NYD)型逆止器

逆止器主要由本体和逆止臂构成,逆止臂的一端和逆止器本体的外圈固定在一起,另一端固定在输送机机架或地基上,以得到逆止力矩。

NF 型逆止器和 NJ(NYD)型逆止器都是一种异型楔块逆止器。

NF 型非接触式逆止器的工作原理如图 2-36 所示。

在逆止器内部有若干个异形楔块均匀分布在内、外圈之间,复位弹簧使楔块与内、外圈同时紧密接触。当内圈逆时针旋转时,由于楔块是偏心结构,当内圈转速达到某一值(非接触转速)时,楔块所受的由离心力引起的翻转转矩大于弹簧的复位转矩时,楔块转动,同时与外圈脱离接触,实现无摩擦运转。当内圈反转时,在弹簧力和摩擦力的共同作用下,楔块转动锁紧内外圈,由于外圈固定,从而实现逆止。

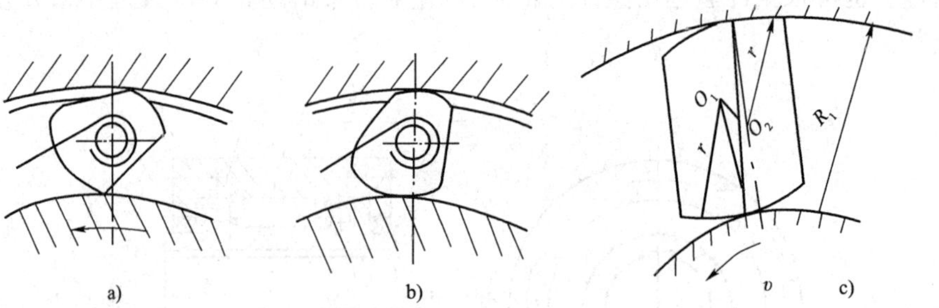

图 2-36 非接触式逆止器的工作原理

a)自由旋转;b)逆止状态;c)异形块与内圈的运动关系

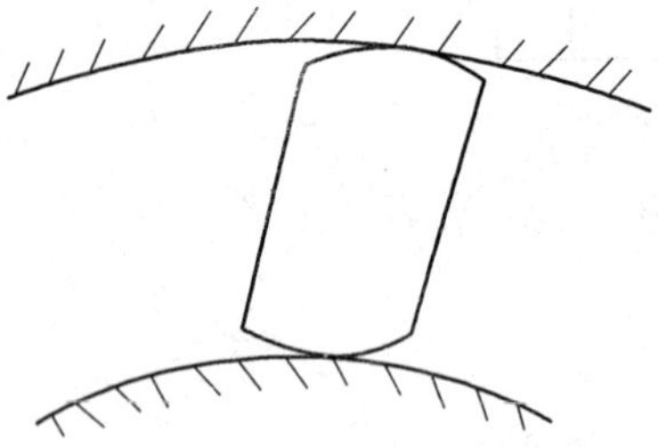

图 2-37 接触式逆止器的工作原理

NJ(NYD)型接触式逆止器的工作原理如图 2-37 所示:外圈固定,传动滚筒轴带动内圈逆时针方向转动时,楔块在内外圈之间处于松动状态,异形块与内、外圈轻轻接触,几乎不产生摩擦力,内圈可自由转动。传动滚筒轴带动内圈顺时针方向转动时,异形块在摩擦力的作用下逐渐楔紧内外圈,达到逆止的目的。

4. 块式制动器

带式输送机常用的块式制动器根据松闸器不同可分为:电磁块式制动器和电力液压块式制动器,其结构、工作原理与《港口起重机械》中介绍的块式制动器相同。

DTⅡ(A)型带式输送机采用 YW 系列/YWZ_5 型电力液压块式制动器,如图 2-38 所示。

5. YZQ 系列液压制动器

YZQ 系列液压制动器是专为下运带式输送机开发的新产品,可在停机时使下运带式输送机适时制动,并确保下运带式输送机在工作中不发生"飞车"事故。

液压制动的原理是:将容积式油泵联接在输送机上,一般泵安装在驱动装置的高速轴上。当需要工作制动时,油泵将机械能转化为液压能,然后在控制阀的节流口上将液压能再转化为热能,从而实现制动目的。图 2-39 是液压调压制动原理示意图:油泵由输送机驱动,当输送机

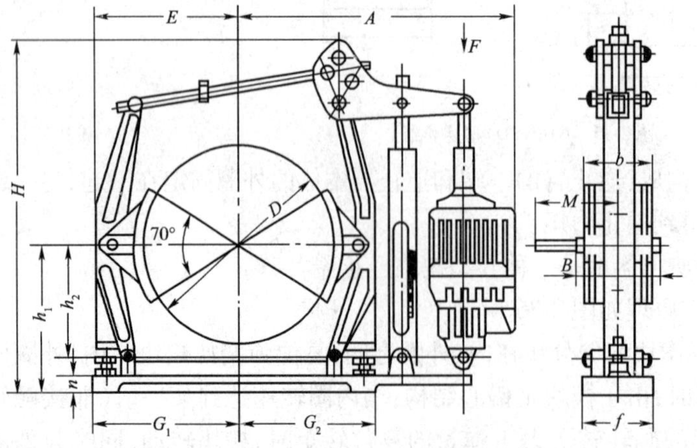

图 2-38 YWZ_5 型电力液压块式制动器

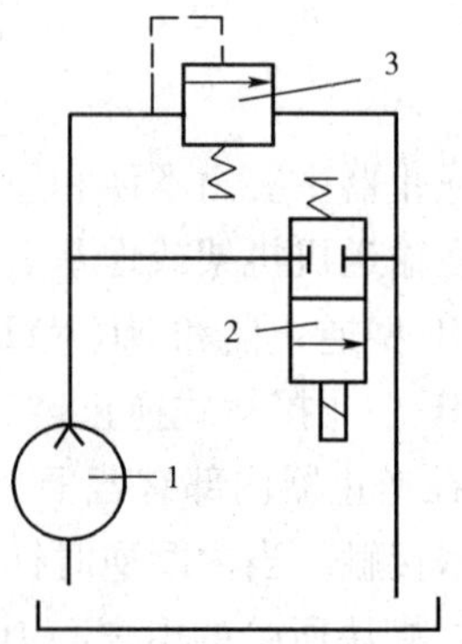

图 2-39 液压调压制动原理示意图

1-油泵;2-二位二通电磁阀;3-压力阀

正常运行时，二位二通电磁换向阀通电，使二位阀处于下位（接通状态），油泵压出的压力油经过二位阀直接返回油箱，此时，泵卸荷，泵出口的油压无制动力矩输出，输送机的正常运行不受影响。当输送机需要工作制动时，使电磁阀断电，二位二通电磁换向处于上位（关闭状态），泵输出的压力油只能经过压力阀回到油箱，此时泵口的油压取决于压力阀调定的压力值，泵口有制动力矩输出，输出的制动力矩与油泵的油压和排量成正比，与转速无关。

YZQ 系列液压制动器的特点如下：

（1）具有制动力矩自适功能：无需外部供给信息，完全依靠自身液压机构感知下运带载荷状况，自适应调整制动力矩，故能真实有效地实现从空载到重载各种条件下平稳且及时的“软制动”；

（2）具有失电自动保护功能：无需外部指令，一遇失电随即制动，且效果与正常制动一样是“软制动”，也不需要大蓄电池或蓄能器这类对日常维护有依赖性的装置，故能切实可靠地实现失电保护；

（3）具有分载护运功能：在下运带遭遇严重超载，有“飞车”危险时，YZQ 系列液压制动器可帮助下运带驱动电机一臂之力，分担超载载荷，阻止飞车事故，故能大大提高下运带的运行安全性；

（4）使用简单、性能可靠：安装布置简便，不影响带式输送机驱动机组的固有布局，无需复杂的电控系统，无需司机操作控制，无需专门维护措施，故障率低，寿命长。

七、拉紧装置

1. 拉紧装置的作用

带式输送机中必须装有拉紧装置，它的作用是：

（1）保证输送带在传动滚筒的绕出端具有足够的张力，以满足传动滚筒的摩擦传动要求；

（2）保证输送带最小张力点的张力，以限制输送带在托辊之间的垂度，防止撒料和运动阻力的增加；

（3）补偿输送带的塑性伸长和提供不同工况下的不同的拉紧力；

（4）为输送带接头提供必要的行程。

2. 拉紧装置的布置

一般情况下，布置拉紧装置时应考虑以下几点：

（1）拉紧装置应尽可能布置在输送带的张力最小处。对于长度在 300m 以上的水平或坡度在 5% 以下的倾斜输送机，拉紧装置应设在紧靠传动滚筒的无载分支上；对于距离较短的输送机和坡度在 5% 以上的上行输送机，张紧装置多半布置在输送机尾部，并以尾部滚筒作为拉紧滚筒。

（2）在双滚筒驱动时，一般拉紧装置设置在后一个传动滚筒的绕出点。

（3）采用任何形式的拉紧装置都应使输送带在拉紧滚筒的绕入和绕出分支方向与滚筒位移线平行，而且施加的拉紧力要通过滚筒中心。

3. 拉紧装置的种类

带式输送机采用的拉紧装置，常见的有螺旋拉紧装置、车式拉紧装置、垂直重锤拉紧装置和绞车拉紧装置等四种。

1）螺旋式拉紧装置（图 2-40）

螺旋式拉紧装置中的拉紧滚筒同时为输送机末端的改向滚筒，滚筒的轴承座安装在活动架上,活动架可在导轨上滑动,活动架上有螺母,利用人力旋转螺杆使活动架上的螺母同活动架一起前进或后退,从而达到拉紧或放松的目的。这种拉紧装置的优点是结构简单、外形尺寸小。缺点是拉紧行程小且拉紧力不能保持恒定,因此,必须定期进行检查和调整。螺旋式拉紧装置一般用于机长在 30 ~ 50m、功率较小的带式输送机。

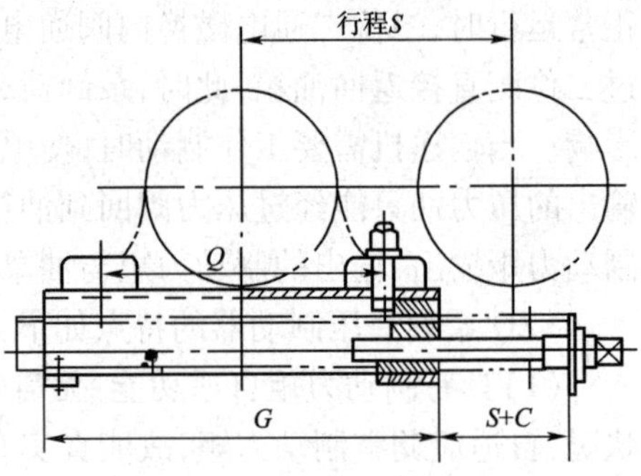

图 2-40　螺旋拉紧装置

2)车式拉紧装置(图 2-41)

车式拉紧装置把拉紧滚筒安装在小车上,小车可被重锤所牵引而沿水平的或倾斜的导轨移动。它能保证输送带在各种运行状态下有恒定的拉紧力,可以自动补偿由于温度改变、磨损而引起的输送带伸长的变化,拉紧力的大小决定于重锤的重量。车式拉紧装置的外形尺寸大、占地多、重量大,适用于运距较长、功率较大的输送机。

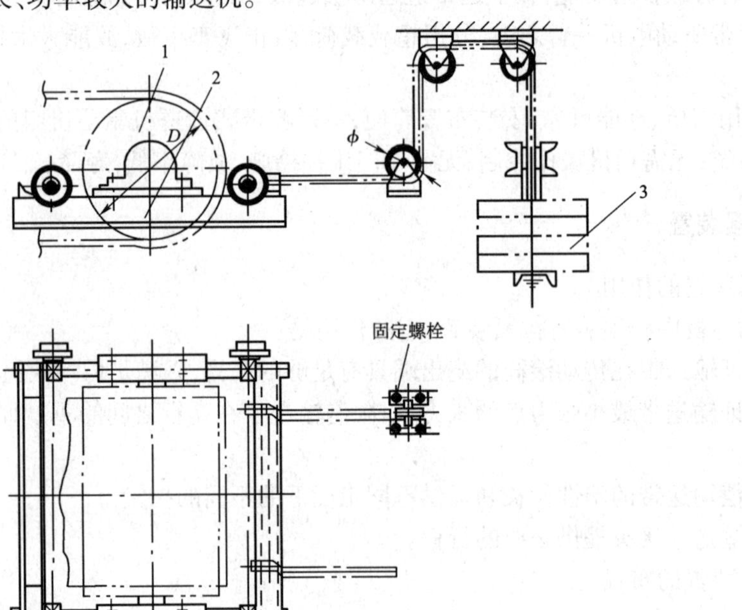

图 2-41　车式拉紧装置

1-拉紧滚筒;2-小车;3-重锤

3)垂直重锤拉紧装置(图 2-42)

垂直重锤拉紧装置与车式拉紧装置一样能保证输送带有恒定的拉紧力。它用于车式拉紧装置布置有困难的场合,适用于安装在高栈桥上的输送机,因为下面有足够空间放置拉紧滚筒、重锤及满足拉紧行程之需。拉紧装置可以布置在离传动滚筒不远的无载分支上,所需的重锤重量最小。它的缺点是要增加改向滚筒的数目,增加输送带的弯曲次数,对输送带寿命不利,检修也麻烦,而且物料容易掉入输送带与拉紧滚筒之间而损坏输送带。

4)绞车拉紧装置

绞车拉紧装置可以是手动的和电动的。

手动绞车一般应用于中等长度的带式输送机。为了能进行人工操作,手动绞车的传动装置应该具有较大的减速比,常采用蜗轮蜗杆减速器,手动绞车也可以通过液压来实现。

电动绞车(图2-43)一般应用于长距离的带式输送机,同样也可以通过液压装置进行工作。电动绞车拉紧装置由绞车、拉紧钢丝绳、滑轮组、拉紧小车等组成。为保证输送机停机时得到合适的拉紧力,有的电动绞车拉紧装置上还设有拉力传感器。为使拉紧装置固定,拉紧绞车上需设置制动器。

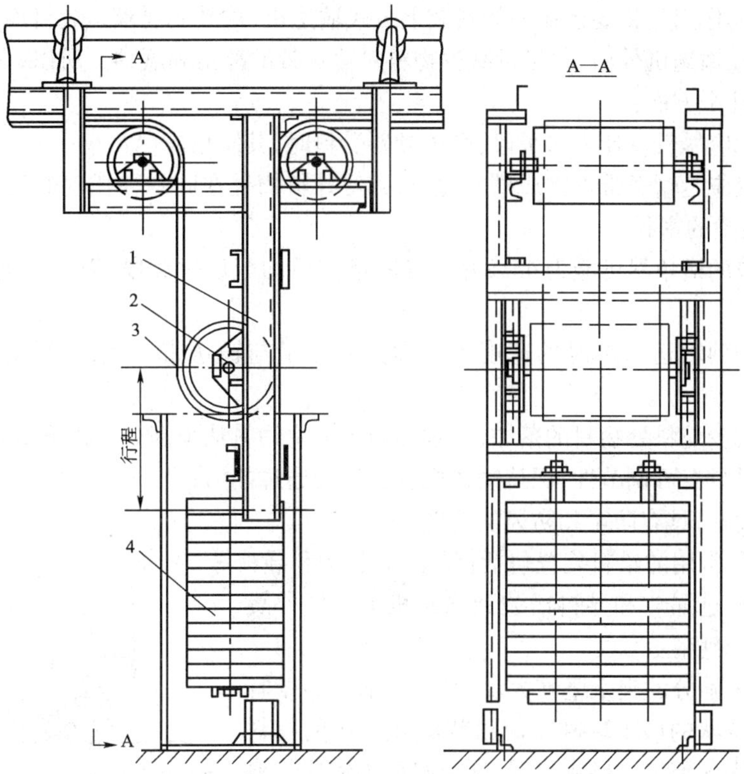

图2-42　垂直重锤拉紧装置

1-固定导轨;2-移动支架;3-拉紧滚筒;4-重锤

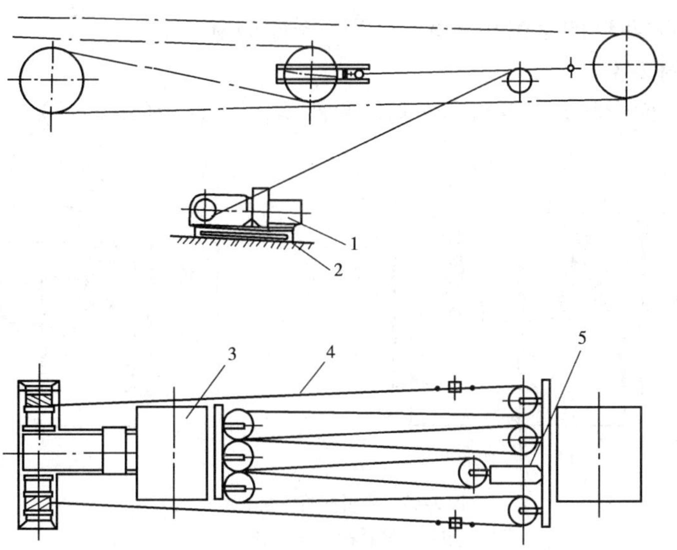

图2-43　电动绞车拉紧装置

1-电动机;2-制动器;3-拉紧小车;4-钢丝绳;5-拉力传感器

八、给料装置

有研究表明:长度小于 250m 的带式输送机,输送带的使用寿命与给料装置有较大的关系。

给料装置的作用是将要运输的物料装上带式输送机,对其的要求是装料均匀,能防止物料在装载时撒漏在输送机外面,并尽量减少物料对输送带的冲击和磨损。所以,在设计给料装置时应注意以下几个方面:

(1)受料段应尽量设计为水平段,必须倾斜受料时,其倾角应尽量小;

(2)受料点应是输送带正常成槽的地方,并使导料槽处在同一种托辊槽角上,以确保受料顺利,方便导料槽的密封;

(3)受料段的槽角尽可能为45°,并在导料槽前后均配设过渡段,以更好地消除导料槽撒料的可能性;

(4)物料加到输送带上时的速度大小和方向尽量与输送带一致;尽量对准输送带中心加料;

(5)尽量减少受料处物料的落差,特别要防止大块物料从很高处直接下落到输送带上;

(6)给料量具有可调节性,保持输送机有良好的通过能力;

(7)耐磨性好,具有防尘和防风的功能。

带式输送机常用的给料装置包括:漏斗、导料槽和导板等。

散粒物料通过漏斗和导料槽装到输送机上。成件货物可沿着导板滑到带上。

对于输送未筛分的夹杂坚硬大块的物料,漏斗后壁宜做成多孔的或条状的(图2-44),使粉状的和小块的物料能透过空隙预先落到带上形成垫层,从而避免了大块物料对带的直接冲击。

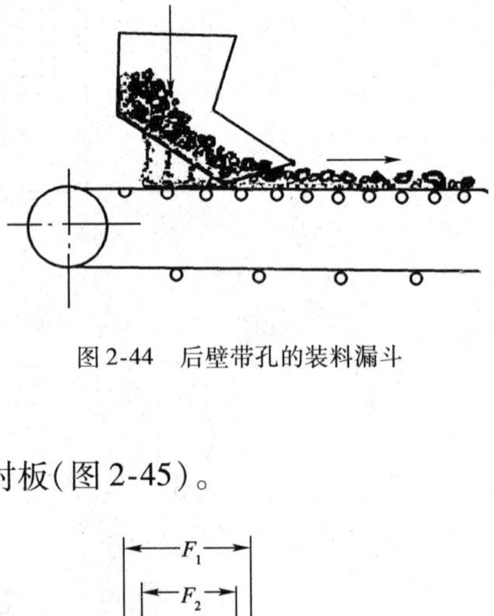

图2-44　后壁带孔的装料漏斗

散粒物料的装料漏斗和导料槽的后壁应有适当的倾斜度,通常比物料对斗壁的摩擦角大5°~10°。漏斗的宽度应不大于带宽的2/3。

导料槽槽体断面形状有矩形口和喇叭口两种,均可带衬板(图2-45)。

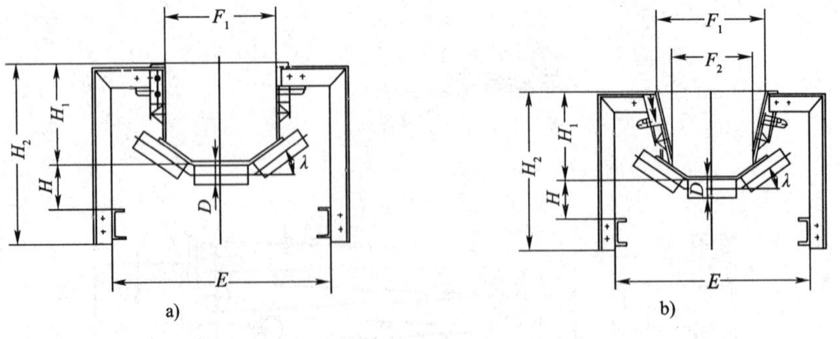

图2-45　导料槽槽体断面形状

a)矩形口导料槽;b)喇叭口导料槽

为了防止大块物料堵塞在导料槽两侧板之间,侧板不是平行布置,而是向前扩张布置,如图2-46所示。为减少物料对漏斗的冲击,用可更换的耐磨衬板1镶嵌在直接受物料冲击的内侧。为了防止粉料从侧板下缘与带之间的缝隙漏出，在侧板下缘镶一条厚 8～16mm 的密封用硬橡胶条 2。

九、卸料装置

输送机最简单的卸料方法是通过端部滚筒将物料卸到料堆上。若要在头部以外的部位进行卸料，需要借助卸料装置进行卸料。

采用端部滚筒卸料不会产生附加阻力，适合于卸料点固定的场合。在卸料滚筒处需加罩壳以控制物流方向，必要时可增设一个合适的溜槽。

带式输送机在中间任意点卸料可采用：犁式卸料器或卸料车卸料。

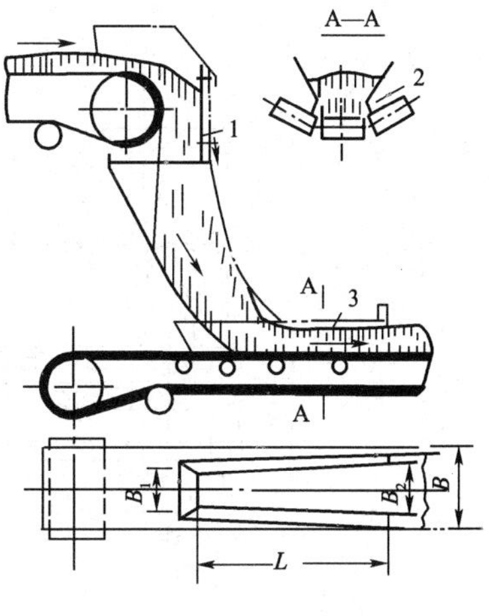

图 2-46　带式输送机装料装置

1-耐磨衬板；2-硬橡胶条；3-导料槽

1. 犁式卸料器

犁式卸料器用于输送机水平段任意点卸料，有单侧和双侧卸料两种基本形式。其中单侧卸料又有左侧或右侧两种，均为可变槽角卸料器，适用于带速≤2.5m/s、物料粒度 25mm 以下，且磨琢性较小、输送带采用硫化接头的输送机。图 2-47、图 2-48 所示分别为电动双侧犁式卸料器和电动单侧犁式卸料器。

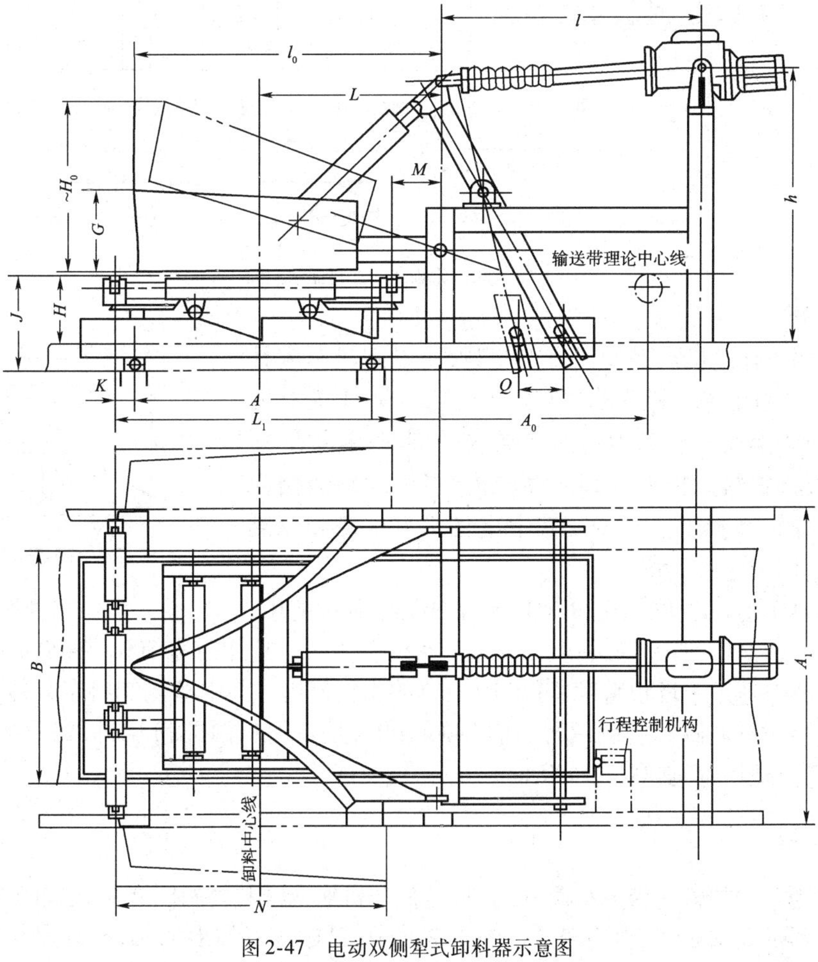

图 2-47　电动双侧犁式卸料器示意图

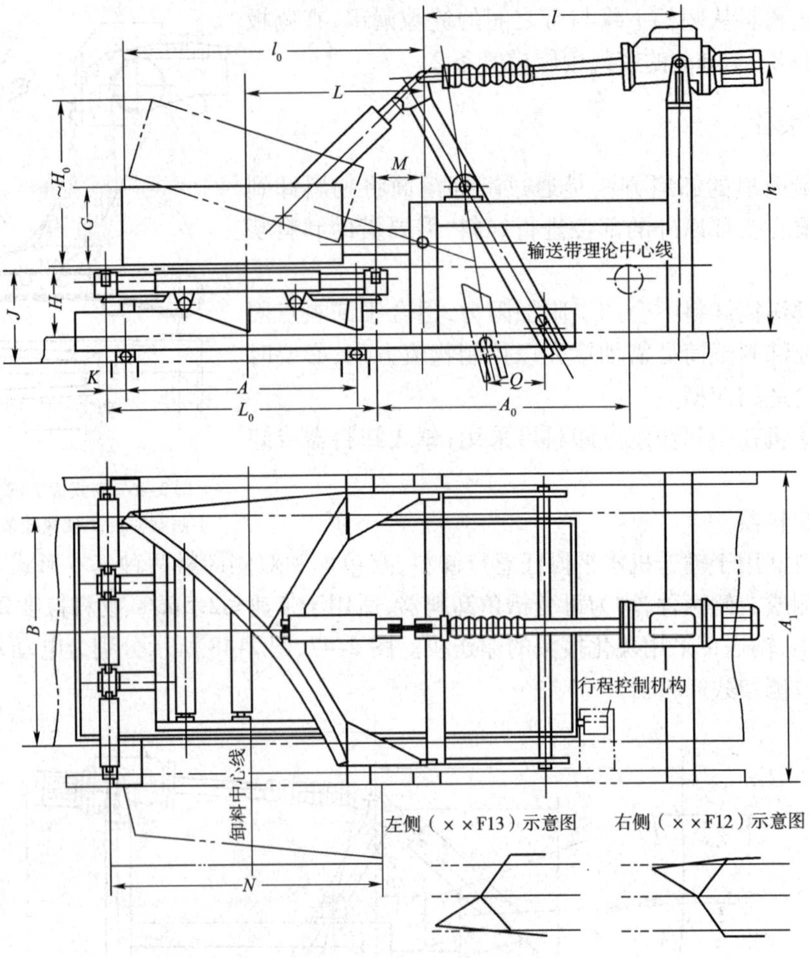

图 2-48　电动单侧犁式卸料器示意图

2. 卸料车

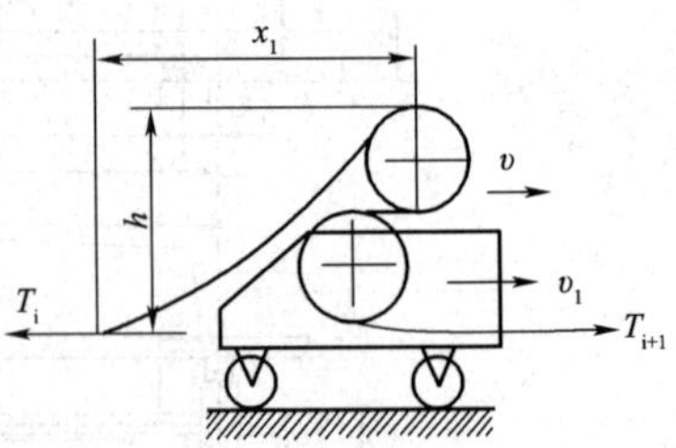

图 2-49　卸料车

卸料车用于输送机水平段任意点卸料，所以卸料车应具有移动能力，能够沿输送机移动。卸料车（图 2-49）上装有两个滚筒，这两个滚筒在起到为输送带导向的同时，利用上面的一个滚筒，将物料抛出卸到卸料溜槽内，再由卸料溜槽卸出。卸料车有轻型和重型两种。其中重型又有单侧和双侧卸料两种，适用带速≤2.5m/s。

轻型卸料车适用于堆积密度 $<1600\text{kg/m}^3$ 的物料使用。漏斗下装有三通溜槽，有左侧、右侧或直通三种卸料方式。适用带宽 500 ~ 1400mm。

重型卸料车适用于堆积密度 $\geqslant 1600\text{kg/m}^3$ 的物料使用。其中双侧卸料车只能双侧同时卸料。单侧卸料车有左侧和右侧两种，溜槽倾角 60°，是专为粘湿的粉状料，如粉矿、精矿设计的，重型卸料车适用带宽 800 ~ 1400 mm。

十、清扫器

清扫器用于清扫输送带上粘附的物料，是输送机输送散状物料时必须设置的部件之一。

对清扫器的要求是：不影响输送带的正常使用；对输送带的损伤小；能确保与输送带横截

面上各点的接触；结构简单、工作可靠、维修方便；对速度和温度有较大的适应性。

带式输送机应设置头部清扫器和空段清扫器。

1. 头部清扫器

头部清扫器一般装在输送机头部卸料滚筒的下方，以清扫输送带工作面上粘附的物料，并使其落入头部漏斗中。否则，当粘有物料的胶带工作面通过下托辊或导向滚筒时，由于物料的积聚而使它们的直径增大，这会加剧导向滚筒、托辊和胶带的磨损，引起胶带跑偏。常用的头部清扫器有：

(1)重锤刮板式清扫器，是DTⅡ(A)型带式输送机的标准型头部清扫器。它采用重锤杠杆使清扫刮板紧贴输送带，更适于输送磨蚀性小的、较干燥的和不易粘附到输送带上的物料的输送机使用(图2-50)。

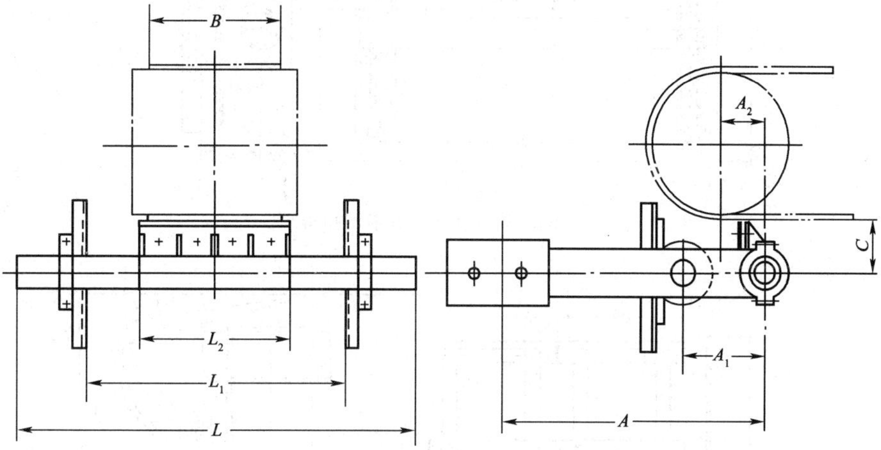

图2-50　重锤刮板式清扫器

(2)硬质合金重锤刮板式清扫器。它是重锤刮板式清扫器的改进型，且可制成双刮板式，以提高清扫效果(图2-51)。

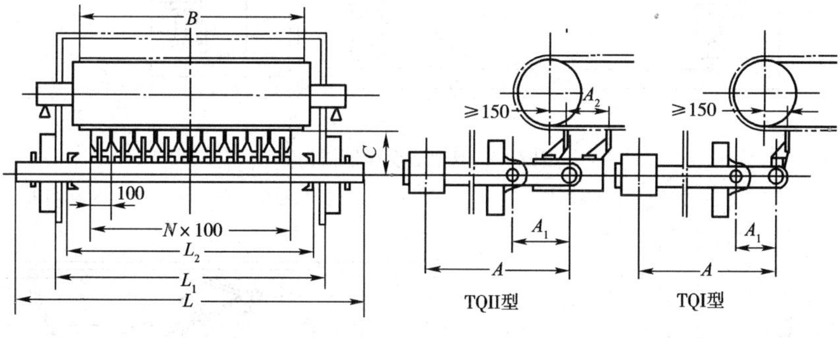

图2-51　硬质合金重锤刮板式清扫器

此外，还有一种橡胶弹簧合金刮板式清扫器，俗称合金橡胶清扫器，它采用橡胶弹簧使清扫刮板紧贴输送带。由于采用了可更换的硬质合金做刮板，刮板寿命得以延长。它有P型和H型两种结构型式，如图2-52、图2-53所示，成对设置，构成双刮板两次清扫，因而清扫效果好，适于输送各类物料的输送机使用。

2. 空段清扫器

空段清扫器用于清除落到输送带下分支非工作面上的杂物，以保护滚筒、上托辊和输送带，避免输送带跑偏。

空段清扫器装于尾部滚筒前下分支输送带非工作面或垂直拉紧装置第一个 90°改向滚筒前。一般为犁式刮板清扫器(图 2-54),清扫器固定于机架,使刮板紧贴于胶带的非工作面。安装时,需使清扫器刮板的犁尖对着输送带运动方向,以便将杂物刮到输送机两侧的地面上。

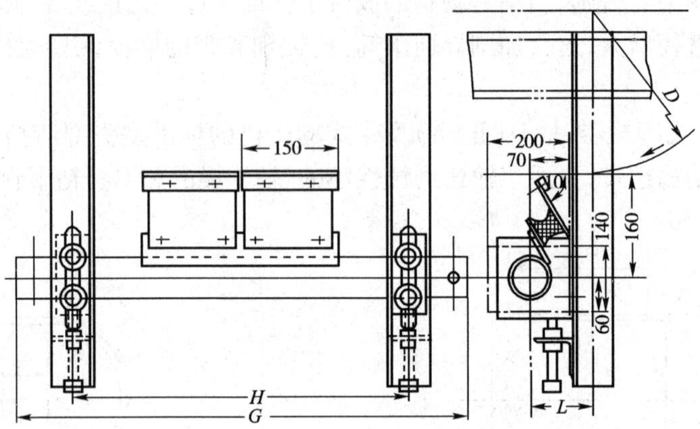

图 2-52　P 型合金橡胶清扫器

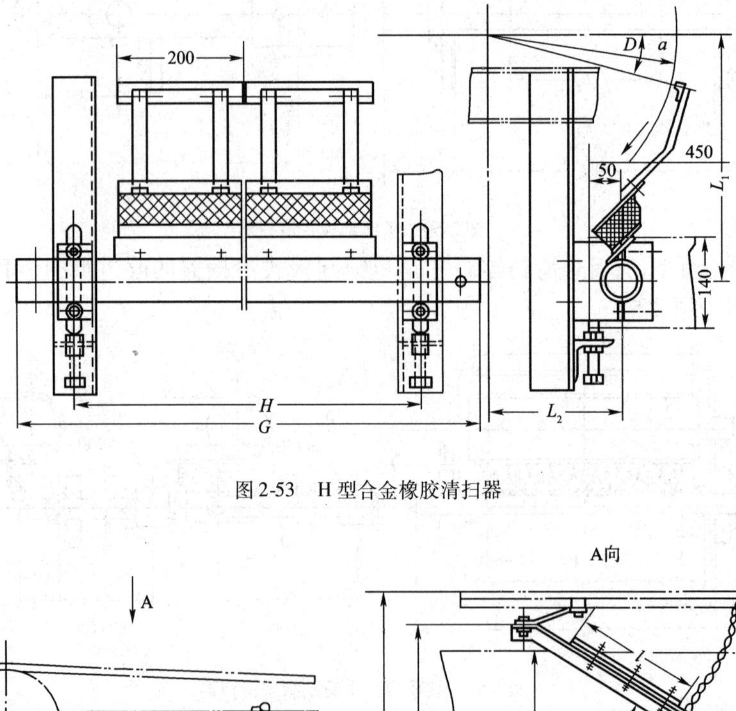

图 2-53　H 型合金橡胶清扫器

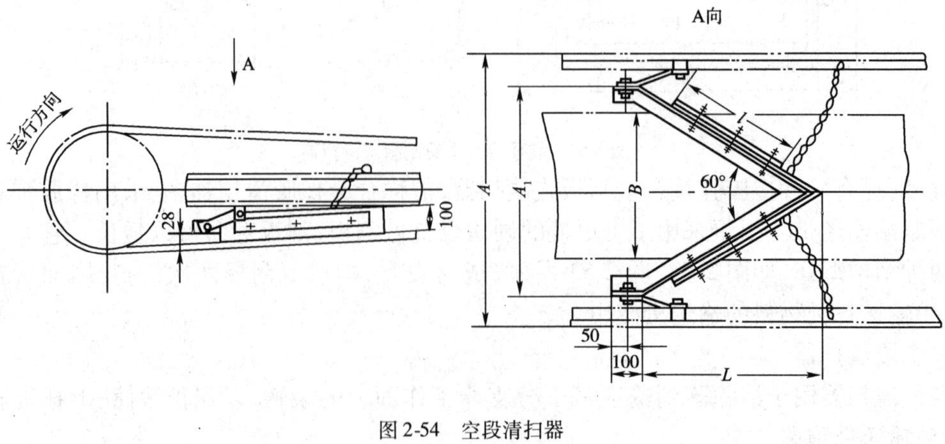

图 2-54　空段清扫器

第三节　DTⅡ(A)型带式输送机的设计计算

一、原始数据及工作条件

带式输送机的设计计算,应具有下列原始数据及工作条件资料:

(1)物料的种类和输送能力;

(2)物料性质:包括粒度及粒度组成、堆积密度、动或静堆积角、物料对输送带的外摩擦系数、温度、湿度、粘度、磨琢性、腐蚀性等;输送成件物品时还包括成件物品的单件重量和外形尺寸;

(3)工作环境:露天、室内、干燥、潮湿、环境温度和空气含尘量大小等;

(4)卸料方式和卸料装置形式;

(5)受料点数目和位置;

(6)输送机布置形式及相关尺寸,包括输送机长度、提升高度和最大倾角等;

(7)驱动装置布置形式,是否需要设置制动器或逆止器。

二、输送能力和输送带宽度

1.输送带上最大的物料横截面积

为保证正常输送条件下不撒料,输送带上允许的最大物料横截面积 S 按式(2-1)计算,图2-55所示。

$$S = S_1 + S_2 \qquad (2\text{-}1)$$

式中:$S_1 = [l_3 + (b - l_3)\cos\lambda]^2 \dfrac{\tan\theta}{6}$

$$S_2 = \left[l_3 + \frac{(b - l_3)}{2}\cos\lambda\right]\left[\frac{(b - l_3)}{2}\sin\lambda\right]$$

b——输送带可用宽度,m,按以下原则取值:

$B \leqslant 2$m 时,$b = 0.9B - 0.05$m;

$B \geqslant 2$m 时,$b = B - 0.25$ m;

l_3——中间辊长度,m;对于一辊或二辊的托辊组,$l_3 = 0$;

θ——物料的运行堆积角,参考表1-3酌定。

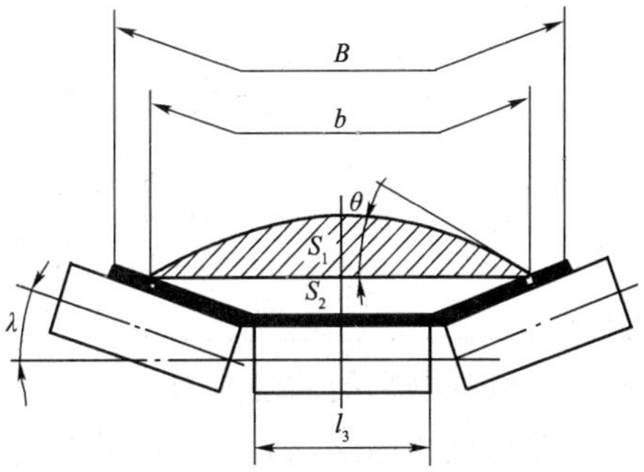

图2-55　等长三辊槽形截面

表2-18列出了不同带宽时的 S 值,可直接查取。

输送带上物料的最大截面积 S(m^2)　　表2-18

托辊槽角 λ (°)	运行堆积角 θ (°)	输送带宽度(mm)					
		500	650	800	1000	1200	1400
0	0	0	0	0	0	0	0
	5	0.0023	0.0042	0.0065	0.0105	0.0155	0.0213
	10	0.0047	0.0084	0.0132	0.0212	0.0312	0.0430
	15	0.0071	0.0128	0.0200	0.0323	0.0474	0.0654
	20	0.0097	0.0174	0.0272	0.0438	0.0644	0.0888
	25	0.0124	0.0222	0.0349	0.0562	0.0825	0.1338
	30	0.0154	0.0275	0.0432	0.0695	0.1021	0.1409
	35	0.0187	0.0334	0.0524	0.0843	0.1238	0.1709

续上表

托辊槽角 λ (°)	运行堆积角 θ (°)	输送带宽度(mm)					
		500	650	800	1000	1200	1400
30	0	0.0143	0.0266	0.0416	0.0686	0.1002	0.1402
	5	0.0163	0.0302	0.0472	0.0776	0.1135	0.1585
	10	0.0184	0.0339	0.0530	0.0868	0.1270	0.1770
	15	0.0205	0.0376	0.0589	0.0963	0.1409	0.1961
	20	0.0227	0.0416	0.0651	0.1062	0.1554	0.2161
	25	0.0251	0.0458	0.0717	0.1167	0.1710	0.2375
	30	0.0277	0.0504	0.0789	0.1282	0.1878	0.2607
	35	0.0306	0.0554	0.0868	0.1409	0.2065	0.2863
35	0	0.0162	0.0300	0.0469	0.0772	0.1128	0.1577
	5	0.0181	0.0334	0.0522	0.0857	0.1254	0.1749
	10	0.0201	0.0369	0.0577	0.0944	0.1381	0.1924
	15	0.0221	0.0404	0.0633	0.1038	0.1512	0.2105
	20	0.0242	0.0442	0.0692	0.1127	0.1650	0.2294
	25	0.0265	0.0482	0.0754	0.1227	0.1797	0.2354
	30	0.0289	0.0525	0.0822	0.1335	0.1956	0.2714
	35	0.0316	0.0573	0.0897	0.1457	0.2133	0.2956
45	0	0.0191	0.0353	0.0553	0.0908	0.1328	0.1852
	5	0.0208	0.0383	0.0600	0.0982	0.1437	0.2001
	10	0.0225	0.0413	0.0647	0.1057	0.1548	0.2152
	15	0.0243	0.0444	0.0696	0.1135	0.1662	0.2308
	20	0.0262	0.0477	0.0747	0.1216	0.1781	0.2472
	25	0.0282	0.0511	0.0802	0.1302	0.1909	0.2646
	30	0.0303	0.0549	0.0861	0.1396	0.2047	0.2835
	35	0.0327	0.0591	0.0927	0.1500	0.2200	0.3044

2. 散状物料的输送能力

输送机的输送能力与输送带宽度和输送机的速度有关。输送机的输送能力可由式(2-2)计算:

$$Q = 3.6Svk\rho \tag{2-2}$$

式中:v——带速,m/s;

k——倾斜输送机面积折减系数,按表 2-19 查取;

ρ——被输送散状物料的堆积密度,kg/m^3。

在设计输送机时,输送能力往往是根据实际生产需要而给定的。

倾斜输送机面积折减系数 *k* 表 2-19

倾角 δ(°)	2	4	6	8	10	12	14	16	18	20
k	1.00	0.99	0.98	0.97	0.95	0.93	0.91	0.89	0.85	0.81

3. 带速的选择

带速是输送机的重要参数，从带式输送机的输送能力公式可以看出，输送机的输送能力与输送带运动速度成正比。技术经济比较证明，在生产率相同的条件下，通常最好采用较小的带宽，而相应地增大带速。这样，输送带单位长度上的载荷减小，输送带的张力随之降低，可以采用强度较低价格较便宜的输送带；输送机的尺寸和自重也将减少。因此，提高带速，减小带宽有很大的经济意义。

然而，输送带的速度是受到限制的。因为带速增加太大，在装载点和装设清扫器处将使输送带磨损加快，且会增加脆性物料的破碎和粉状物料的扬尘程度。带速增加，对输送机的制造质量提出更高的要求，除了要制造高质量的动平衡托辊和滚筒外，还要有寿命长的轴承和结构完善的密封装置等。

因此，在设计带式输送机时，要从生产条件和实际情况出发来选择带速。具体可考虑以下几个方面：

(1)对窄带宜取较低的带速；

(2)长距离、大运量、宽度大的输送机可选择较高带速；

(3)倾角越大、运距越短则带速亦应越小；

(4)粒度大、磨琢性大、易粉碎和易起尘的物料宜选用较低带速；

(5)采用卸料车卸料时，带速不宜超过 2.5m/s，采用犁式卸料器卸料时，带速不宜超过 2m/s；

(6)输送成件物品时，带速不得超过 1.25m/s。

与物料特性有关的常用带速，可按表 2-20 选取。

常用带速(m/s)　　表 2-20

序号	物料特性	物料种类	带宽 B(mm)		
			500,650	800,1000	1200,1400
1	磨琢性小，品质不会因粉化而降低	原煤、砂、泥土、原盐等	0.8～2.5	1.0～3.15	1.5～5.0
2	中等磨琢性，中小粒度(150mm以下)	矿石、石渣、钢渣等	0.8～2.0	1.0～2.5	1.0～4.0
3	磨琢性大，粒度大(350mm以下)	矿石、石渣、钢渣等	0.8～1.6	1.0～2.5	1.0～3.15
4	磨琢性大，易碎	烧结矿、焦炭等	0.8～1.6	0.8～2.0	0.8～2.0
5	磨琢性小，品质会因粉化而降低	谷物、化肥、无烟煤等	0.8～2.0	0.8～2.5	0.8～3.15

4. 输送带宽度

已知输送能力 Q，按式(2-3)先计算需要的物料横截面积 S。

$$S = \frac{Q}{3.6vk\rho} \tag{2-3}$$

根据计算出的 S，从表 2-18 可查得需要的带宽 B。输送大块散状物料的输送机，需按式(2-4)核算带宽。

$$B \geqslant 2d + 200 \tag{2-4}$$

式中：d——输送物料的最大粒度，mm。

不同带宽推荐的输送物料最大粒度见表 2-21。

不同带宽推荐的输送物料最大粒度 表 2-21

带宽 B		500	650	800	1000	1200	1400
粒度	筛分后	100	130	180	250	300	350
	未筛分	150	200	300	400	500	600

注:未筛分物料中的最大粒度不超过 10 %。

在设计计算带式输送机时,应先初选带速,再计算带宽,然后将带速和带宽与表 2-20 对照,如不符合,则重选带速,再算带宽,直至与表 2-20 相符。

三、计算圆周驱动力

1. 计算公式

带式输送机传动滚筒上所需的圆周驱动力 F_U 为输送机所有阻力之和,可按式(2-5)计算:

$$F_U = F_H + F_N + F_{S1} + F_{S2} + F_{St} \tag{2-5}$$

式中:F_H——主要阻力,N;

F_N——附加阻力,N;

F_{S1}——特种主要阻力,N;

F_{S2}——特种附加阻力,N;

F_{St}——倾斜阻力,N。

五种阻力中,F_H、F_N 是所有输送机都有的。其他三类阻力,根据输送机总体布置及附件装设情况决定。

2. 机长大于 80m 的带式输送机圆周驱动力的计算

附加阻力 F_N 的计算比较困难,当输送机的长度大于 80m 时,对机长大于 80 m 的带式输送机,附加阻力 F_N 明显地小于主要阻力 F_H,可用简便的方式进行计算,不会出现严重错误。为此引入系数 C 作简化计算,则公式(2-5)变为下面的形式:

$$F_U = CF_H + F_{S1} + F_{S2} + F_{St} \tag{2-6}$$

式中:C——与输送机长度有关的系数,在机长大于 80 m 时,可按式(2-7)计算,或从表 2-22 查取。

$$C = \frac{L + L_0}{L} \tag{2-7}$$

式中:L_0——附加长度,一般在 70 ~ 100m 之间;

L——输送机长度(头尾滚筒中心距),m;

C——系数(表 2-22),不小于 1.02。

系数 C(装料系数在 0.7 ~ 1.1 范围内) 表 2-22

L(m)	80	100	150	200	300	400	500	600
C	1.92	1.78	1.58	1.45	1.31	1.25	1.20	1.17
L(m)	700	800	900	1000	1500	2000	2500	5000
C	1.14	1.12	1.10	1.09	1.06	1.05	1.04	1.03

用系数 C 简化计算传动滚筒上的圆周力时，只是在输送机长度大于 80 m 的情况下，才能取得系数 C 的可靠值。如果输送机长度小于 80 m，则系数 C 不是定值，使用式(2-6)时，会发生较大误差。故对于长度小于 80 m 的带式输送机圆周驱动力的更精确计算，仍需使用公式(2-5)。

3. 主要阻力

输送机的主要阻力 F_H 是物料及输送带移动和承载分支及回程分支托辊旋转所产生阻力的总和。可用式(2-8)计算：

$$F_H = fLg[q_{RO} + q_{RU} + (2q_B + q_G)\cos\delta] \tag{2-8}$$

式中：f——模拟摩擦系数，根据工作条件及制造安装水平决定，一般可按表 2-23 查取，对于重要的输送机，建议仔细阅读国家标准 GB/T 17119—1997《带承载托辊的带式输送机运行功率和张力的计算》中 5.1.3 节后慎重选择；

g——重力加速度，$g = 9.81\ m/s^2 \approx 10\ m/s^2$；

q_{RO}——承载分支托辊组每米长度旋转部分质量，kg/m，用式(2-9)计算：

$$q_{RO} = \frac{G_1}{a_O} \tag{2-9}$$

G_1——承载分支每组托辊旋转部分质量，kg，从表 2-24 查取；

a_O——承载分支托辊间距，m；

q_{RU}——回程分支托辊组每米长度旋转部分质量，kg/m，用式(2-10)计算：

$$q_{RU} = \frac{G_2}{a_U} \tag{2-10}$$

G_2——回程分支每组托辊旋转部分质量，kg，从表 2-24 查取；

a_U——回程分支托辊间距，m；

q_B——每米长度输送带质量，kg/m，初始计算时可凭经验取值，也可按表 2-25 估计取值，计算完成后，如发现实际选用的 q_B 值与初始计算值有较大出入时，应按实际值重新计算；

q_G——每米长度输送物料质量，kg/m，按式(2-11)计算：

$$q_G = \frac{I_V \cdot \rho}{v} = \frac{I_m}{v} = \frac{Q}{3.6v} \tag{2-11}$$

I_V—— 输送机容积输送能力，m^3/s；

I_m—— 输送机质量输送能力，kg/s；

δ——输送机倾角，(°)。

模拟摩擦系数 f(推荐值)　　表 2-23

安装情况	工作条件	f
水平、向上倾斜及向下倾斜的电动工况	工作环境良好，制造、安装良好，带速低，物料内摩擦系数小	0.020
	按标准设计，制造、调整好，物料内摩擦系数中等	0.022
	多尘，低温，过载，高带速，安装不良，托辊质量差，物料内摩擦系数大	0.023 ~ 0.03
向下倾斜	设计、制造正常，处于发电工况时	0.012 ~ 0.016

托辊参数 表 2-24

带宽 B(mm)	辊径 d(mm)	托辊组旋转部分质量 G_1、G_2(kg)			前倾托辊前倾角 ε
		槽形托辊(三辊式)	V 形托辊(二辊式)	平形托辊(一辊式)	
500	63.5	4.08		3.27	1°30′
	76	5.55		4.41	
	89	6.24		4.78	
650	76	6.09		5.01	1°26′
	89	6.45		5.79	
	108	9.03		7.14	
800	89	7.74	7.74	7.15	1°20′
	108	10.59	9.54	8.78	
	133	16.35	14.76	13.54	
1000	108	12.21		10.43	1°23′
	133	18.9	18.2	16.09	
	159	27.21	25.68	22.27	
1200	108	14.31	13.44	12.5	1°23′
	133	22.14	20.74	19.28	1°23′
	159	31.59	29.1	26.56	1°22′
1400	108	15.96		14.18	1°25′
	133	24.63	23.28	21.83	
	159	34.92	32.54	29.99	

初始计算张力时使用的输送带质量 表 2-25

输送机长度 L(m)	带宽(mm)	输送带质量 q_B(kg/m)	输送带厚度 d(mm)	输送机长度 L(m)	带宽(mm)	输送带质量 q_B(kg/m)	输送带厚度 d(mm)
<50(棉帆布带)	500	6.8	13.5	201~300(尼龙芯带)	800	11.8	13.2
	650	8.8			1000	14.7	
	800	10.9			1200	17.6	
	1000	13.6			1400	20.6	
	1200	16.3		301~500(钢绳芯带)	800	16.8	14
	1400	19			1000	21	
50~100(尼龙芯带)	500	6	11		1200	25.2	
	650	7.8			1400	29.4	
	800	9.6		501~800(钢绳芯带)	800	18.4	16
	1000	12			1000	23	
	1200	14.4			1200	27.6	
	1400	16.8			1400	32.2	
101~200(尼龙芯带)	650	8.6	12.6	801~1000(钢绳芯带)	800	20	17
	800	10.4			1000	25	
	1000	13			1200	30	
	1200	15.6			1400	35	
	1400	18.2					

4. 附加阻力

输送机附加阻力 F_N 包括加料段和加速段输送物料和输送带间的惯性阻力和摩擦阻力 F_{bA}，在加料段加速物料和导料槽两侧栏板间的摩擦阻力 F_f，输送带绕过滚筒的弯曲阻力 F_1 和除传动滚筒外的改向滚筒轴承阻力 F_t 四部分，可用式(2-12)计算：

$$F_N = F_{bA} + F_f + \sum_{i_1=1}^{N_1} F_1(i_1) + \sum_{i_2=1}^{N_2} F_t(i_2) \tag{2-12}$$

式中：N_1——输送带绕过的滚筒次数；

N_2——改向滚筒个数。

$$F_{bA} = I_V \rho (v - v_0) \quad \text{N}$$

$$F_f = \frac{\mu_2 I_V^2 \rho g l_b}{\left(\frac{v + v_0}{2}\right)^2 b_1^2} \quad \text{N}$$

各种帆布输送带：$F_1 = 9B\left(140 + 0.01\frac{F}{B}\right)\frac{d}{D}$ N

钢绳芯输送带： $F_1 = 12B\left(200 + 0.01\frac{F}{B}\right)\frac{d}{D}$ N

$$F_t = 0.005\frac{d_0}{D}F_T \quad \text{N}$$

v_0——在输送带运行方向上物料的输送速度分量，m/s；

b_1——导料槽两栏板间的宽度，m，可查表2-26；

D——滚筒直径，m，从表2-27中查取；

d——输送带厚度，m；

d_0——轴承内径，m，从表2-27中查取；

F——滚筒上输送带平均张力，N；

F_T——作用于滚筒上输送带两边的张力和滚筒旋转部分所受重力的向量和，N；

l_b——加速段长度，$l_{b\,min} = \frac{v^2 - v_0^2}{2g\mu_1}$，m；

μ_1——物料与输送带间的摩擦系数，$\mu_1 = 0.5 \sim 0.7$；

μ_2——物料与导料栏板间的摩擦系数，$\mu_2 = 0.5 \sim 0.7$。

5. 主要特种阻力

主要特种阻力 F_{S1} 包括托辊前倾的摩擦阻力 F_ε 和被输送物料与导料槽栏板间的摩擦阻力 F_{gl} 两部分，按式(2-13)计算：

$$F_{S1} = F_\varepsilon + F_{gl} \tag{2-13}$$

式中：F_ε 按以下两种情况确定：

(1)三个等长辊子的前倾上托辊时：

$$F_\varepsilon = C_\varepsilon \cdot \mu_0 \cdot L_\varepsilon \cdot (q_B + q_G) g\cos\delta\sin\varepsilon \quad \text{N}$$

(2)二辊式前倾下托辊时：

$$F_\varepsilon = \mu_0 \cdot L_\varepsilon \cdot q_B \cdot g \cdot \cos\lambda\cos\delta\sin\varepsilon \quad \text{N}$$

$$F_{gl} = \frac{\mu_2 I_V^2 \rho g l}{v^2 b_1^2} \quad \text{N}$$

式中：C_ε——槽形系数，30°槽角时为0.4，35°槽角时为0.43，45°槽角时为0.5；

μ_0——托辊和输送带间的摩擦系数，一般取为0.3～0.4

L_ε——装有前倾托辊的输送机长度，m；

ε——托辊前倾角度(°)，查表2-24，也可全部取为1°30′；

λ——槽形托辊侧辊轴线与水平线间的夹角，(°)；

l——导料槽栏板长度，m；

b_1——导料槽两栏板间宽度，m，可从表2-26中查取；

μ_2——物料与导料栏板间的摩擦系数，一般取为0.5～0.7。

导料槽栏板内宽、刮板与输送带接触面积 表2-26

带宽 B(mm)	导料栏板内宽 b_1(mm)	刮板与输送带接触面积 $A(m^2)$	
		头部清扫器	空段清扫器
500	0.315	0.005	0.008
650	0.400	0.007	0.01
800	0.495	0.008	0.012
1000	0.610	0.01	0.015
1200	0.730	0.012	0.018
1400	0.850	0.014	0.021

初选滚筒直径和轴承处内径(mm) 表2-27

带宽	传动滚筒		180°尾部改向滚筒		180°中部改向滚筒		180°头部探头滚筒		90°改向滚筒		<45°改向滚筒	
	D	d_0	D	d_0	D	d_0	D	d_0	D	d_0	D	d_0
500	500	80	400	60	400	60	500	80	315	50	250	50
650	500	100	400	100	400	100	500	100	315	60	250	50
	630	100	500	100	500	100	630	120	400	100	315	80
800	500	100	500	120	400	120	500	120	315	80	250	50
	630	140	500	120	500	120	630	160	400	120	315	80
	800	160	630	160	630	160	800	180	500	120	400	100
	1000	180	800	200	800	200	1000	200	630	140	500	120
	1250	200	1000	220	1000	220	1250	220	800	160	630	140
1000	630	120	630	140	500	140	630	160	400	120	315	80
	800	180	630	160	630	160	800	180	500	140	400	120
	1000	200	800	180	800	180	1000	220	630	160	500	140
	1250	220	1000	200	1000	200	1250	240	800	180	630	160
	1400	240	1250	220	12050	220	1400	260	1000	200	800	180
1200	630	140	630	140	500	140	630	160	400	120	315	80
	800	200	630	160	630	160	800	200	500	140	400	120
	1000	220	800	200	800	200	1000	240	630	160	500	140
	1250	260	1000	220	1000	220	1250	260	800	180	630	160
	1400	280	1250	240	1250	240	1400	280	1000	200	800	180

续上表

带宽	传动滚筒		180°尾部改向滚筒		180°中部改向滚筒		180°头部探头滚筒		90°改向滚筒		<45°改向滚筒	
	D	d_0	D	d_0	D	d_0	D	d_0	D	d_0	D	d_0
1400	800	200	630	160	630	160	800	200	500	140	400	120
	1000	220	800	200	800	200	1000	260	630	160	500	140
	1250	260	1000	240	1000	240	1250	280	800	180	630	160
	1400	300	1250	280	1250	280	1400	300	1000	200	800	180

6. 附加特种阻力

附加特种阻力 F_{S2} 包括输送带清扫器摩擦阻力 F_r 和犁式卸料器摩擦阻力 F_a 等部分，按式(2-14)计算：

$$F_{S2} = n_3 \cdot F_r + F_a \tag{2-14}$$

式中：$F_r = Ap\mu_3$　　N

　　$F_a = Bk_2$　　N

n_3——清扫器个数，包括头部清扫器和空段清扫器；

A——一个清扫器和输送带接触面积，m^2，见表2-26；

p——清扫器和输送带间的压力，N/m^2，一般取为 $3 \times 10^4 \sim 10 \times 10^4 N/m^2$；

μ_3——清扫器和输送带间的摩擦系数，一般取为0.5～0.7；

k_2——刮板系数，一般取为1500N/m。

7. 倾斜阻力

倾斜阻力按式(2-15)计算：

$$F_{St} = q_G \cdot g \cdot H \tag{2-15}$$

式中：H——输送机受料点与卸料点间的高度差，m，输送机向上提升时，H 取为正值；输送机向下运输时，H 取为负值。

四、输送带张力

输送带张力在整个长度上是变化的，影响因素很多，为保证输送机的正常运行，输送带张力必须满足以下两个条件：

(1)在任何负载情况下，作用在输送带上的张力应使得全部传动滚筒上的圆周力是通过摩擦传递到输送带上，而输送带与滚筒间应保证不打滑；

(2)作用在输送带上的张力应足够大，使输送带在两组托辊间的垂度小于一定值。

1. 输送带不打滑的条件

圆周驱动力 F_U 通过摩擦传递到输送带上，参见图2-56。

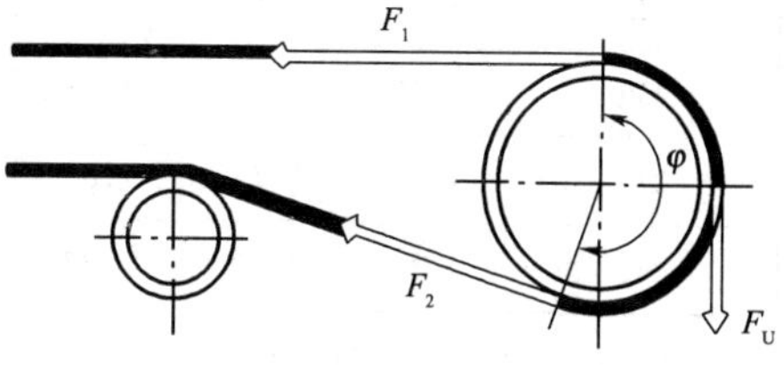

图2-56　作用于输送带的张力

为保证输送带工作时不打滑，需在回程带上保持最小张力 F_{2min}。

$$F_{2min} \geqslant F_{Umax} \frac{1}{e^{\mu\varphi} - 1} \tag{2-16}$$

式中：F_{Umax}——输送机满载起动或制动时出现的最大圆周驱动力，起动时，$F_{Umax}=K_A F_U$，K_A 为起动系数，$K_A=1.3\sim1.7$；

μ——传动滚筒与输送带间的摩擦系数，见表 2-28；

φ——输送带在所有传动滚筒上的围包角，rad。其值根据几何条件确定，一般单滚筒驱动取 3.3 ~ 3.7，折合 $\varphi=190°\sim210°$，双滚筒驱动取 7.7，折合 $\varphi=400°$；

$e^{\mu\varphi}$——欧拉系数，见表 2-29。

传动滚筒和橡胶带之间的摩擦系数 μ 表 2-28

运行条件	滚筒覆盖面			
	光面钢滚筒	带人字形沟槽的橡胶覆面	带人字形沟槽的聚氨酯覆面	带人字形沟槽的陶瓷覆面
干态运行	0.35 ~ 0.40	0.40 ~ 0.45	0.35 ~ 0.40	0.40 ~ 0.45
清洁潮湿（有水）运行	0.10	0.35	0.35	0.35 ~ 0.40
污浊的湿态（泥浆、粘土）运行	0.05 ~ 0.10	0.25 ~ 0.30	0.20	0.35

欧 拉 系 数 $e^{\mu\varphi}$ 表 2-29

围包角（°）	摩擦系数 μ									
	0.05	0.10	0.15	0.20	0.25	0.30	0.35	0.40	0.45	0.50
170	1.16	1.35	1.56	1.81	2.10	2.44	2.82	3.28	3.80	4.41
175	1.17	1.36	1.58	1.84	2.15	2.50	2.91	3.39	3.95	4.60
180	1.17	1.37	1.60	1.88	2.20	2.56	3.00	3.51	4.12	4.82
185	1.18	1.38	1.62	1.91	2.24	2.63	3.10	3.64	4.27	5.02
190	1.18	1.39	1.64	1.94	2.29	2.70	3.18	3.75	4.44	5.25
195	1.19	1.41	1.67	1.97	2.34	2.78	3.29	3.90	4.62	5.48
200	1.19	1.42	1.69	2.01	2.40	2.85	3.40	4.04	4.82	5.73
205	1.20	1.43	1.71	2.05	2.45	2.92	3.50	4.18	5.00	5.98
210	1.20	1.44	1.73	2.08	2.50	3.00	3.60	4.32	5.20	6.23
215	1.21	1.16	1.76	2.12	2.55	3.08	3.72	4.48	5.41	6.53
220	1.21	1.47	1.78	2.16	2.60	3.17	3.83	4.65	5.64	6.82
225	1.22	1.48	1.80	2.19	2.67	3.25	3.95	4.81	5.85	7.12
230	1.22	1.19	1.83	2.23	2.73	3.32	4.07	4.97	6.09	7.43
235	1.23	1.51	1.85	2.27	2.79	3.42	4.20	5.16	6.33	7.77
240	1.23	1.52	1.87	2.32	2.85	3.51	4.34	5.35	6.60	8.13

2. 输送带下垂度校核

为了限制输送带在两组托辊间的下垂度，作用在输送带上任意一点的最小张力 F_{min} 需按式（2-17）和式（2-18）进行验算。

承载分支
$$F_{min}\geqslant\frac{a_0(q_B+q_C)g}{8(h/a)_{adm}} \tag{2-17}$$

回程分支
$$F_{\min} \geqslant \frac{a_U \cdot q_B \cdot g}{8(h/a)_{adm}} \tag{2-18}$$

式中：$(h/a)_{adm}$——允许最大下垂度，一般不大于0.01；

a_0——承载上托辊间距（最小张力处）；

a_U——回程下托辊间距（最小张力处）。

3.特性点张力计算

为了确定输送带作用于各改向滚筒的合张力、拉紧装置拉紧力和凸凹弧起始点张力等特性点张力，需按逐点张力计算法，进行各特性点张力计算。

1）逐点张力计算通式

已知输送带第 $i-1$ 点张力为 S_{i-1} 时，沿输送带运行方向上第 i 点的张力 S_i 值为：
$$S_i = S_{i-1} + F_i \tag{2-19}$$

式中：F_i——i 至 $i-1$ 点之间各阻力的和。

根据公式（2-5）可导出 S_i 的计算通式为：
$$S_i = S_{i-1} + (F_{Hi} + F_{Ni} + F_{S1i} + F_{S2i} + F_{Sti}) \tag{2-20}$$

实际上 F_i 只能是括号中这些阻力的一部分。而究竟包括哪些阻力，则需要具体分析。

为简化计算，输送带经过改向滚筒的弯曲阻力 F_l 和改向滚筒轴承阻力 F_t 之和 W 可用式（2-21）计算：
$$W = (K' - 1)S_{i-1} \tag{2-21}$$

式中：S_{i-1}——改向滚筒趋入点张力，N；

K'——改向滚筒阻力系数：

$\varphi' \approx 45°$时，为1.02；

$\varphi' \approx 90°$时，为1.03；

$\varphi' \approx 180°$时，为1.04。

φ'为输送带在改向滚筒上的围包角。在顺序计算各点张力时，式（2-20）也可表示为：
$$S_i = K'S_{i-1} \tag{2-22}$$

式中：S_i——改向滚筒奔离点张力，N。

2）逐点计算法的计算程序

逐点计算法是从传动滚筒上奔离点输送带张力 S_1 开始沿输送带运行方向，逐点计算到传动滚筒趋入点输送带张力 S_n。

（1）首先，根据不打滑条件和输送带回程分支下垂度校核两个条件确定 $F_{2\min}$ 值。取两者中的较大值定为 $F_{2\min}$；

（2）令 $F_{2\min} = S_1$，然后按式（2-20）进行逐点计算；

（3）尾部改向滚筒的奔离点为承载分支最小张力处。计算出该点张力后，应与输送带承载分支下垂度校核时得出的 $F_{\min}$ 值进行比较，取两者中的较大值作为该点张力，再进行随后的计算。

4.滚筒合力

传动滚筒合力 F_n 按式（2-23）计算：
$$F_n = F_{U\max} + 2F_{2\min} \tag{2-23}$$

各改向滚筒合力，根据带式输送机不同的总体布置及改向滚筒所处的位置分别确定。

为减少改向滚筒品种，一般相同直径的改向滚筒总是取为完全一样的型号。

五、传动滚筒的计算

1. 传动滚筒轴功率

传动滚筒轴功率 P_A 按式(2-24)计算：

$$P_A = \frac{F_U \cdot v}{1000} \quad (2\text{-}24)$$

2. 传动滚筒的最大扭矩

传动滚筒的最大扭矩 M_{max} 按式(2-25)计算：

$$M_{max} = \frac{F_{Umax} \cdot D}{2000} \quad (2\text{-}25)$$

式中：D——传动滚筒直径，mm。

根据带宽 B、最大扭矩 M_{max} 和合力 F_n，可查附表1最终选择传动滚筒型号。传动滚筒型号亦即输送机代号。

3. 长度小于80m的带式输送机功率的简易计算

对于 $L<80$m 的带式输送机，若实在无条件直接计算出 F_U 时，根据经验可按式(2-26)进行简易计算：

$$P_A = (k_1L_nv + k_2L_nQ \pm 0.00273QH)k_3k_4 + \sum P' \quad (2\text{-}26)$$

式中：k_1L_nv——输送带及托辊转动部分运转功率，kW；

k_2L_nQ——物料水平运输功率，kW；

$0.00273QH$——物料垂直提升功率，kW，物料向上输送时取"+"值，物料向下输送时取"-"值；

L_n——输送机水平投影长度，m；

H——输送机受料点与卸料点间的高度差，m，当输送机设有卸料车时，应加上卸料车提升高度 H'，H' 值见表2-30；

k_1——空载运行功率系数，可根据托辊阻力系数 ω'(表2-31)按表2-32选取；

k_2——物料水平运行功率系数，可根据 ω' 按表2-33选取；

k_3——附加功率系数，根据输送机水平投影长度 L_n 和输送机倾角 δ 按表2-34选取；

k_4——卸料车功率系数，无卸料车时，$k_4=1$；有卸料车时，光面滚筒 $k_4=1.16$；胶面滚筒 $k_4=1.11$；

P'——犁式卸料器及导料槽长度超过3m部分的附加功率，kW，见表2-35。

卸料车提升高度 表2-30

带宽 B(mm)		500	650	800	1000	1200	1400
H'(m)	卸料车	1.7	1.8	1.96	2.12	2.37	2.62
	重型卸料车				2.42	2.52	3.02

托辊阻力系数 表2-31

工作条件	槽型托辊阻力系数 ω'	平行托辊阻力系数 ω''
清洁，干燥	0.020	0.018
少量尘埃，正常温度	0.030	0.025
大量尘埃，湿度大	0.040	0.035

空载运行功率系数 表 2-32

ω'	B(mm)					
	500	650	800	1000	1200	1400
	k_1					
0.018	0.0061	0.0074	0.0100	0.0138	0.0191	0.0230
0.020	0.0067	0.0082	0.0110	0.0153	0.0212	0.0255
0.025	0.0084	0.0103	0.0137	0.0191	0.0265	0.0319
0.030	0.0100	0.0124	0.0165	0.0229	0.0318	0.0383
0.035	0.0117	0.0144	0.0192	0.0268	0.0371	0.0446
0.040	0.0134	0.0165	0.0220	0.0306	0.0424	0.0510

物料水平运行功率系数 表 2-33

ω'	0.018	0.020	0.025	0.030	0.035	0.040
k_2	4.91×10^{-5}	5.45×10^{-5}	6.82×10^{-5}	8.17×10^{-5}	9.55×10^{-5}	10.89×10^{-5}

附 加 功 率 系 数 表 2-34

δ(°)	L_n(m)								
	15	30	45	60	100	150	200	300	>300
	k_3								
0	2.80	2.10	1.80	1.60	1.55	1.50	1.40	1.30	1.20
6	1.70	1.40	1.30	1.25	1.25	1.20	1.20	1.15	1.15
12	1.45	1.25	1.25	1.20	1.20	1.15	1.15	1.14	1.14
20	1.30	1.20	1.15	1.15	1.15	1.13	1.13	1.10	1.10

注：k_3 是在考虑有一个空段清扫器、一个头部清扫器及一个 3m 长的导料槽并考虑物料加速阻力等因素的情况下求出的。

槽长超过 3m 部分的附加功率 表 2-35

带宽 B(mm)		500	650	800	1000	1200	1400
P' (kW)	犁式卸料器	$0.3n$	$0.4n$	$0.5n$	$1.0n$		
	导料槽	$0.08L$	$0.08L$	$0.09L$	$0.10L$	$0.115L$	$0.18L$

注：表中 n 为犁式卸料器个数；L 为导料槽超过 3m 的长度(m)，即 L 等于导料槽总长减 3m。

计算出 P_A 后，可根据式(2-24)计算出 F_U，再继续进行其他计算。

六、逆止力计算和逆止器选择

1. 逆止力计算

倾斜输送机，一般应进行逆止力计算。不同工况下，输送机带料停车时产生的逆转力是不同的。通过输送带作用于传动滚筒上的最大逆转力出现在：输送机承载段只有上升段满载，而其他区段为空载的条件下。为阻止逆转，传动滚筒上需要的逆止力 F_L，可用式(2-27)计算：

$$F_L = F_{St} - 0.8fg\left[L(q_{RO} + q_{RU} + 2q_B) + \frac{H}{\sin\delta}\cdot q_G\right] \tag{2-27}$$

出于安全上的考虑，对阻止逆转的力乘了 0.8 的系数。作用于传动滚筒轴上的逆止力矩 M'_L 为：

$$M'_L \geq \frac{F_L \times D}{2000} \tag{2-28}$$

式中：D——传动滚筒直径，mm。

逆止器需要的逆止力矩 M_L 为：

$$M_L \geq \frac{M'_L}{i \cdot \eta_L} \tag{2-29}$$

式中：i——从传动滚筒轴到减速器安装逆止器轴的速比；

η_L——从传动滚筒轴到减速器安装逆止器轴的传动效率。

2. 逆止器选择

当输送机倾角 $\delta \geq 5°$时，一般应配设逆止器；

当 $\delta < 5°$时，可根据逆止力计算结果考虑是否设置逆止器。

已经配有制动器的输送机一般无需再同时配设逆止器。

七、电动机功率和驱动装置组合

1. 电动机功率

电动机功率 P_M，按式(2-30)、式(2-31)计算：

电动工况：

$$P_M = \frac{P_A}{\eta \eta' \eta''} \tag{2-30}$$

发电工况(向下运送物料)：

$$P_M = \frac{P_A \eta}{\eta' \eta''} \tag{2-31}$$

$$\eta = \eta_1 \eta_2 \tag{2-32}$$

式中：η——传动效率，一般在 0.85～0.95 之间选取；

η_1——联轴器效率，每个机械式联轴器：$\eta_1 = 0.98$；液力耦合器：$\eta_1 = 0.96$；

η_2——减速器传动效率，按每级齿轮传动效率为 0.98 计算；

二级减速机：$\eta_2 = (0.98 \times 0.98) = 0.96$；

三级减速机：$\eta_2 = (0.98 \times 0.98 \times 0.98) = 0.94$；

η'——电压降系数，一般取 0.90～0.95；

η''——多机驱动功率不平衡系数，一般取 0.90～0.95，单电机驱动时，$\eta'' = 1$。

根据计算出的 P_M 值，查电动机型谱，按就大不就小原则选定电动机功率。

2. 驱动装置组合的选择

根据电动机功率和传动滚筒代号(即输送机代号)查附表 3，确定驱动装置组合号，根据同一型谱中的驱动装置组合表可一次性选择驱动装置各部件。

驱动装置有直交轴(Y-DBY/DCY)和平行轴(Y-ZLY/ZSY)等多种形式。

八、输送带选择计算

1. 织物芯输送带层数

棉、尼龙、聚酯等织物芯输送带层数 Z 按式(2-33)计算：

$$Z = \frac{F_{max} \cdot n}{B \cdot \sigma} \tag{2-33}$$

式中：F_{max}——稳定工况下输送带最大张力，N；

B——输送机带宽，mm；

σ——输送带纵向扯断强度，N/mm·层，查表 2-5 或制造厂样本；

n——稳定工况下，织物芯输送带静安全系数。

棉帆布芯带 $n=8\sim9$；

尼龙、聚酯帆布芯带 $n=10\sim12$，使用条件恶劣或要求特别安全时应大于 12。

根据式(2-33)确定 Z 时，应在表 2-36 规定的范围内选取。

选定 Z 后，按式(2-34)核算传动滚筒直径 D：

$$D = CZd_{B1} \tag{2-34}$$

式中：C——系数，棉帆布取 80，尼龙芯取 90，聚酯芯取 108；

d_{B1}——织物芯带每层厚度，mm，查表 2-5。

织物芯输送带许用层数 表 2-36

输送带型号	层数极限	物料堆积密度 (10^3kg/m^3)	带宽(mm)									
			500	650	800	1000	1200	1400	1600	1800	2000	2200
CC-56 NN-100	最小	0.5~1.0	3	4	4	5	5	6				
		1.0~1.6	3	4	4	5	6	6				
		1.6~2.5	3	5	5	6	7	8				
	最大		4	5	6	8	8	8				
NN-150 EP-100	最小	0.5~1.0	3	3	3	4	5	5	6			
		1.0~1.6	3	3	4	5	5	6				
		1.6~2.5	3	4	5	6	6					
	最大		3	4	5	6	6	6	6			
NN-200	最小	0.5~1.0		3	3	3	4	4	5	5		
		1.0~1.6		3	4	4	5	5	6			
		1.6~2.5		4	5	5	6					
	最大			4	5	6	6	6	6	6		
NN-250 EP-200	最小	0.5~1.0		3	3	3	4	4	5	5	6	6
		1.0~1.6		3	3	4	5	5	6	6	6	6
		1.6~2.5		3	4	5	6	6				
	最大			3	4	6	6	6	6	6	6	6
NN-300 EP-300	最小	0.5~1.0		3	3	3	4	4	5	5	6	6
		1.0~1.6		3	3	4	5	5	6	6	6	6
		1.6~2.5		3	4	5	6	6				
	最大			3	4	6	6	6	6	6	6	6

2. 钢丝绳芯输送带选型计算

钢丝绳芯输送带要求的纵向拉伸强度 G_X 按式(2-35)计算：

$$G_X \geqslant \frac{F_{max} \cdot n_1}{B} \tag{2-35}$$

式中：n_1——静安全系数，一般取 $n_1 = 7\sim9$。运行条件好，倾角小，强度低，取小值；反之，取大值。对可靠性要求高(如载人或高炉带式上料机等)应适当高于上述数值。St4000 以上输送带接头的疲劳强度不随静强度按比例提高,其安全系数应由橡胶厂提供。

计算出 G_X 后,按表 2-6,选择相应规格的输送带。

选定输送带及相应的 G_X 后,应按式(2-36)核算传动滚筒直径 D:

$$\frac{D}{d} \geqslant 145 \tag{2-36}$$

式中:d——钢绳直径,mm。

九、拉紧参数计算

1. 拉紧力

拉紧装置拉紧力 F_0 按式(2-37)计算

$$F_0 = S_i + S_{i+1} \tag{2-37}$$

式中:S_i——拉紧滚筒趋入点张力,N;

S_{i+1}——拉紧滚筒奔离点张力,N。

2. 拉紧行程

拉紧行程 S 按式(2-38)计算:

$$S = \frac{L_Z \xi}{2} + S_a \tag{2-38}$$

式中:L_Z——由输送机几何尺寸决定的输送带周长,m;

ξ——输送带伸长率,织物芯带从表 2-5 中查取,钢绳芯带为 0.2% 或按制造厂样本选取;

S_a——安装行程。安装行程是为重新搭接胶带和修理驱动装置时所需,其大小可按下式确定:

$$S_a \approx (1 \sim 2)B$$

第四节 计算实例

一、已知原始数据及工作条件

(1)带式输送机布置形式及尺寸,如图 2-57 所示。

(2)输送能力 $Q = 600\text{t/h}$;

(3)输送物料:原煤,粒度 $d = 0 \sim 300\text{mm}$,堆积密度 $\rho_0 = 0.9\text{t/m}^3$,静堆积角 $\alpha = 45°$;

(4)机长 $L_n = 127.293\text{m}$,提升高度 $H = 7.3\text{m}$,倾斜角度 $\delta = 3°16'36''$。

(5)工作环境:露天,有大量尘埃,湿度大;

(6)传动滚筒表面为带人字形沟槽的陶瓷覆面;

(7)导料槽长度 4000 mm。

二、初选输送机的带速和带宽

(1)根据已知的原始数据及工作条件,按表 2-20 初定:带速 $v = 2\text{m/s}$;带宽 $B = 1000\text{mm}$。

查表 2-16 可初定：上托辊间距 $a_O = 1200$ mm；下托辊间距 $a_U = 3000$ mm。

按表 2-13、表 2-15 可初步给定设计参数：托辊辊径取 133 mm；采用 35°槽形前倾托辊，托辊前倾 1°23′，托辊槽角 $\lambda = 35°$。

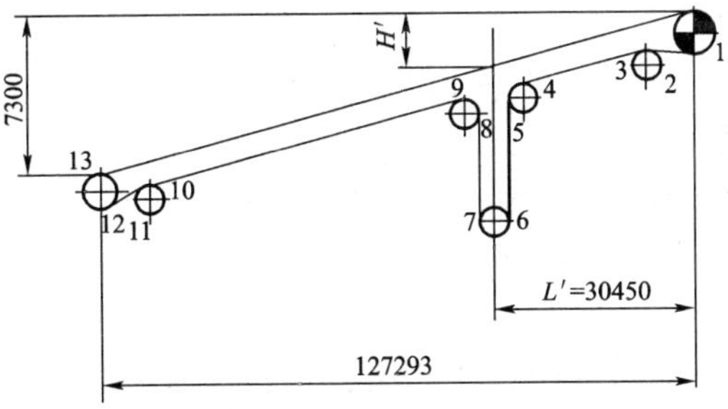

图 2-57　带式输送机布置形式

(2)核算输送能力。

由式(2-2)：$Q = 3.6Svk\rho$

由 $\alpha = 45°$查表 1-3 得 $\theta = 25°$，再查表 2-18 得 $S = 0.1227\text{m}^2$

根据 $\delta = 3°16'36''$，查表 2-19 得 $k = 0.99$，

$Q = 3.6 \times 0.1227 \times 2 \times 0.99 \times 900 = 787\text{t/h} > 600\text{t/h}$ 满足要求。

(3)根据原煤粒度核算输送机带宽。

由式(2-4)：$B \geqslant 2d + 200$

$B = 1000\text{mm} \geqslant 2 \times 300 + 200 = 800$ mm 输送机带宽能满足输送 300 mm 粒度原煤的要求。

三、计算圆周驱动力

1. 主要阻力 F_H

由式(2-8)：$F_H = fLg[q_{RO} + q_{RU} + (2q_B + q_G)\cos\delta]$

由表 2-23 查得：$f = 0.03$

由表 2-24 查得：$G_1 = 18.9\text{kg}$；$G_2 = 16.09\text{kg}$

则　$q_{RO} = \dfrac{G_1}{a_O} = \dfrac{18.9}{1.2} = 15.75\text{kg/m}$

$$q_{RU} = \frac{G_2}{a_U} = \frac{16.09}{3} = 5.36\text{kg/m}$$

由式(2-11)：$q_G = \dfrac{Q}{3.6v} = \dfrac{600}{3.6 \times 2} = 83.3\text{kg/m}$

查表 2-25 得：$q_B = 13\text{kg/m}$

$$L = \frac{127.293}{\cos 3°16'36''} = 127.502\text{m}$$

则：$F_H = 0.03 \times 127.502 \times 9.81[15.75 + 5.36 + (2 \times 13 + 83.3)\cos 3°16'36''] = 4886.8\text{N}$

2. 主要特种阻力 F_{S1}

由式(2-13)：$F_{S1} = F_\varepsilon + F_{gl}$

由式：　$F_\varepsilon = C_\varepsilon \cdot \mu_0 \cdot L_\varepsilon \cdot (q_B + q_G)g\cos\delta\sin\varepsilon$

得：　$F_\varepsilon = 0.43 \times 0.3 \times 127.502 \times (13 + 83.3) \times 9.81 \times \cos 3°16'36'' \times \sin 1°23' = 374.5\text{N}$

由式：　$F_{gl} = \dfrac{\mu_2 I_V^2 \rho g l}{v^2 b_1^2}$

得：　　　　$F_{g1}=\frac{0.7\times0.1852^2\times900\times9.81\times4}{2^2\times0.61^2}=570\text{N}$

则　　　　$F_{S1}=374.5+570=945\text{N}$

3. 附加特种阻力

由式(2-14)：$F_{S2}=n_3\cdot F_r+F_a$

由式　　$F_r=Ap\mu_3$

查表 2-26 得：$A=0.01$，取 $p=10\times10^4$，μ_3 取为 0.6

则　$F_r=0.01\times10\times10^4\times0.6=600\text{N}$

$F_a=0$

$n_3=5$，共有 2 个清扫器和 2 个空段清扫器(1 个空段清扫器相当于 1.5 个清扫器)。

$F_{S2}=5\times600=3000\text{N}$

4. 倾斜阻力

由式(2-15)：$F_{st}=q_G\cdot g\cdot H$

得：　　$F_{st}=83.3\times9.81\times7.3=5965\text{N}$

5. 圆周驱动力

由式(2-6)：　　$F_U=CF_H+F_{S1}+F_{S2}+F_{St}$

由表 2-22 查得：　$C=1.68$

则　　　　$F_U=1.68\times4886.8+945+3000+5965=18119.8\text{N}$

四、传动功率计算

1. 传动滚筒轴功率

由式(2-24)：$P_A=\frac{F_U\cdot v}{1000}=\frac{18119.8\times2}{1000}=36.2\text{kW}$

2. 电动机功率

由式(2-30)：$P_M=\frac{P_A}{\eta\eta'\eta''}=\frac{36.2}{0.88\times0.95\times1}=43.3\text{kW}$

查电动机的相关资料，选电动机型号为 Y225M-4，$N=45\text{kW}$。

五、张力计算

1. 输送带不打滑条件校核

由式(2-16)：$F_{2(S1)\min}\geqslant F_{U\max}\frac{1}{e^{\mu\varphi}-1}$

式中：$F_{U\max}=K_A\cdot F_U=1.5\times18119.8=27180\text{N}$

根据给定条件，取 $\mu=0.35$，$\varphi=190°$，查表 2-29 得 $e^{\mu\varphi}=3.18$

则　　　　$F_{2(S1)\min}\geqslant27180\times\frac{1}{3.18-1}=12468\text{N}$

2. 输送带下垂度校核

由式(2-17)：　　$F_{承\min}\geqslant\frac{a_0(q_B+q_G)g}{8\left(\frac{h}{a}\right)_{adm}}$

可得承载分支最小张力为：

$$F_{承min} \geqslant \frac{1.2 \times (13 + 83.3) \times 9.81}{8 \times 0.01} = 14171\text{N}$$

由式(2-18)：
$$F_{回min} \geqslant \frac{a_U \cdot q_B \cdot g}{8\left(\frac{h}{a}\right)_{adm}}$$

可得回程分支最小张力为：

$$F_{回min} \geqslant \frac{3 \times 13 \times 9.81}{8 \times 0.01} = 4782\text{N}$$

3. 传动滚筒合力

由式(2-23)：$F_n = F_{Umax} + 2F_{2min} = 27180 + 2 \times 12468 = 52.1\text{kN}$

根据 F_n 查附表1，初选传动滚筒直径 $D = 630$，输送机代号 10063.2，许用合力 73kN，满足要求。

传动滚筒扭矩 $M_{max} = \frac{F_{Umax} D}{2000} = \frac{27180 \times 0.63}{2000} = 8.56\text{kN} \cdot \text{m} < 12\text{kN} \cdot \text{m}$

初选规格满足要求，输送机代号为 10063.2。

4. 各特性点张力

根据不打滑条件，传动滚筒奔离点最小张力为 12468N。

令 $S_1 = 12468\text{N} > F_{回min}$ 也满足空载分支垂度条件。

$S_2 = S_1 + 2F_r = 12468 + 2 \times 600 = 13668\text{N}$

$S_3 = 1.02 \times S_2 = 1.02 \times 13668 = 13941\text{N}$

$S_4 = S_3 + fL_i g(q_{RU} + q_B \cos\delta) + 1.5 \times F_r$

$= 13941 + 0.03 \times 30.5 \times 9.81 \times (5.36 + 13 \times \cos 3°16'36'') + 1.5 \times 600 = 15006\text{N}$

$S_5 = 1.03S_4 = 1.03 \times 15006 = 15456\text{N} = S_6$

$S_7 = 1.04S_6 = 1.04 \times 15456 = 16074\text{N} = S_8$

$S_9 = 1.03S_8 = 1.03 \times 16074 = 16556\text{N}$

$S_{10} = S_9 + fL_i g(q_{RU} + q_B \cos\delta) + 1.5 \times F_r$

$= 16556 + 0.03 \times 97.002 \times 9.81 \times (5.36 + 13\cos 3°16'36'') + 1.5 \times 600 = 17980\text{N}$

$S_{11} = 1.02S_{10} = 1.02 \times 17980 = 18340\text{N} = S_{12}$

$S_{13} = 1.04S_{12} = 1.04 \times 18340 = 19074\text{N} > 14171\text{N}$

满足承载分支保证下垂度的最小张力要求。

5. 拉紧装置拉紧力

根据特性点张力的计算结果，拉紧力 F_0 为：

$$F_0 = S_6 + S_7 = 15456 + 16074 = 31.5\text{kN}$$

6. 输送带选择计算

初选输送带 NN-100，由式(2-33)：$Z = \frac{F_{max} \cdot n}{B \cdot \sigma} = \frac{30588 \times 12}{1000 \times 100} = 3.7$ 层

式中：$F_{max} = F_U + S_1 = 18119.8 + 12468 = 30588\text{N}$

确定输送带 $Z = 4$ 层。

由式(2-34) $D = CZd_{B1}$ 核算传动滚筒直径：

$$D = CZd_{B1} = 90 \times 4 \times 0.7 = 252\text{mm} < 630\text{mm}$$

思考与练习

1. 带式输送机的类型有哪些？DTⅡ(A)型带式输送机的工作原理是怎样的？主要由哪些部件组成？

2. DTⅡ(A)型带式输送机有哪些特点？

3. 织物芯输送带和钢丝绳芯输送带的组成分别有哪些？它们的连接方式有哪些？

4. DTⅡ(A)型带式输送机配设了哪两种典型驱动装置？分别由哪些部件组成？

5. 传动滚筒、改向滚筒的主要技术参数分别有哪些？按承载能力可分为哪几种？传动滚筒的表面是如何处理的？使用中应注意什么？

6. 托辊的作用是什么？托辊有哪些形式？分别用于什么场合？为什么规定所有托辊辊子转速不得超过600r/min？

7. 槽形前倾托辊的调心防偏原理怎样？为什么其侧托辊前倾的角度规定小于2°？调心托辊有哪些种类？它们各自的调心防偏原理怎样？

8. 带式输送机的制动装置有哪些种类？分别简述它们的工作原理和工作特点。

9. 拉紧装置的作用是什么？在布置拉紧装置时应注意些什么？拉紧装置的种类有哪些？各适用于什么场合？

10. 设计给料装置时应注意什么？常用的给料装置有哪些？

11. 输送机在头部以外的部位进行卸料时，可采用哪些卸料装置？它们对带式输送机有哪些要求？

12. 带式输送机应在哪些部位安装清扫器？对清扫器有哪些要求？

13. 设计计算带式输送机时，在已知原始数据及工作条件后，应首先初步选取哪些参数？如何选择这些参数？

14. 带式输送机的阻力包括哪些？这些阻力分别是如何计算的？为什么要进行阻力计算？

15. 张力计算的目的是什么？采用什么方法进行张力计算？说明张力逐点计算法的计算步骤。

16. 传动滚筒上奔离点输送带张力 S_1 是如何确定的？为什么要这样确定？

17. 传动滚筒合力和改向滚筒合力的计算分别是怎样的？

18. 如何选择传动滚筒型号？

19. 如何进行长度小于80m的带式输送机功率的简易计算？

20. 如何选取输送带的层数？

第三章 特种带式输送机

知识目标

1. 解释气垫带式输送机的工作原理；
2. 描述气垫带式输送机的全部工作特点；
3. 说出气垫带式输送机的构造；
4. 说出气垫带式输送机的主要部件，特别是气室和盘槽；
5. 解释压带式带式输送机的工作原理；
6. 描述压带输送系统中输送带的结构和特性；
7. 知道双带的夹紧和密封方式；
8. 知道压带式带式输送机的驱动装置；
9. 描述压带式带式输送机的特点；
10. 解释波状挡边带式输送机的结构原理；
11. 描述挡边带的结构特点；
12. 解释波状挡边带式输送机工作面清扫器的原理；
13. 解释圆管状带式输送机的工作原理；
14. 说出圆管状带式输送机输送带材料和结构形式；
15. 描述圆管状带式输送机的特点；
16. 描述 U 型带式输送机的特点。

能力目标

1. 具备分析特种带式输送机的工作原理和工作性能的基础知识；
2. 能根据实际需求合理选择特种带式输送机的类型和布置型式。

第一节 气垫带式输送机

一、概述

气垫带式输送机(简称气垫机)是20世纪70年代由荷兰首先研制成功的一种新型连续输送机械，是从通用带式输送机(简称通用机)发展而来的(图3-1)。气垫机以其独特的优越性和理想的输送效果迅速在世界各国得到推广和应用。我国于20世纪80年代开始对气垫机的机理进行研究，1995年制定了《气垫带式输送机》机械行业标准，1999年出版了《气垫带式输送机设计手册》，2008年又新修定了《气垫带式输送机》机械行业标准。近年来气垫机的应用越来越广泛，在煤炭、电力、冶金、港口、化工、农业等行业得到普遍应用，并逐步向长距离、大运量方向发展，国内已有多家企业生产气垫机，已形成一定的生产规模，气垫带式输送机很大程度上已逐渐取代了传统的托辊带式输送机。

1. 气垫带式输送机的工作原理

气垫机的工作原理如图3-2所示：风机将空气压入气室中，具有一定压力的气流由气室上部的弧形盘槽上的一系列气孔喷出，由于空气具有一定的粘性，在其流经胶带与盘槽之间的过程中，便形成了一层薄而稳定的气膜（俗称气垫）。这层气膜将胶带及其上的物料浮托起，同时还起到润滑作用。由于气垫机是用气室代替传统的托辊组支承胶带，将托辊组的间断接触支承改为气室的弧形盘槽的连续非接触支承，变输送带与托辊间的滚动摩擦为气垫的流体摩擦，极大地减少了胶带的运行摩擦阻力，传动滚筒只需极小的驱动功率即可牵引输送带在气垫上运行，而对胶带的强度要求却大为降低。

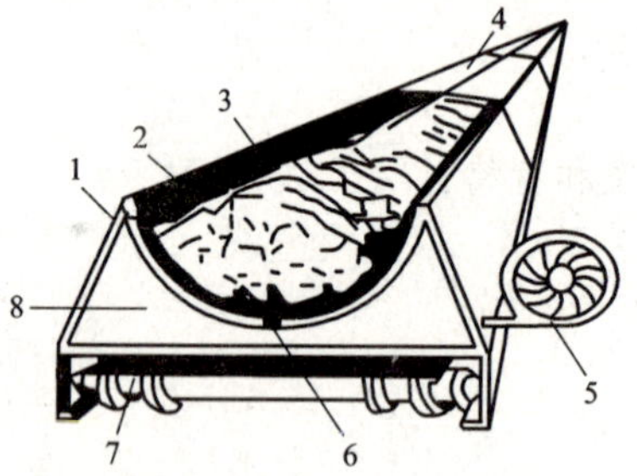

图3-1 气垫带式输送机示意图

1-气膜；2-输送带；3-物料；4-密封罩；5-风机；6-气孔；7-回程托辊；8-气室

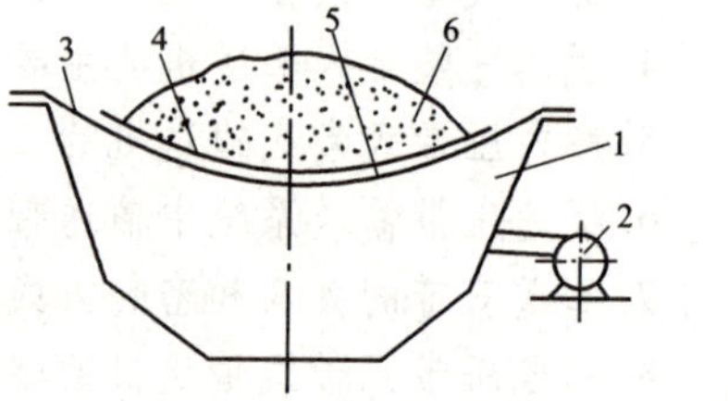

图3-2 气垫带式输送机工作原理图

1-气室；2-风机；3-气室盘槽；4-承载带；5-气膜；6-物料

2. 气垫带式输送机的工作特点

气垫机基本上继承了通用机的全部优点，与其相比，气垫机还有如下特点：

（1）气垫机的输送带在连续平稳的气垫上运行，从根本上克服了通用机输送带在托辊组间波浪式前行的缺点，物料运行非常平稳，不会造成撒料、粉尘飞扬等现象，提高了运行可靠性，有利于输送机提高带速和增大输送倾角，其最高带速已达8m/s。

（2）由于空气的流体摩擦阻力系数极低，阻力系数是通用机的1/2～1/3，减小了运行阻力，降低了输送带张力，且避免了输送带经过托辊时产生的周期性弯曲，延长了输送带的寿命。另一方面，在相同生产率的情况下，输送带带速的提高及张力的降低，有利于减小带宽、降低输送带的强度等级，从而减少了输送带的成本，而输送带的费用占带式输送机整机成本的30%～50%，从而减少了输送机的造价。

（3）气垫机运行阻力较通用机明显降低，减小了驱动装置的能耗，虽然增加了风机的能耗，但在相同带宽的气垫机中，总能耗（驱动装置能耗＋风机能耗）仍然比通用机的能耗略低，且其节能效果随带速增大而增大，随倾角增大而减小，随带宽增大而减小，参见表3-1。故气垫带式输送机更适合用于水平、窄带、高速情况下的物料输送。

（4）气垫机由于气垫的存在，物料及胶带浮在气垫上，其重心总与盘槽中心重合并趋于盘槽中心的最低位置，如图3-3所示。因此，只要供料不偏心，胶带平直，接头良好，传动滚筒与改向滚筒安装正确，胶带就不会跑偏。

（5）在气垫机上，承载的输送带和盘槽之间的摩擦阻力与带速关系不大，又由于有气垫平滑托着承载胶带，胶带没有托辊间产生的下垂度，所以即便是长距离、满载静止的气垫机，只要能形成气垫，一般也不需要采取特殊措施就可以直接起动。

通用带式输送机与气垫带式输送机有载分支单位长度上的功率比较　　表 3-1

带宽 (mm)	δ	0°			10°			22°		
	带速 (m/s)	通用机 P (W/m)	气垫机 P' (W/m)	$\frac{P-P'}{P}$ (%)	通用机 P (W/m)	气垫机 P' (W/m)	$\frac{P-P'}{P}$ (%)	通用机 P (W/m)	气垫机 P' (W/m)	$\frac{P-P'}{P}$ (%)
500	1.6	16.2	8.8	45.7	91.6	84.2	8.1	178.8	171.4	4.1
	2.5	25.3	10.7	57.4	143.1	128.5	10.2	279.3	264.7	5.2
	3.15	31.8	12.7	61.9	180.2	160.5	10.9	351.8	332.1	5.6
650	1.6	26.0	16.7	35.8	156.2	146.9	6.0	306.8	297.5	3.0
	2.5	40.7	20.1	50.6	244.1	223.5	8.4	479.4	458.8	4.3
	3.15	51.2	22.5	56.1	307.5	278.8	9.3	604.0	575.3	4.8
800	1.6	38.8	27.0	30.4	238.3	226.5	5.0	469.2	457.4	2.5
	2.5	60.6	32.2	46.9	372.4	344.0	7.6	733.1	704.7	3.9
	3.15	76.4	35.9	53.0	469.2	428.7	8.6	923.8	883.3	4.4
1000	1.6	60.8	42.9	29.3	374.4	356.5	4.8	737.4	719.5	2.4
	2.5	95.1	50.9	46.5	585.2	541.0	7.6	1152.3	1108.3	3.8
	3.15	119.3	56.7	52.6	737.3	674.2	8.6	1451.9	1388.8	4.3
1200	1.6	86.3	74.8	13.3	540.6	529.1	2.1	1066.3	1054.4	1.1
	2.5	134.9	86.6	35.8	844.7	796.4	5.7	1666.2	1617.9	2.9
	3.15	169.9	95.1	44.0	1064.3	989.5	7.0	2099.3	2024.3	3.6

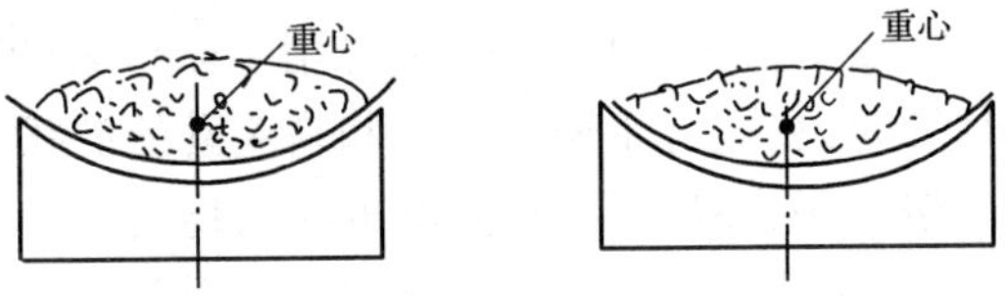

图 3-3　气垫带式输送机承载断面积

(6)气垫机除头尾段外,中间无旋转部件,气室上可加盖以实现密闭输送,而节省输送带走廊的基建费用,还可满足特殊要求全封闭输送的场合,减少环境污染。

(7)气垫机结构简单,以气垫支承取代托辊支承,转动部件大大减少,而气室、盘槽一般不需维修,胶带在气垫上滑行基本没有磨损,并避免了由于输送带跑偏而引起的输送带磨损或撕裂,又因杜绝撒料从而消除了因物料撒落引起的胶带撕毁事故,故胶带使用寿命可比通用机提高 3 ~4 倍,气垫机的维修费用一般比通用机减少 60% ~70% 。

(8)气垫机在其头部和尾部仍需设置托辊过渡,其原因一是:气垫机不能承受冲击载荷,否则会破坏气垫,因此在装料处仍需安装缓冲托辊。二是:输送带在奔离改向滚筒或趋入传动滚筒时,存在一个成槽过渡段,在过渡段采用托辊比采用气室结构要台理,托辊既可以起强制成槽作用,又可减少磨损能耗,并可防止气室的大面积漏气。

(9)由于气室制造上的困难,气垫机不易实现平面和空间的弯曲,只能直线布置。如果要曲线布置,应设置过渡段托辊。

3. 气垫带式输送机的型式和基本参数

1)型式

气垫机按结构型式分为半气垫型和全气垫型。半气垫型仅上分支输送带以气垫支承,全气垫型上、下分支输送带均采用气垫支承。

气垫机按安装方式可分为固定式和移动式。

气垫机按密封型式可分为封闭式和敞开式，如图 3-4 所示。

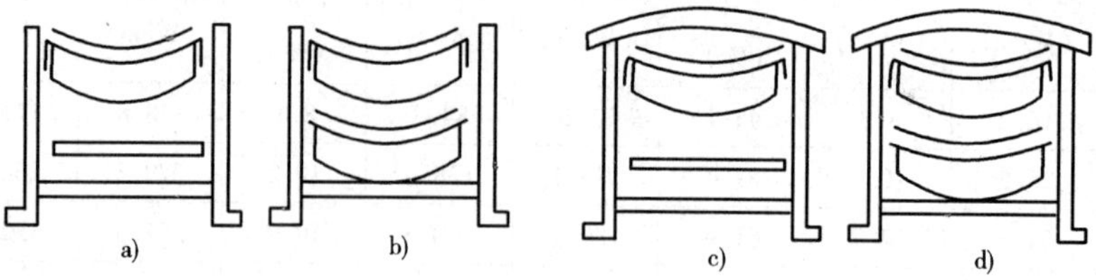

图 3-4　气垫机结构型式

a）半气垫敞开型；b）全气垫敞开型；c）半气垫封闭型；d）全气垫封闭型

2）基本参数

气垫机的基本参数应符合表 3-2 的规定。

气垫机的基本参数　　表 3-2

带宽（mm）	300，400，500，650，800，1000，1200，1400，1600，1800，2000，2200，2400
名义带速（m/s）	0.25，0.315，0.4，0.5，0.63，0.8，1.0，1.25，1.6，2.0，2.5，3.15，4.0，4.5，5.0，5.6，6.3
滚筒直径（mm）	200，250，315，400，500，630，800，1000，1250，1400，1600，1800
托辊直径（mm）	63.5，76，89，108，133，159，194，219

4. 气垫带式输送机的应用范围

（1）气垫带式输送机可以代替大部分带式输送机，用于化工、煤炭、冶金、建材、电力、交通、粮食和轻工等行业，输送松散的、密度 $\rho = 0.05 \sim 2.5 t/m^3$ 的各种未分级和中、小粒度的散状物料。当采用浅槽型盘槽（盘槽边角 <45°）时，也可用于软包装的成件物品的输送；当采用深槽型盘槽（盘槽边角≥45°）时，更适合于输送粉状和易流动的散状物料。

（2）气垫带式输送机宜输送最大粒度不超过 300mm 的物料。

（3）由于气垫机运行平稳，无颠簸，不撒料、不扬尘，易于密封等特性，所以适宜于要求在输送途中不发生离析分层现象的物料，如混凝土，以及输送易飞扬、有异味等对环境有污染需加罩的物料。

（4）气垫机可用于水平和倾斜输送，倾斜向上或倾斜向下输送时，输送机的最大允许倾角与物料的流动性有关。

二、气垫带式输送机的构造

气垫带式输送机与通用带式输送机结构基本相同，不同之处只是气垫带式输送机省掉了绝大部分的承载托辊，但有能形成气垫的相关的部件，如：风机、连接管路、气室及盘槽等。

气垫带式输送机的总体结构见图 3-5。

三、气垫带式输送机的主要部件

1. 输送带

输送带在输送中起曳引和承载作用。参见第二章第二节。

2. 驱动装置

驱动装置是气垫机的动力部分，由安装在驱动架上的电动机、高速轴联轴器（液力耦合器）、减速器、低速轴联轴器、制动装置、逆止装置及驱动架等组成。液力耦合器可以减少起动时的冲击,用于保护减速机;制动装置及逆止装置用于防止倾斜输送机停车时继续运行和发生倒转。

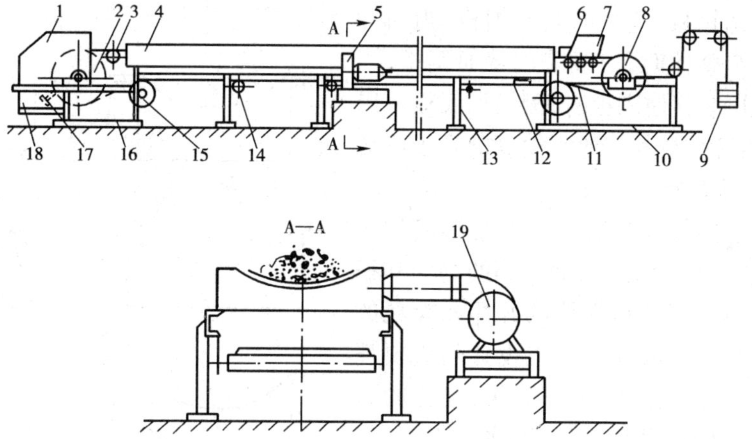

图 3-5　气垫带式输送机总体结构

1-头罩;2-驱动滚筒;3-上托辊;4-气室;5-风机;6-缓冲托辊;7-导料板;8-改向滚筒;9-拉紧装置;10-尾架;11-输送带;12-空段清扫器;13-中间支腿;14-下托辊;15-改向滚筒;16-头架;17-头部清扫器;18-漏斗;19-消声器

3. 头部

头部由头罩、导料漏斗、传动滚筒、清扫器、头架等组成。头罩起封闭作用,防止粉尘外溢;导料漏斗使料流准确进入下一流程;传动滚筒是传递动力的主要部件,依靠输送带与滚筒之间的摩擦力而运行,传动滚筒有胶面和光面之分,胶面滚筒是为了增加滚筒和输送带之间的附着力;清扫器是用于清扫粘附在输送带上的物料,有头部清扫器、空段清扫器两种。

4. 电动滚筒

电动滚筒是把电动机、减速器装入滚筒内的传动滚筒,结构紧凑,易于安装布置,可以代替功率不大时的电动机—减速器驱动的驱动装置。

5. 尾部

由尾罩、尾架、改向滚筒、导料槽等组成。

改向滚筒用于改变输送带的运行方向或增加输送带与传动滚筒的包角。

6. 托辊

气垫机在其头部和尾部仍需设置托辊过渡。托辊用于支承输送带和带上的物料,使输送带由槽形逐渐过渡到平形(或由平形逐渐过渡到槽形),有利于减少输送带磨损,又可以防止物料撒落,使输送带稳定运行。槽形托辊用于输送散状物料;平形托辊用于输送成件物品;调心托辊用于调整输送带,保证输送带正常运行而不致跑偏;缓冲托辊装于输送机的受料处,以保护输送带和气垫。

7. 气室和盘槽

气室是气垫机的关键部件,是压力空气的容器,用来形成气膜(气垫)以支承输送带及物料,它的制造精度是影响整机功率和输送带寿命的主要因素。气室的制造和安装应满足相关的国家标准和行业标准。

盘槽设计是气垫机整机设计的核心所在,它关系到整机在输送过程中的平稳性、加工成本、能量消耗等。在盘槽的形状上,可以分为梯形、圆形和椭圆形三种。目前国际、国内大多数采用圆形,并且采用小于半圆的圆弧形盘槽的形状,如图 3-6 所示。

气室盘槽的材料可以采用金属也可以采用塑料，一般可用薄钢板，为降低摩擦系数和防腐蚀也可采用不锈钢板；气室的其他围板：当与标准气室焊成一个整体时，一般采用普通钢板，当气室安装好后再装其他围板时，侧板和底板可以很长，可用有机纤维材料。通常使盘槽高于输送带的边缘，如图 3-5 所示。

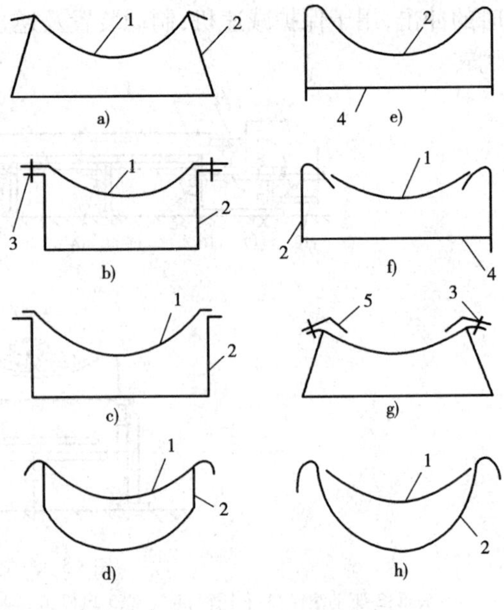

图 3-6　圆弧形盘槽气室结构示意图

1-盘槽；2-侧板；3-连接螺栓；4-底板；5-挡板

气室盘槽上的气孔参数及布置是形成均匀稳定气膜的决定性因素之一，而气膜的均匀和稳定与否直接影响着气垫机性能的好坏和能耗的大小。因此气孔设计成为气垫机设计的重要环节。气孔设计主要是指气孔的形状、气孔的直径、排数、排距、孔距、孔的排列等（图 3-7）。理想的气膜应当具备下述两点：第一，沿气室长度方向，气膜厚度均匀，这样才能保证物料运行平稳，降低运行阻力。第二，沿气室宽度方向，盘槽与输送带间应形成不等厚气膜，即形成一个与输送带承载压力变化相适应的不均匀气膜，盘槽中部气膜厚度最大，输送带边缘处气膜厚度近似为零。

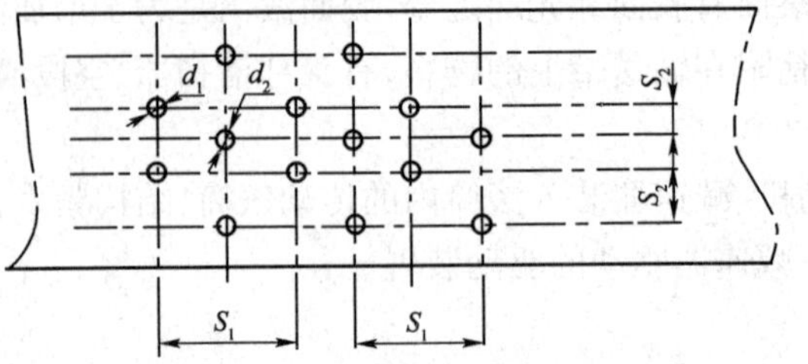

图 3-7　气孔布置示意图

S_1-孔距；S_2-排距；d_1、d_2-气孔直径

气孔形状，一般在气室盘槽上冲或钻若干小圆孔即可，可在气流进口的一面将小孔倒个圆角，以减小空气的流动阻力。

布孔设计，随着盘槽上气孔排数的增加，气膜渐趋均匀，大型气垫机的带宽较大，气孔排数应多些；相反，小型气垫机，气孔排数应少些。气孔排数的选择可参考表 3-3。

带宽与盘槽布孔排列表　　表 3-3

带宽（mm）	400	500	650	800	1000	1200	1400
奇数排列	5	7	7	9	9	11	13
偶数排列	4	6	6	8	8	10	12

气孔排距，主要有等排距和不等排距。早期的气垫机盘槽气孔都采用等排距均匀布置，但这种布置不能使气膜厚度与输送带承载压力变化相适应。近期研制的气垫机采用不等排距的非均匀布置方式，越靠近盘槽中间位置，气孔排距越小，反之，盘槽两边的气孔排距逐渐增大，参见图 3-7。

气孔间距，气孔间距的范围一般在45～160mm之间，主要也有等距布置和不等距布置两种。普遍采取不等距布置，即盘槽中心处的孔距较小，两边逐渐增大。

气孔直径，一般取为1.5～5.0mm，通常取1.8～3.0 mm。盘槽中间处的孔径取较大值，两侧取较小值，也有取相同孔径的布置形式。

总之，盘槽上开孔的基本原则可总结为：不等排距、不等孔距、不等孔径，简称“三不等”原则。

8. 风机

在气垫机中，由风机向气室供气，在输送带与气室盘槽间产生气膜，以支承输送带及物料，减少运行摩擦阻力。

风机一般安装在气垫机的中部，对于较长的气垫机选用单台风机难以满足要求时，在保证相同风压的情况下，可选用多台风机，并在整个气垫机长度上作适当布置，以风压沿输送机全程损失最少为佳。

9. 拉紧装置

拉紧装置的作用：使输送带有足够的张紧力，保证输送带在传动滚筒上不打滑，限制输送带在各支承间的垂度，保证带的正常运行。拉紧装置有三种结构型式：螺旋式、车式和垂直式。对于较短的气垫机，一般在气垫机的尾部设螺旋式张紧装置；对于长度较大的气垫机（≥80m），一般采用车式或垂直式重力张紧装置。

10. 卸料装置

卸料装置用于气垫机中间卸料，卸料装置应设在水平段，不允许设在曲线段。气垫机主要采用犁式卸料器，有两种方法：

（1）在卸料处使用卸料气室，其宽度小于输送带宽度，便于物料下落。卸料犁与输送带直接接触进行卸料，卸料方式分双侧、单侧两种。

（2）在卸料点将气室拆开，在其中装设可变槽角犁式卸料器（图2-47和图2-48）。

11. 安全保护装置

气垫机及由其组成的输送线路，或气垫机与其他带式输送机组成的输送线路上应设置紧急停车按钮、拉绳开关、压力监测装置、堵塞开关、失速开关、跑偏开关等相关的安全保护装置。拉绳开关分布在气垫机全长范围内，当气垫机有故障时，操作者可以在任一位置拉动拉绳，从而停机；压力监测装置是当气室压力不足时，不起动驱动装置或报警停机；堵塞开关位于气垫机头部下端的溜管上，当发生物料堵塞时，开关报警；失速开关的作用是当气垫机与驱动滚筒打滑时，报警停机；跑偏开关位于气垫机头尾滚筒处，当胶带跑偏到一定程度时报警停机。

四、气垫带式输送机的日常操作与维护

（1）气垫带式输送机应首先起动风机，待输送带完全被气垫浮起后，再起动驱动装置。

（2）输送带价格较高，使用中应注意防止非正常磨损，输送带应避免与油脂或有机溶剂等接触以免被腐蚀，影响使用寿命。输送带如有裂缝或接头开裂，要立即修补以免扩大损坏面积造成更大损失

（3）定期检查滚筒、托辊、轴承、紧固件等部件，注意保养润滑。

（4）气垫带式输送机应在停止进料且机上物料卸完以后才停机。多机联动时，卸料终端的输送机先起动，然后依次向前起动各台输送机；停机时，则按相反的顺序，先停止进料，再停止进料端的第一台输送机，然后依次向后停止各输送机。

第二节　压带式带式输送机

通用带式输送机输送物料的最大倾角取决于物料和输送带之间的摩擦系数。压带式带式输送机就是为了适应大输送倾角的需要而设计出来的。

一、压带式带式输送机的工作原理

压带式带式输送机(又称:"双带式带式输送机",以下简称"压带机")由承载带和覆盖带共同组成,两带同步运行。在水平输送区段一般由承载带输送物料;在垂直输送区段则由两带共同夹紧物料,产生夹持作用,阻止物料的下滑和滚动,实现物料与输送带同步运行完成物料的输送。由承载带和覆盖带组成的双带输送系统,有两种基本的绕带方法,形成两种基本的输送方式。

1. 并环输送系统

并环输送系统中,承载带和覆盖带仅在有载分支贴紧在一起,以构成夹持和输送物料的双带,而无载分支则按各自的回程形成闭环回路,如图 3-8 所示。

并环输送系统的提升和水平输送段所占结构空间较大,布置上不是很紧凑,但易于设置取料和卸料装置。

2. 套环输送系统

将覆盖带环形回路置于承载带环形回路之中,在有载分支和无载分支两带均贴紧,只是在有载分支一侧装设双带夹紧装置,以便双带能夹持物料进行垂直和水平输送。套环输送系统见图 3-9。

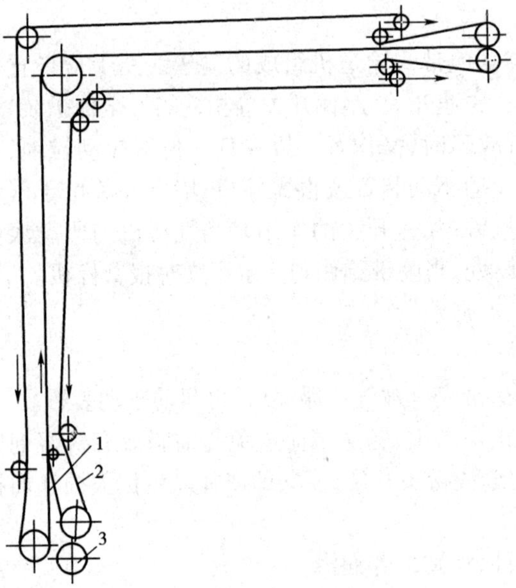

图 3-8　并环输送系统

1-覆盖带;2-承载带;3-取料装置

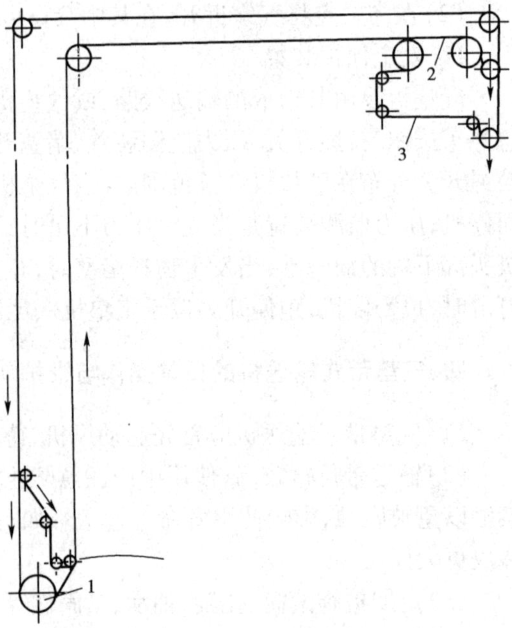

图 3-9　套环输送系统

1-取料装置;2-覆盖带;3-承载带

套环输送系统的提升段和水平段所占结构空间较小，布置紧凑，但取料和卸料区较复杂。取料装置需从侧面向双带喂料，物料需经溜槽等装置改变运动方向，以便使其与双带的运动方向一致；而在卸料区，接料漏斗必须跨在承载带上方，以防止物料落到承载带的内面。

二、输送带

对于图 3-10 所示双带输送系统，其承载带可选用普通波状挡边输送带（参见图 3-19），覆盖带可用普通胶带；而对图 3-11 所示双带输送系统，其输送带必须特殊制造。

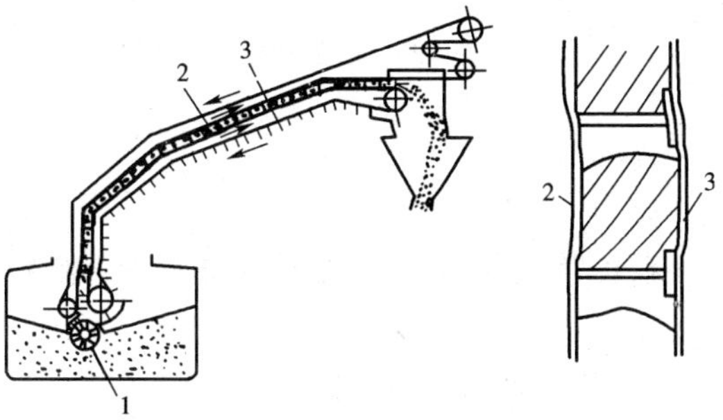

图 3-10　承载带为波状挡边输送带的双带输送系统

1-取料装置；2-覆盖带；3-承载带

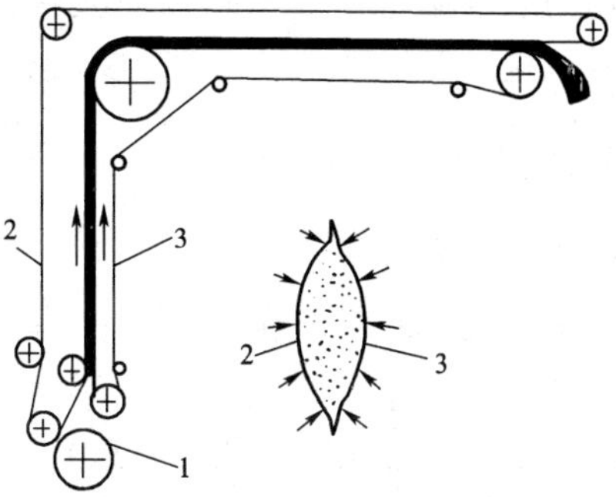

图 3-11　双平面输送带的双带输送系统

1-取料装置；2-覆盖带；3-承载带

1. 覆盖带

对于双平面输送带的双带输送系统，其覆盖带的结构和特性完全按照双带输送系统的要求来设计，其断面如图 3-12 所示。

覆盖带的带边和带腹所起的作用不同，结构上也有差异。带边约占带宽的 1/5，在输送物料的过程中，带边沿纵向传递牵引力且不要求变形，因而有较高的强度和刚度；双带夹持物料时，带边还要有较好的密封性。带腹基本上不承受纵向拉伸牵引作用，但在横向上比较柔软且有较好的弹性，能按物料层的外轮廓贴紧物料，使物料在两带之间被夹持住而不致滑动。为此，带腹一般只衬有聚酯纤维等一类的编织物 1～2 层，而带边则需嵌入多层。

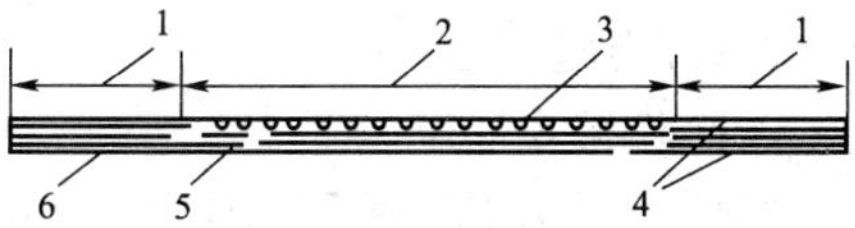

图 3-12　覆盖带结构简图

1-带边；2-带腹；3-带腹花纹；4-盖胶；5-弹性纤维层；6-强力纤维层

覆盖带的上下面胶应耐油并能防静电，一般为氯丁橡胶层。

2. 平面型承载带

双带输送系统中承载带承受的载荷较大，要求承载带具有较高的强度并有一定的柔性。平面型承载带可选用普通输送机胶带，也可选用与覆盖带一样的胶带，或者使用特制的承载带。与覆盖带一样，承载带也应耐油和防静电，带边应有较好的密封性。

3. 表面花纹

对于双平面胶带的双带输送系统，其覆盖带和承载带与物料接触的一面一般带有某种凹凸的花纹，以增加物料与输送带之间的摩擦力，防止物料与输送带之间产生相对滑动。对这种表面花纹的要求如下：

（1）带面清扫方便，不易积尘。

（2）花纹成型后胶带厚薄均匀，尺寸整齐，带边具有良好的密封性，经过夹紧装置时不易跑偏。

(3)加工制造简单。

(4)不产生应力集中等影响胶带强度和使用寿命的不利现象。

适用于散粮输送的输送带表面典型花纹图案见图3-13。

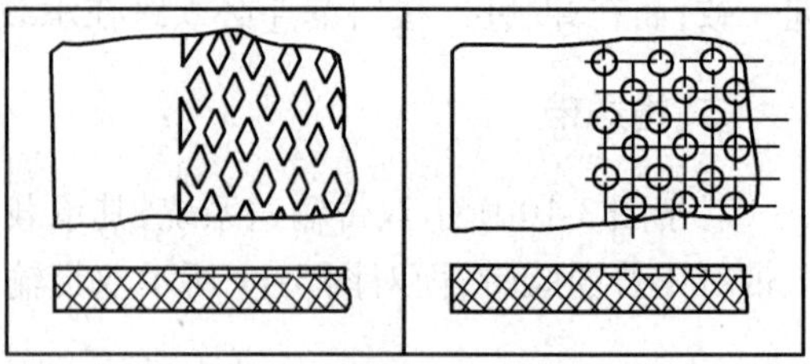

图3-13 输送带表面花纹图案

4. 波状挡边承载带

作为双带输送系统承载带的波状挡边输送带其横隔板一般为T型和C型,参见图3-20。

三、双带的夹紧和密封

1. 双带的夹紧

双平面胶带的双带输送系统中,双带夹持物料正常提升和输送,必须保证双带对物料有足够的夹持力。

使双平面胶带相互压紧的方法有外力施压方式和非外力施压方式。

以波状挡边输送带作为承载带的双带输送系统中,利用托辊、压辊和侧辊的合理布置可以实现双带的夹紧和密封,但在输送系统的转折处必须采取措施实现双带的补偿。

1)非外力施压方式

非外力施压方式是依靠输送带自身的内力转化成压力使双带相互压紧。非外力施压使双带夹紧的方法一般有两种:其一是利用输送带本身的弹性产生夹紧力;其二是利用边辊将输送带横向拉紧,以加大双带间的压力从而达到夹持物料的目的,见图3-15。

2)外力施压方式

(1)机械式加压

利用重力压辊、弹簧压辊、气压缸压辊等机械方法使双带相互压紧。

(2)空气正压力加压

空气正压力加压的基本原理是利用压缩空气将双带压紧,如图3-14所示。风机送来的低压空气由进气口进入气箱,通过孔板加在上、下输送带的背面,双带在气压作用下互相压紧。为保持带边的密封,在覆盖带气箱的两边设置带软铰5的不锈钢密封片4,当气箱充气时,密封片4在气压作用下压向输送带,使气箱与输送带边保持密封状态。密封片与输送带边之间设计成有少量空气溢出,并在其间形成空气润滑层,以减少密封片与输送带的摩擦。

(3)空气负压力加压

空气负压力加压的基本原理是利用风机产生负压使两带之间形成"真空"而互相压紧。利用负压使双带贴紧时需防止两带边缘漏气,可用边辊夹紧带边来达到防漏的目的,如图3-15所示。边辊有左螺旋辊、右螺旋辊和光面辊三种。螺旋边辊既能夹紧带边,又能将输送带向两边拉紧,防止胶带跑偏。

2. 双带的密封

由于取料装置供料的不均匀性,双带夹持的物料量并非定值。当供料量较大时,双带带腹区隆起较大;而当供料量减少时,双带夹持的物料减少,带腹区隆起较小,因而在双带输送系统的进出口处必须有较好的弹性密封件,既要保证其适应瞬时变化的带形,又要保护输送带不受过分的摩擦损伤。常用的密封办法是将不锈钢片或镶有不锈钢片的橡胶薄膜支承在柔性座上,不锈钢片在气压作用下与输送带接触,既可密封,又不损坏输送带。

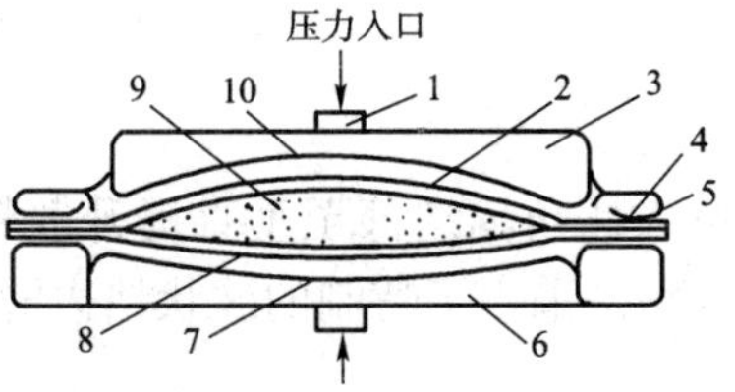

图 3-14 空气正压力加压装置

1-进气口;2-覆盖带;3、6-气箱;4-密封片; 5-软铰; 7-承载带气箱孔板; 8-承载带;9-物料;10-覆盖带气箱孔板

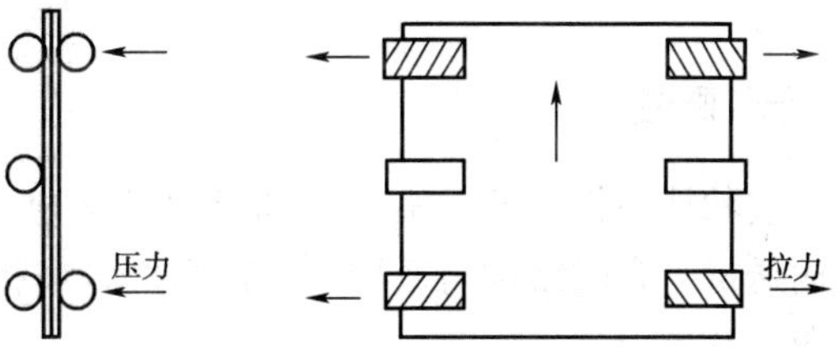

图 3-15 边辊夹紧双带示意图

四、双带的驱动和补偿

1. 双带的驱动

为保证压带机承载带和覆盖带的同步运行,通常采用同一驱动装置同时驱动承载带和覆盖带的传动滚筒,典型驱动方式见图 3-16。

2. 双带的补偿

对于承载带为波状挡边输送带的双带输送系统,在由垂直输送过渡到水平输送的转折处,胶带绕过改向滚筒时,由于承载带的波状挡边上部与覆盖带存在速度差异,为减少两带的摩擦,可在覆盖带内侧两边设短托辊,把覆盖带和承载带波状挡边隔开,如图 3-17 所示。

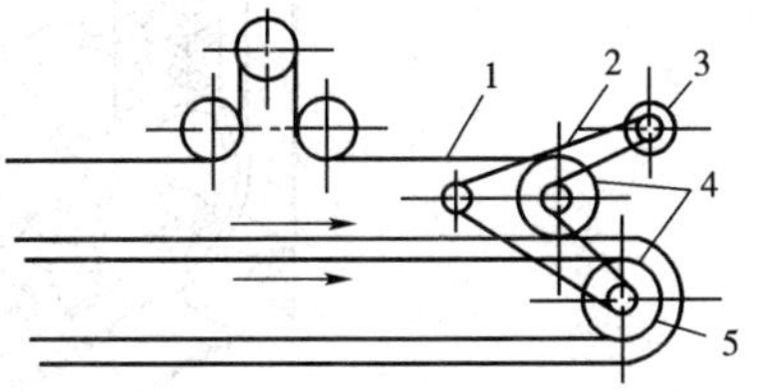

图 3-16 压带机的驱动方式

1-覆盖带;2-链条;3-驱动装置;4-传动滚筒; 5-承载带

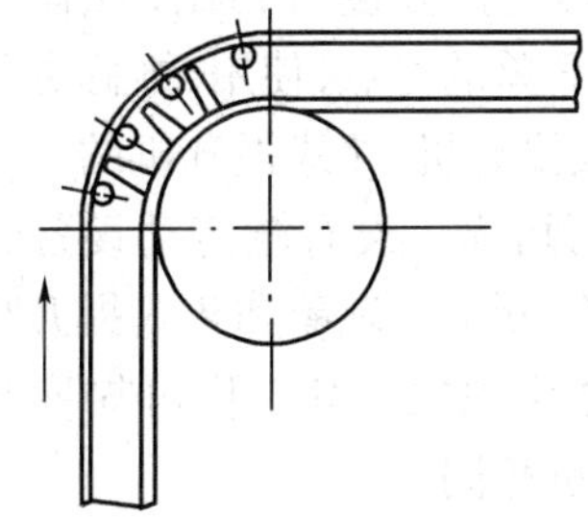

图 3-17 双带的补偿

五、压带式带式输送机的特点

压带式带式输送机除了具有通用带式输送机的特点外还具有以下特点:

(1)可实现垂直提升和水平输送;

(2)物料破损少,粉尘污染小。物料在被输送的过程中,始终被夹持在双带之间,并与输送带之间无相对运动,基本上没有物料破损和扬尘;

(3)对物料的适应性小,只能输送流动性较好的颗粒状轻散粒物料,不适用于有粘性、流动性差的重散粒物料;

(4)对异物较敏感,如果压带式带式输送机中混入有锐利边角的异物,极易损坏输送带;

(5)输送带,尤其是覆盖带需要特别制造。

第三节 波状挡边带式输送机

一、概述

波状挡边带式输送机（以下简称“挡边机”）是一种可大倾角输送甚至垂直提升散料的带式输送机。它的结构与通用带式输送机基本相同，主要区别是采用了特制的波状挡边输送带，如图3-18所示。

挡边机结构的最大特点是用波状挡边输送带（简称“挡边带”）来代替普通输送带。其工作原理和结构组成与通用带式输送机类似，并且大部分零部件，如：传动滚筒、改向滚筒、托辊、拉紧装置、驱动装置、空段清扫器、卸料漏斗、中间机架、中间支腿、尾架、头部护罩、安全保护装置等，都可以与通用带式输送机的相应部件通用。

挡边机的主要优点如下：

（1）输送带上有横向挡板，使输送机倾角大，最大可达90°，是大倾角输送和垂直提升的理想设备。可减少占地面积，节省设备投资和土建费用，具有良好的综合经济效益。

（2）与其他提升设备相比，具有通用带式输送机结构简单的优点，使用、维修方便。可以说，它是链式提升机、斗式提升机的替代产品。

（3）运行可靠。没有链传动设备经常出现的卡链、飘链、断链等现象和斗式提升机经常发生的打滑、掉斗现象。其工作可靠度几乎与通用带式输送机相同。

（4）运行平稳，噪声小。

（5）输送带两侧的波状挡边使输送带载荷截面积增大，提高了输送量，并能防止物料撒落。

（6）由于不存在装料时的挖掘阻力和运行时物料的内、外摩擦阻力，因而能耗小。

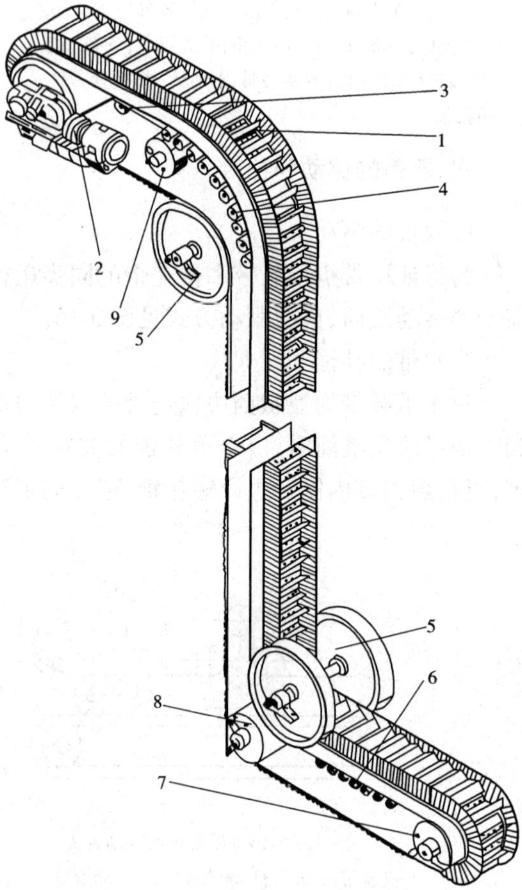

图3-18 波状挡边输送机

1-波状挡边输送带；2-驱动装置；3-承载托辊；4-凸弧段；5-压带轮；6-缓冲托辊；7-拉紧滚筒；8-改向滚筒；9-振动清扫器

（7）垂直挡边机还可以在机头和机尾设置任意长度的水平输送段，便于和其他输送设备衔接。

二、挡边机的结构特点

1. 挡边带

图3-19为挡边带的简图，它由基带、挡边和隔板组成。

基带的外观与普通输送带相同,但具有更大的横向刚度。挡边做成波状是为了使输送带能绕过各滚筒和凸、凹弧区段,以满足输送线路的要求。波的形状可以是正弦波、方波、W 形波等。在两挡边之间的基带上,有按一定间距布置的隔板。隔板按其不同的断面可分为:T 型、C 型、TC 型,如图 3-20 所示。

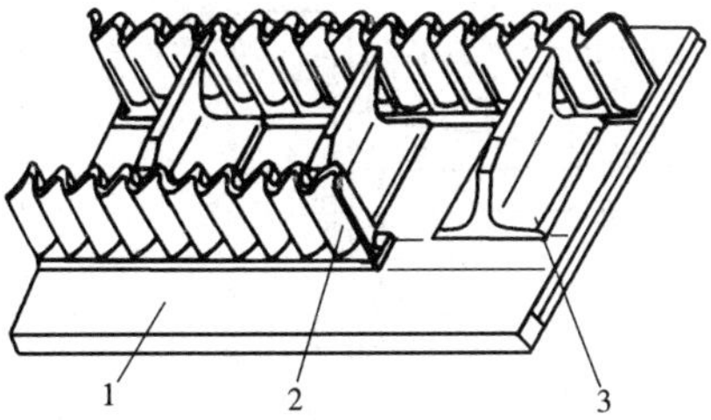

图 3-19 挡边带

1-基带;2-挡边;3-隔板

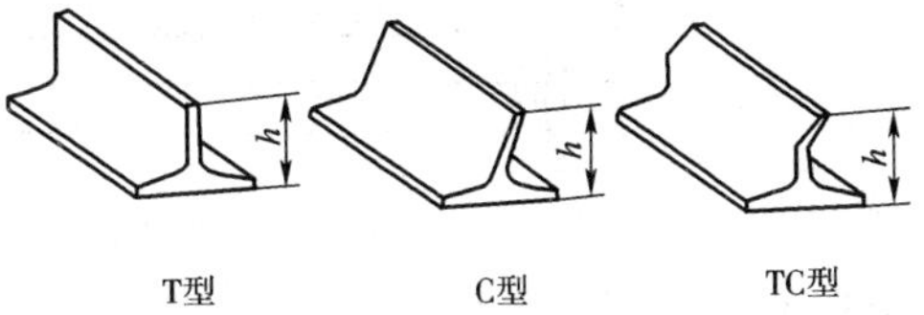

图 3-20 隔板型式

T 型适用于倾角 $\delta \leqslant 40°$ 的场合;C 型适用于倾角 $\delta > 40°$ 且物料流动性较好的场合;TC 型适用于 $\delta > 40°$,物料粘性较大、粒度较大的场合。

2. 压带轮和压带辊组

压带轮和压带辊组的作用相同,都是压住挡边带工作面的空边,使挡边带改变运行方向,两者之中选用一种。它们被布置在挡边机凸弧段的回空分支和凹弧段的承载分支处。压带轮是最常见的形式,见图 3-21,由复式轮缘、轴、轴承、轴承座等组成。大轮缘压在挡边带的空边上,小轮缘则轻轻压在两条挡边上。压带辊组(图 3-22)由若干个悬臂辊子按一个较大的、公共的曲率半径布置。当带速较大时,压带辊组能有效地克服物料在通过凹弧段时产生的向后"簸料"现象。

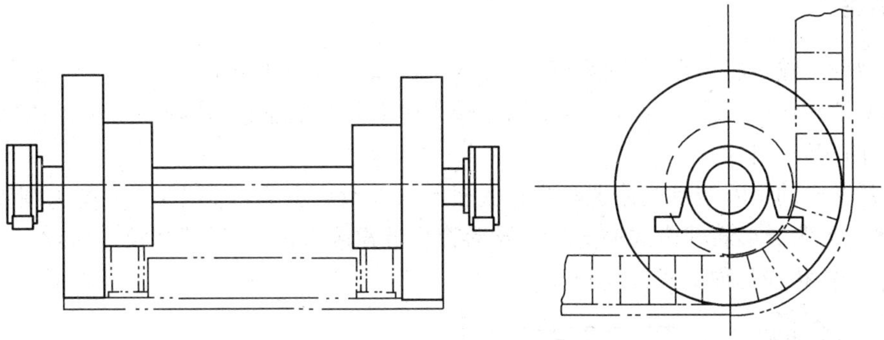

图 3-21 压带轮

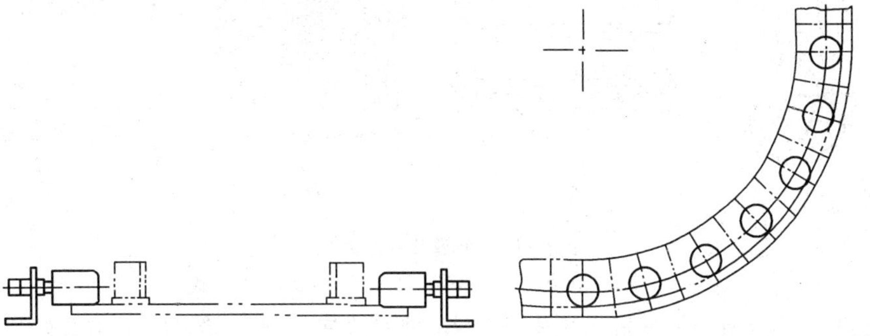

图 3-22 压带辊组

3. 复式下托辊

复式下托辊由两个悬臂辊子和一个下托辊组成，见图 3-23。当挡边机的带宽 $B \geqslant 1000$mm 时，用复式下托辊来承托挡边带的无载分支。当 $B < 1000$mm 时，仍采用普通的平形下托辊来承托挡边机的无载分支。

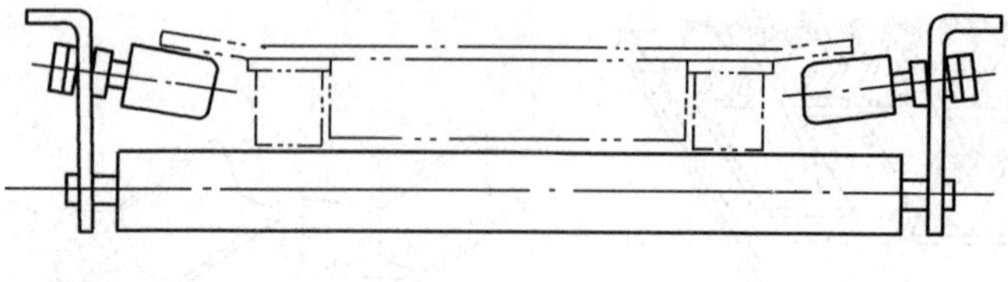

图 3-23　复式下托辊

4. 清扫器

挡边带的非工作面也采用与通用带式输送机相同的空段清扫器，而工作面的清扫则用振动清扫器。振动清扫器可分为有动力的和无动力的两大类：有动力的一般用电机通过皮带轮带动一对旋转的辊子，让辊子拍打挡边带的非工作面，从而把粘在挡边和隔板上的物料振下来；无动力的则是用挡边带拖动一个具有凸块的辊子旋转，从而使挡边带上下振动。为了延长清扫器的寿命，又研制出了一种可操纵式的无动力拍打清扫器，当输送的物料流动性较好时，可以操纵拍打辊，使其中心抬高而不与挡边带接触。此时，由于拍打辊不再旋转，因而也就不再使挡边带振动。

第四节　圆管状带式输送机

一、概述

封闭型带式输送机是在通用槽形带式输送机的基础上发展起来的一种特种带式输送机。采用封闭型带式输送机输送散料是为了增大输送带对物料的围包，达到封闭输送、增大输送倾角、空间弯曲布置等目的。

已经开发出的封闭型带式输送机按其截面形状大致可分为两大类：第一类为圆管状带式输送机；第二类为异形管状带式输送机。异形管状带式输送机有：吊挂管状、U 形带 Q 状、U 形带三角状、折叠状等几种型式，如图 3-24 所示。

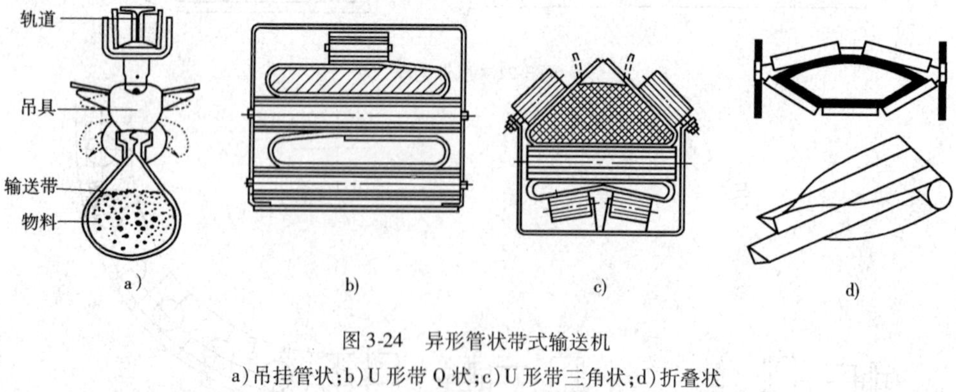

图 3-24　异形管状带式输送机

a)吊挂管状；b)U 形带 Q 状；c)U 形带三角状；d)折叠状

在上述两大类封闭型带式输送机中，圆管状带式输送机是众多封闭型带式输送机中开发最早、发展最快、应用最广泛的一种。

二、圆管状带式输送机的工作原理

圆管状带式输送机的工作原理与普通带式输送机相同,都是靠摩擦驱动使输送带及其上的物料移动。大多数部件与通用带式输送机相同,不同之处在于:

(1)输送带要卷成圆管状,因而需要采用多边形托辊组(最常用的是正六边形托辊组),参见图3-25。

(2)过渡段的长度和托辊的布置形式不同。

通用带式输送机的托辊是槽形托辊或平形托辊,其过渡托辊装在滚筒与第一组正常槽形托辊之间,使输送带逐渐成槽或由槽形逐渐展平,参见图2-17;而全圆管型圆管状带式输送机的承载段和返回段都是圆形,其工作过程可分为三个部分(图3-25a):

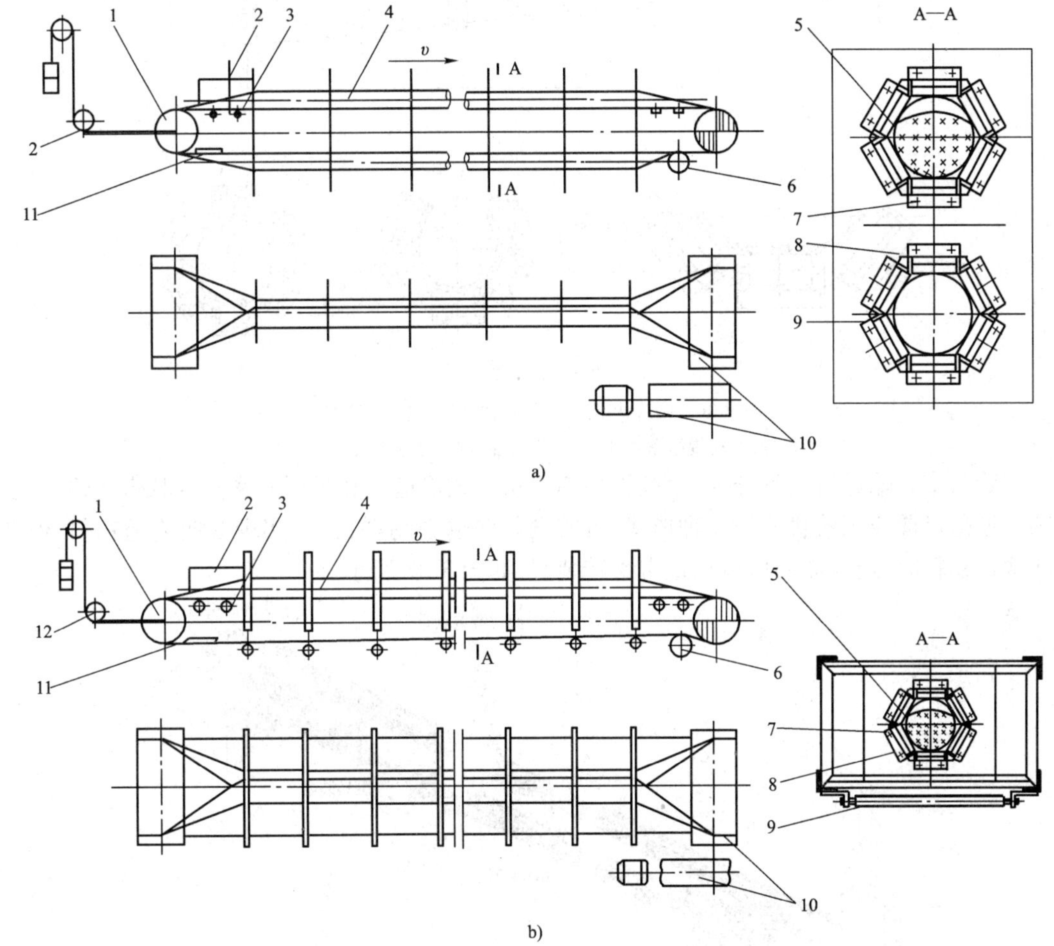

图3-25 圆管状带式输送机结构示意图

a)全圆管型;b)半圆管型

1-改向滚筒;2-导料槽;3-过渡托辊组和缓冲托辊组;4-输送带;5-物料;6-改向滚筒;7-正多边形托辊组;8-框支架;9-回程分支托辊;10-传动滚筒和驱动装置;11-清扫器;12-拉紧装置

①尾部过渡段,从尾部滚筒至输送带完全形成圆管状这段距离为尾部过渡段,输送机就在这一范围内装料,在此过渡段内,输送带借助于若干组槽角不同的过渡托辊由平形逐渐过渡到槽形,直至最后与物料一起被卷成圆管状,参见图3-26;

②中间圆管状输送段，在此段范围内，输送带在运行时呈圆管状裹住输送的物料平稳向前输送；

③头部过渡段，在输送机头部仍然借助于过渡托辊的导向，使圆管状输送带逐渐展开成平形，以实现卸料，然后在返回侧再一次形成圆管状，避免物料洒落。全圆管型圆管状带式输送机就是以展开受料、封闭输送，再展开卸料、又封闭返回这样的方式连续不断地输送物料。

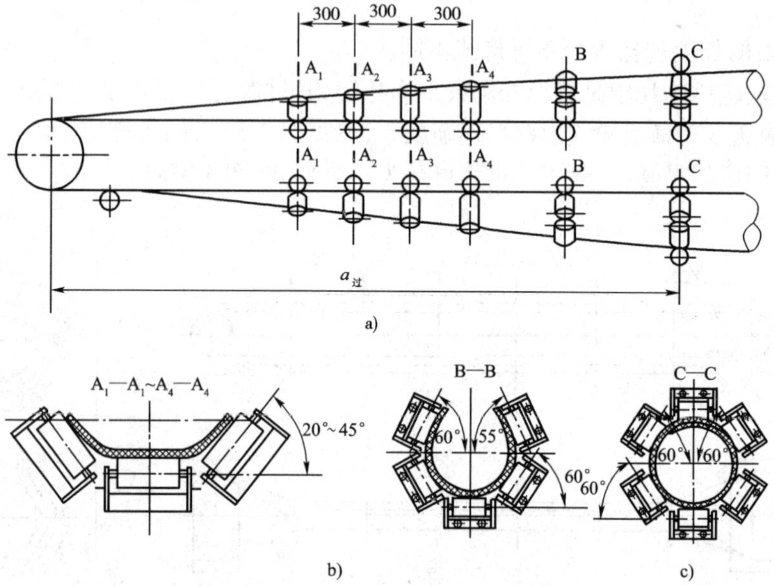

图 3-26　圆管状带式输送机过渡段托辊布置简图

a）过渡段托辊组布置；b）过渡段托辊布置；c）输送段托辊布置

圆管状带式输送机又可分为：全圆管型圆管状带式输送机和半圆管型圆管状带式输送机。全圆管型是目前应用较普遍的一种形式，可实现单向输送物料，也可实现双向输送物料，但在双向输送物料时，通常需要增设输送带翻转装置，如图 3-27 所示。

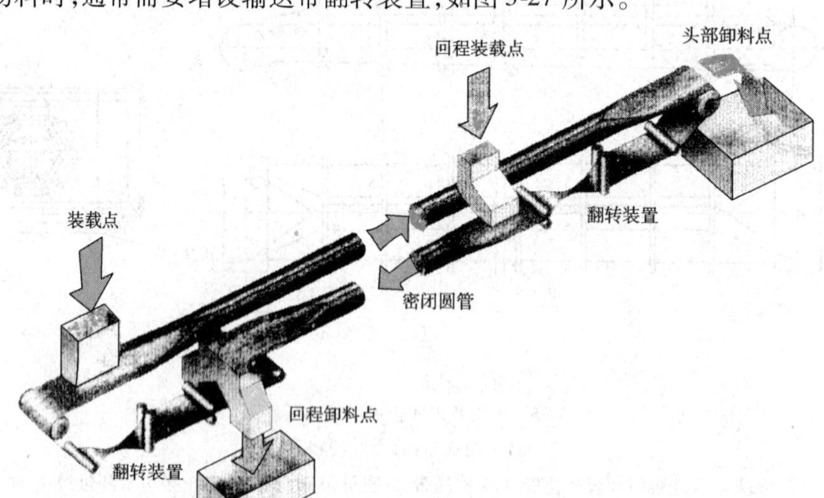

图 3-27　双向输送物料的圆管状带式输送机结构示意图

半圆管型圆管状带式输送机可以在承载段或回程段形成圆管状，如：在承载段形成圆管状，而回程段展开成平形；或承载段仍然利用普通槽形输送带输送物料，而回程段形成圆管状，这种形式主要应用在为避免回程物料洒落、对环境有较高要求的场合。

三、圆管状带式输送机的结构组成

管状带式输送机由驱动装置、传动滚筒、改向滚筒、托辊组和机架等部分组成，其头部、尾部、受料点、卸料点、拉紧装置等位置的结构与普通带式输送机的结构几乎一样，只是在输送机的加载点后至卸料点前的中部输送段形成圆管状。输送带的回程段也基本上与承载段相同，一般也是形成圆管状，但回程段输送带也可采用平行或 V 形返回。圆管状带式输送机的整体布置如图 3-25 所示。

1. 输送带

圆管状带式输送机的输送带（以下简称“管状带”）与普通输送带的材料和结构形式基本相同，根据不同的载荷要求可以选用聚酯棉帆布带或钢丝绳芯带等。

管状带的芯层结构与普通带式输送机输送带相比有一定的差别，由于管状带在输送物料时需形成圆管状，故要求管状带应有良好的弹性、纵向柔性、横向刚性及抗疲劳性能，同时对管状带的芯层材料要求较高，管状带的搭接部分要有良好的可挠曲性，边缘芯层设计较薄，两边缘设计成向里侧卷曲，有助于形成圆管状，以保证管状带在形成管状后的密封和稳定性，保证设备在空载运行的工况下不易产生扭转，见图 3-28。

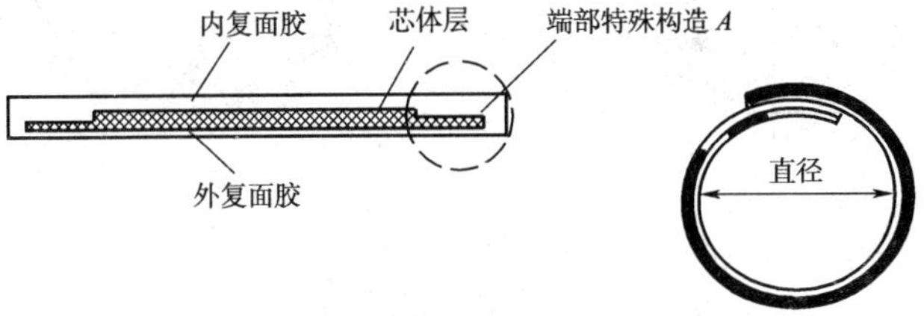

a)

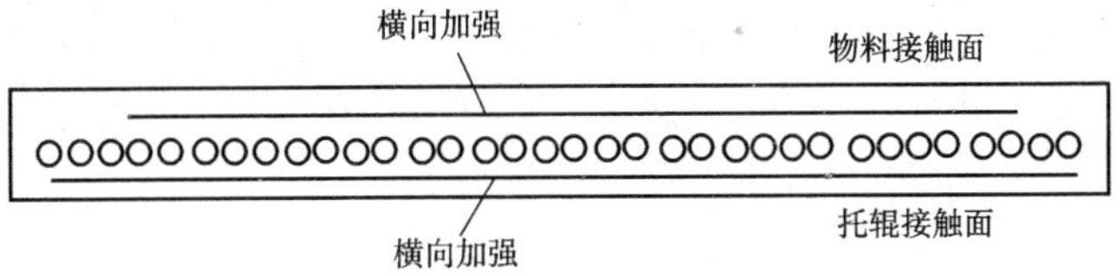

b)

图 3-28　管状带结构

a）织物芯输送带；b）钢丝绳芯输送带

由于圆管状带式输送机经常为曲线布置，为维持管状，需要输送带根据设备的布置情况具有一定的横向刚度，即在曲线段抵抗输送带的张力使其圆形发生改变的能力。圆管状带式输送机的张力和水平转弯角度越大，需要管状带的横向刚度就越大。管状带的刚度是圆管状带式输送机设计计算的基础，也是圆管状带式输送机与通用带式输送机最本质的区别。

2. 托辊组结构

圆管状带式输送机的输送带由托辊组支撑与导向，托辊组中的辊子与通用带式输送机的辊子基本相同。

圆管状带式输送机所用的辊子要求其运行阻力小，防水浸入密封性好。究其原因是：圆管状带式输送机的六边形托辊组的侧托辊倾角较大，如果密封不好，雨水易于浸入，使用时间不长就可能出现托辊不转现象。故圆管状带式输送机对托辊的密封要求更为严格。调节托辊中润滑油的充填率，可以使辊子的回转阻力变小。

输送带四周的托辊通常为圆管形保持托辊（PSK 托辊，Pipe Shape Keeping idler）。当圆管状带式输送机直线运行，没有任何垂直或水平弯曲时，承载侧（上行程）的底部三个托辊承受输送带和物料的重量，顶部的三个托辊维持输送带成圆管状；当输送机有垂直和水平弯曲部分时，围着输送带的一部分托辊可能成为承载托辊，而其他的托辊用来维持输送带的圆管形。回程分支也是如此，在回程分支中使输送带保持圆管形，而不是像通用带式输送机那样采用平形或 V 形，是为了保证其可以采用和承载分支同样的结构，以引导输送带通过垂直或水平弯曲段，或为了实现双向往返输送，并且这样布置可以充分利用其宽度小的特点。

六边形托辊组的六个辊子可以安装在框支架的一侧，也可以安装在框支架的两侧来形成六个边。

六边形托辊组根据配置形状分为平底型和尖点型，见图 3-29。此外，托辊可设置在框支架的两侧，形成两个六边形托辊组的组合，共有四种组合形式，见图 3-30。

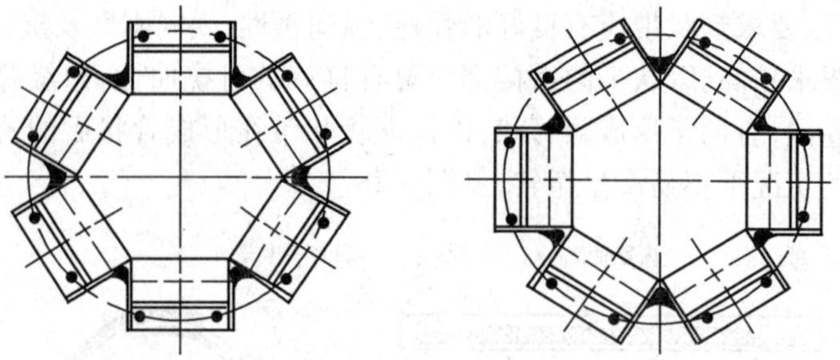

图 3-29　六边形托辊组的配置形状

a）平底型（F 型）；b）尖点型（S 型）

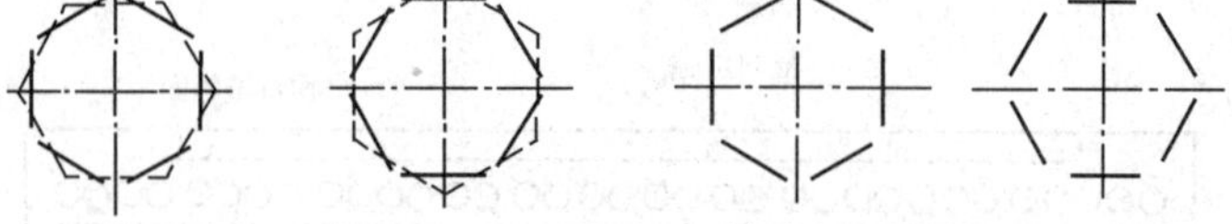

图 3-30　六边形托辊组的组合形式

a）尖顶型-平底型；b）平底型-尖顶型；c）尖顶型；d）平底型

在尾部、头部过渡段中，管状带被托辊组由平行逐渐成形为圆管状（或相反由圆管状逐渐展开为平形），在圆管形的开始处（或结束处）装有一组特殊的托辊组，其由排成不重合的两个六边形托辊组组成，实际上组成了一个 12 边形托辊组，它比六边形托辊组更接近圆形，更能承受在密封处的很高的载荷压力，见图 3-30a）或 b）。

由安装在框支架两侧的托辊组组成的多边形托辊组还可有效避免运行中的输送带被夹进托辊的间隙中而造成事故。

图 3-31 为圆管状带式输送机的形状配置实例，从图中可见，在承载分支分别有平底型和尖点型，回程分支都为平底型。

图 3-31　圆管状带式输送机形状配置实例

四、圆管状带式输送机的特点

圆管状带式输送机除了具有通用带式输送机的特点外还具有以下特点：

(1)可实现承载段和回程段完全封闭输送散状物料，物料与外部隔绝从而质量得到保证，同时又避免洒料而满足环保要求。

(2)能实现大倾角输送。通用带式输送机的输送倾角最大能达到24°，一般在18°左右(表1-3)，而圆管状带式输送机由于输送带将物料包围在圆管内输送，增大了物料与输送带之间的摩擦力，有利于提高输送机的倾角，目前已投入使用的圆管状带式输送机的最大倾角在30°左右。

(3)可空间弯曲布置输送线路，因其输送带成圆管状，使圆管状带式输送机可实现小半径三维空间转弯，避免了中间转运站的设立和相应辅助设备的投资和维护费用。

(4)可双向输送物料，圆管状带式输送机在承载段和回程段均采用封闭管筒输送，如在回程段加装受料口，则回程段也可输送物料，且回程段的加料口的位置不受限制，如图3-27所示。

(5)输送带性能要求高，尽管圆管状带式输送机所采用的输送带仍然为平形输送带，但由于要将输送带卷成圆管形状，同时要求较好的密封，并且在输送过程中要保持圆管形状，故要求采用特殊制造的输送带。

(6)由于物料被围包在圆管内输送，增大了物料与输送带的挤压力，所以圆管状带式输送机的运行阻力系数比通用带式输送机大。

(7)在相同的带速和带宽条件下，输送量是通用带式输送机的50%左右。

(8)尽管从结构上来看，圆管状带式输送机不会产生如同通用带式输送机的输送带跑偏问题，但是存在输送带的扭转问题，严重时，会使输送带的边缘进入两个托辊之间，造成输送带损坏。

(9)设计计算复杂，由于圆管状带式输送机的结构形式比通用带式输送机的结构复杂，因而其设计计算更加复杂，普通设计人员难以掌握。

尽管圆管状带式输送机有上述的各种缺点，但它具有密闭和大倾角输送、易于空间转弯、占地面积小等显著特点，使其成为水泥、钢铁、化工、港口、电厂、粮食等领域广泛应用的一种新型特种带式输送机。

第五节　U型带式输送机

一、U型带式输送机的工作原理

U型带式输送机是近年新出现的一种特种带式输送机。其工作原理与通用带式输送机完全相同：驱动装置驱动传动滚筒旋转，利用传动滚筒与输送带之间的摩擦力拖动输送带在托辊上运行。输送带有载分支的横向截面成U型，如图3-32所示，在输送带外围设有4~5个成U型布置的托辊，其侧辊的槽角达到90°，另有一系列特殊的辊子来保障输送带的截面成为U型。物料堆放在U型的输送带上，随输送带一起运行到头部卸下，达到输送的目的。

二、U型带式输送机的特点

(1)输送能力大。当U型带式输送机直线运行时，选取开口尺寸 $W=B/2$，此时其输送能力比普通型带式输送机增大 15.8% ~22.6%。

(2)输送倾角大。由于托辊槽角为 90°,根据散体力学的理论,物料与输送带间的摩擦系数将比通用带式输送机增大 40% ~60%,因而各种物料用 U 型带式输送机输送时,其最大输送倾角比通用带式输送机大 8° ~12°。以原煤为例,用通用带式输送机输送时倾角一般在 18°以下,而用 U 型带式输送机输送,倾角可达到 28°。

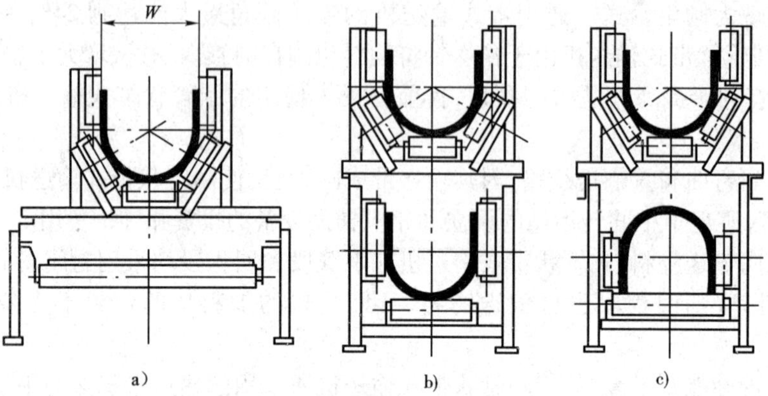

图 3-32 U 型带式输送机的中部断面

a)空载分支输送带为平形; b)空载分支输送带为正 U 型;c)空载分支输送带为反 U 型

(3)运行平稳。运行时输送带对中性好,输送带不跑偏,不易出现撒料现象。

(4)有利于环境保护。输送带形成 U 型后,好像给物料加了一堵挡风墙,物料不易被侧风吹散,在一定程度上可减少物料损耗。

(5)可以按一定的曲率半径在水平面里拐弯输送。方便输送机系统的总体布置,减少了转载环节,从而降低投资成本,减少操作人员,提高输送机系统的可靠性。

(6)可以很方便地将现有的通用带式输送机改造为 U 型带式输送机,以充分发挥现有设备的能力。

三、U 型带式输送机的总体结构

由于 U 型带式输送机的头部、尾部、驱动装置、拉紧装置、导料拦板、漏斗、保护装置等部件均与通用带式输送机完全一样,不同之处仅在于中间部分的托辊和机架。因此 U 型带式输送机在安装、使用与维修方面,几乎与通用带式输送机完全相同。

U 型带式输送机的输送带形成 U 型后,其上部的开口尺寸 W 有 $W=B/2$ 和 $W=B/3$ 两种,如图 3-32 所示。$W=B/2$ 时,输送截面大,输送能力大,适用于不需要拐弯输送的场合;$W=B/3$ 时,输送能力下降,但横向尺寸较小,适用于水平拐弯输送的场合。

U 型带式输送机的回程分支输送带的截面一般是平型的,有翻转和不翻转两种布置形式,也可以是正 U 型(输送带翻转)或反 U 型(图 3-32)。回程分支的输送带经过翻转后,输送带的工作面是向上的,可避免沿途掉料,适用于输送距离长且对环境保护要求较高的场合。

U 型带式输送机可根据需要方便地加装防雨罩。

四、特性比较

U 型带式输送机与通用型、圆管状、吊挂管状带式输送机的特性比较如表 3-4 所示。

U型带式输送机与通用型、圆管状、吊挂管状带式输送机的特性比较　　表3-4

机　　型	通　用　型	圆管状型	吊挂管状型	U　　型
输送能力	较大	为通用型的50%左右	为通用型的40%左右	直线输送时为通用型的115%以上
允许倾角	较小	比吊挂管状型略小	最大，较通用型大25°以上	较大，较通用型大8°~12°
水平拐弯性能	几乎不能拐弯	$R>75B$（尼龙带）	$R>50B$（尼龙带）	$R>80B$（尼龙带）
对瞬时过载的承受力	较大	极小	极小	较大
对物料块度变大的承受力	较大	极小	极小	较大
输送过程的密封性	差	好	好	较好
设备的复杂程度	简单	较简单	复杂	较简单
设备运转的可靠度	高，约0.95	较高，约0.93	较低，约0.90	较高，约0.93
检修的方便性	需沿线巡检托辊，需设走廊	需沿线巡检较多的辊子，需设走廊	固定点检查吊具，不需设走廊	需沿线巡检较多的辊子，需设走廊
安装及调整的方便性	方便	较方便	较复杂	较方便
单机造价及综合造价	单机造价最低，因倾角小、设走廊而占地多，故综合造价最高	单机造价比U型略高，综合造价比通用型略低	单机造价最高，但综合造价最低	单机造价比通用型略高，综合造价比通用型低

思考与练习

1. 气垫带式输送机的工作原理是怎样的？
2. 气垫机除了具有通用机的全部优点外还具有哪些特点？
3. 气垫机是如何分类的？
4. 气垫机适用于哪些场合？
5. 气垫机的总体结构与通用带式输送机有哪些相同和不同之处？
6. 气垫机的主要部件有哪些？
7. 理想的气垫机气膜应是怎样的？盘槽上气孔布置的基本原则是怎样的？
8. 气垫机在日常操作与维护时应注意哪些事项？
9. 压带式带式输送机的工作原理是怎样的？
10. 双平面输送带的双带输送系统，简述其覆盖带的结构和特性。
11. 压带式带式输送机的双带是如何夹紧和密封的？

12. 简述波状挡边带式输送机的主要优点。

13. 简述波状挡边带式输送机挡边带的结构特点。隔板按不同的断面可分为哪些类型？分别适用于什么场合？

14. 简述波状挡边带式输送机工作面清扫器的工作原理。

15. 简述圆管状带式输送机的工作原理。与通用带式输送机有哪些区别？

16. 管状带的芯层结构与普通输送带相比有什么特点？

17. 对圆管状带式输送机的托辊有什么要求？为什么？

18. 六边形托辊组怎样设置在框支架上？

19. 简述圆管状带式输送机的特点。

20. 简述U型带式输送机的特点。

第四章　埋刮板输送机

知识目标

1. 解释埋刮板输送机的工作原理；
2. 说出埋刮板输送机的分类；
3. 说出埋刮板输送机型号的表示方法和标准布置型式；
4. 说出 MS 型和 MC 型埋刮板输送机的总体结构；
5. 描述埋刮板输送机的基本参数；
6. 描述埋刮板输送机的特点；
7. 知道普通型埋刮板输送机的适用范围；
8. 说出埋刮板输送机链条的结构形式；
9. 说出埋刮板输送机刮板的结构形式；
10. 知道刮板在机槽内的布置型式；
11. 描述埋刮板输送机的头部、尾部、加料段与过渡段等各自的组成和结构型式；
12. 描述埋刮板输送机的弯曲段、中间段各自的组成和结构型式；
13. 知道埋刮板输送机的驱动装置。

能力目标

1. 具备分析埋刮板输送机的工作原理和工作性能的基础知识；
2. 能根据实际需求合理选择埋刮板输送机的类型和布置型式；
3. 能根据实际需求合理选用刮板链条、头部、尾部、加料段、过渡段、弯曲段、中间段等主要部件；
4. 能根据实际需求合理确定刮板在机槽内的布置型式；
5. 初步具备进行埋刮板输送机零部件设计的基本能力。

第一节　概　　述

一、埋刮板输送机的工作原理

埋刮板输送机是一种在封闭的矩形断面的壳体内，借助于运动着的刮板链条，利用散粒物料具有内摩擦力以及在封闭壳体内对竖直壁产生侧压力的特性，来连续输送粉状、颗粒状及小块状等散粒物料的输送机械。

由于刮板链条埋在被输送的物料之中，与物料一起向前移动，故而称为“埋刮板输送机”。埋刮板输送机可进行水平、倾斜或垂直输送，还能在封闭的水平面或垂直平面内的复杂路径上进行循环输送。

对于水平输送,物料受到刮板链条在运动方向上的推力,使物料被挤压,于是在物料自重及两侧壁的约束下,物料间产生了内摩擦力,这种内摩擦力保证了料层之间的稳定状态,并足以克服物料在机槽中移动时受到的外摩擦力,从而形成连续整体的料流随着刮板链条向前输送。

对于垂直提升,物料受到刮板链条在运动方向上的提升力,由于物料的起拱特性、物料的自重及机槽四壁的约束,物料中产生了横向侧压力,形成阻止物料下落的内摩擦力。同时,输送机下部的不断进料也给上部物料施加了一种连续不断的推动力,迫使物料向上运动。当这些向上的作用力大于物料和机槽壁之间的外摩擦力及物料自身的重力时,物料就会形成连续整体的料流,从而被提升。因为刮板链条在运动中不可避免地会产生振动,所以料拱会时而破坏,时而形成,使物料在提升过程中相对于刮板链条产生一种滞后现象,这对于输送效率和输送速度略有影响,但并不妨碍输送机的正常工作,如图 4-1 所示。

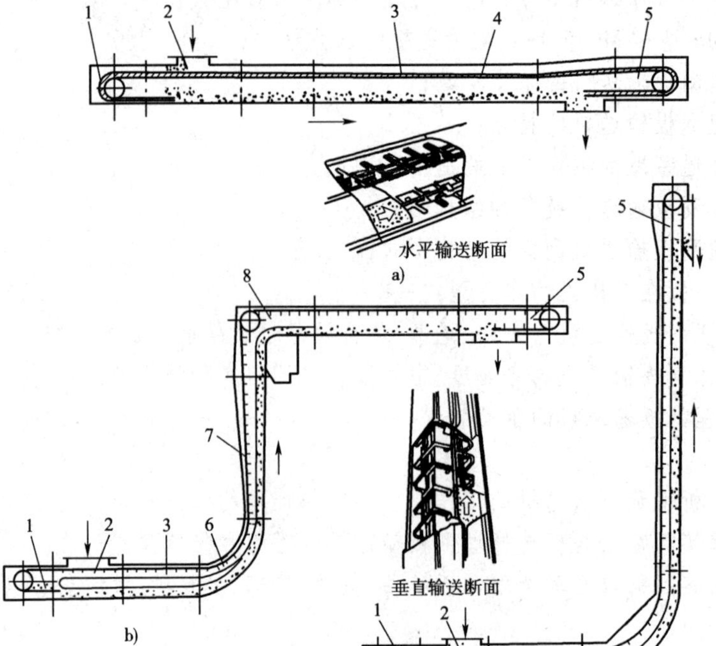

图 4-1　埋刮板输送机示意图

a)水平型;b)Z 型;c)垂直型

1-张紧段;2-加料段;3-水平段;4-刮板链条;5-头部;6-弯曲段;7-垂直中间段;8-上回转段

埋刮板输送机与普通刮板输送机的最大区别是:普通刮板输送机靠刮板推动物料向前运行来达到输送目的,因此,其刮板高度比较大,刮板高度是影响料层高度以及输送量的主要因素;而埋刮板输送机则利用物料颗粒间的内摩擦力大于物料与机槽壁间的外摩擦力的原理,使物料整体向前输送。它利用较矮的刮板来拖动较高的料层。当料层高度与机槽宽度之比满足一定条件时,料流是稳定的。

二、埋刮板输送机的分类与布置型式

1. 分类

埋刮板输送机种类繁多,形式各异,可根据不同的原则加以分类。

1)按用途及适用范围分类

埋刮板输送机按对物料的适应性可分为四种型式,参见表4-1。

埋刮板输送机按对物料适应性分类表 表4-1

型　式	普通型	热料型	耐磨型	气密型
特性	常用物料	100～450℃物料	磨琢性物料	有毒渗透性物料
代号	T	R	M	F

普通型埋刮板输送机用于输送物料特性一般的散粒物料;热料型用于输送高温物料;耐磨型用于输送磨琢性较强的物料;气密型用于有防止泄露和渗透以及防止粉尘爆炸的要求的场合。

2)按结构布置型式分类

埋刮板输送机分标准结构布置型式和非标准结构布置型式,简称标准型和非标型。标准型的工艺布置方式和零部件结构已基本规范化,非标型则无一定的模式,多根据用户的工艺要求另行设计,但要求与标准型差别不能太大,且尽量选用标准零部件。普通型埋刮板输送机共有6种标准结构布置型式,见表4-2。这6种标准机型可分为两大类:一类是有水平输送段的机型,有MS、MP型两种,每一机型都有10种机槽宽度规格,参见表4-3;另一类是有垂直提升段或水平、倾斜、垂直段组合输送的机型,有MC、MZ、MK、ML四种,每一种机型都有8种机槽宽度规格,参见表4-4。

6种标准结构布置型式及代号 表4-2

型　式	水平型	垂直型	Z　型	平面环型	立面环型	扣环型
代　号	S	C	Z	P	L	K

水平输送机型的基本参数 表4-3

型号	MS12	MS16	MS20	MS25	MS32	MS40	MS50	MS63	MS80	MS100
	MP12	MP6	MP20	MP25	MP32	MP40	MP50	MP63	MP80	MP100
B(mm)	120	160	200	250	320	400	500	630	800	1000
H(mm)	120	160	200	250	320	360	400	500	600	700
t(mm)	80		—	—	—	—	—	—	—	—
	100			—	—	—	—	—	—	—
	—	125			—	—	—	—	—	—
	—	—	—	160				—	—	—
	—	—	—	—	200					—
	—	—	—	—	—	250				
	—	—	—	—	—	—	—	315		
v(m/s)	0.08、0.10、0.16、0.20、0.25、0.32、0.40、0.50、0.63、0.80、1.00									

注:表中的t值指的是刮板节距和链条节距相同时的情况,有时刮板节距可以是t的2～3倍。

3)按安装方式分类

埋刮板输送机可分为固定式和移动式两种类型,代号分别为G和Y。

输送机机体和驱动装置均与基础固定在一起的为固定式。

在输送机机体中部下方装一副行走轮,将驱动装置安放在靠近头部的中间段壳体上,使输送机可以行走的为移动式。

普遍使用的是固定式，移动式应用较少，一般只对机槽宽度较小、输送距离较短的水平型埋刮板输送机采用移动式结构。

4）按承受载荷分类

埋刮板输送机分重型和轻型。一种情况是按被输送物料的堆积密度分：堆积密度 $\rho>1000kg/m^3$ 为重型，堆积密度 $\rho\leq1000kg/m^3$ 为轻型；另一种是按设备的重量分：壳体厚度大，设备重量大为重型，输送轻物料时将壳体厚度减薄，使在相同输送长度或提升高度的情况下，设备重量减轻三分之一，这种改进后的产品为轻型（代号为 Q）。移动式及粮食专用系列的埋刮板输送机都属于轻型。

垂直提升及复合输送机型的基本参数 表 4-4

<table>
<tr><td rowspan="4">型号</td><td>MC12</td><td>MC16</td><td>MC20</td><td>MC25</td><td>MC32</td><td>MC40</td><td>MC50</td><td>MC63</td></tr>
<tr><td>MZ12</td><td>MZ16</td><td>MZ20</td><td>MZ25</td><td>MZ32</td><td>MZ40</td><td>MZ50</td><td>MZ63</td></tr>
<tr><td>MK12</td><td>MK16</td><td>MK20</td><td>MK25</td><td>MK32</td><td>MK40</td><td>MK50</td><td>MK63</td></tr>
<tr><td>ML12</td><td>ML16</td><td>ML20</td><td>ML25</td><td>ML32</td><td>ML40</td><td>ML50</td><td>ML63</td></tr>
<tr><td>B(mm)</td><td>120</td><td>160</td><td>200</td><td>250</td><td>320</td><td>400</td><td>500</td><td>630</td></tr>
<tr><td>H(mm)</td><td>100</td><td>120</td><td>130</td><td>160</td><td>200</td><td>250</td><td>280</td><td>320</td></tr>
<tr><td rowspan="7">t
(mm)</td><td colspan="2">80</td><td>—</td><td>—</td><td>—</td><td>—</td><td>—</td><td>—</td></tr>
<tr><td colspan="3">100</td><td>—</td><td>—</td><td>—</td><td>—</td><td>—</td></tr>
<tr><td>—</td><td colspan="3">125</td><td>—</td><td>—</td><td>—</td><td>—</td></tr>
<tr><td>—</td><td>—</td><td>—</td><td colspan="4">160</td><td>—</td></tr>
<tr><td>—</td><td>—</td><td>—</td><td>—</td><td colspan="4">200</td></tr>
<tr><td>—</td><td>—</td><td>—</td><td>—</td><td>—</td><td colspan="3">250</td></tr>
<tr><td>—</td><td>—</td><td>—</td><td>—</td><td>—</td><td>—</td><td>—</td><td>315</td></tr>
<tr><td>v(m/s)</td><td colspan="8">0.08、0.10、0.16、0.20、0.25、0.32、0.40、0.50、0.63、0.80、1.00</td></tr>
</table>

注：表中的 t 值指的是刮板节距和链条节距相同时的情况，有时刮板节距可以是 t 的 2～3 倍。

2. 埋刮板输送机的标准布置型式

1）埋刮板输送机型号的表示方法

埋刮板输送机机型型号的表示方法如图 4-2 所示。

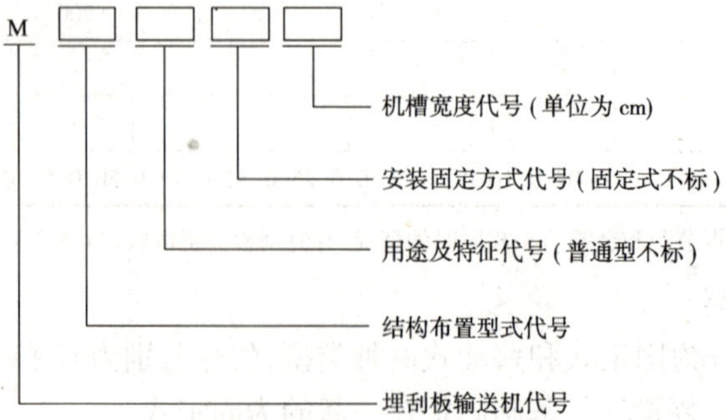

图 4-2 埋刮板输送机机型型号的表示方法

标记示例:MS50,为机槽宽度 500mm 的普通水平型埋刮板输送机;

MZF16,为机槽宽度 160mm 的 Z 型气密型埋刮板输送机;

MSQY20,为机槽宽度 200mm 的水平布置轻型移动式埋刮板输送机。

2)埋刮板输送机的标准布置型式(图 4-3)

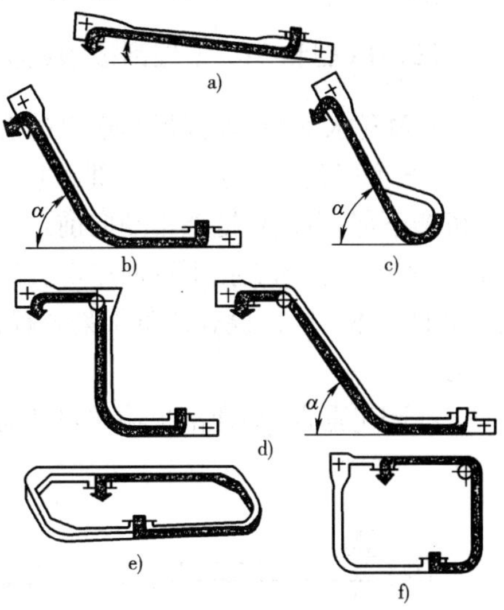

图 4-3　埋刮板输送机标准布置型式

a)水平型;b)垂直型;c)扣环型;d)MZ 型;e)平面环型;f)立面环型

(1)MS(水平)型

MS 型埋刮板输送机用于物料的水平或小倾角输送,可实现定量输送或定量给料,还可完成几种物料的混合输送工作。其安装倾角通常为 $0° \leq \alpha \leq 15°$,在采用整体中间隔板的特殊设计时,倾角可达 30°。单台输送机的输送距离一般不大于 80m,最长可达 120m。

(2)MC(垂直)型

MC 型埋刮板输送机用来进行物料的垂直提升或大倾角输送。有五种标准倾角:90°、75°、60°、45°和 30°,使用最多的是 90°和 60°。单机的提升高度一般不大于 30m,最高可达 40m。

(3)MZ 型

MZ 型埋刮板输送机用来进行物料的下水平——垂直提升或大倾角输送——上水平的输送工作,允许安装倾角为 90°和 60°,其余角度为非标设计,一般较少采用。其垂直提升高度最大为 20m,上水平部分输送长度≤30m。由于输送路径较复杂,该机型主要用于输送堆积密度 $\rho \leq 1000kg/m^3$ 的轻型物料。

(4)MK(扣环)型

MK 型埋刮板输送机也是用来完成物料的垂直提升或大倾角输送的,允许安装倾角为 0°~90°,用得最多的是在 60°~90°之间。其与 MC 型埋刮板输送机的区别在于下部物料的进料口不同,MC 型有一段 4~6m 长的下水平部分,而 MK 型却是一个扣环状的弯曲段,在弯曲段最低点的部位进料,适合用于工作场地比较狭窄的场合。

(5)MP(平面环)型

MP 型埋刮板输送机能在一个水平面内完成物料的输送,它由四个水平中间段、头部、尾部及两个平面回转段组成,输送总长度可达 100 m 左右。其特点是:整机水平布置,没有任何倾角,每一拐弯处的转角均为 90°,每个平面回转段中都有导轮,以降低运行阻力,各壳体断面均为单槽体,只有一条单向运行的刮板链条,壳体高度较低,无需设置回程导轨。MP 型埋刮板输送机工艺布置灵活,可呈方形和矩形布置,且可实现多点加料和多点卸料,特别适用于作物料分配器使用。

(6)ML(立面环)型

ML 型埋刮板输送机能在一个垂直平面内完成物料的输送。其水平输送距离可达 30 m,垂直提升高度可达 20 m,每个转弯处的转角均为 90°。同 MP 型一样,ML 型也是单槽体,无需设置回程导轨。

ML 型的机槽宽度规格及最大输送能力与 MC 型相同。在下水平段增设加料口及在上水平段增设卸料口后,可顺利地实现多点加料和多点卸料。ML 型特别适合于多个料仓之间的循环运行,实现物料的装、卸及倒仓、清仓作业。

三、MS 型和 MC 型埋刮板输送机的总体结构

1. MS(水平)型埋刮板输送机的总体结构(图 4-4)

MS 型埋刮板输送机由头部、过渡段、水平中间段、加料段及尾部组成。物料从加料段进入机槽下部,由刮板链条带动向前运行,至头部卸料口卸下。刮板链条绕过头轮后进入机槽上部,在支承导轨的支托下返回尾部,经尾轮再回到机槽下部,刮板链条在头、尾轮之间形成一个封闭的链环。尾部设有链条张紧装置,用来调节刮板链条的松紧程度,并使链条具有一定的预张力。

2. MC(垂直)型埋刮板输送机的总体结构(图 4-5)

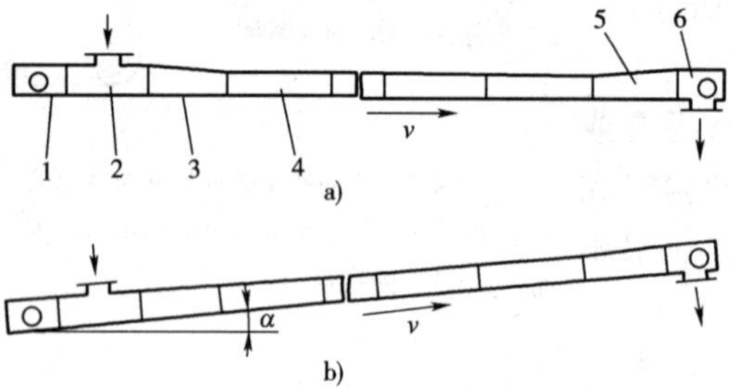

图 4-4　MS 型埋刮板输送机

a)水平布置;b)倾斜布置

1-尾部;2-加料段;3、5-过渡段;4-水平中间段;6-头部

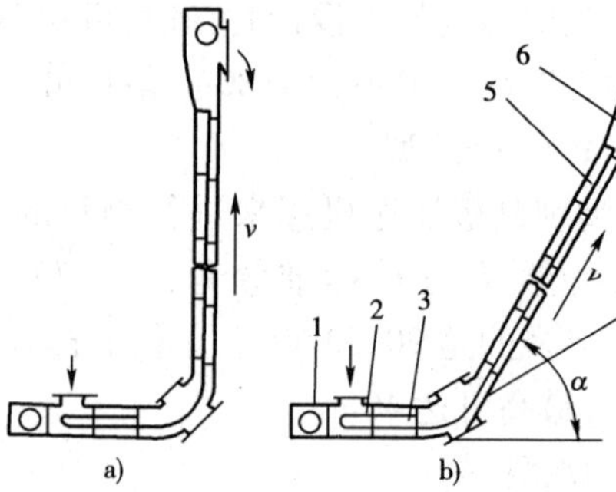

图 4-5　MC 型埋刮板输送机

a)垂直布置;b)倾斜布置

1-尾部;2-加料段;3-下水平段;4-弯曲段;5-垂直中间段;6-头部

MC 型埋刮板输送机由头部、垂直中间段、弯曲段、下水平段、加料段及尾部组成。物料自下水平部分的加料段进入机槽下部,由刮板链条带动向前运行,经弯曲段、垂直中间段,到头部卸料口处卸下,然后经各段的空载壳体返回,通过尾轮回到机槽下部,尾部设有链条张紧装置。

四、埋刮板输送机的基本参数

埋刮板输送机的基本参数有 4 个:机槽宽度 B、承载机槽高度 H、刮板链条节距 t、刮板链条速度 v。水平输送机型的基本参数参见表 4-3,垂直提升及复合输送机型的基本参数参见表 4-4。

五、埋刮板输送机的特点

(1)埋刮板输送机使用范围广,输送物料的品种多;

(2)物料在封闭的机槽内输送,不抛撒、不泄漏,能防尘、防水、防毒、防爆、防止环境污染,改善劳动条件;

(3)埋刮板输送机的工艺布置较为灵活,既可水平输送,也能倾斜或垂直输送,除 MK 型外,可多点进料、多点卸料,易实现流程自动控制;

(4)埋刮板输送机与其他类型的输送机相比,结构简单,体积小、重量轻、占地面积小,每段壳体均为箱形结构并以法兰螺栓连接,本身具有足够的刚度,无需逐段支承,安装和维修比较方便,可安装在室内、室外或地坑中;

(5)物料在输送过程中与刮板链条之间基本上无相对运动,故对物料的损伤小、损耗小;

(6)操作控制方便,埋刮板输送机大多数是单向运行的,可通过改变刮板链条的运行速度、控制加料量、调节卸料口大小等措施方便地调节输送量;

(7)输送距离、提升高度有一定的限制;

(8)刮板链条与机槽的磨损较大,特别是链条关节处、机槽底板及导轨,输送磨琢性大的物料时尤为严重;

(9)实践表明:在输送量相同时,其功率消耗低于螺旋输送机和通用刮板输送机,但高于带式输送机和斗式提升机。

六、普通型埋刮板输送机的适用范围

埋刮板输送机是一种通用性很强的散料连续输送机械,可广泛应用于机械、化工、冶金、港口、粮食等部门,用来输送各种粉状、颗粒状和小块状物料。

埋刮板输送机对被输送的物料及工作环境有一定的要求,普通型埋刮板输送机的适用范围如下:

(1)物料堆积密度ρ,一般在200~1800kg/m^{3}之间,最大不超过2000kg/m^3,对于有复合输送线路的机型,推荐$\rho<1000$kg/m^3。

(2)物料温度,不超过100℃。

(3)物料含水率,所允许的含水率与物料的粒度、粘度有关,对不同的物料要求也不同,一般要求含水率不大于10%,以物料用手捏成团撒手后仍易松散为宜。

(4)粒度,适合输送物料的粒度与其硬度和输送方式有关,硬度低时,粒度可大些;硬度高时,粒度应小些。水平输送时,粒度可大些;垂直提升时,粒度应小些。具体参见表4-5。

输送物料的粒度(mm) 表4-5

输送方式	硬度较低的物料		硬度较高的物料	
	适当的粒度	最大允许粒度(含量<10%)	适当的粒度	最大允许粒度(含量<10%)
水平输送	(1/10~1/20)B	<B/5	(1/20~1/40)B	<B/10
垂直输送	(1/15~1/30)B	<B/10	(1/30~1/60)B	<B/20

注:①B为输送机机槽宽度。
②硬度较低是指用脚力即能踏碎的物料。
③输送木片时,最大粒度的含量可达50%。

(5)普通型埋刮板输送机不适合用于高温、有毒、易爆易燃、易碎、磨琢性大、腐蚀性强、压结性大、粘附性强、悬浮性强的各种散粒物料,可根据上述各类物料的具体特性采用相应的特殊型和专用型埋刮板输送机。

第二节 埋刮板输送机的主要部件

埋刮板输送机主要由可折式封闭断面的机槽、刮板链条、驱动装置和拉紧装置等部件组成。埋刮板输送机机型较多,本章主要介绍MS、MC两种机型的结构型式和主要部件。

埋刮板输送机各组成部分的名称参见图4-6。

一、刮板链条

刮板链条是埋刮板输送机的关键部件,链条与刮板共同构成埋刮板输送机的承载牵引构

件。刮板链条由不同的链条和刮板焊接而成，根据机槽尺寸、节距大小、承载能力、使用工况及物料特性，链条和刮板有多种结构形式。

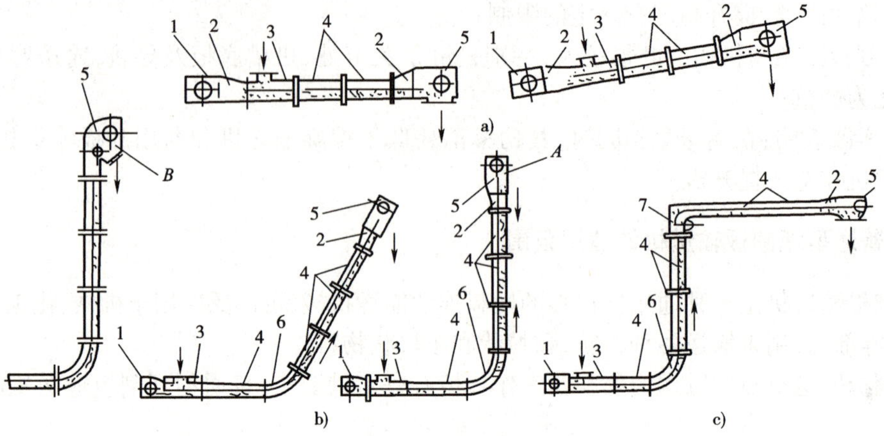

图 4-6 埋刮板输送机各组成部分名称

a）MS 型；b）MC 型；c）MZ 型

1-尾部；2-过渡段；3-加料段；4-中间段；5-头部；6-弯曲段；7-回料段

1. 链条

链条属于挠性牵引构件。与输送带相比，链条能绕过直径较小的链轮、导轮、托轮；容易在链条上固接各种附件；可传递较大的牵引力而不产生打滑现象；承载能力强而弹性伸长小；可使输送机的整机外形尺寸减小；重量较大、价格较高；链条关节处容易磨损；运行不平稳。

目前埋刮板输送机牵引链条的结构型式主要有三种：模锻链、套筒滚子链、双板链，见图 4-7。

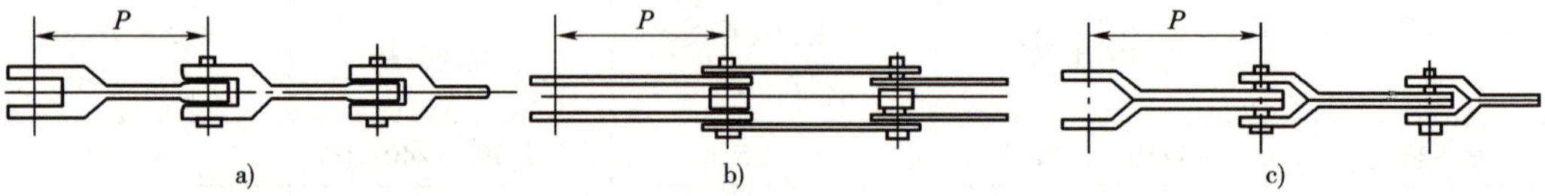

图 4-7 刮板输送机牵引链条的结构型式

a）模锻链；b）套筒滚子链；c）双板链

（1）模锻链：代号 DL，又称叉型链（代号 CL），由链杆和销轴组成。链杆通过模锻或辊锻，再进行铣、钻、铰等机加工制成，分成大头、小头、杆身三部分。小头是连接端，大头是啮合端，通过大头端部的圆弧与头轮轮齿啮合。模锻链具有结构简单、强度高、工作可靠、装拆方便等特点，对货种的适应范围较大，在相同承载能力和相同节距的条件下，模锻链的重量最轻。

（2）套筒滚子链：代号 GL，由内、外链板、销轴、滚子和衬套（当载荷较小及物料磨琢不大时，也可不加衬套）组成。内外链板由冲压制成。套筒滚子链与模锻链相比，以滚子与头轮轮齿啮合，两者之间为滚动摩擦，有利于减轻磨损，使转动灵活。但套筒滚子链结构较复杂，加工量大，重量较大，对货种的适应范围比模锻链小，主要用于谷物和轻物料的输送。

（3）双板链：代号 BL，由链杆和销轴组成。其链杆由两块弯曲链板点焊而成，链板为冲压件，焊接后形成如同模锻链杆一样的大头、小头和杆身，作用也相同。双板链的节距通常较大，具有承载能力强、装拆方便等特点，但与前面两种链条相比，重量最大，故其应用不如模锻链和套筒滚子链普遍。

2. 刮板

根据埋刮板输送机的布置形式以及被输送物料的特性,刮板具有不同的结构型式,主要可分为如下7种:T型、V型、U型、B型、O型、L型、H型,如图4-8所示。

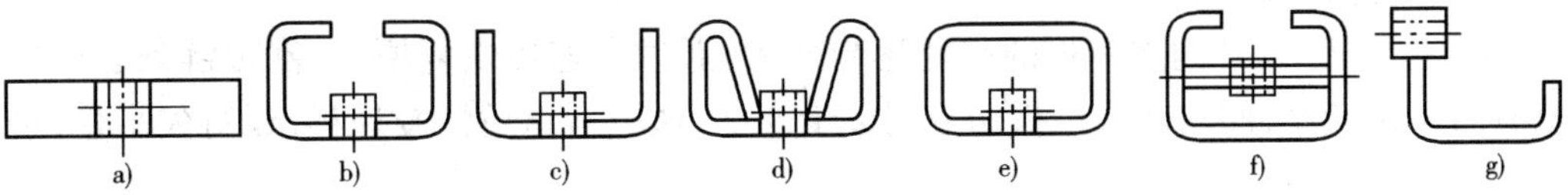

图4-8 刮板基本形式

a)T型;b)V型; c)U型;d)B型;e)O型;f)H型;g)L型

(1)T型刮板:是一种最简单的刮板,仅用于水平型埋刮板输送机中。常用外形是长方形,厚度5~20mm的钢板制成,有时也可采用方钢或角钢。当机槽规格较大或重载时,允许加筋板或支撑以增强刚性和承载能力。

(2)U型刮板:形状也较简单,可用于多种机型。可用ϕ12~26的圆钢或同样截面尺寸规格的方钢弯曲而成。其输送能力比T型刮板强,在机槽内可作内向或外向布置,当机槽规格较大时,可用U型刮板来取代T型刮板。

(3)V型刮板:与U型刮板相比,V型刮板上部多了一道弯折,也可用于多种机型。制作材料的规格同U型刮板,在机槽内可作内向或外向布置,其承载能力大于U型刮板,应用较普遍。

(4)B型刮板:将V型刮板上方的弯折加长并向下弯至刮板底部,与底部连在一起便成为B型刮板,制作材料的规格同U型刮板,也可用于多种机型,在机槽内可作内向或外向布置,其承载能力比V型刮板更强。

(5)O型刮板:将V型刮板的上部弯折连成一体便成为O型刮板,它与链条组合后形成一个封闭的空间,其刚性和强度最大,承载能力也最大,制作材料规格同U型刮板。O型刮板仅用于MC型和ML型埋刮板输送机中,主要用于MC型,在机槽内只能作外向布置。

(6)H型刮板:将链杆移至O型刮板的中部,再加两个横向支撑,便成H型刮板了,所以又称"中性刮板"。制作材料的规格也同U型刮板。一般仅用于MK型埋刮板输送机中,也可用于其他机型中,其承载能力也较强。

(7)L型刮板:实际上是把半个V型刮板的结构单独焊在链杆上,制作材料规格同U型刮板。仅用于MP型埋刮板输送机中。

上述7种刮板型式是刮板的基本形式,在实际设计和使用中,还可根据具体情况加以变换和组合,或增加一些筋板、支撑板等以进一步增强刮板的刚度和强度,从而达到最佳的输送效果。

3. 刮板在机槽内的布置型式

刮板在机槽内有内向和外向两种布置型式。

在水平输送时,当链条贴着槽底,刮板向上伸时为内向式;当刮板贴着槽底,链条在上方时为外向式。在垂直提升时,刮板的内、外向布置如图4-9所示。

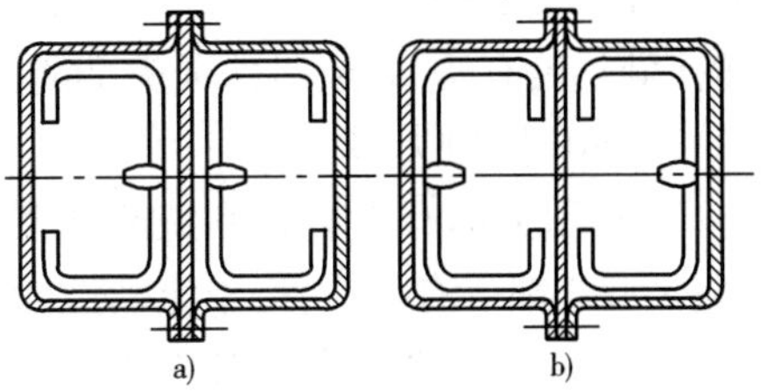

图4-9 刮板的内、外向布置型式

a)外向式刮板;b)内向式刮板

刮板的内向和外向两种布置型式在运行和输送物料中具有以下不同的特点:

(1)水平输送时,内向刮板因链条与槽底接触、刮板伸向上方，故刮板不承受附加扭力和弯矩，受力状态较好，运行较平稳；而外向刮板则与之相反。

(2)垂直提升时，两种刮板的布置型式对物料的垂直提升无明显的区别，但外向式刮板更有利于物料从卸料口卸出。

(3)通过弯道时，外向式刮板的空间逐步变大，通过弯道后恢复原样，刮板链条运行较平稳，磨损及噪声较小；而内向式刮板的空间逐步变小，通过弯道后恢复原样，运行欠平稳，磨损及噪声均较大。

(4)从维修的角度看，外向式刮板更有利于观察刮板链条的运行状态，可及时预防事故的发生，维修及更换刮板链条也比较方便。

(5)刮板外向布置时，机槽的结构尺寸较大；而内向布置时，机槽结构尺寸较小。

二、头部

头部是安装埋刮板输送机驱动轮(头轮)的部件，通过驱动轮带动刮板链条运行，将物料输送到头部卸料口卸出。头部可分为头部壳体和头轮轴系。

1.头部壳体

1)MS 机型头部

MS 型头部仅有一种型式，如图 4-10 所示。

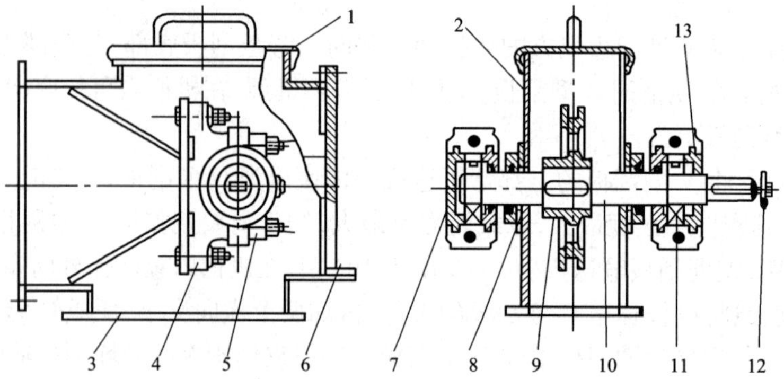

图 4-10　MS 型头部型式

1-观察孔；2-头部壳体；3-卸料口；4-轴承座；5-轴承盖；6-端盖板；7-闷盖；8-侧压板；9-头轮；10-头轮轴；11-滚动轴承；12-轴端挡板；13-透盖

头部壳体为一矩形截面的箱体，用厚度 $\delta = 4.5 \sim 8$mm 的钢板焊接而成，具有足够的强度和刚度。壳体前端用盖板封住，后端法兰与过渡段连接。上部开有观察孔，配有可拆卸的观察盖，可根据需要打开或关闭，下部开设卸料口，卸料口大小随机槽宽度的不同而不同。壳体两侧面焊有支承板和支承架，用以安装轴承座，头轮轴系通过轴承座和壳体侧板装入头部。所有连接处均装有密封垫，以保证头部的密封性能。

2)MC 机型头部

MC 型头部有 A 型和 B 型两种型式(图 4-11)，A 型头部不带托轮，主要用于流动性好的物料；B 型头部带有托轮，用于流动性较差的物料。

A 型头部的壳体与上述的 MS 型头部壳体结构大致相同，区别在于：卸料口不开设在下部而设在侧面。B 型头部壳体的卸料口与水平面倾斜了一个角度，另外，壳体内还多了一个托轮轴系。

2. 头轮轴系

头轮轴系主要包括：头轮、头轮轴、轴承、轴承座、闷盖、透盖和轴端紧固零件等，参见图 4-10。通过头轮轴伸出端上安装的大链轮与传动链条、小链轮、驱动装置相连接，动力由此输入到头轮，参见图 4-20。两轴承座装在壳体外的两侧支承板上，采用双列向心球面滚子轴承，可以自动调心。轮轴的轴伸端有左装和右装，站在输送机尾部向头部看，出轴在左侧为左装，反之为右装。头轮上标有表示正确旋转方向的指示箭头，工作时，刮板链条的运行方向应与箭头方向一致，不得反向。

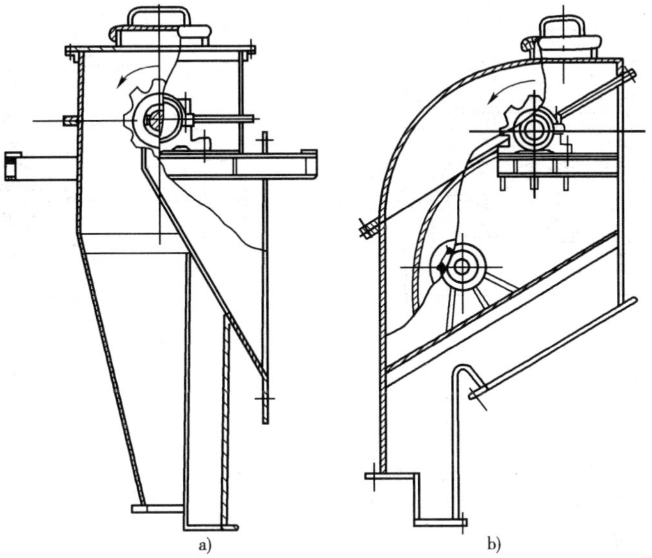

图 4-11　MC 型头部型式
a) A 型头部；b) B 型头部

MC 型埋刮板输送机的 B 型头部中设置有一个托轮轴系，其轴承是双列向心球面球轴承，轴承座贴装在头部壳体上，其余零件与其他头轮轴系基本相同。

三、尾部

输送机的尾部由尾部壳体、尾轮轴系和刮板链条拉紧装置等组成。如图 4-12 所示为 MS、MC、MZ 型用的尾部。

这种尾部用于输送机的水平加料段，物料由加料口垂直加入壳体中。MC 和 MZ 型虽然为垂直提升或大倾角输送，但其加料部分是在下水平段，因此它们所用的尾部型式是相同的，区别仅在于尾部高度不同，MS 型最小，MZ 型居中，MC 型最大。

1. 尾部壳体

尾部壳体也是一矩形截面的箱体，用厚度 $\delta = 4.5 \sim 8$mm 的钢板焊接而成，具有足够的强度和刚度。壳体后端用端盖板封住，前端法兰与加料段连接，上部开有观察口，配有可拆装的观察盖，可根据需要打开或关闭。壳体两侧是封闭的两个腔体，内装轴承座、拉紧装置、上下导轨、滑动板等零件，两侧最外面用侧盖板封住。所有的连接处均有密封垫，保证尾部的密封性能。

2. 尾轮轴系

尾轮轴系主要包括：尾轮、尾轮轴、轴承、轴承座及轴上的紧固零件等。

尾轮为一被动轮，刮板链条自尾部上方绕入尾轮，转至下方绕出尾轮。尾轮轴通过轴承座与拉紧调节装置连在一起，可前后移动，以达到拉紧刮板链条的目的。移动时轴承座在上下导轨中滑动，两侧螺杆需同步调节，使尾轮不致歪斜。在轴承座与壳体之间有滑动板，滑动板在拉紧行程的全范围内都能封住侧压板上的成形孔，保证尾部的密封性能。注意：每次调节前应放松滑动板与侧压板之间的紧固螺钉，调节完毕后再拧紧，调节螺杆上也配备有锁紧螺母，调好链条松紧后也应紧固以防松动。

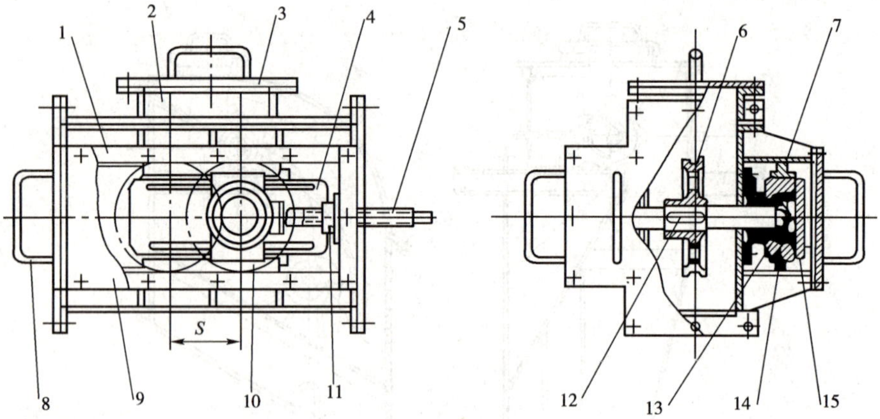

图 4-12　MS、MC、MZ 型尾部型式

1-尾部壳体；2-上盖板；3-观察盖；4-滑动板；5-调节螺杆；6-尾轮；7-上导轨；8-端盖板；9-侧盖板；10-下导轨；11-固定螺母；12-尾轮轴；13-轴承座；14-轴承；15-闷盖

3. 链条拉紧调节装置

链条拉紧调节装置的作用有二个：一是使牵引构件能获得一定的初张力，以保证输送机正常工作；二是安装和维修的需要，安装时需通过拉紧装置放松链条才便于装配，输送机工作一段时间后，链条节距会因磨损而增大，也需要由拉紧装置来进行调节和补偿。

链条拉紧调节装置通常有三种型式：螺杆式、弹簧螺杆式、小车重锤式，如图 4-13 所示。

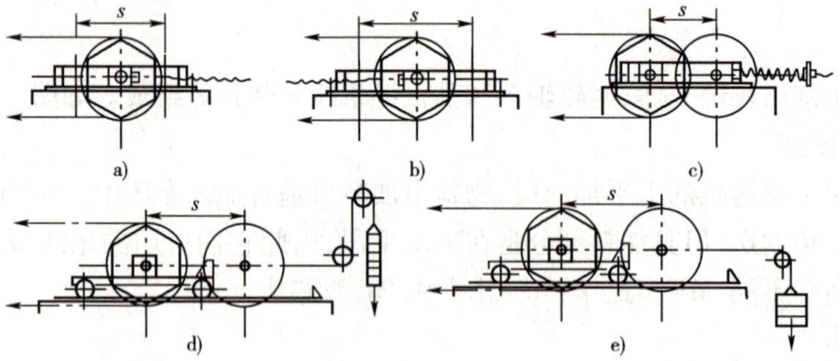

图 4-13　链条拉紧调节装置的型式

a)、b) 螺杆式；c) 弹簧螺杆式；d)、e) 小车重锤式

（1）螺杆式：采用 T 型螺纹，利用人力旋转螺杆来调节牵引构件的张紧程度。有两种方式：螺杆受拉式和螺杆受压式，其中受拉式螺杆更容易实现两侧螺杆的同步调节。其特点是：结构简单、外形尺寸小，由于刮板链条不断磨损、伸长，必须定期检查和调整，拉紧力要靠人工控制，不能自动调节。

（2）弹簧螺杆式：在螺杆式的基础上，增加一个弹簧便构成弹簧螺杆式。螺杆用来粗调，弹簧用于微调,依靠弹簧的弹性,能在一定程度上自动适应和调节牵引构件的伸长和拉紧力的变化,在长距离的或热料型的埋刮板输送机中使用较多,缺点是:结构复杂,弹簧力的选择要适当,弹簧的刚度太大或太小都起不到自动调节的作用。

(3)小车重锤式:这种型式的拉紧装置,重锤应做成若干块,可以根据需要进行增减。其优点是:能自动保证拉紧力的恒定,自动补偿由于温度变化、链节磨损而引起的牵引构件长度的变化,同时又能在输送机偶然过载的瞬间降低刮板链条的尖峰载荷;缺点是:结构复杂,在输送机尾部的两侧均需增设导轨、导轮和若干个滑轮,外形尺寸大。若尾部周围空间较小,就无法安装。故小车重锤式在埋刮板输送机的应用不如前两种型式。

四、加料段与过渡段

1.加料段

加料段是物料进入输送机承载分支的一个部件。

加料方式不同,加料口的型式也不同。根据加料口型式的不同,加料段可分为 A、B、C 三种型式。

(1)A 型加料段:为上加料型式,见图 4-14。

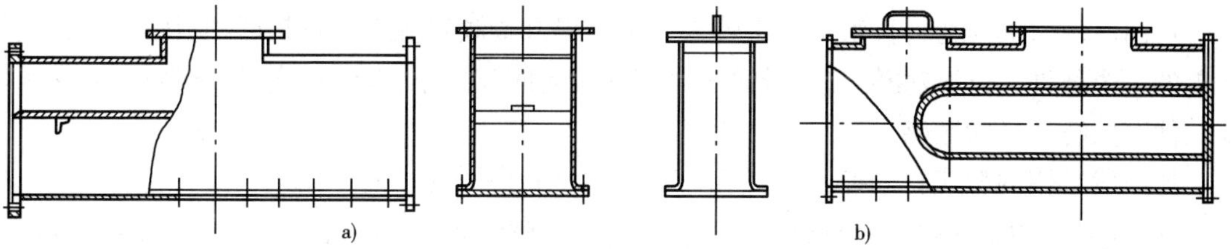

图 4-14　A 型加料段

a)MS 型用;b)MC、MZ 型用

物料加入机壳时必须通过回程刮板链条落入下部,或先向尾部运行一小段距离,至圆弧处落入下部,然后再被承载的刮板链条带动向前输送。对于 MP、ML 型埋刮板输送机,刮板链条是单向运行方式,物料加入后直接被刮板链条带走,型式更为简单。

(2)B 型加料段:为两侧加料的型式,见图 4-15。

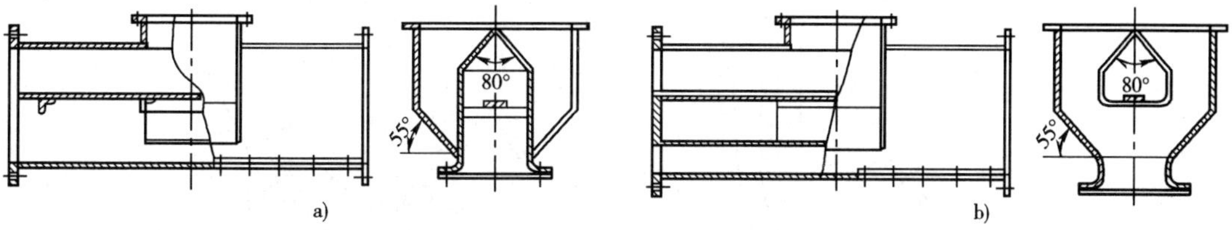

图 4-15　B 型加料段

a)MS 型用;b)MC、MZ 型用

加料口开在壳体两侧,物料进入时通过两侧的斜面向下滑入壳体下部,然后由刮板链条带动向前输送,物料不与回程的刮板链条发生任何接触。

(3)C 型加料段:为单侧加料的型式,见图 4-16。

将两侧加料的 B 型加料口去掉一边,另一边的斜板向斜上方延长直至与加料口平齐为止,便构成 C 型加料口,类似于斗式提升机的加料口。

为便于选用、制造和安装,各机型加料段的长度规定为 1500 mm 或 2000mm,可根据具体情况选取。对于机槽宽度≥800mm 的大型埋刮板输送机,加料段长度可加长至 2500mm。

2. 过渡段

过渡段用来分别连接头部和水平中间段以及尾部和加料段。过渡段的结构很简单,上盖板可打开,便于观察、处理故障及维修,下底板磨损后可更换。为使上盖板开启方便,其连接螺栓比下底板处的连接螺栓少一半。也可将上盖板设计成用U型压板卡紧在侧板上,以实现快速装拆。过渡段的两端法兰一大一小,分别与头部、尾部和水平中间段、加料段连接。

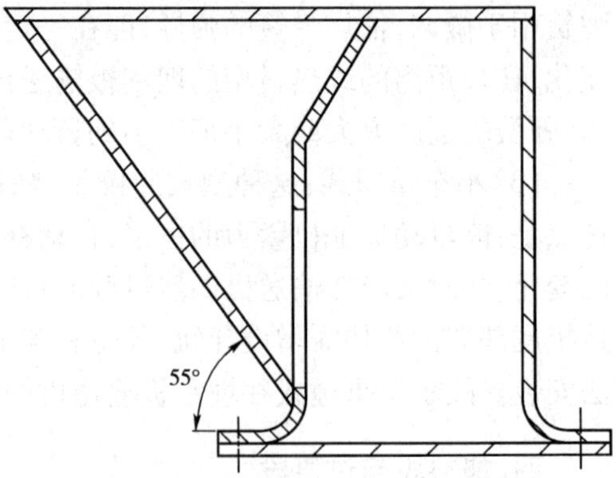

图4-16　C型加料段

下底板要承受摩擦,选用较厚的钢板;上盖板仅起密封作用,可用较薄的钢板;侧板厚度在二者之间。机槽宽度≤400mm时,过渡段的长度为1500mm;机槽宽度≥500mm时,长度为2000mm。

五、弯曲段

弯曲段用来实现物料自水平输送转入到垂直提升或倾斜输送。它是埋刮板输送机磨损最严重的一个部件,其承载壳体与刮板链条之间的运行间隙最小,对刮板变形、物料粘性、含水率及其他有关特性最为敏感。

弯曲段常用的型式有三种:MC和MZ型用的、ML型用的、MP型用的。

MC型埋刮板输送机有五种标准倾角:90°、75°、60°、45°和30°,使用最多的是90°和60°,所以标准设计中规定了与上述五种标准倾角相应的标准弯曲段。通常应按标准角度来选用各种弯曲段,最常用的是90°和60°两种。若无法选用标准布置角度,除可以委托制造厂家进行非标设计制造外,仍然可选用某一标准角度,但要将下水平段略为抬高或压低,凑成刚好需要的布置倾角。

弯曲段是用钢板焊接和螺栓连接成一体的,外形为弧状,断面为矩形的封闭壳体,参见图4-17。

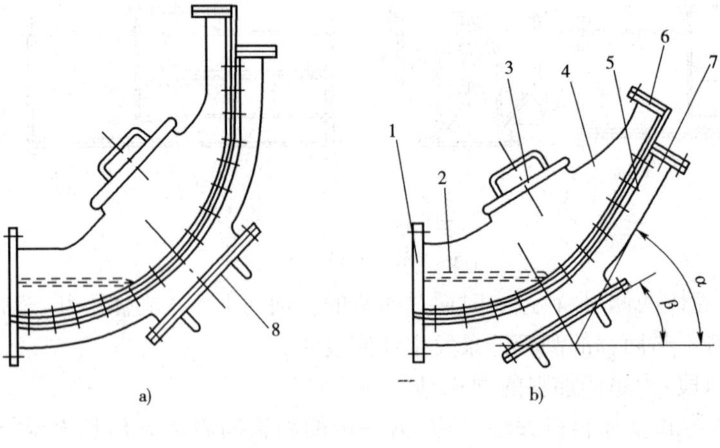

图4-17　弯曲段的结构

a)90°弯曲段;b)60°弯曲段

1-平法兰;2-水平导轨;3-观察孔盖;4-空载壳体;5-中间隔板;6-阶梯法兰;7-承载壳体;8-出料口盖板

弯曲段两端法兰分别与下水平段和垂直中间段相连接，与下水平段连接的是平面法兰，与垂直中间段连接的是阶梯法兰，阶梯法兰可增加垂直中间段的稳定性，避免错位及歪斜。两法兰面的夹角 α 即为弯曲段的布置倾角。

在弯曲段上开有两处孔。一处是观察孔，在空载壳体上方拐弯处，可方便地开启，观察输送机运行状况，安装时还可作为刮板链条的最后连接处。另一处是出料口，在承载壳体下方拐弯处，平时用盖板、密封垫封严，保证物料正常输送；当出现突然事故、满载停车、起动困难时，可打开盖板，由此孔来排除部分物料，减轻负荷，使输送机能顺利起动。

六、中间段

在埋刮板输送机中，头部、尾部、弯曲段、上回转段等部件只有一节，而中间段可根据各机型允许的输送距离和提升高度由许多节组合而成。中间段有水平型和垂直型两大类。

1. 水平型中间段

水平型中间段在 MS、MC、MZ、MP、ML 型输送机中均有应用，又分为水平中间段、上水平段、下水平段（图 4-18）。

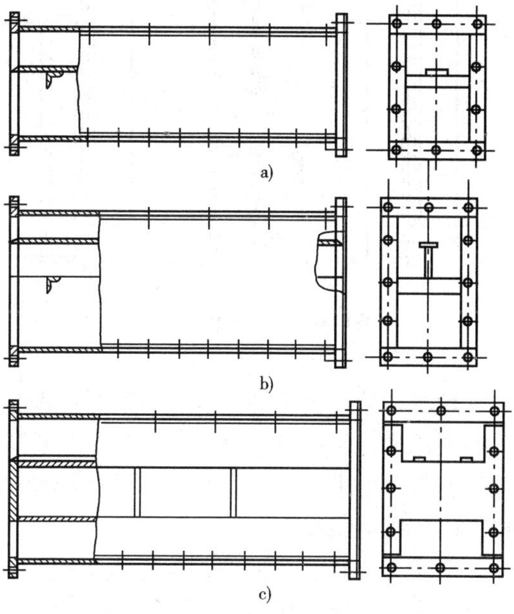

图 4-18　水平型中间段

a）水平中间段；b）上水平段；c）下水平段

（1）水平中间段：用于 MS 和 MP 型，是一个矩形的密封槽体。用于 MS 型的水平中间段被导轨和支承角钢分为连通的上下两腔，上腔为空载分支，下腔为承载分支。用于 MP 型的水平中间段仅有一个承载腔，高度也较低。水平中间段的长度规格有 800 mm、1500 mm、2000mm 三种，机槽宽度大于 630 mm 时，可增加 2500 mm、3000mm 长的规格。

（2）上水平段：用于 MZ 和 ML 型上水平输送的中间段。前者也分上下两腔，后者与 MP 型所用的水平中间段基本相同。上水平段的长度规格同水平中间段。

（3）下水平段：用于 MC 和 MZ 型下水平输送的中间段以及用于 ML 型下水平输送的中间段。其中用于 ML 型的下水平段与其上水平段结构相同。而用于 MC 和 MZ 型的下水平段是一个矩形的分离式槽体，中部用两块钢板支撑，上腔为空载分支，下载为承载分支，机槽高度较大，其长度一般只有 1500mm 一种规格，且在 MC 和 MZ 型埋刮板输送机中通常只选用一节，作为加料段与弯曲段之间的一个过渡连接部件来使用。

2. 垂直型中间段

垂直型中间段适用于垂直提升或倾斜输送的场合，有 A 型、B 型、特殊型三种。

（1）A 型垂直中间段：用于 $\alpha = 90°$ 即垂直布置的 MC、MZ、MK 型埋刮板输送机，由空载分支、承载分支和中间隔板组合而成。两端法兰均为阶梯形，便于安装时对位和加强纵向稳定性，如图 4-19 所示。长度规格同样有 800mm、1500mm、2000mm 三种。而 ML 型输送机只有 A 型垂直中间段，且是一单独的槽体。

（2）B 型垂直中间段：用于 $30° \leqslant \alpha < 90°$，即倾斜布置的 MC、MZ、MK 型埋刮板输送机。

因底部磨损严重,所以底板是可拆的,其长度规格与A型相同。

(3)特殊垂直中间段:用于输送机倾角α为15°~30°的场合,是将水平中间段和垂直中间段的结构结合形成的。壳体中部用整体隔板隔成上下两腔,上腔为空载分支,下腔为承载分支,两端为平面法兰,采用整体中间隔板的目的是为了减少物料的下滑倾向,提高输送效率。

七、驱动装置

埋刮板输送机的驱动装置是一个独立的通用部件,主要由电机、减速器、液力耦合器或联轴器、防护罩、驱动装置架、传动链条及大、小链轮等组成,参见图4-20。

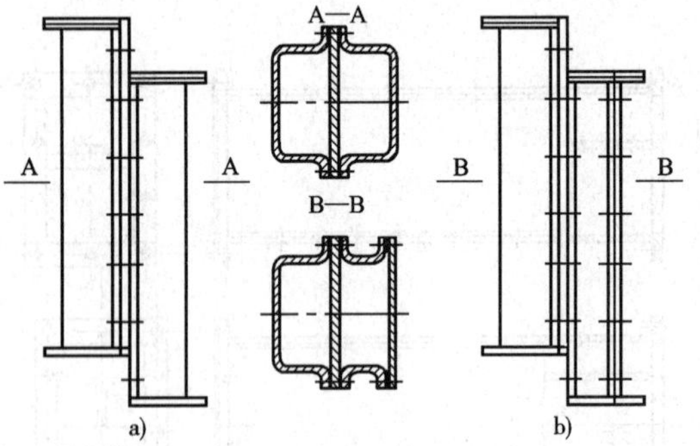

图4-19 垂直型中间段

a)A型;b)B型

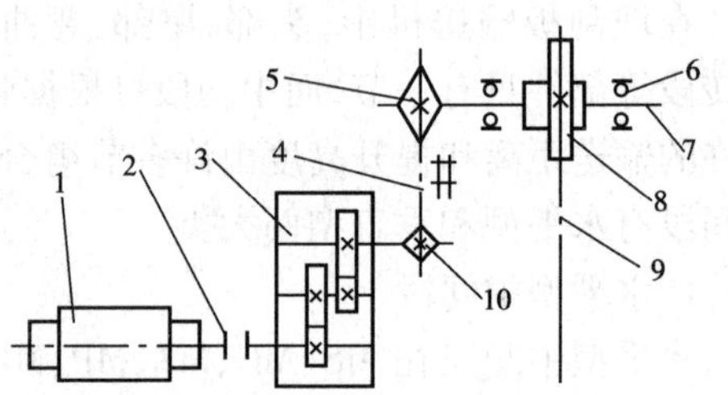

图4-20 传动示意图

1-电机;2-联轴器;3-减速器;4-链条;5-大链轮;6-滚动轴承;7-头轮轴;8-头轮;9-刮板链条;10-小链轮

埋刮板输送机驱动电机的类型可根据具体情况选用Y系列电动机、防尘电动机等。

通用型埋刮板输送机一般选用ZQ型圆柱齿轮减速器或XWD型行星摆线针轮减速器。对于有特殊要求,如:要求质量小、结构紧凑或传递转矩较大的场合,可采用ZLY型、ZSY型、KZLY型硬齿面减速器。

对于工况较恶劣的埋刮板输送机或驱动功率超过15kW的各类埋刮板输送机,应配置限矩型液力耦合器,以降低故障率并解决重载起动问题。

思考与练习

1. 埋刮板输送机的工作原理是怎样的?
2. 埋刮板输送机是如何分类的?
3. 埋刮板输送机型号的表示方法怎样?
4. 埋刮板输送机的标准布置型式有哪些?常用的有哪些形式?
5. 埋刮板输送机的基本参数有哪些?
6. 与其他输送机械相比,埋刮板输送机有哪些特点?
7. 普通型埋刮板输送机的适用范围?
8. 埋刮板输送机主要由哪些部件组成?
9. 简述MS型和MC型埋刮板输送机的总体结构?
10. 牵引链条的结构型式有哪些?各有什么特点?
11. 刮板有哪些不同的结构型式?各有什么特点?
12. 刮板在机槽内的布置型式有几种?各有什么特点?
13. 埋刮板输送机的头部由哪些部件组成?各自的具体结构是怎样的?

14. 埋刮板输送机的尾部由哪些部件组成?

15. 链条拉紧调节装置的作用有哪些? 链条拉紧调节装置有哪些型式? 各自有什么特点?

16. 埋刮板输送机的加料段与过渡段的具体结构怎样?

17. 弯曲段的作用是什么? 常用的型式有几种?

18. 埋刮板输送机的中间段有哪些类型? 各自的结构如何?

19. 埋刮板输送机的驱动装置由哪些主要部件组成?

第五章　斗式提升机

知识目标

1. 解释斗式提升机的工作原理；
2. 说出斗式提升机的分类；
3. 描述斗式提升机的特点和应用；
4. 描述斗式提升机的主要部件；
5. 描述斗式提升机的装料和卸料；
6. 知道斗式提升机引发粉尘爆炸的因素；
7. 描述斗式提升机的预防粉尘爆炸的措施。

能力目标

1. 具备分析斗式提升机的工作原理和工作性能的基础知识；
2. 能根据实际需求合理选择斗式提升机的类型和装料、卸料方式；
3. 能根据实际需求合理采取预防粉尘爆炸的措施。

第一节　概　　述

一、斗式提升机的特点与应用

斗式提升机(以下简称斗提机)是用于垂直或大倾角输送粉状、颗粒状及小块状物料的连续输送设备。

斗提机的优点是:结构简单紧凑、横断面外形尺寸小,可节省占地面积;提升高度较大;能耗低;有良好的密封性,可避免污染环境;布置灵活,维护方便。其缺点是:对过载较敏感;料斗和牵引构件易磨损;机内较易形成粉尘爆炸的条件;输送物料种类受到限制。

斗提机在港口主要用于散货码头筒仓系统内,用于向筒仓顶部提升散货,也可用于其他输送环节的散料垂直提升。

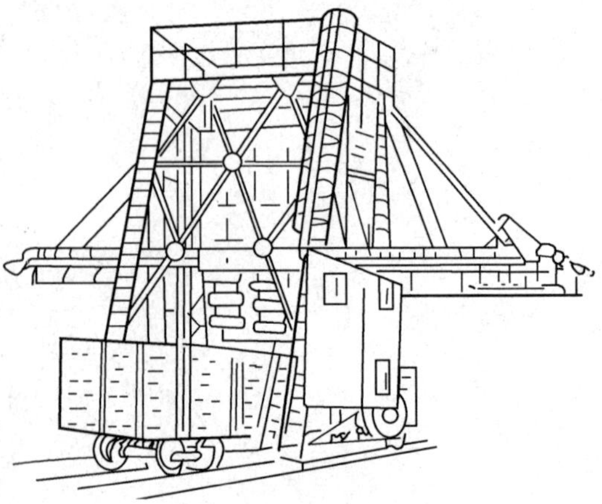

图 5-1　链斗卸车机

斗提机也用于卸车机和卸船机。图 5-1 为一链斗卸车机,它主要由一链斗提升机和一带式输送机与设有行走机构的门架配置而成。工作时,由提升机上的料斗降至待卸车内挖取物料并将物料提升到带式输送机上,再由带式输送机将物料输送到路轨一侧或两侧堆料。链斗卸车机的生产率一般为300~500t/h,提升高度为4~5m,斗速为69~87.5m/min。链斗卸车机通过对部分构件的改装,亦可进行逆向输料,即从堆场提升物料并输送至车箱装车,即所谓链斗装车机。

链斗卸船机按结构不同分为张紧式和悬链式两种,图5-2为一张紧式L型链斗卸船机,图5-3为一悬链式链斗卸船机。悬链式链斗卸船机与张紧式链斗卸船机的主要区别在于链斗机构没有张紧装置,其取料区段呈自由悬垂状态,可在取料的同时完成清仓。

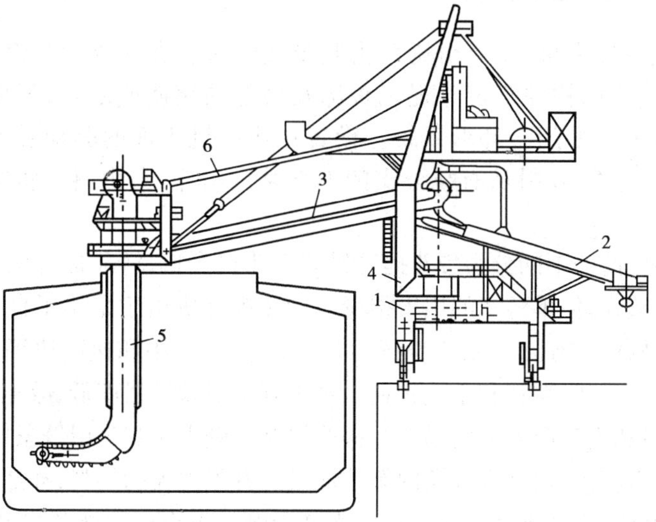

图5-2　L型链斗卸船机

1-门架;2-固定臂架;3-活动臂架;4-C型支架; 5-链斗提升机;6-平行四边形臂架系统

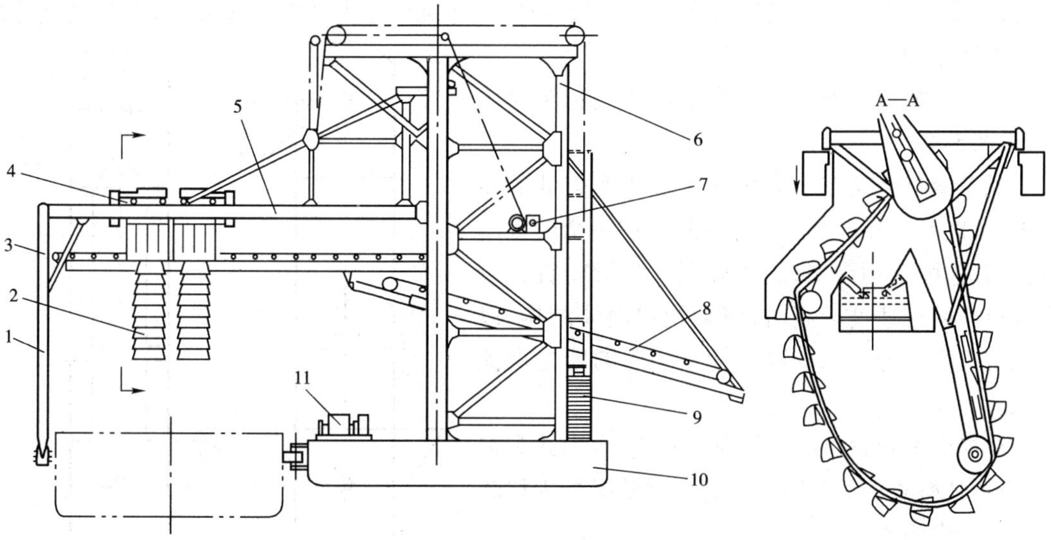

图5-3　浮式悬链式链斗卸船机示意图

1-夹船臂;2-链斗机构;3-接料带式输送机;4-横移小车; 5-悬臂梁;6-立柱;7-提升机构;8-倾斜带式输送机;9-平衡重;10-趸船;11-移船机构

目前国内生产的带斗式提升机的输送量可达1543m³/h。环链斗式提升机的最大输送量可达1134 m³/h。提升高度因受牵引构件强度限制，带斗式提升机提升高度一般不超过80m，链斗式提升机提升高度一般不超过50m。近年来，由于钢绳芯胶带的发展，使得牵引构件的强度大大提高。这种采用高强度钢绳芯胶带作牵引构件并以专用取料装置进行定量供料的新型斗式提升机，其生产率高达2000t/h，提升高度亦达到350m。这种特大型斗式提升机多用于矿井中。

二、斗提机的构造形式和主要性能

斗提机的承载构件为料斗，牵引构件为胶带或链条。在斗提机的牵引构件上，每隔一定距离安装一料斗，牵引构件绕过斗提机头部及底部的滚筒或链轮，形成具有上升的有载分支和下降的无载分支的闭合环形系统。设置在斗提机头部的驱动装置经头部传动滚筒（或链轮）驱动牵引构件，物料从有载分支的下部装入料斗，再由料斗将物料提升至上部卸料口卸出。

斗提机按牵引构件的不同分为带斗提升机和链斗提升机，链斗提升机又按牵引链条的不同分为单链式和双链式，但单链式的用得很少。带斗提升机由于采用了自重轻且具有足够弹性的橡胶带作牵引构件，因此具有运转轻盈、工作平稳、噪声小和速度快等优点。适用于提升堆积密度小的干燥的粉状、粒状和小块物料。由于其牵引胶带强度低，故不宜用于输送堆积密度大、块度大的物料和提升高度大的场合。链斗提升机则由于其牵引链条比胶带的强度高，故其适用于输送堆积密度大、块度大和潮湿等挖取及提升阻力大的物料，亦适用于提升高度大及高温环境（大于150℃）等可能对橡胶带产生不良影响的场合。但链斗提升机也有自重大、振动大和造价高等缺点，故其应用范围不及带斗提升机广泛。

以输送带作为牵引构件的斗提机称为带斗式提升机（简称带斗机），其型号代号为D；以链条作为牵引构件的斗提机称为链斗式提升机（简称链斗机），其型号代号为L。采用片式链（板式链）的链斗机型号代号为PL；采用环形链的链斗机型号代号为HL；采用铸造链的链斗机型号代号为ZL。

斗提机按结构外形可分为单筒体式和双筒体式，见图5-4。

对于滚筒直径较小或料斗运行速度较低的斗提机，可把有载分支和无载分支封闭在一个较大的罩壳内，这种结构简单，造价较低。当滚筒直径较大或料斗运行速度较高时，应采用双筒体结构，以避免由于两个分支双向高速运动引起的粉尘涡流现象。

斗提机按卸载方式可分为离心式、重力式和混合式；按其料斗在牵引构件上的布置状况分为稀疏斗式和密集斗式。

斗提机按装载方式可分为挖取式和装入式。

斗提机按布置形式可分为垂直式和倾斜式。

斗提机按用途可分为通用式和专用式。

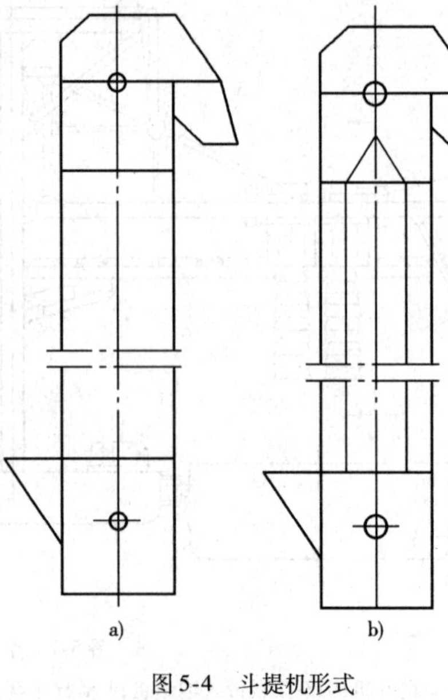

图5-4 斗提机形式

a）单筒体式；b）双筒体式

第二节　斗式提升机的构造与组成

通用斗提机主要由牵引构件、承载构件(料斗)、驱动装置、拉紧装置、机架和罩壳等组成。如图 5-5 所示,斗提机的所有部件都安装在一个封闭的金属外罩壳内,罩壳由头部 5、中间段 9 和下部基座 7 组成。罩壳的中间段可以是牵引构件两个分支所共有的,亦可对每个分支各设一个管状罩壳。为了观察运行部分的工作情况,在罩壳的相应部分上设有观察孔,为防止牵引构件横向摆动,在罩壳内壁上还设有导向装置 10。

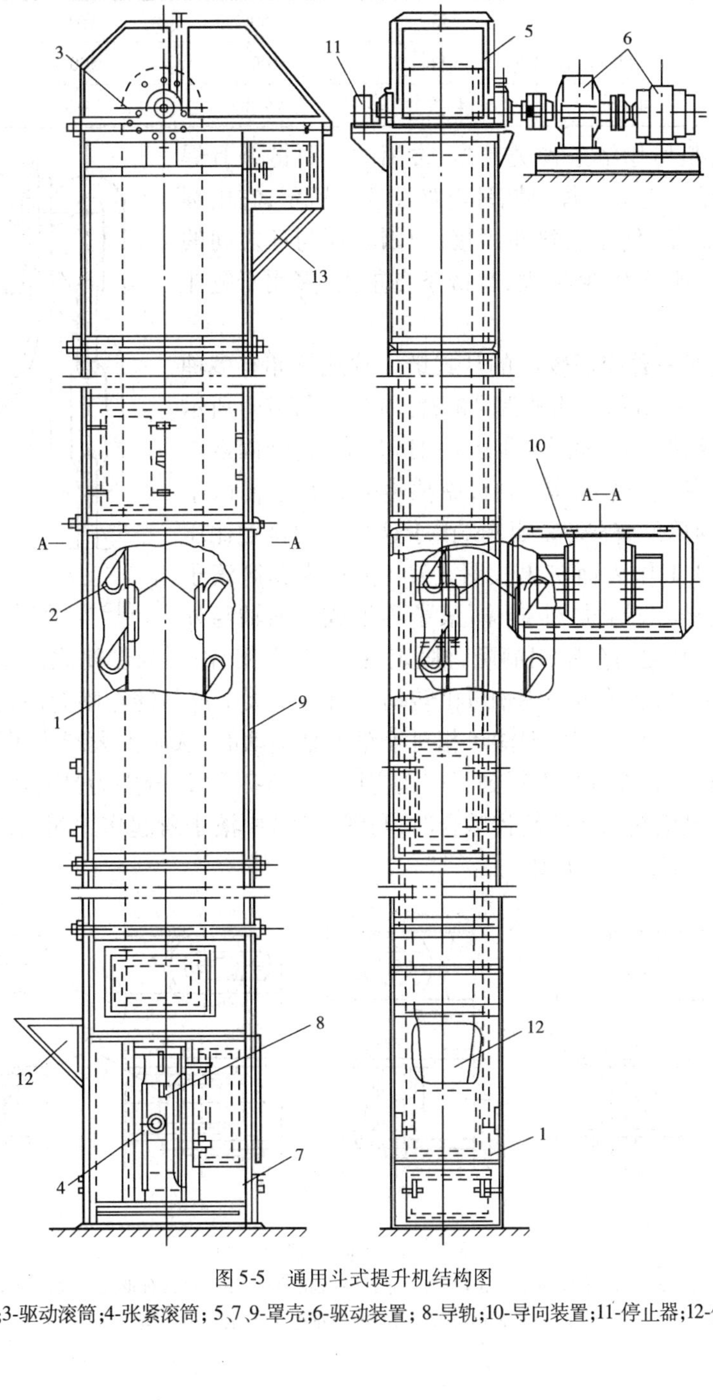

图 5-5　通用斗式提升机结构图

1-牵引构件;2-料斗;3-驱动滚筒;4-张紧滚筒; 5、7、9-罩壳;6-驱动装置; 8-导轨;10-导向装置;11-停止器;12-供料口; 13-卸料口

一、牵引构件

斗提机的牵引构件有输送带和链条两种形式。

带斗式提升机所用输送胶带的结构与带式输送机上所用胶带基本相同，只是由于其承载部位相对集中、局部断面负荷较大，又不需要弯成槽形，为增加胶带强度，故对其衬垫层数取得较多。对于装载物料堆积密度大的大型高效提升机，常用钢丝绳芯的高强度胶带。适用于各种标准斗宽的胶带尺寸见表5-1。

斗式提升机牵引胶带主参数推荐值 表5-1

斗宽(mm)	160	250	350	450	600
带宽(mm)	200	300	400	500	650
胶带层数	4~5	4~7	4~8	5~9	5~9

链斗式提升机所用链条种类较多，常用的牵引链条有焊接圆环链、套筒滚子链等。焊接圆环链如图5-6所示，它由圆钢制成，其结构简单，便于与料斗固接，但因其环与环之间的接触面积小，接触比压大，磨损大，且链条自重大，多用于链斗卸船机上。

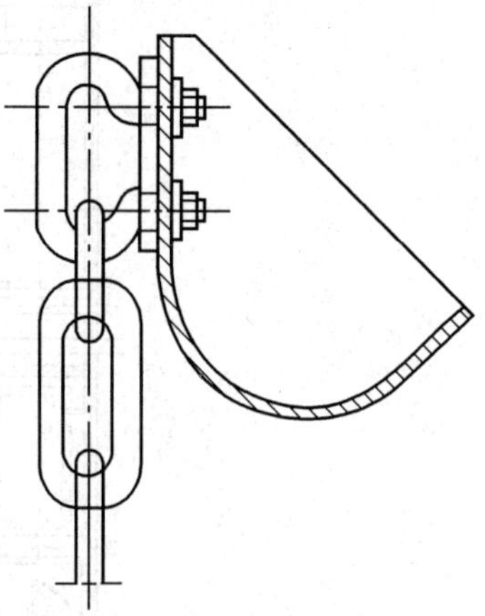

图5-6 圆环链及其与料斗固接

套筒滚子链是一种应用较广的片式链。片式链亦有多种结构型式。如图5-7所示为几种常见的片式链。图5-7a)所示为套筒片式链，这种链条的套筒固定在内链片上，销轴固定在外链片上。当相邻链环相互转动时，摩擦力分布在套筒的整个内表面上，因而单位磨损小。此外，由于这种链的接触比压小，润滑油不致从工作表面挤出。图5-7b)所示为套筒滚子链，它由套筒、内链片、销轴、外链片、滚子等组成。销轴与外链片、套筒与内链片之间分别用静配合固定；销轴与套筒、滚子与套筒之间则均采用动配合。这样，当链节屈伸时，套筒可绕销轴自由转动。当套筒滚子链与链轮啮合时，由于轮齿与滚子的摩擦，使滚子在套筒上转动，但滚子相对于轮齿是不动的，从而大大减小了轮齿的磨损。因此，套筒滚子链在斗式提升机中得到了广泛应用。图5-7c)、d)分别为具有不带凸缘和带凸缘滚轮的片式链。其滚轮与链轮轮齿啮合时，与图5-7b)中滚子所起作用相同，而当其沿支承轨道运动时，可起支撑链条的作用。

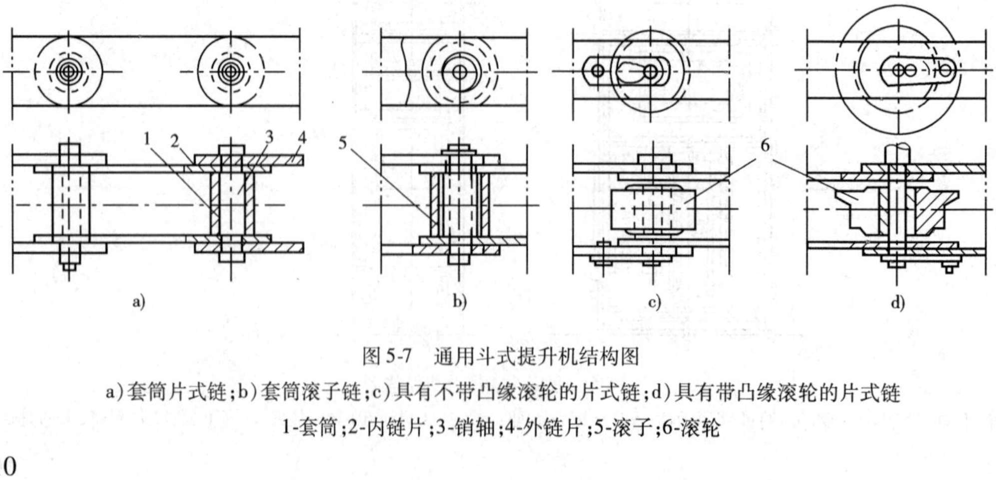

图5-7 通用斗式提升机结构图

a)套筒片式链；b)套筒滚子链；c)具有不带凸缘滚轮的片式链；d)具有带凸缘滚轮的片式链

1-套筒；2-内链片；3-销轴；4-外链片；5-滚子；6-滚轮

二、装载料斗

斗式提升机常用的装载料斗有三种结构型式:深斗、浅斗和导槽斗(又称三角斗)。根据斗式提升机的工作速度和被运物料特性的不同,可选用不同形式的料斗。

1. 深斗(图 5-8a)

其斗口与后壁夹角大,每个料斗可装载较多物料,但卸料时较难卸尽,适用于运送干燥松散、易于倾倒的物料(如干砂、砾石、煤、粮食等)。

2. 浅斗(图 5-8b)

其斗口与后壁夹角小,每个料斗的装载量少,但卸料时容易卸尽,适用于运送潮湿、粘性等流动性差的物料(如水泥、湿砂、石膏粉等)。

3. 导槽斗(图 5-8c)

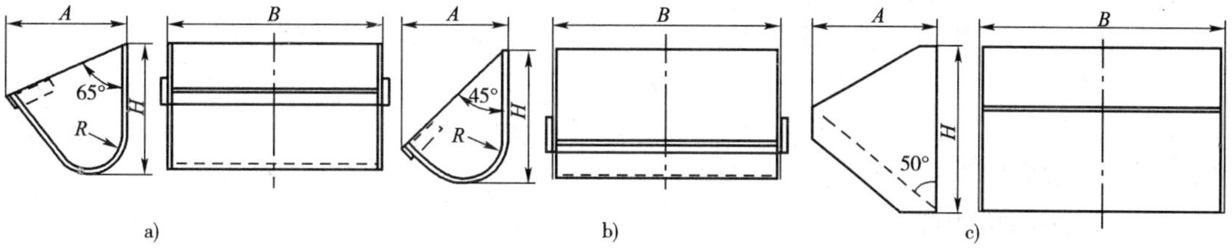

图 5-8　装载斗的型式

a)深斗;b)浅斗;c)导槽斗

其底部具有由导向侧边形成的导料槽。这种料斗在牵引构件上密集布置,当料斗绕过提升机头部滚筒卸料时,前一料斗底部的导料槽正好导引后一料斗卸出的物料从卸料口卸出(图 5-9)。这种料斗适用于工作速度不高的提升机和运送沉重、易碎的块状物料(如大块度的煤、矿石、焦炭等)。

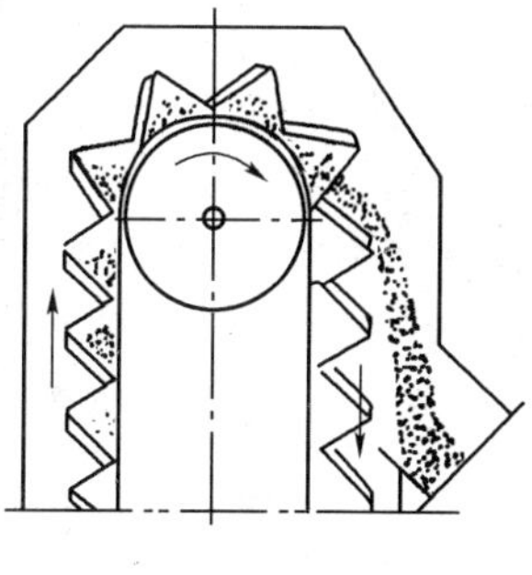

图 5-9　导槽斗的卸料

深斗和浅斗多用钢板焊接或冲压制成,也有用可锻铸铁铸造的,有的为减轻料斗自重,还采用玻璃钢制作。导槽斗则一般采用钢板冲压后在胎具上拼装焊接而成。钢制料斗一般壁厚 2 ~ 6mm,铸铁料斗壁厚 4 ~ 8mm。

深斗和浅斗在提升机中沿牵引构件长度方向间隔一定距离地布置在牵引构件上。导槽斗则是一个接一个地密集布置在牵引构件上。

装载料斗通常采用斗背连接或斗侧连接的方法与牵引构件连接。当牵引构件为胶带或单排链条时,多用斗背连接法,即将料斗后壁与牵引胶带或牵引链条之间用螺栓固接起来(图 5-10a、b)。当牵引构件为双排链条时,则采用斗侧连接法,即将料斗两侧壁与相应的两链条侧面之间用螺栓固接起来(图 5-10c)。值得注意的是,当料斗与胶带连接时,斗背螺孔处应做成凹入形状,同时应用沉头螺栓与胶带连接,以保证紧固后螺栓头不露出胶带表面,避免在绕过滚筒时与滚筒相碰磨(图 5-11)。

三、驱动装置

斗提机的驱动装置多设在头部,如图 5-5 所示,驱动装置主要包括电动机、传动装置(可采用减速器或齿轮、皮带、链条传动等)、驱动滚筒(或链轮)。此外,为防止突然断电等情况下由于有载分支上物料重力的作用而使斗提机逆转引起损坏,必须装设制动器或滚柱停止器。

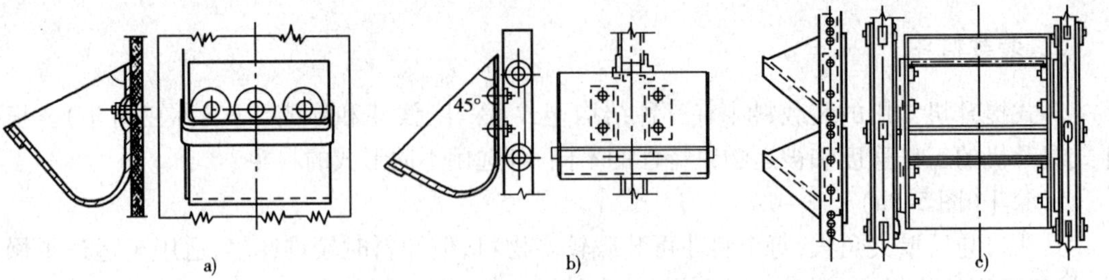

图 5-10　料斗与牵引构件的连接

a)料斗与带的连接;b)料斗与单链的连接;c)料斗与双链的连接

对于带斗机,为保证牵引胶带正常使用寿命,驱动滚筒的直径 D 应满足:

$$D \geqslant 150\,i \tag{5-1}$$

式中:i——胶带衬垫层数。

为防止输送带跑偏,一般多用鼓形滚筒(图 5-12)作驱动滚筒,其鼓形度为:

$$\frac{D' - D}{L} = \frac{1}{50} \sim \frac{1}{30} \tag{5-2}$$

式中:D'——滚筒中部直径;

D——滚筒端部直径;

L——滚筒长度。

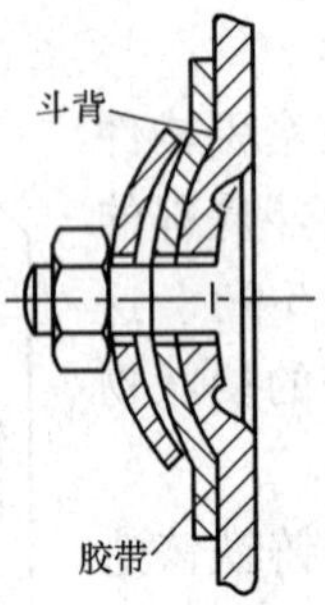

图 5-11　斗背与胶带的连接

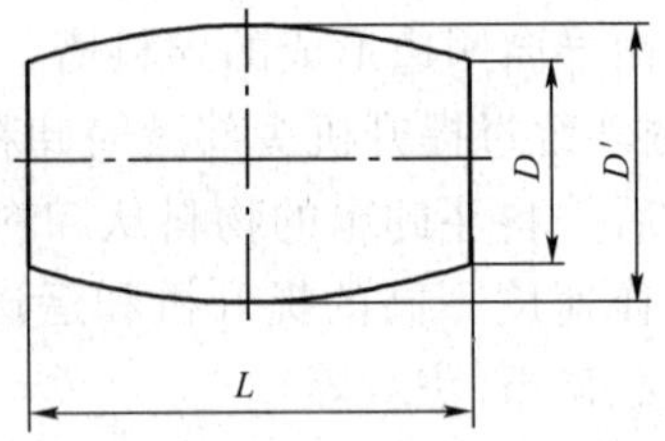

图 5-12　鼓形驱动滚筒

对于链斗机,驱动链轮直径 D 由下式确定:

$$D = \frac{t}{\sin 180^{\circ}/z}\ \text{mm} \tag{5-3}$$

式中:t——链轮节距,mm;

z——链轮齿数,一般取 $z = 16 \sim 20$,当速度很低时可取 $z < 16$。

四、张紧装置

为了使牵引构件具有足够的张紧力,并随时调节和补偿牵引构件在载荷反复作用下伸长而导致的松弛,以使其始终保持适度的张紧状态,必须在斗式提升机上设置张紧装置。

斗式提升机张紧装置多设在提升机的底部,由于斗式提升机牵引构件和装载斗自重及装载物料重力均有助于牵引构件的张紧,故牵引构件实际所需张紧装置补充的张紧力较小,因此,一般采用结构简单的螺旋式张紧装置。即在斗提机底部张紧滚筒(或链轮)两侧轴端各用一根螺杆同步调节牵引构件的张紧力,其结构形式和工作原理与带式输送机中的螺旋式张紧装置相同。

第三节　斗式提升机的装料和卸料

装载料斗的装料和卸料对斗式提升机的工作情况和生产率影响很大。因此，合理地选择和确定斗式提升机的装料和卸料方式是十分重要的。

一、装料

斗式提升机常用的装料方式有两种，即挖取式和装入式。

挖取式装料：料斗在牵引构件的牵引下，从机座内或露天的料堆中自行挖取物料（图5-13）。主要适用于高速输送粉状、粒状及磨损性小的物料（如煤粉、谷物、水泥等）。

装入式装料：由专门的加料漏斗均匀地连续不断地将物料直接装入料斗内（图5-14），采用装入式装料的料斗，一般应密集布置在牵引构件上，且料斗运行速度应较低。否则，料斗就不能很好地装料甚至会将装入的物料抛撒出来。装入式装料主要适用于输送块度较大或磨琢性较大的物料（如砾石、矿石等）。

无论是哪种装料方式，底部的物料表面高度均不宜高于下滚筒轴心线。保持较低的物料高度不仅可使提升机工作平稳，而且还可防止因供料不均导致堵塞。

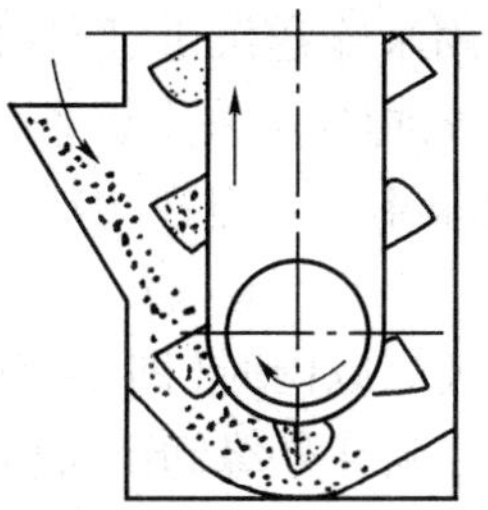

图5-13　挖取式装料

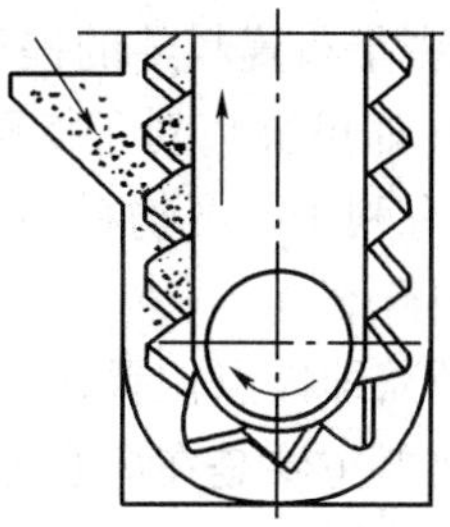

图5-14　装入式装料

二、卸料

斗式提升机常用卸料方式按被卸物料受力状况的不同分为三种：离心式、重力式和混合式。各种卸料方式均取决于驱动滚筒（或链轮）的直径、转速和料斗的尺寸。要确立它们之间的相互关系，须对料斗中的被卸物料进行受力分析。

当料斗在直线区段作等速运动上升时，物料只受到重力 mg 的作用。如图5-15所示，当料斗绕上驱动滚筒之后，料斗绕回转中心（驱动滚筒轴心）旋转，斗内物料就同时受到重力 mg 和离心力 $m\omega^2r$ 的作用。重力和离心力的合力 N 的作用线与滚筒中心垂直线交于一点 P，称为极点。而极点 P 到回转中心 O（滚筒轴心）的距离 h，称为极距。

由 $\triangle AFN \backsim \triangle AOP$ 得：

$$\frac{mg}{m\omega^2 r}=\frac{h}{r} \tag{5-4}$$

以 $\omega=\frac{\pi n}{30}$ 代入得：

$$h=\frac{g}{\omega^2}=\frac{30^2 g}{\pi^2 n^2}=\frac{895}{n^2} \tag{5-5}$$

式中：r——物料到回转中心的距离，m；

ω——驱动滚筒的角速度，rad/s；

n——驱动滚筒转速，r/min。

由上式可知,极距 h 的大小只与驱动滚筒的转速有关,而与料斗及物料的位置无关。当转速 n 一定时,h 亦为定值,极点 P 的位置亦固定不变;若转速 n 增大,极距 h 将减小,反之,极距 h 将增大。

斗式提升机料斗的卸料方式可根据极距的大小进行判断。

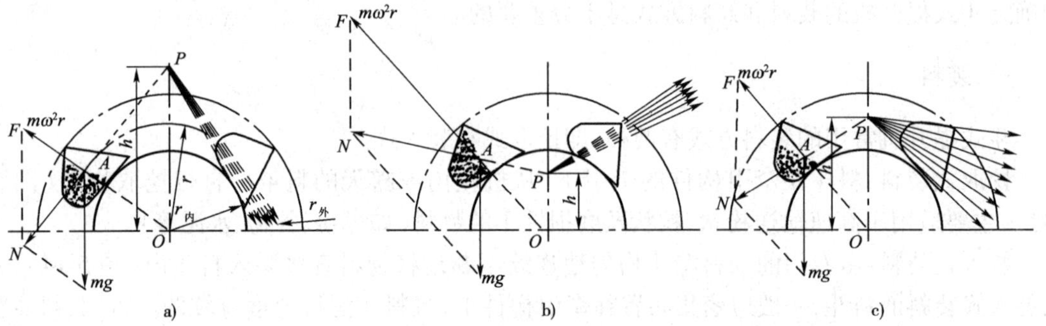

图 5-15 斗式提升机常用的卸料方式

a)重力式;b)离心式;c)混合式

当 $h \geq r_{外}$(料斗的外接圆半径),即极点位置在料斗外缘轨迹以外时(图 5-15a),料斗内的物料所受重力大于离心力,被卸物料主要是在重力作用下经料斗内缘卸出。这种卸料方式称为重力式卸料。适用在密集布置料斗的提升机上,用来输送沉重、磨损性大的(如较大块度的煤、矿石)及脆性的物料(如焦炭),对于挖取阻力大的物料可采用链条作牵引构件。由于料斗速度较低,卸料时间长,有利于卸尽物料,故可采用深斗。对脆性物料,亦可用导槽斗,以降低物料卸落高度,防止物料碎裂。

当 $h \leq r_{内}$(滚筒半径),即极点位置在驱动滚筒圆周以内时(图 5-15b),料斗内的物料所受离心力大于重力,被卸物料主要是在离心力作用下经料斗外缘卸出,这种卸料方式称为离心式卸料,适用于输送干燥、流动性好的粉末状、小颗粒物料,由于料斗运动速度较高,物料流动性好,容易卸尽,故仍可选用深斗。料斗宜间隔布置,以防止从料斗内抛卸出的物料碰到前面的料斗上。

当 $r_{内} < h < r_{外}$,即极点位置在驱动滚筒圆周以外和料斗外缘轨迹以内时(图 5-15c),料斗内的物料在重力和离心力的分别作用下,同时按离心式和重力式的混合方式从斗面卸出,即从料斗的整个物料表面倾卸出来,这种卸料方式称为混合式卸料。适用于输送潮湿的、流动性差的粉状、小颗粒物料,斗速中等。为利于卸尽物料,宜用间隔布置的浅斗。

值得注意的是,当驱动滚筒的直径不变,而增大提升速度时,则离心力随之增大,当提升速度过大时,则会因料斗中的物料受过大离心力作用而导致超前卸出,造成物料无法全部抛入卸料口中;反之,当提升速度过低时,则会因料斗中的物料所受离心力太小而被合力紧压在斗内壁,导致物料滞后卸出,致使料斗通过卸料口后,物料还未卸尽。因此,合理地选取提升速度是提高卸料效果的重要保证。

第四节 斗式提升机预防粉尘爆炸的措施

一、粉尘爆炸

研究表明,具有一定浓度的可燃性粉尘和具有一定能量的明火是发生粉尘爆炸的两个重要因素。为减少粉尘污染，通用斗式提升机多设有全封闭罩壳，故其机内含尘浓度较高；加之生产中，物料的运动、搅拌、冲击、摩擦等又会增生新的粉尘，从而使得机内含尘浓度往往达到或超过爆炸浓度。另一方面，由于搅拌的作用使粉尘与空气充分混合，而胶带打滑、摩擦产生的大量热量或因斗、罩碰撞产生火星等种种因素均极易引发粉尘爆炸。

二、斗提机引发粉尘爆炸的因素

(1)物料进入斗提机壳体后，由于物料流与料斗间的相对运动速度很大而发生粉尘效应，在进料口处积聚大量粉尘。

(2)斗提机大多采用挖取法装料，料斗在料堆中具有很高的充填率，当料斗离开料堆后，多余的物料在提升过程中向下洒落而产生粉尘。

(3)粮食筒仓中的斗提机，大多为高速离心式卸料型式，在卸料时也会产生粉尘。

(4)斗提机经长期运行后机壳内积存了大量粉尘。

(5)粮食筒仓中的斗提机，多数带速较高，并装置了较为密封的机壳，因此机壳中各部分产生的粉尘，在高速运行的胶带和料斗的振动下将充满整个机壳，并与空气充分混合，形成了具有一定浓度的可燃性粉尘。

(6)斗提机对负荷的敏感性很高，当超载运行时由于胶带打滑将产生大量的摩擦热，使机壳内的温度升高。

(7)粮食筒仓中的斗提机，一般提升速度较高，因此胶带的伸长量较大，水平摆幅大，固定在胶带上的钢质料斗与机壳容易发生碰撞而产生火花。

(8)物料中的杂物引起料斗变形，使其与机壳碰撞产生火花；或料斗脱落发生碰撞也可产生火花。

(9)斗提机在运行中因摩擦会产生静电，当静电聚集到一定量时将可能因放电产生火花。

从上述分析可知，斗提机内既有一定浓度的可燃性粉尘，又易产生具有一定能量的明火。因此要预防斗提机发生粉尘爆炸事件，应从控制粉尘的发生和消除引燃源两方面着手。

三、预防粉尘爆炸的措施

1. 系统的防爆设计

为了预防筒仓发生粉尘爆炸事故，筒仓系统设计时应考虑以下防爆措施：

(1)在条件允许的情况下，尽量将斗提机独立安装在筒仓外。

(2)物料进入斗提机前必须经过可靠的磁选和筛选。

(3)筒仓工作楼内设置效果良好的通风除尘系统。

(4)筒仓工作楼应设置泄爆口。

(5)与斗提机的进出料口相通的料管应尽量避免密封。

2. 斗提机预防粉尘爆炸的措施

(1)增加通风除尘装置：在斗提机的进料口和出料口处设置吸尘器。

(2)消除引燃源：选用导电性能好的胶带；具有可靠的静电接地装置；适当加大机壳；保持适当的胶带张紧力；设置胶带防跑偏装置；设置带速监测控制器。

(3)设置泄爆口：为防止斗提机内发生第二次粉尘爆炸，应在斗提机的机壳上安装泄爆口。当机壳内发生粉尘爆炸时，泄爆口自动打开，机壳内的压力迅速降低，从而避免粉尘再次发生爆炸。

思考与练习

1. 斗式提升机的工作原理是怎样的？
2. 斗式提升机是如何分类的？
3. 斗式提升机有哪些特点？
4. 斗式提升机适用于什么场合？
5. 斗式提升机由哪些主要部件组成？
6. 斗式提升机的牵引构件有哪两种形式？各有什么特点？
7. 斗式提升机的料斗有哪些种类？各适用于什么物料和场合？
8. 斗式提升机的装料有哪些方式？各适用于什么物料和场合？
9. 斗式提升机的卸料有哪些方式？各适用于什么物料和场合？
10. 斗式提升机引发粉尘爆炸的因素有哪些？
11. 斗式提升机预防粉尘爆炸的措施有哪些？

第六章　螺旋输送机

知识目标

1. 说出螺旋输送机的类型；
2. 解释螺旋输送机的工作原理；
3. 描述螺旋输送机的特点；
4. 描述螺旋输送机的应用范围；
5. 描述水平螺旋输送机的型号表示和标记示例；
6. 描述水平螺旋输送机的组成和主要构件；
7. 知道水平螺旋输送机的布置形式；
8. 知道水平螺旋输送机的基本参数与尺寸；
9. 知道垂直螺旋输送机的结构型式；
10. 知道螺旋输送机的驱动装置。

能力目标

1. 具备分析螺旋输送机的工作原理和工作性能的基础知识；
2. 能根据实际需求合理选择螺旋输送机的类型和布置形式。

第一节　概　　述

螺旋输送机是一种不具有挠性牵引构件的连续输送设备，可用于短距离输送物料。

一、螺旋输送机的类型

(1)按空间布置位置，螺旋输送机可分为以下几种型式：水平螺旋输送机(普通螺旋输送机)、垂直螺旋输送机、可弯曲螺旋输送机和螺旋管输送机(滚筒输送机)等。

(2)按所输送物料的不同，螺旋输送机可分为散粒物料螺旋输送机与成件物品螺旋输送机，后者由两根相互平行的各自具有左、右旋的裸露螺旋所构成。

(3)按可否移动，螺旋输送机分为固定式、移动式两种类型。

港口常用的螺旋输送机为输送散粒物料的、固定式或移动式的水平和垂直布置的螺旋输送机。用于卸船作业的螺旋输送机除可移动外通常还可俯仰或摆动。

二、螺旋输送机的工作原理

1. 水平螺旋输送机

见图6-3，当物料加入到固定的机槽内时，由于物料的重力及其与机槽间的摩擦力作用，堆积在机槽下部的物料不随螺旋体旋转，而只在旋转的螺旋叶片推动下向前移动。如同不旋转的螺母沿着转动的螺杆作平移运动一样,达到输送物料的目的。

2. 垂直螺旋输送机

见图6-10,垂直螺旋输送机的螺旋体的转速比水平螺旋输送机的转速高,加入的物料在离心力的作用下与机壳间产生了摩擦力,该摩擦力阻止物料随螺旋叶片一起旋转并克服了物料下降的重力,从而实现了物料的垂直提升。

3. 可弯曲螺旋输送机

其螺旋体心轴为可挠曲的,因此输送线路可根据需要按空间曲线布置。根据布置线路中水平及垂直(大倾角)段的长度比例不同,其工作原理按水平螺旋输送机或垂直螺旋输送机设计。

4. 螺旋管输送机

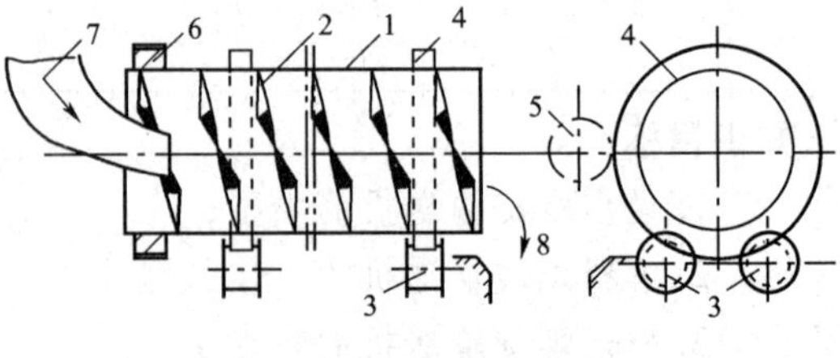

图6-1 螺旋管输送机

1-螺旋管;2-螺旋叶片;3-托轮装置;4-支撑圈;5-驱动齿轮;6-驱动大齿圈;7-加料口;8-卸料口

见图6-1,在其圆筒形机壳内焊有连续的螺旋叶片,机壳与螺旋叶片一起旋转。加入的物料由于离心力和摩擦力的作用随机壳一起转动并被提升,后在物料的重力作用下又沿螺旋面下滑,实现了物料的向前移动,如同不旋转的螺杆沿着转动的螺母作平移运动一样,达到输送物料的目的。

三、螺旋输送机的特点

(1)结构简单,造价低;

(2)工作可靠,操作安全方便,维护管理简便;

(3)尺寸小,占地面积小,布置紧凑、灵活;

(4)能实现密封输送,有利于输送易扬尘的、炽热的及气味强烈的物料,可减小对环境的污染,改善作业条件。

(5)装料、卸料方便。水平螺旋输送机可在其输送线路上的任一点装、卸料,并可在输送过程中同时完成物料的混合、搅拌或冷却等功能;

(6)能双向输送,也可使一台输送机同时向两个方向输送物料,即集向中心或远离中心;

(7)输送能力较低,对超载敏感,易堵塞,提升高度小,能耗较大(螺旋管输送机除外);

(8)物料破碎率较高,机件磨损也较严重。

四、螺旋输送机的应用范围

螺旋输送机广泛应用于粮食工业、建筑材料工业、化学工业、机械制造业、交通运输业等领域中。

螺旋输送机主要用于输送各种粉状、粒状、小块状物料,所输送的散粒物料有谷物、豆类、面粉等粮食产品,水泥、粘土、砂子等建筑材料,盐类、碱类、化肥等化学品,以及煤、焦炭、矿石等大宗散货。螺旋输送机不宜输送易变质、粘性大、块度大及易结块的物料。除了输送散粒物料外,亦可利用螺旋输送机来运送各种成件物品。

在港口,螺旋输送机主要用于卸车、卸船作业以及仓库内散粒物料的水平和垂直输送。利用与物料直接接触的水平螺旋轴将物料逐层从车厢两侧卸下的螺旋卸车机在国内港口已有多年的成功使用经验。由水平螺旋输送机、垂直螺旋输送机以及相对旋转取料装置组成的螺旋卸船机,已成为一种较为先进的连续卸船机型,日益广泛地应用于国内外散货专用码头。螺旋输送机在港口除直接用于卸船作业和输送物料外，还可利用其裸露的螺旋叶片具有耙集物料的功能而作为其他类型卸船机的取料装置。

第二节 水平螺旋输送机

水平螺旋输送机是指水平和微倾斜(15°以下)连续均匀输送物料的螺旋输送机。其工作环境温度为 -20 ~ +40℃，输送物料温度为 -20 ~ +80℃。

水平螺旋输送机的型号表示如图 6-2 所示。

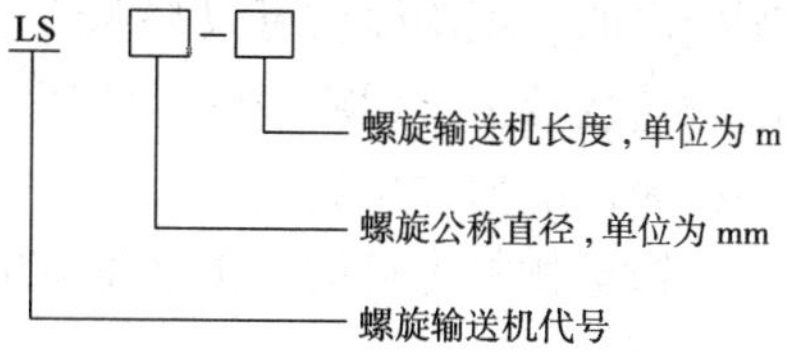

图 6-2 水平螺旋输送机的型号

标记示例：

螺旋公称直径为 400mm，输送机长度为 12m 的螺旋输送机标记为：LS400-12。

一、水平螺旋输送机的组成及主要构件

1. 水平螺旋输送机的组成(图 6-3)

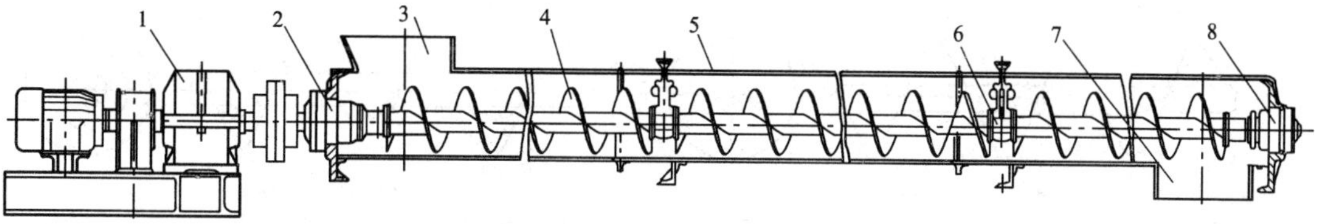

图 6-3 水平螺旋输送机

1-驱动装置；2-末端轴承；3-装料口；4-螺旋轴；5-料槽；6-中间轴承；7-卸料口；8-首端轴承

水平螺旋输送机由螺旋轴、料槽、首端轴承、末端轴承、中间悬置轴承、驱动装置以及装料口与卸料口等部分组成。若需在输送线路中间卸料，可设置具有开闭闸口的中间卸料口。

2. 水平螺旋输送机的布置形式

水平螺旋输送机根据螺旋的旋向、螺旋轴的旋转方向，以及装料口与卸料口位置等的不同，有 6 种常见的布置形式，见图 6-4。

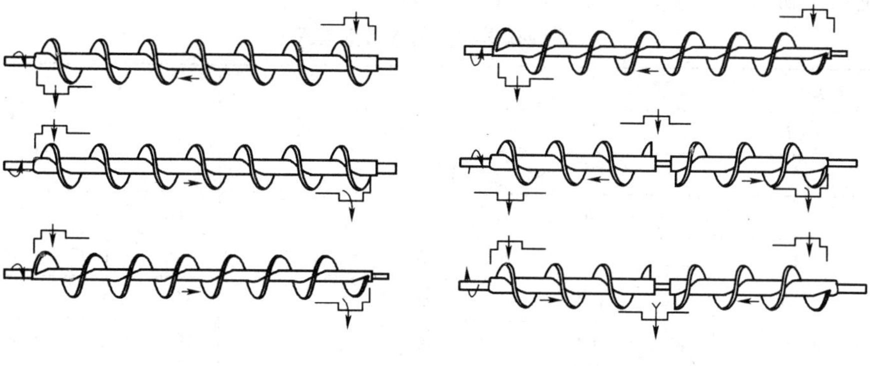

图 6-4 水平螺旋输送机的布置形式

3. 螺旋轴

螺旋轴是螺旋输送机的主要构件，它由螺旋叶片与轴组成。

1)制造方法

螺旋叶片一般由钢板冲压而成，然后焊接在无缝钢管轴上，且在各叶片间加以焊接连接。对于输送磨琢性较大的物料或输送距离较短的输送机，螺旋面可采用由扁钢轧制而成或铸铁铸造而成的节段套装在轴上而形成。

2)螺旋的旋向、线(头)数与母线

螺旋轴上的螺旋叶片有右旋与左旋两种，物料的输送方向是由螺旋的旋向与螺旋轴的转向所确定的。螺旋线数可以是单线、双线或三线的，多线螺旋主要用于需要完成搅拌及混合作业的输送装置中。螺旋面的母线通常采用垂直于螺旋轴线的直线，采用这种螺旋叶片形式的螺旋称为标准形式螺旋。

以输送物料为目的的水平螺旋输送机应首先考虑采用标准形式的右旋单线螺旋。

3)螺旋叶片的形状

螺旋叶片有实体式、带式、叶片式、齿形式四种形状，见图6-5。水平螺旋输送机，应根据被输送物料的种类、特性进行选用。实体式螺旋是最常用的形式，适用于流动性好、干燥、小颗粒或粉状的物料；带式螺旋适用于块状物料或具有一定粘性的物料；叶片式与齿形式螺旋适用于易压实挤紧的物料。若水平螺旋输送机有对物料进行搅拌、松散等工艺要求，应考虑选用叶片式或齿形式螺旋。

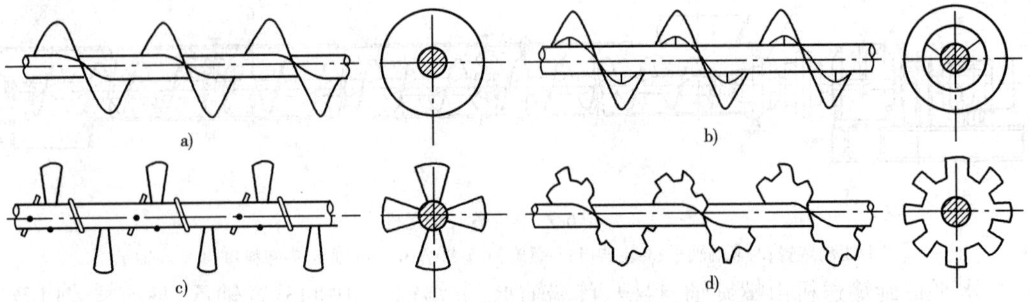

图6-5 螺旋面的形状

a)实体式；b)带式；c)叶片式；d)齿形式

4)螺旋直径和螺距

螺旋直径应根据输送量的要求确定，且应按标准系列选取。

螺旋输送机的基本参数与尺寸参见图6-6及表6-1。

螺旋输送机的基本参数与尺寸 表6-1

型号	螺旋公称直径 D	螺距 S	尺寸 h	h_1	b	L	名义主轴转速 (r/min)			
	mm									
LS100	100	100	140	63	45	3500~40000	140	112	90	71
LS125	125	125	160	75	45		125	100	80	63
LS160	160	160	180	90	55		112	90	71	56
LS200	200	200	200	112	60		100	80	63	50
LS250	250	250	250	140	70	4000~80000	90	71	56	45
LS315	315	315	280	180	90		80	63	50	40
LS400	400	355	355	224	100		71	56	45	36

续上表

型号	螺旋公称直径	螺距	尺寸				名义主轴转速 (r/min)			
	D	S	h	h_1	b	L				
	mm									
LS500	500	400	400	280	110	5500 ~ 80000	63	50	40	32
LS630	630	450	500	355	130		50	40	32	25
LS800	800	500	630	450	150		40	32	25	20
LS1000	1000	560	710	560	160	6000 ~ 60000	32	25	20	16
LS1250	1250	630	800	710	170		25	20	16	13

注:螺旋输送机长度 L 是从最小长度按 500mm 一档增加。

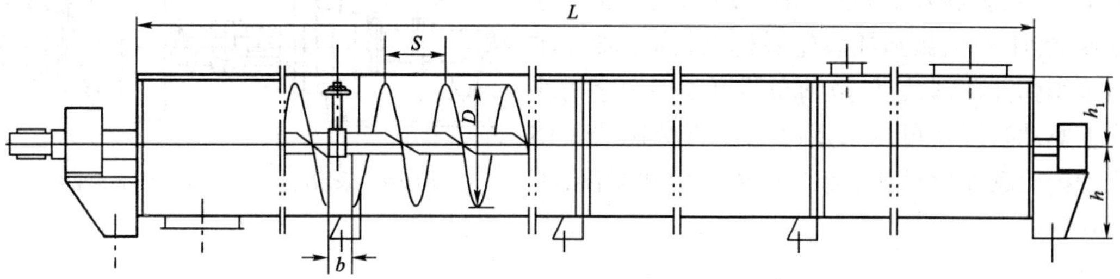

图 6-6 螺旋输送机的基本参数与尺寸

螺距可根据螺旋直径、物料特性、输送机的倾角及充填率等因素确定:

$$S = k_1 D \tag{6-1}$$

式中:S——螺距,m;

D——螺旋直径,m;

k_1——螺距系数,$k_1 = 0.5 \sim 1$。

当螺旋直径 $D < 350$mm 时,取 $k_1 = 0.9 \sim 1$;当 350mm $\leqslant D < 800$mm 时,取 $k_1 = 0.7 \sim 0.9$;当 $D \geqslant 800$mm 时,取 $k_1 = 0.5 \sim 0.7$。水平布置时 k_1 取大值;倾斜布置时 k_1 取小值;输送流动性好、磨琢性小的物料时 k_1 取大值;输送流动性差、有一定磨琢性的物料 k_1,取小值;充填率较小时 k_1,取大值,反之取小值。

4. 支承轴承

水平螺旋输送机的螺旋轴是通过首、末端部轴承和中间轴承而安装于料槽内(图 6-3)。

首端是指物料运移前方的一端。首端轴承应采用止推轴承,以承受由物料运动阻力所引起的轴向力,且使螺旋轴全长仅受拉伸作用。末端轴承只受径向载荷作用,采用径向轴承。

中间轴承是螺旋轴的中间支承。输送机对中间轴承的主要要求为:沿轴线方向的长度尺寸以及横向尺寸应尽可能小,以防止物料在轴承处堵塞。中间轴承一般采用由青铜及巴氏合金等耐磨材料制成的滑动轴承,也可采用尺寸紧凑的滚动轴承以减小阻力。中间轴承座是悬置布置的,有焊接和铸造两种结构。

5. 料槽

水平螺旋输送机的料槽由薄钢板制成。料槽的形状是半圆形底面与平直的顶、侧面,在料槽外侧的纵向与横向应加焊角钢,以增强料槽的刚度并有利于料槽与盖子、与中间轴承座的连接以及各个节距之间的连接。

料槽钢板的厚度 δ_1 按螺旋直径以及被输送物料的磨琢性的大小来确定。螺旋直径较小、输送磨琢性小的物料时，料槽厚度取 $\delta_1=2\sim3\text{mm}$；螺旋直径大、输送磨琢性大的物料时，取 $\delta_1=6\sim8\text{mm}$。

料槽半圆形底部的内径应略大于螺旋直径，二者之间的间隙取为 5～10mm。当螺旋直径较小、物料粒度较小时，螺旋与槽壁的间隙取较小值，反之取大值。当螺旋和料槽的制造精度和装配精度较高时，该间隙可取较小值。

6. 驱动装置

水平螺旋输送机的驱动装置由电动机、减速器、高速轴联轴器、低速轴联轴器及驱动装置底座构成，参见图 6-3。电动机采用鼠笼式异步电动机；减速器采用 ZQ 型渐开线圆柱齿轮减速器或 ZQH 型圆弧圆柱齿轮减速器；高速轴联轴器采用弹性柱销式；低速轴联器可采用十字滑块式。驱动装置还可以采用电动机与减速器一体化的齿轮减速电动机，使驱动装置尺寸紧凑，如图 6-7 所示。

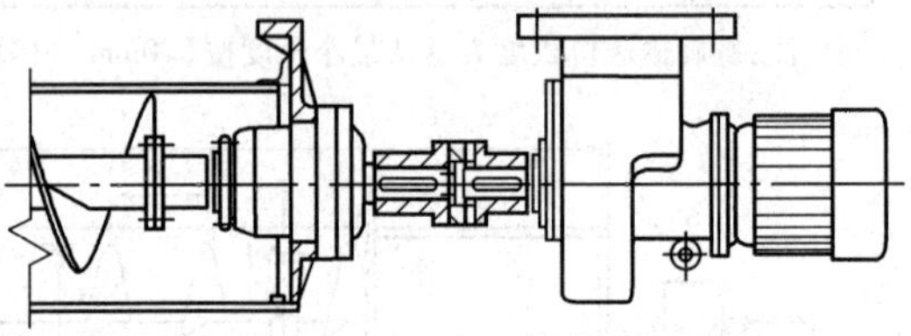

图 6-7　采用齿轮减速电动机的驱动装置

第三节　垂直螺旋输送机

一、垂直螺旋输送机的结构型式

垂直螺旋输送机的构造见图 6-8，它由垂直螺旋轴、输送管、水平喂料螺旋、驱动装置、顶部和底部支承轴承，以及进料口与卸料口等部分所组成。垂直螺旋轴是输送机的主要工作构件，它具有标准形式的右旋实体式螺旋，根据使用需要可采用单线或双线螺旋。垂直螺旋输送机的料槽是圆管形，输送管各节段由端部法兰相互连接起来。输送机由一段短的水平喂料螺旋进行给料，在输送机的下部将物料压入垂直输送段，保证垂直螺旋输送机具有一定的充填率。垂直螺旋和水平螺旋可采用位于输送机下部的一套驱动装置集中驱动，由电动机驱动的驱动装置分别通过锥齿传动和链传动将驱动动力矩传递给垂直螺旋轴和水平螺旋轴。两个螺旋也可采用两套驱动装置分别驱动，垂直螺旋的驱动装置采用立式电动机置于输送机顶部（图 6-9）。垂直螺旋轴由顶部的径向止推轴承和底部的径向轴承所支承，垂直螺旋输送机一般不装设中间轴承，以免影响物料的通过性。

垂直螺旋输送机的主要优点是：结构简单，所占空间位置小，能密封输送物料。由于垂直螺旋输送机能耗较大，难以安装中间轴承，仅适用于输送量不大，提升高度不大的场合。

二、物料输送原理

当垂直螺旋轴以一定的转速旋转时，由水平喂料螺旋装入垂直输送段的散粒物料沿周向迅速加速而转动，在旋转离心力的作用下物料将向螺旋叶片的外缘移动而紧贴在输送管壁上。

当旋转离心力足够大时，输送管壁对物料所产生的摩擦力将阻止物料随螺旋一起旋转，使物料产生相对于螺旋叶片的滑动，从而具有垂直向上的运动分量，实现物料的向上输送。

因此，螺旋转速存在一个临界值，只有当螺旋转速超过这一临界值时，才能达到输送物料的目的。

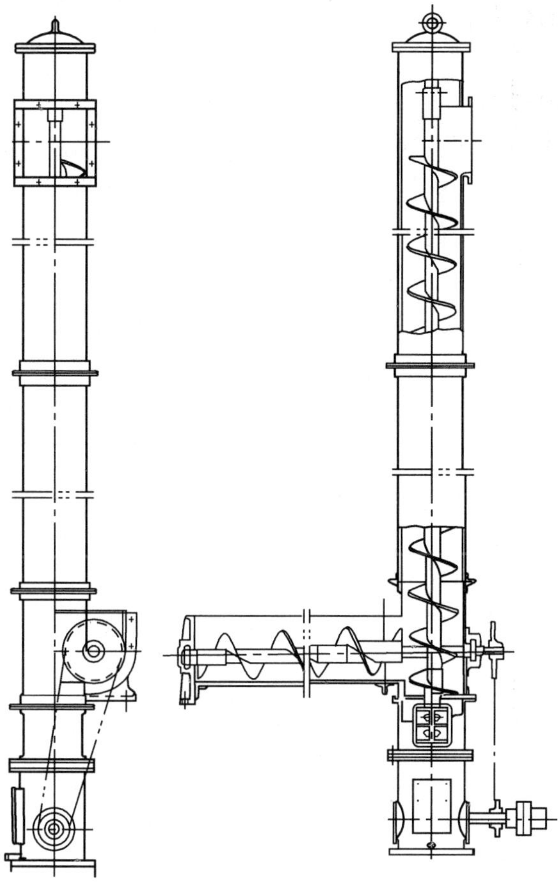

图 6-8　垂直螺旋输送机

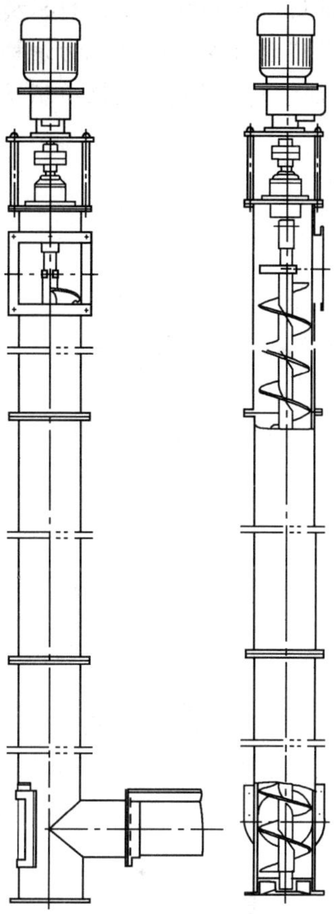

图 6-9　顶部驱动的垂直螺旋输送机

垂直螺旋输送机的临界转速取决于螺旋升角、物料与管壁的摩擦系数以及物料与螺旋面的摩擦系数。过大的螺旋升角、过小的物料与管壁的摩擦系数将导致过高的临界转速。因此，适当地降低螺距、增大输送管内壁的粗糙度，将对输送过程更为有利。

思考与练习

1. 螺旋输送机是如何分类的？
2. 简述螺旋输送机的工作原理。
3. 简述螺旋输送机的工作特点。
4. 简述水平螺旋输送机的型号表示方法。
5. 水平螺旋输送机有哪些基本参数？
6. 水平螺旋输送机主要由哪些部件组成？
7. 水平螺旋输送机的布置形式有哪些？
8. 简述螺旋轴的制造方法，有哪些类型？

9. 螺旋叶片的形状有哪几种？各适用于什么场合？

10. 水平螺旋输送机的螺旋轴是如何安装在料槽内的？首端轴承、末端轴承、中间悬置轴承通常采用什么型式的轴承？

11. 简述水平螺旋输送机的驱动装置的组成。

12. 简述垂直螺旋输送机的结构型式。

13. 简述垂直螺旋输送机的驱动装置的型式。

第七章　气力输送机

知识目标

1. 解释气力输送机的工作原理；
2. 说出气力输送机的分类；
3. 描述气力输送机的特点和应用；
4. 描述气力输送机的主要部件。

能力目标

1. 具备分析气力输送机的工作原理和工作性能的基础知识；
2. 能根据实际需求合理选择气力输送机的类型和装料、卸料方式；
3. 能根据实际需求合理选取气力输送机的主要部件。

第一节　气力输送机概述

气力输送机是运用风机在封闭的管路内形成气流来输送散粒物料的机械设备。

早在100多年前，已出现了采用气力来输送信件、纸币、小件包裹及轻纤维物料。在国际上，19世纪末期出现了第一台卸船用的气力吸粮机。20世纪30年代，气力输送机械已成为欧洲某些大港专业化散粮码头上的主要卸船设备。60年代以来，高生产率的港口吸粮机有很大发展。现日本海港粮食专业码头采用的吸粮机占全部卸船能力的60%以上，单机生产率已达到600t/h。在英国、荷兰、德国等国散粮码头主要采用吸粮机卸船。瑞士制造的吸粮机生产率为650t/h，若为双管吸粮机最大生产率可达1000t/h。在我国，上海和长沙等港口于1958年开始研究并采用气力输送机卸船，现在沿海港口（上海、广州、湛江、大连、天津）的散粮进口码头均配备了门座吸粮机（如广州、湛江港的400t/h门座吸粮机），作为码头的前方卸船机械，与大型机械化圆筒仓组成散粮专业化码头。除了港口装卸以外，气力输送机在我国其他行业中发展也很快，广泛地应用于农业、木材加工、铸造车间、化工、粮食加工、建材等部门，用来输送谷物、砂子、水泥、化工原料等等。气力输送机已成为散粒物料装卸和输送的现代化装置之一。

气力输送按输送的基本原理可分为悬浮输送和推动输送两大类。悬浮输送是利用气流的动能进行输送，也称动压输送；推动输送是利用气体的压力进行输送，也称静压输送。悬浮输送和推动输送的比较见表7-1。

目前在港口较广泛采用的是悬浮输送。其工作原理是将物料送到具有一定速度的空气中（混杂有固体物料的空气流称为双相流），通过管道输送到卸料点，然后将物料分离出来，即达到输送的目的。主要用于输送块度不大于20～30mm的粉状、粒状及小块物料。

悬浮输送和推动输送的比较　　表 7-1

项目	悬浮输送	推动输送	项目	悬浮输送	推动输送
输送物料	干燥的、小块状及粉粒状物料	粉粒状物料。潮湿和粘性不大的物料也能输送	压力损失	单位输送距离压力损失较小	单位输送距离压力损失较大
流动状态	输送时颗粒呈悬浮状态	输送时颗粒呈料栓状	单位能耗	大	小
混合比	小	大	系统中出现的磨损	大	小
输送气流速度	高	低	被输送物料的破碎情况	可能破碎	破碎少

一、气力输送机的分类

气力输送机的形式较多，按其工作原理可以分为吸送式、压送式和混合式三种。

1. 吸送式气力输送机

吸送式气力输送机是用吸气方式来输送物料的气力输送机。图 7-1 为吸送式气力输送机结构简图，它是借助具有一定真空度的空气流来进行工作的。其工作原理是应用风机 12 从整个系统中抽气，使管路内的气体压力低于外界大气压力（即形成一定的真空度），在压力差作用下，吸嘴 1 外的空气透过物料层间隙和物料形成混合物，从吸嘴一并被吸入输料管，并沿管路输送，当空气和物料的混合物经过分离器 7 时，既被分离，物料由分离器底部的卸料器卸出。卸去物料后的空气中含有一定的物料粉尘，然后进入除尘器反复净化后，由风机通过消声器排至大气中。

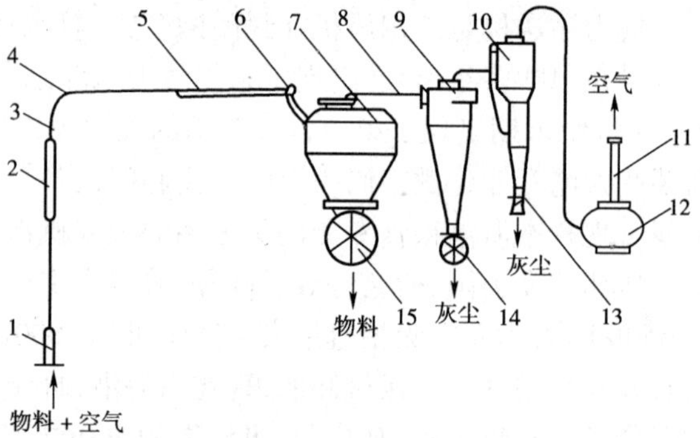

图 7-1　吸送式气力输送机

1-吸嘴；2-垂直伸缩管；3-软管；4-弯管；5-水平伸缩管；6-铰接弯管；7-分离器；8-风管；9-第一级除尘器；10-第二级除尘器；11-消声器；12-风机；13-阀门式卸灰器；14-旋转式卸灰器；15-旋转式卸料器

这种输送方式的特点是：

(1) 供料简单方便；

(2) 从几处同时吸取物料；

(3) 适合吸取堆积面广或装在低处、深处的物料；

(4) 无尘、环境污染小；

(5) 管路系统密封要求高，避免漏气；

(6) 不适宜长距离输送。

对于吸送式气力输送机，随着输送距离的增加，阻力也不断加大，这就要求加大输送管两端的压力差，也就要提高空气的真空度，否则会降低输送生产率。然而，通常管路系统两端的压力差不能超过 50 ~ 60kPa（0.5 ~ 0.6 个大气压），否则空气变稀薄，携带能力也会降低，以至引起管道堵塞，影响输送机的正常工作。因此，吸送式气力输送机不适宜长距离输送。

2. 压送式气力输送机

压送式气力输送机是用压气方式来输送物料的气力输送机。图 7-2 为压送式气力输送机结构简图，它是在高于大气压的正压状态下工作的。其工作原理是风机 1 将其有一定压力的空气压入管路,而被运送物料由供料器 4 送入输料管与空气形成混合物,沿输料管送至卸料点,物料在分离器被分离后经卸料器卸出。空气经除尘器滤净后排至大气。

这种输送方式的特点恰与吸送式相反,其特点是:

(1)由于它便于装设分岔管道,故可由一处向几处分散输送;

(2)适用于大容量长距离输送;

(3)由于通过鼓风机的是清洁空气,鼓风机的工作条件较好;

(4)由于系统内压力高于大气压,故供料器较复杂。

压送式气力输送在散装水泥装卸作业中应用很广。在广西防城港散装水泥出口码头,水泥由专用铁路车辆卸至圆筒仓贮存以及由圆筒仓装船,均采用压送式气力输送装置。此外,国内散装水泥专用车和现有的小型自卸船也都采用气力压送方式卸货。

3. 混合式气力输送机

混合式气力输送机是吸送式和压送式气力输送机的组合机型。其风机既吸气又压气。

图 7-3 为混合式气力输送机的结构简图。其工作原理是,在吸送部分,通过吸嘴 1,将物料与空气的混合物吸入输料管 2,输送一段距离,经分离器 3,使物料与气流分离。物料经分离器下部的卸料器(又兼作压送部分的供料器)卸出,并送入压送部分的输料管。而从分离器中的除尘器出来的空气,经风机再压入压送部分的输料管,再与物料混合,以压送式方式输送。

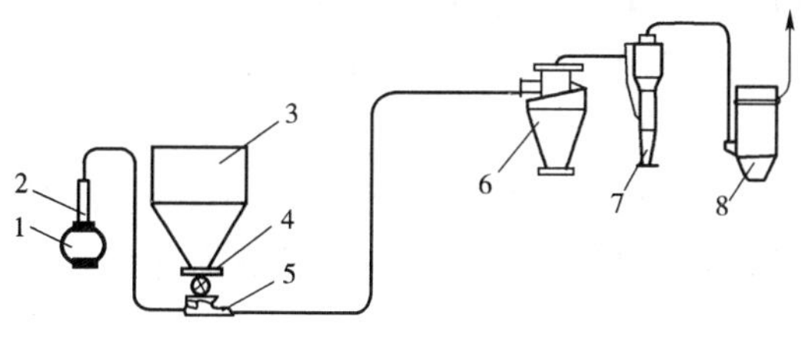

图 7-2 压送式气力输送机

1-风机;2-消声器;3-料斗;4-旋转式供料器;5-喷嘴;6-分离器;7-第一级除尘器;8-第二级除尘器

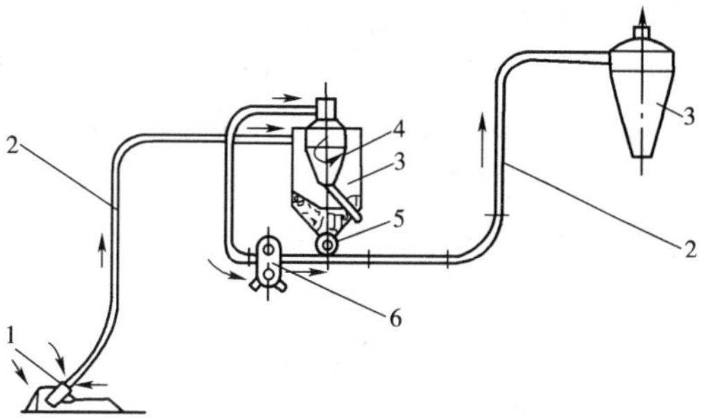

图 7-3 混合式气力输送机

1-吸嘴;2-输料管;3-分离器;4-除尘器;5-卸料器;6-风机

这种输送方式综合了吸送式和压送式的优点,其特点是:

(1)吸料方便,输送距离长;

(2)可几处取料,并压送至若干卸料点;

(3)结构较复杂;

(4)带灰尘的空气要经过风机,故风机的工作条件较差。

二、气力输送机的特点及其应用

1. 气力输送机的主要优点

气力输送已作为一种比较先进的输送方式得到越来越广泛的应用,与其他输送机比较有很多优点:

(1)可以改善劳动条件,提高劳动生产率,有利于实现自动化。采用气力输送机只需很少工人操作管理,且操作简便。对于吸粮机,可把吸粮软管伸到舱内角落清舱。且只要加装一些

控制设备,很容易实现自动化操作;

(2)可以减少货损,提高货运质量。气力输送的整个输送过程完全密闭,不仅改善了工作条件,而且被输送的物料不会吸湿、污损或混入其他杂质。例如用吸送式气力输送机卸船舱散粮,可避免抓斗抓取物料造成的洒落浪费。又如气力输送散装水泥可避免袋装运输过程破包率约为10% ~30%的严重货损;

(3)有利于实行散装运输自动化,节约包装,降低成本;

(4)输送生产率高,而且可以多台同时操作,因而能够缩短卸货时间,加速船舶周转;

(5)结构简单,没有牵引构件,不需返程空载分支;

(6)各部件加工方便,重量轻,投资少,且机械故障少,维修方便。

2. 气力输送机的主要缺点

(1)能耗高,如生产率为200t/h的吸粮机,风机电动机的功率为240kW;

(2)风机噪声大;

(3)被输送物料的粒度、黏度和湿度受到一定的限制,易碎的物料也不宜采用气力输送;

(4)输送磨磋性较大的物料时,弯管等部件容易被磨损。

3. 气力输送机的应用范围

由于气力输送机的应用范围和被运物料的物理性质有着十分密切的关系,故下面分析几种主要的物料特性对气力输送机应用范围的影响。

1)物料的粒度

物料的粒度过大,将会卡塞在供料装置中,从而破坏物料自动地供入输料管。所以一般要求粒度不大于50mm,或规定物料的最大粒度不应超过输料管直径的0.3~0.4倍。

2)物料的堆积密度

物料的堆积密度在很大程度上影响气力输送机的结构尺寸和能量消耗的大小。因为,随着物料堆积密度的增加,必须提高管中气流速度,从而使动力消耗增加和管壁磨损加快。所以,对于堆积密度大的物料采用气力输送并不合理。

3)物料的湿度

物料的湿度与气力输送机工作的可靠性有着很大的关系。由于过高的湿度将破坏物料的松散性质,并将物料粘附在装置构件的内壁上,从而会使供料不均匀、能量消耗增加和生产率降低,甚至引起整个系统的堵塞。所以,对各种物料,必须确定其输送不受破坏的极限湿度。

4)物料的磨磋性

所谓磨磋性,即是运动物料对其他物体的磨损性。磨磋性的大小取决于物体颗粒的硬度、表面特性和形状尺寸,它影响着气力输送机的动力消耗和使用寿命。

5)物料的温度

被运物料的可燃粉尘在一定的浓度和温度下,会产生粉尘爆炸,造成严重事故。因此,在气力输送时,物料的温度不得超过其发火点(一般都小于400°C),否则就要改用惰性气体输送。

第二节　气力输送机的主要部件

气力输送机的主要部件有风机、输送管道及管件、供料装置、分离器、除尘器、卸料装置等。

一、风机

风机是把机械能传给空气，使空气形成压力差而流动的机械的通称。在气力输送机上，风机用来使空气在管路内形成一定速度和压力的气流，实现物料的输送。

风机最基本的性能参数是风量和风压。通常把压力差低于10kPa（0.1个大气压）的称为通风机，压力差从10～200kPa（0.1～2个大气压）的称为鼓风机，压力差高于200kPa（2个大气压）的称为空气压缩机。

正确地选择风机的形式及其参数，对使用气力输送机来说是十分重要的。在选择风机时，应注意满足如下要求：

（1）效率高；

（2）能满足给定系统输送物料所必需的风量和风压；

（3）在输送过程中压力发生变化时，风量的变化要尽可能地小；

（4）在具有少量灰尘的条件下能可靠地工作；

（5）经久耐用，管理维修方便；

（6）结构紧凑、尺寸小、重量轻、噪声小。

目前，气力输送机常用的风机有离心式鼓风机、罗茨鼓风机、往复式空气压缩机等。

1. 离心式鼓风机

离心式鼓风机由叶轮、机壳和机座三个基本部分组成。其工作原理是利用离心力的作用，使空气通过风机后压力和速度都增高，从而被输送出去。当离心式风机工作时，叶轮在蜗壳形机壳内高速旋转，充满在叶片之间的空气便在离心力的作用下被推向叶轮的外缘，使空气受到压缩，压力逐渐增加并集中到蜗壳形机壳中，这是一个将电动机的机械能传递给叶轮内的空气，使空气的静压力和动压力增高的过程。这些高速流动的空气，在经过断面逐渐扩大的蜗壳形机壳时，速度逐渐降低，又有一部分动能转变为静压能，进一步提高空气的静压力，最后由机壳出口压出。在这同时，叶轮的中心部分由于空气变得稀薄而形成了比大气压力小的负压区，外界的空气就在内外压力差的作用下被吸入进风口，经叶轮中心而去填补叶片流道内被排除的空气。由于叶轮不断地旋转，空气也就不断地被吸入和压出，形成连续地输送空气。

根据叶轮数目，离心式鼓风机又分单级和多级两种，如图7-4所示。具有单级叶轮的离心式鼓风机，常称为通风机，其工作压力为±8～10kPa左右。要得到更高的工作压力，需要多级叶轮的鼓风机，通常称为透平鼓风机，3～5级叶轮产生的压力可达±30～50kPa左右。

如图7-4b）所示，多级离心式鼓风机的转轮上设有多级叶轮，每一列叶轮称为一级，气体依次流过各列叶轮，每流经一列叶轮时其压力便提高一级，因而可获得较高的气体压力。

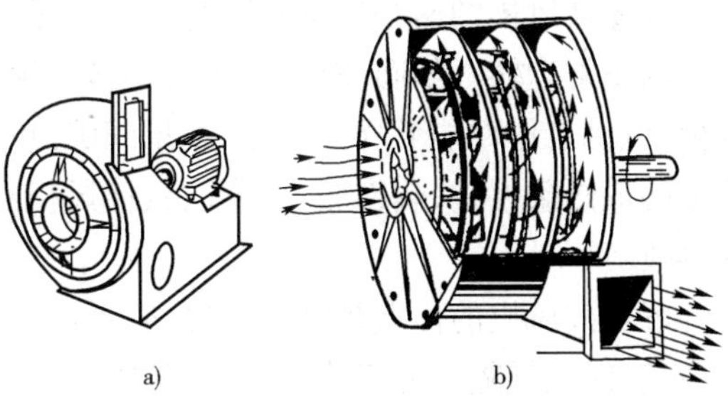

图7-4　离心式鼓风机

a）单级叶轮；b）多级（三级）叶轮

离心式鼓风机的优点是结构简单紧凑，容易制作，重量轻，可以在含尘空气中工作等。它的缺点是，当吸送物料量和输送系统的压力损失稍有变化时，就会引起鼓风机的风量发生很大改变，因而工作不稳定。

离心式鼓风机一般用于低压、大风量的小型气力输送机中。

2. 罗茨鼓风机

罗茨鼓风机是回转式鼓风机的一种。它主要由机壳 1 和转子 2 组成,可以做成立式结构(图 7-5)或卧式结构(图 7-6)。在机壳中装有两个位差 90°的腰形转子,转子通过一对齿数相同的齿轮带动,从而使两个转子在机壳内以等角速度反向转动。

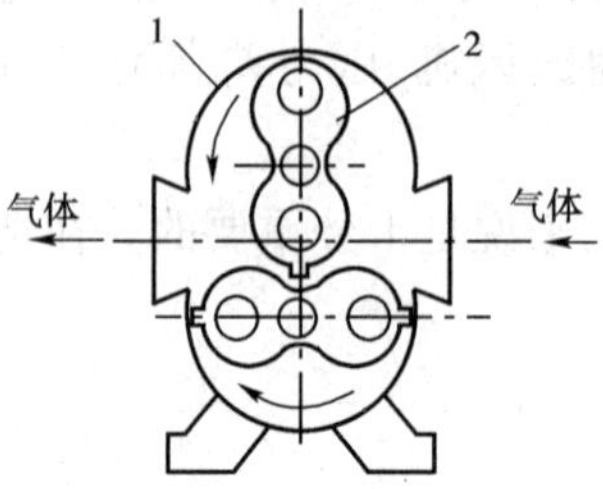

图 7-5 立式罗茨鼓风机

1-机壳;2-转子

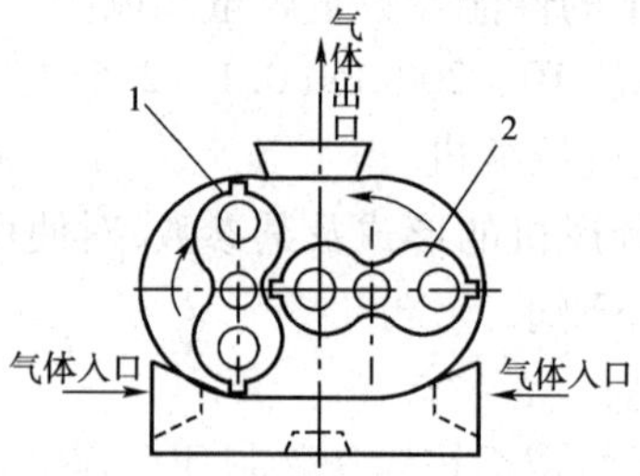

图 7-6 卧式罗茨鼓风机

1-机壳;2-转子

图 7-7 是罗茨鼓风机工作过程示意图。其工作原理是,转子转动时,进入机内被转子与外壳间包围的空气,由于所在空间逐渐减小,受到转子和排气端具有压力的空气的压缩,而提高压力后排除。

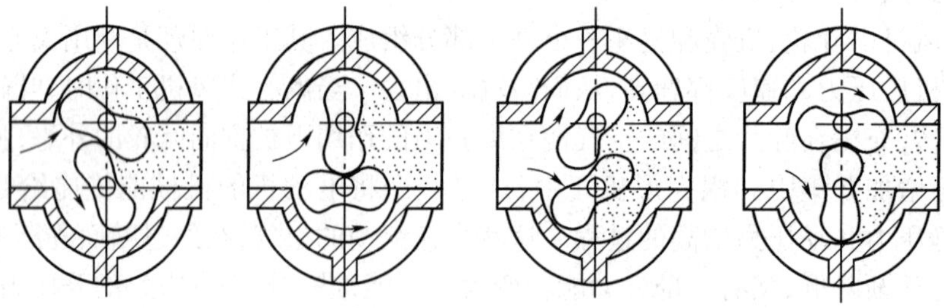

图 7-7 罗茨鼓风机的工作过程

港口吸粮机一般采用工作压力为 35 ~ 50kPa 的罗茨鼓风机。

罗茨鼓风机的两个转子相互之间及转子与机壳之间均留有 0.2 ~ 0.5mm 的间隙,以保证风机的正常运转。如间隙过大,则气体被压缩时通过间隙的漏损量增大,因此系统内气体流量减少,风机工作性能下降。反之,如果间隙过小,则因机壳的散热条件较好,热膨胀尺寸小,而转子的散热条件差,热膨胀尺寸大,致使风机在运转中的间隙更为减小,容易造成转子擦机壳的事故。

罗茨鼓风机的优点是结构紧凑、管理简便,风压较大,效率较高,它的突出优点是工作时流量稳定,即风量随压力变化不大,当吸粮机压力损失增大时,不致因风量大幅度减少而造成管道堵塞。因此,目前国内外港口吸粮机多采用罗茨鼓风机。罗茨鼓风机的缺点是,由于气体在鼓风机内的间隙泄漏和脉冲输气,使它在运转时发出的噪声较大。此外,它要求对空气进行较彻底的除尘,否则灰尘磨损转子而使间隙增大。

3. 往复式空气压缩机

往复式空气压缩机是一种容积式风机。

工作原理是:靠活塞在气缸中作往复运动,改变气缸工作空间的容积,而使空气被压缩排出。

空气压缩机由电动机或柴油机带动。气缸的布置可为立式或V型，气缸有低压缸（第一级）和高压缸（第二级）两级，为了增加输气量和减少功率消耗，在两级气缸之间采用风冷（风扇、散热片）或水冷却器。空气自滤清器进入第一级压缩机气缸经压缩后，排至冷却器进行冷却，然后再进入第二级气缸，经第二次压缩后，排至贮气罐。多级空气压缩机有几个气缸，空气经多次压缩排出后，即可获得很高的压力。

空气压缩机的优点是，在较低的转速下能获得高压空气，压力变化时，风量变化很小。它的缺点是，灰尘进入阀门及气缸时，容易产生磨损与故障，所以要求空气彻底的除尘；排气量较小且不连续，因此，应根据要求的风量设置一个或几个贮气罐；空气压缩机组本身尺寸较大，加上贮气罐，安装面积较大。

空气压缩机的排气压力可达0.8MPa，它广泛地用于高压压送式气力输送机中。

二、输送管及管件

在气力输送机中，输送管及管件是用以连接其他构件，组成输送空气及空气与物料的混合物的系统构件。它包括直管、弯管、软管、伸缩管、分叉头、铰接弯管和切换阀等。

气力输送机的基本特点之一，就是通过管道输送物料，其他特点也就由此而产生。管道的布置对于气力输送机的性能有很大的影响，必须综合地加以考虑。首先根据作业要求和周围环境，考虑布置的合理性。此外，布置中应尽可能减少弯头数目采用直线配管和避免过长的水平管。因为弯头产生的压力损失大，并且弯头处容易堵塞，太长的水平管容易产生物料停滞。

1. 直管

气力输送机的输料直管通常采用直径为50～400mm的无缝钢管或用钢板卷焊制成。其内径根据空气流量和所取的气流速度按有关公式进行计算，然后按国家标准选用。

输料管的壁厚根据被运物料的物理性质选定。例如输送磨磋性小的粉状物料时，常取管壁厚度为3～4mm；对运送细粒状物料时，取为4～8mm；而对运送块状物料时，则取为6～8mm。

直线区段较长的输料管应分节，每节管长度，常拆的取1.5～2.5m，不常拆的取4～10rn，管段间用法兰连接，两个法兰中间垫有3～5mm的橡胶垫，以保证气密。如果水平输料管伸出的幅度较大，为加强其刚性，可沿管子轴线方向在管子外边焊上三根互成120°均布的加强角钢。

2. 弯管

弯管用来改变输送物料的方向。输料弯管的断面可为圆形、方形或矩形，一般用无缝钢管弯制而成，或用钢板焊接制成，采用方形或矩形弯管较易加工制造且便于更换磨损的外壁。物料在弯管中运动时，管道的磨损较大，尤其是弯管外壁面最易磨损，常采用图7-8所示的连接方式和结构。图7-8a）为弯管外壁上再焊上一块护板，可适用于焊接管、无缝钢管和厚擘管制成的钢管，其特点是：价格低，修理方便。图b）中使用耐磨材料（如特殊铸铁或铸钢）铸成外壁加厚的弯管，以延长弯管的使用寿命。图c）中弯管外壁镶有可更换的耐磨衬板，衬板被磨损后可以很方便地进行更换。图d）中弯管断面呈矩形，由钢板焊成，弯管的两端焊有过渡管1和4，以便与输料管连接。活动盖板3上设有由若干板片组成的梳形件2，当物料和空气组成的双相流通过弯管时，物料颗粒由于惯性作用能将板片之间的空腔很紧密地填满，从而形成一层物料组成的防磨层。这种弯管只有梳形板片的末端易受磨损，修理较为简便。图f）中采用将弯管部增大的结构，其原理与梳形弯管类似，也是以物料在弯管部形成一层物料防磨层。图

e)中的弯管采用外侧具有背室的双层矩形断面结构，背室中的5为可更换的用耐磨材料制成的板，背室中的活动盖板3用螺栓与弯管主体法兰连接，这种结构的弯管，当耐磨板被物料磨穿而未被及时发现时，背室中将被物料充填满，形成一层物料保护层，弯管仍可继续工作，从而延长了弯管的使用寿命。

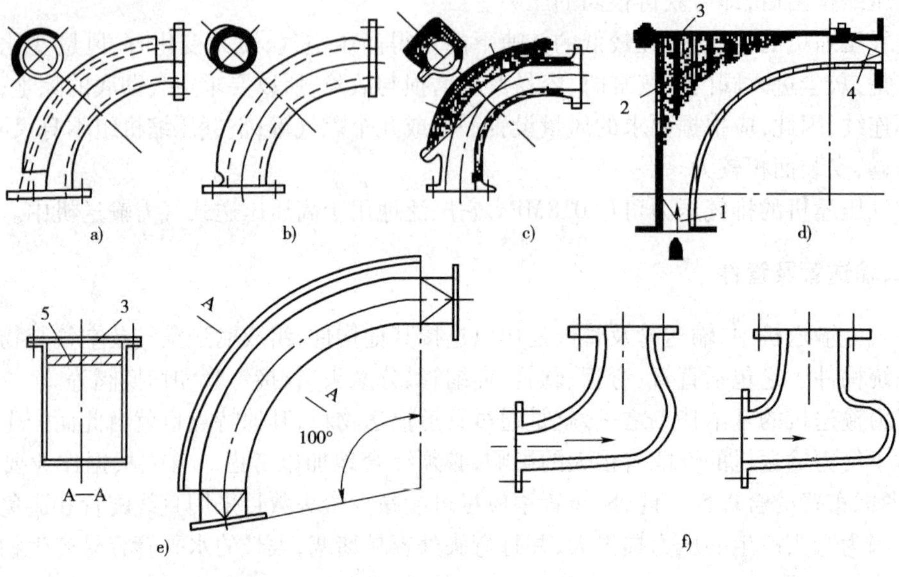

图7-8 弯管的各种结构

气力输送机中，应尽量减少弯管数。为了缓和高速运动的物料对弯管壁面的冲击、减少压力损失和避免物料堵塞，一般弯管的曲率半径应不小于管道直径或当量直径的6～12倍，即

$$R \geqslant (6 \sim 12) D_e \tag{7-1}$$

式中：R——弯管的曲率半径，mm；

D_e——弯管的当量直径，mm，当弯管采用圆管时，D_e为圆管的直径，当弯管采用矩形管时，$D_e = \dfrac{2ab}{a+b}$其中，a、b为矩形的边长，mm。

3. 软管

在港口卸船用的吸送式气力输送机中，为了清舱作业的需要，输料管及吸嘴应有一定的灵活性，可在吸嘴与垂直管的连接处和垂直管上端与弯管连接处安装一段软管。软管的形式主要有套筒式软管、金属软管、耐磨橡胶软管等。

图7-9为套筒式软管（铠甲式）。它由若干段圆锥形套筒组成，各相邻套管筒用螺栓连接，螺栓兼有铰轴作用，每对螺栓交替地装在两个相互垂直的平面上，套筒之间有一定间隙，保证其一定的灵活性。为保证气密，在套筒外面套有一层帆布，再套上橡皮套。软管的上、下法兰间装有两根保险链条，以保证一旦软管断裂时的安全。

套筒式软管结构简单，便于制造，但比较笨重，且内表面太粗糙，压力损失大，使用中套筒间的间隙常被物料塞积，易失去灵活性。

图7-10为金属软管。它由内外镀锌钢带绕制而成。在内外钢带之间装有密封填料。这种软管重量较轻，但其抗拉强度很差，不能承受载荷。

近年来在吸粮机上还采用一种耐磨橡胶软管，在橡胶中间嵌有小钢丝和夹布层，其强度好，不易漏气，但仍较重。

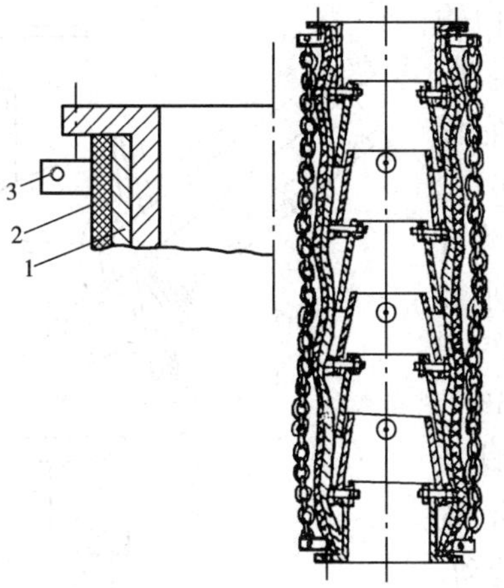

图 7-9　套筒式软管图

1-帆布;2-橡皮套;3-夹箍

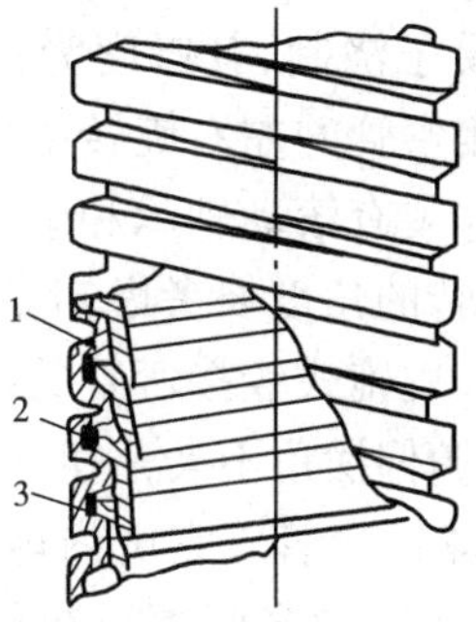

图 7-10　金属软管

1-外螺旋线薄钢带;2-密封填料;3-内螺旋线薄钢带

4. 伸缩管

在码头前沿工作的气力输送机,由于船型、吨位的不同,以及满载的程度、水位的变化,经常要求改变其吸嘴的工作幅度和伸入船舱的深度,故还需在垂直输料管和水平输料管上采用伸缩管。伸缩管应保持气密,伸缩灵活平稳,结构简单,维修方便。

伸缩管的伸缩行程视作业需要一般取 2 ~ 10m。伸缩速度一般为 4 ~ 6m/min。伸缩动作可通过钢丝绳牵引来实现。

图 7-11 是垂直伸缩管结构简图。伸缩管由钢丝绳牵引。在伸缩管内的上端和外管的下端设有密封装置,既能保持气密性,又可防止粉尘落入内外管之间的环形空间。

图 7-12 是水平伸缩管结构简图。它除了要求密封外,还要求内管在运动时与外管同心。为此,在外管密封段附近,装设有三个互成 120°均布的导向托轮。

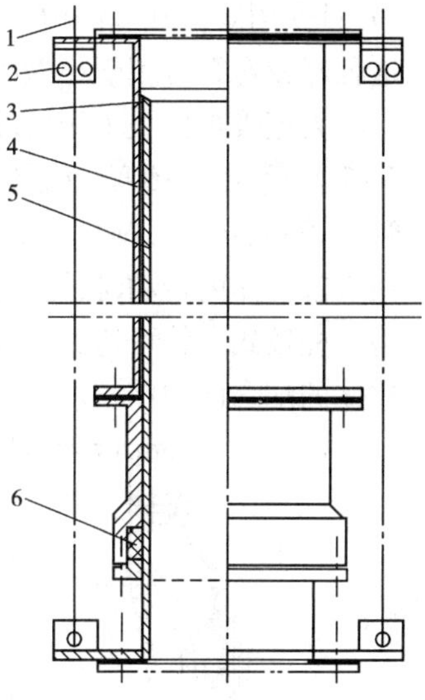

图 7-11　垂直伸缩管

1-钢丝绳;2-导绳装置;3-上端密封装置; 4-外管;5-伸缩内管;6-下端密封装置

5. 铰接弯管

对于港口吸送式气力输送机,为满足卸船作业的要求,往往要求输料管能在垂直平面内俯仰变幅和水平面内左右旋转。为此,可在输料管与分离器连接处装设铰接弯管。它有皮碗式、球铰式和柱铰式结构。

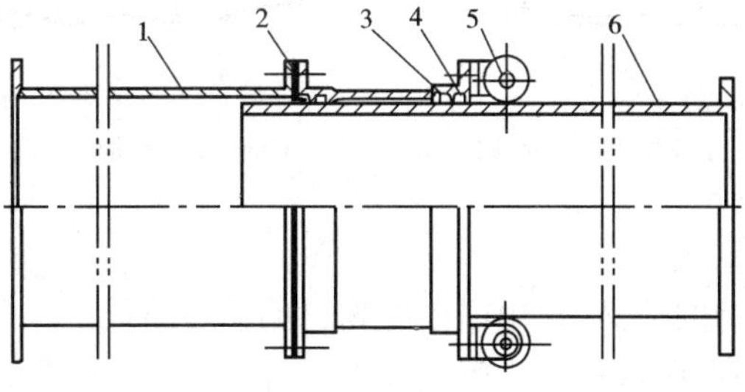

图 7-12　水平伸缩管

1-外管;2-密封填料;3-密封圈;4-密封毡; 5-导向托轮;6-伸缩管

图 7-13 为皮碗式铰接弯管。其上下俯仰由输料管与铰接弯管壳体间的销轴和橡皮碗来实现。橡皮碗由专门模子浇制，其厚度为 4 ~ 10mm，它保证了气密。铰接弯管的左右旋转由旋转机构实现。在铰接弯管下部装有滚动轴承和蜗轮齿圈，由蜗杆带动其旋转，旋转的角度要考虑卸船作业的要求和整机的稳定性。皮碗式铰接弯管的结构较简单，但皮碗易老化，且俯仰摆角不大，一般只能达到 55°。

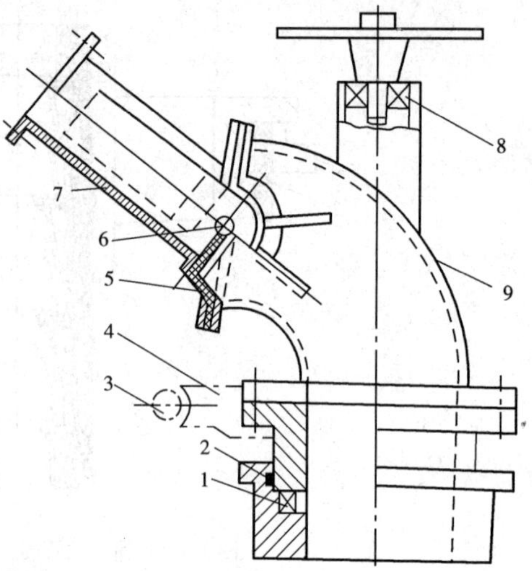

图 7-13　皮碗式铰接弯管

1-轴承；2-密封圈；3-蜗杆；4-蜗轮；5-橡皮碗；6-销轴；7-连接料管；8-上轴承；9-壳体

图 7-14 为球铰弯管。它由内球形管和外球形管构成。内、外球形管之间填以衬胶和润滑油，既可密封又可润滑。内球形管可在外球形管中转动，从而使之相连接的输料管俯仰和转动，使吸嘴能够灵活地移动位置吸取舱内物料，球体可用 2mm 厚的黑铁皮，在铁模中热敲而成。这种球铰弯管制造容易，且使用效果好。但由于黑铁皮较薄，易被磨损。这种球铰弯管常用于小型吸粮机中。

大型吸粮机上采用的球铰弯管由于加工困难，故往往采用柱铰式弯管。柱铰式弯管如图 7-15 所示，在铰接弯管壳体 1 内装有一个圆柱形的转动体 3，圆柱形转动体中间开一个与输料管径相同的圆孔，圆孔一端与输料管 4 相连，圆孔另一端与弯管壳体内腔相通。所以当圆柱体在弯管壳体内转动时，输料管就可上下俯仰。左右旋转可取图 8-13 皮碗式铰接弯管的下部机构。柱铰式弯管可达到较大的俯仰摆动角，使用寿命也较长，适用于大型吸粮机。但弯管与圆柱体的配合面须精密加工，以减少漏气量。

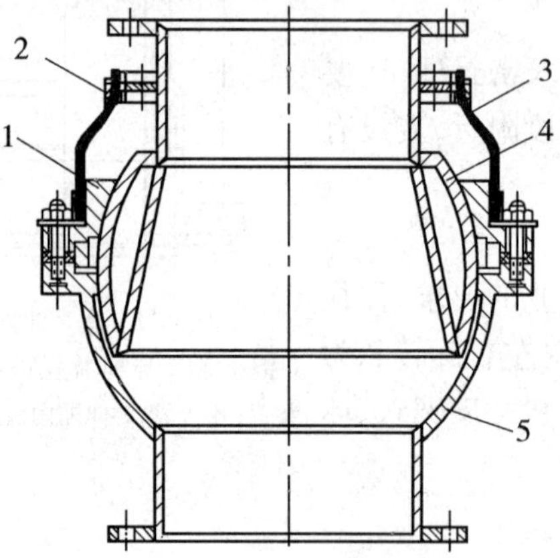

图 7-14　球型式铰接弯管

1-球面法兰；2-卡箍；3-工业橡胶外套；4-内球型管；5-外球型管

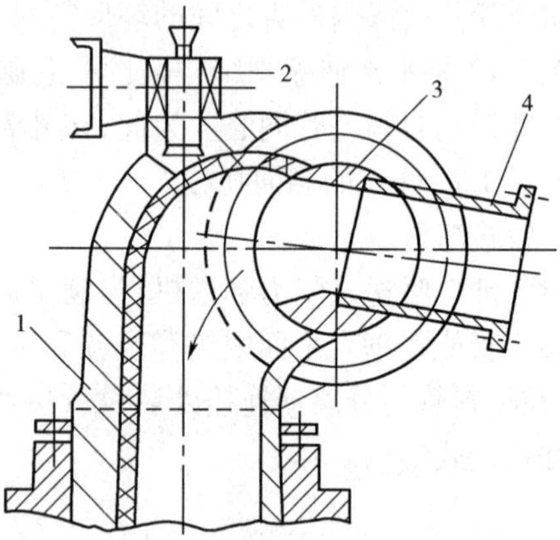

图 7-15　柱铰式弯管

1-壳体；2-上轴承；3-圆柱体；4-连接料管

6. 转换阀

转换阀安装在输料管的分叉处，用以改变物料的输送路线。

由于物料通过转换阀，所以对转换阀的要求是：阀门的阻力要小；物料颗粒不许卡入或堆积于内；物料不易破碎，磨损小；空气泄漏少；维修方便。

转换阀的类型很多，应根据使用条件综合考虑上述要求加以选用。

图 7-16 所示为两路转换阀，阀门 2 的转换是通过手柄转动杠杆 3，使阀门绕销轴 4 转动来实现的。

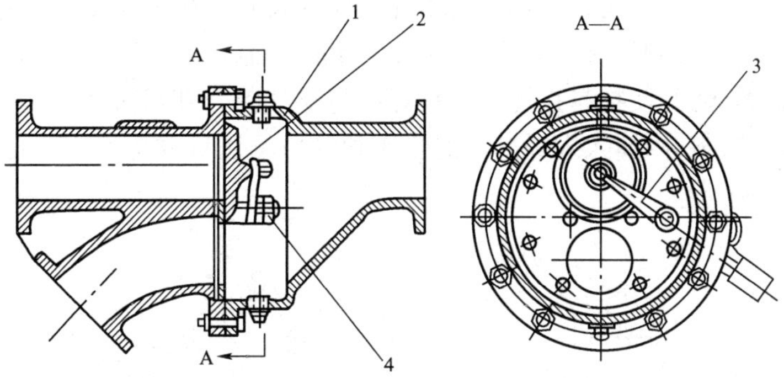

图 7-16　转换阀

1-外壳；2-阀门；3-杠杆；4-销轴

三、供料装置

供料装置是气力输送机的重要部件之一。它的作用是把物料供入气力输送机的输料管中，并造成合适的物料和空气的混合比。因此其性能的好坏对气力输送机的工作情况有着直接的影响。它的结构特点和工作原理取决于被运物料的物理性质和气力输送机的型式。供料器可分为用于吸送式和用于压送式气力输送机两类。

1. 吸送式气力输送机的供料器

吸送式气力输送机采用吸嘴作为供料器。由于吸送式气力输送机工作于负压系统，处于吸嘴入口附近的物料很容易连同空气一起被吸进管内，所以吸嘴的结构比压送式气力输送机的供料器简单。对吸嘴的要求是：

（1）轻便、牢固、便于操作和在料堆上吸料；

（2）生产率高，压力损失小；

（3）能吸净底部和舱角的物料；

（4）具有补充风量的调节装置，以便获得最适合的混合比。

吸嘴的种类很多，按构造分，有单筒式吸嘴和双筒式（套筒式）吸嘴；按形状分，有直吸嘴和角吸嘴。

单筒吸嘴的结构最简单，图 7-17 所示为喇叭口单筒吸嘴。当吸嘴插入料堆吸取物料时，空气便通过物料的间隙并携带物料一并从吸嘴底部吸入。吸嘴的上部用一个可转动的调节环来调节补充空气量，以保证适当的物料和空气的混合比，并使物料获得加速度，以提高输送能力。

图 7-18 所示为角吸嘴，它也是一种单筒角吸嘴。角吸嘴的下端做成弯角形，便于从船舱、车厢和仓库内一般直吸嘴难以达到的地方吸取剩余物料，故也称清舱吸嘴。吸嘴的下部是矩形的，其末端焊有圆钢条用以防止大块物料进入吸嘴，并使吸嘴接触到舱底板时保持吸嘴与舱底有固定的间隙，以便吸入物料。

双筒式吸嘴即套筒式吸嘴如图 7-19 所示，它由两个同心圆筒组成。内筒与输料管连通，物料及大部分空气均经吸嘴底部进入内筒。补充空气经内外筒之间的环形空间进入内筒。外筒可以上下移动以改变内外筒下端端面间的间隙 S 来调节环形空间进入的补充空气量。

对于吸送流动性差、粒度不均匀、湿度较高并有结块的物料,可采用带松动装置的转动吸嘴。图 7-20 是转动吸嘴的一种型式。转动吸嘴由电动机经减速传动装置带动,从而在装有滚动轴承的转台中转动。吸嘴筒壁上焊有若干补充气管以便把补充空气通到吸嘴口。吸嘴的下端部装有松料刀(六把塌料刀和三把喂料刀),工作时吸嘴转动,松料刀不断耙料使物料塌落松动,源源吸入输料管,并使物料在搅动中较好地与空气混合获得进入吸嘴的起动初速度,保证吸嘴连续充分地吸料,因而大大提高了混合比和气力输送机的生产率。转动吸嘴的转速一般为 40 ~60r/ min。

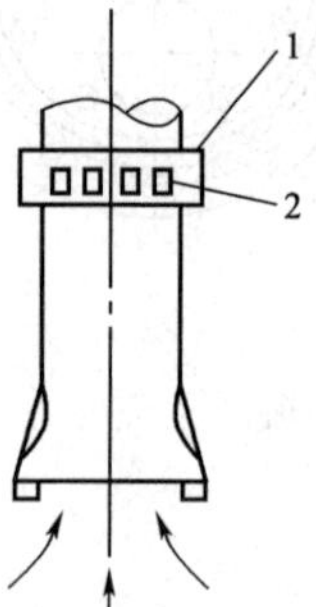

图 7-17 单筒吸嘴

1-调节环;2-补充空气进口

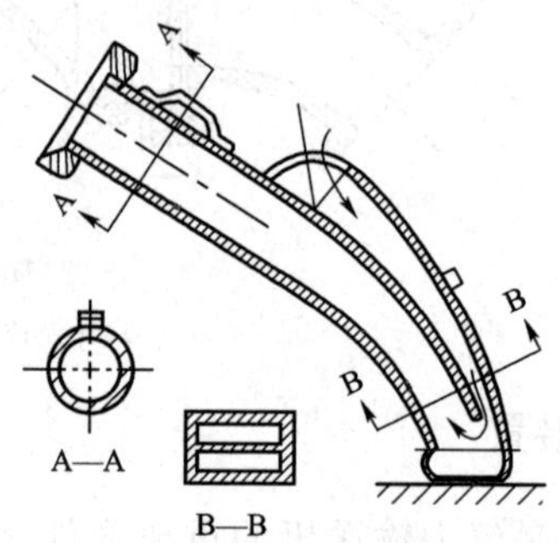

图 7-18 角吸嘴

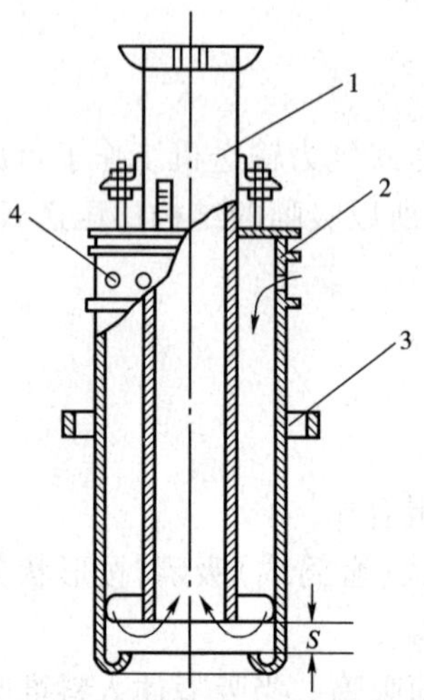

图 7-19 双筒式吸嘴

1-内筒;2-外筒;3-操作手柄;4-补充空气进口

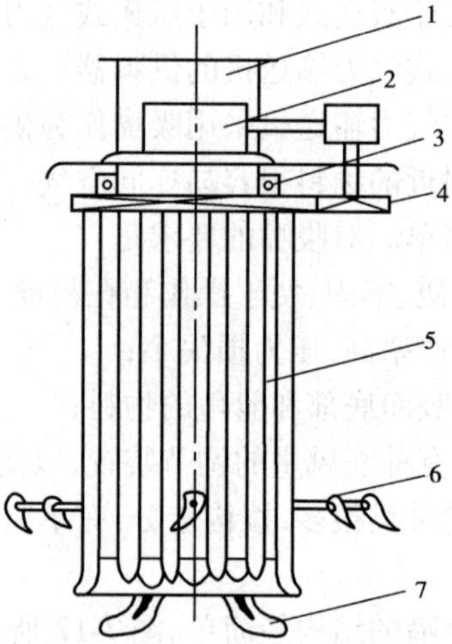

图 7-20 转动吸嘴

1-输料管;2-电动机;3-转台;4-开式齿轮; 5-补充气管;6-塌料刀;7-喂料刀

单筒式吸嘴及双筒式吸嘴的内径 $D_{内}$,一般与相连接的输料管内径相同。双筒式吸嘴的外筒内径 $D_{外}$,可根据吸嘴内外筒之间的环形间隙的面积与内筒有效断面的面积相等的原则求得,即按下式计算:

$$D_{外} = \sqrt{D_{内}^2 + (D_{内} + 2\delta)^2} \quad \text{mm} \tag{7-2}$$

式中:$D_{外}$——外筒的内径,mm ;

$D_{内}$——内筒的内径,mm;

δ——内筒的壁厚,一般取 $\delta = 2 \sim 4$mm。

吸嘴的高度一般约取1m。

2. 压送式气力输送机的供料器

在压送式气力输送机中,供料是在管路中的气体压力高于外界的大气压力条件下进行的。为了要以所要求的生产率把物料装入输料管中,同时尽量不使管路中的空气漏出,所以压送式气力输送机的供料器结构比较复杂。根据它的作用原理可以分为:旋转式、喷射式、螺旋式和容积式等。

1)旋转式供料器

旋转式供料器又称叶轮式供料器。它广泛地应用于中、低压的压送式气力输送机中,输送自流性较好、磨磋性较小的粉粒状和小块状的物料。最为普遍使用的是绕水平轴旋转的圆柱形旋转供料器,其结构如图7-21所示。它主要由壳体5及叶轮4组成,壳体两端用端盖密封,壳体的上部与料斗相连,下部与输料管相通。当叶轮4由电动机和减速传动机构带动在壳体5内旋转时,物料便从加料斗进入旋转叶轮的格室3中,然后从下部流进输料管。

为了提高格室中物料的充满程度,在壳体上装有均压管1,使叶轮格室在转到装料口之前,就将格室中的高压气体从均压管中引出,从而使其中的压力降低,便于物料填装。

为了减少旋转式供料器的漏气量,叶轮工作时,从入口到出口一侧应经常保持有二片以上的叶片与壳体内侧接触,以形成一个迷宫式密封腔。同时,叶轮与壳体之间的间隙要尽量小,一般为0.2~0.5mm。若间隙太小,则安装困难。

叶轮材料硬度一般比壳体低。输送有一定磨磋性的物料时,叶片末端可装设耐磨镶条,以便磨损后易于更换。

为防止叶片被异物卡死,在进料口装有弹性的防卡挡板2。

旋转式供料器结构比较简单,体积小,基本上能进行连续定量供料,但对加工的要求较高。

2)喷射式供料器

对于低压短距离的压送式气力输送机可采用喷射式供料器。图7-22为喷射式供料器结构简图。它的工作原理是:在混合室内装一喷嘴或调节板,减小横断面以形成喷管,压缩空气流经此处时,其流速增大,压力降低,直至压力降到等于或略小于大气压力。这样系统内空气不仅不会向供料口吹出,还会有少量外界空气和物料一起从供料口顺利地进入混合室与其内的气流混合,并被气流带走。在混合室后面有一段渐扩管,在渐扩管中气流速度逐渐减小,压力又逐渐增高,实现物料沿着管道正常输送。为了便于加工,往往将喷嘴做成矩形截面。

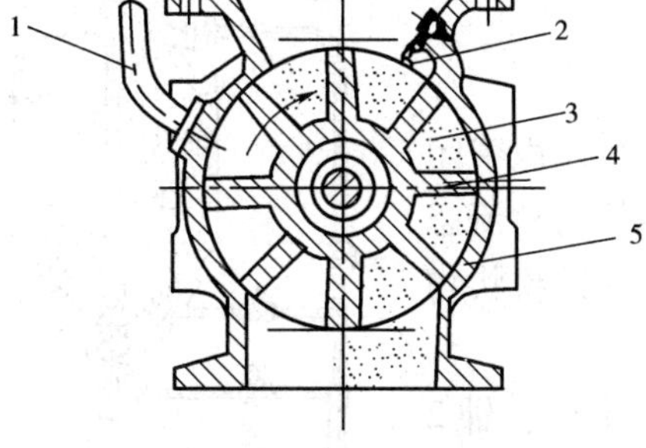

图7-21　旋转式供料器

1-均压管;2-防卡挡板;3-格室;4-叶轮;5-壳体

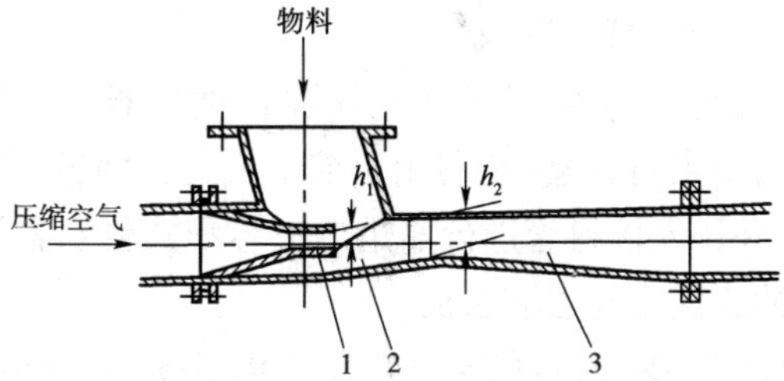

图7-22　喷射式供料器

1-喷嘴;2-混合室;3-渐扩管

喷射式供料器的优点是结构简单,尺寸小,不需要任何传动机构。但它的缺点是所达到的混合比较小,压缩空气的消耗量较大,效率较低。

3)螺旋式供料器

对于工作压力不高于3个大气压,输送粉状物料的压送式气力输送机,可采用螺旋式供料器。

螺旋式供料器的结构如图7-23所示。在带有衬套的铸铁壳体内有一段变螺距悬臂螺旋3,其左端通过弹性联轴节与电机相连,当螺旋在壳体内快速旋转时,物料从料斗2和闸门1经螺旋而被压入混合室5。由于螺旋的螺距从左至右逐渐减小,使进入螺旋的物料被越压越紧,可防止混合室内的压缩空气通过螺旋漏出。移动杠杆7上的对重6可调节阀门4对物料的压紧程度,同时使阀门在对重的作用下防止供料器空载时高压空气经螺旋漏出。在混合室下部设有压缩空气喷嘴9,当物料进入混合室时,压缩空气便将其吹散并使物料加速,形成压缩空气与物料的混合物均匀地进入输料管8。料斗下面低于螺旋的空间,供装料时落入异物,防止螺旋被卡。

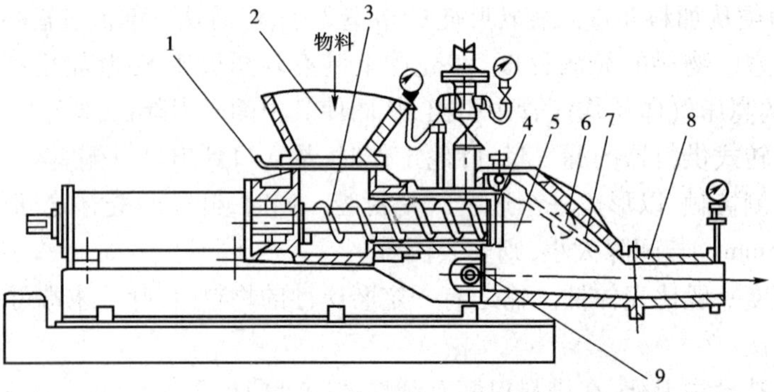

图7-23 螺旋式供料器

1-闸门;2-料斗;3-变距螺旋;4-阀门;5-混合室;6-对重;7-杠杆;8-输料管;9-压缩空气喷嘴

为使螺旋有效地工作,螺杆取料螺旋(料斗下面的螺旋)的螺距与压力螺旋(右端螺距逐渐减小的螺旋)终端螺距之比通常取为1.5~1.65。取料螺旋不少于2圈,其螺距可取为$0.8D$(螺旋直径)。压力螺旋通常为3~4圈,其螺距取$(0.7\sim0.5)D$。

螺旋与螺旋壳体的间隙,不应超过0.5~1mm。

螺旋转速,当$D>100$mm时,取$n=1000$r/min;当$D<100$mm时,取$n=1500$r/min。

螺旋式供料器的优点是高度尺寸较小,能够连续供料。缺点是动力消耗较大,工作部件磨损较快。

4)容积式供料器

容积式供料器又称充气罐式供料器。它是一种大容积密闭的间歇供料容器,是利用压缩空气将密闭容器内的粉状物料流态化,并压入输料管进行输送的。容积式供料器适用于运送粉状物料的压送式气力输送机。

图7-24为容积式供料器结构简图,物料由加料口1经料钟2加入容器3,当容器内物料达到其容积的90%后,关闭料钟。打开供料口向系统内供料时,压缩空气经三路进入容器:一路通过多孔板5进入容器,使物料流态化;一路通过管6进入容器,将物料从输料管4吹出;另一路压缩空气经管7进入容器上方,以保证物

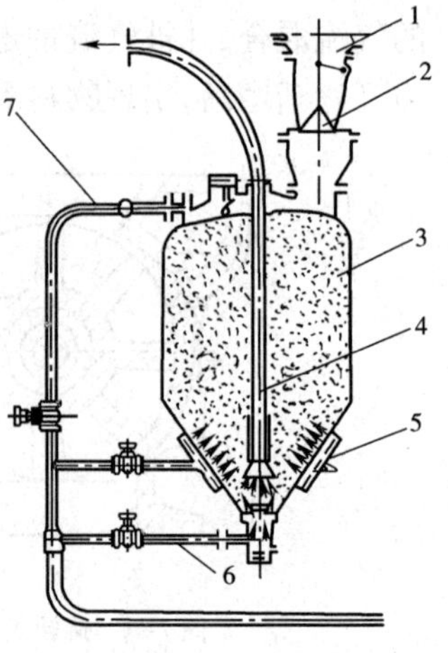

图7-24 容积式供料器

1-加料口;2-料钟;3-容器;4-输料管;5-多孔板;6、7-压缩空气管

料顺利地下流。容器内物料卸空后,关闭压缩空气,打开容器顶部的出气口放出容器中的压缩空气,容器内压力降低后,再进行下一次装料。

容积式供料器的优点是密封性好,可在较大的工作压力下工作,因而适应长距离、大容量的输送;动力消耗小。但缺点是高度尺寸大;呈周期性的间歇工作。若需连续供料时,则要采用两台容器轮换工作。

四、物料分离器

物料分离器是把物料从双相流中分离出来的装置。在港口气力输送机中,采用最多的是容积式和离心式两种基本型式。

1. 容积式分离器

容积式分离器就是一个直径较大的圆筒容器。图 7-25 为容积式分离器的原理图。其工作原理是:当双相流由输料管进入断面突然扩大的容器中,流速急剧下降到远小于悬浮速度(指在垂直管中,物料颗粒处于悬浮状态时的气流速度),通常仅为$(0.03\sim0.1)v_{悬}$,这样气流便失去了对物料的携带能力,并且因为气流方向的改变,则物料在重力的作用下,便从双相流中分离出来,经容器底部的卸料口卸出。

容积式分离器的主要尺寸是它的筒形部分直径,可按下式确定:

$$D_{筒}=1.13\sqrt{\frac{Q_{气}}{v_{气}}}\quad \text{mm} \tag{7-3}$$

式中:$D_{筒}$——分离器筒形部分直径,mm ;

$Q_{气}$——通过分离器的风量,m^3/s ;

$v_{气}$——气流速度,m/s,$v_{气}=(0.03\sim0.1)v_{悬}$;

$v_{悬}$——悬浮速度,m/s 。

筒形部分的高度尺寸建议取为:

$$H_{筒}=(1.15\sim1.3)D_{筒}\quad \text{mm} \tag{7-4}$$

容积式分离器的优点是结构简单,制造方便,工作可靠。但其主要缺点是尺寸很大。

2. 离心式分离器

离心式分离器又称旋风分离器。它是利用双相流旋转时的离心力,使物料从双相流中分离出来的。

离心式分离器的构造很简单,如图 7-26 所示。它是由带有切向进口的圆筒体、下部开有卸料口的圆锥体和圆筒体内的同心排气管所组成。离心式分离器的工作原理是:双相流从上部切向入口进入分离器中,由上向下形成外涡流作螺旋形旋转运动,逐渐到达圆锥体底部,由于旋转半径逐渐减小,而旋转速度则逐渐增加,致使双相流中的物料颗粒受到更大的离心力。于是,物料颗粒便在离心力作用下,被抛到分离器壁面并沿壁面下落而被分离。与此同时,到达底部的气流沿分离器轴心转而向上,形成上升的内涡流,最后经排气管排出。

离心式分离器内部的实际气流运动比较复杂,为达到较好的分离效果,各种离心式分离器通常是由实验结果来定型的,其尺寸大小可根据通过分离器的风量在有关的选用系列表中选定。如果风量较大,可将两个分离器并联使用。但是两个同型号的离心式分离器不应串联使用,因为串联使用时其分离效果提高很小,所能处理的风量仅是单个分离器时的风量,而其阻力却相当于两个分离器的阻力之和。如果需要串联使用,第一级采用效率较低的分离器进行粗分离,第二级采用效率较高的分离器以便把较细的颗粒分离出来。

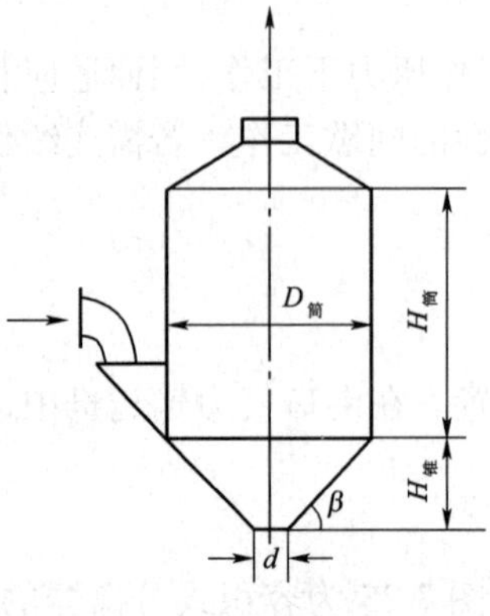

图7-25　容积式分离器

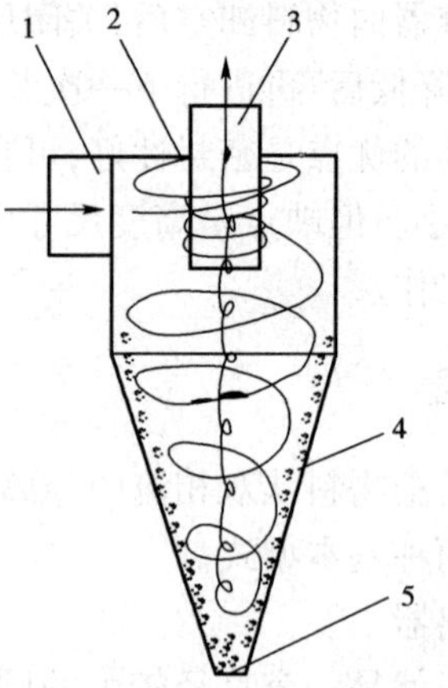

图7-26　离心式分离器

1-切向进口;2-圆筒体;3-排气管; 4-圆锥体;5-卸料口

在离心式分离器中,物料所受的离心力越大就越易被分离出来。而离心力等于 mv^2/R,因此,对一定质量 m 的物料颗粒,可以通过提高物料的旋转速度 v 和缩小分离器的半径 R 来提高离心力,从而提高分离效果。因此一般进气速度采用 12 ~ 18m/s。缩小分离器半径不仅可增大物料所受的离心力,同时还缩短了物料与分离器壁的距离,使物料容易到达壁面,因此,离心式分离器的直径一般不大于 1m。

离心式分离器具有尺寸较小,制造方便,分离效率较高(可达 80% ~99%),而压力损失较小等优点,所以在气力输送机中获得广泛应用。

五、除尘器

由于经分离器出来的空气中尚含有大量的灰尘,如直接排至大气,将污染环境,对吸送式气力输送机来说,含有灰尘的气流通过风机还将影响风机的寿命,所以气力输送机中需装设除尘器。这不仅是劳动保护、环境保护和保护风机的需要,而且可化害为利,回收一些有经济价值的粉末。

除尘器的类型很多,按除尘方法可以分为干式和湿式两大类。湿式除尘器是空气经过水来除尘,除尘效果很好,但设备受各种条件的限制。港口所用的气力输送机,除尘器都属于干式的,常用的有离心式除尘器和袋式除尘器两种。

1. 离心式除尘器

离心式除尘器又称旋风除尘器。普通离心式除尘器的原理与离心式分离器相同,它的结构与离心式分离器相似,只是为了提高除尘效果,往往将除尘器直径做得更小些。由于离心式除尘器的结构简单,除尘效率较高,工作可靠,所以在港口气力输送机中得到广泛的应用。

普通离心式除尘器还存在着灰尘易从排气管逸出,下部已与气流分离的灰尘可能被上旋气流重新夹带等问题。为了解决这些问题,提高除尘效率,近年来离心式除尘器出现了一些新的结构形式,有的已应用到吸粮机上,如旁路式、扩散式等。

旁路式离心除尘器如图 7-27 所示。它与普通离心式除尘器比较,其不同点在于多设置了一个旁路分离室,除尘器的顶盖比进气口高出一段距离,排气管插入筒体的深度较浅,使其上部灰环中的粉尘能够通过旁路分离室直接进入下涡旋而得清除,避免被重新带入排气管中,因而提高了除尘效果。

据 CLP/A 型旁路式离心除尘器的试验结果表明:用滑石粉做试验,在相同的条件下,如将其旁路室关闭,其除尘效率就由原来的 96.6% 突然降到 76.6%,这说明了旁路分离室的重要作用。但旁路离心除尘器较普通离心除尘器制造麻烦,同时,由于旁路室容易被积灰堵塞,因此它要求所除粉尘的流动性能要好一些。

扩散式离心除尘器如图 7-28 所示。它的结构特点是在圆筒体 2 下面采用倒圆锥体 3,在倒圆锥体下部固定着一个表面光滑的圆锥形反射屏 4,反射屏是以固定板 8 分 3 点固定,故反射屏与倒圆锥体之间便形成环形的间隙,反射屏中心有透气孔 7。扩散式离心除尘器的工作原理是:当含尘气体以高速经蜗壳形进口管切向进入圆筒体,产生旋转气流,在离心力的作用下将粉尘抛到器壁,下滑的粉尘由反射屏四周的环形间隙落入受尘斗。大部分气体则由反射屏上部旋转而上,少量气体随粉尘一起进入受尘斗,在受尘斗内流速降低,粉尘与器壁撞击后积沉。进入受尘斗的气流,经反射屏中心的透气孔上升至除尘器中心排气管。由于反射屏的设置可防止已被分离出来的灰尘在上升气流的作用下再次飞扬和被重新带走,因而提高了除尘效果。

扩散式离心除尘器结构简单,容易制造,除尘效率高于一般离心式除尘器,对于 2 ~ 5μm 的细尘,进口风速为 14 ~ 20m/s 时,其除尘效率可达 95% ~ 99%。

2. 袋式除尘器

袋式除尘器又称袋式过滤器,它是利用滤布缝制成细长的筒状或扁平状滤袋来过滤含尘气流的装置。用来分离其他机械除尘装置所不能清除的微细灰尘。

袋式除尘器工作一定的时间后滤袋上的积灰必须及时清除,否则积灰过多会使除尘器阻力增加,除尘效率下降。常用的清灰方法有手工振打、机械振打和气流反向吹洗等。

1)手工振打

手工振打的形式很多,例如用弹簧吊装滤袋顶盖,通过绳索拉动顶盖使滤袋抖动,就可以清除附在滤袋内表面上的积尘。通常每工班抖动滤袋一到二次。这种清灰装置结构简单,工作可靠,但它允许的过滤风速较低,需要较多的滤袋,占地面积较大。

2)机械振打

机械振打的形式也很多,图 7-29 所示为一种机械振打清灰的袋式除尘器。它的滤袋 4 装

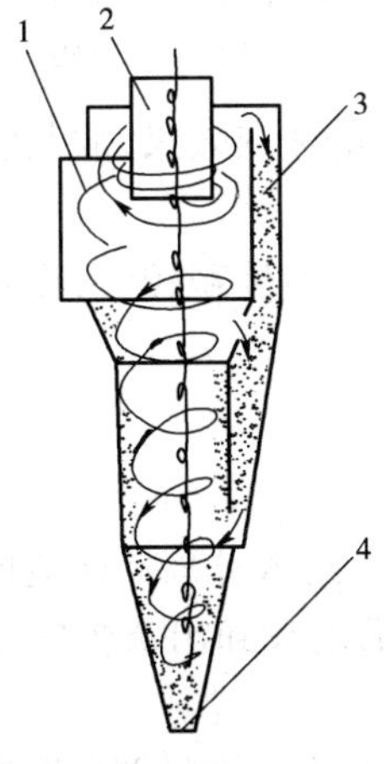

图 7-27 旁路式离心除尘器
1-切向进口;2-排气管;3-旁路分离室;4-卸灰口

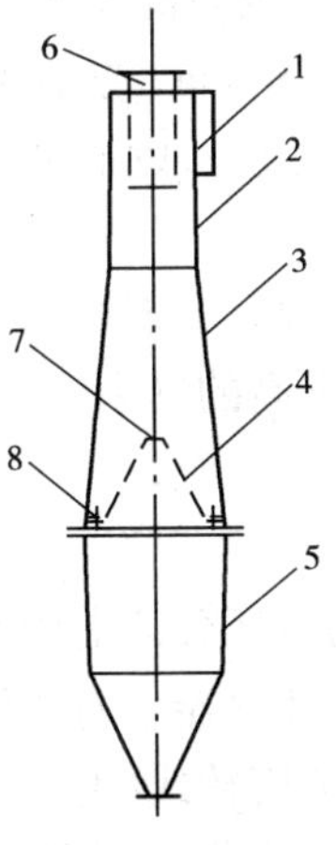

图 7-28 扩散式离心除尘器
1-切向进口;2-圆筒体;3-倒圆锥体;4-反射屏; 5-受尘斗;6-排气管;7-透气孔;8-固定板

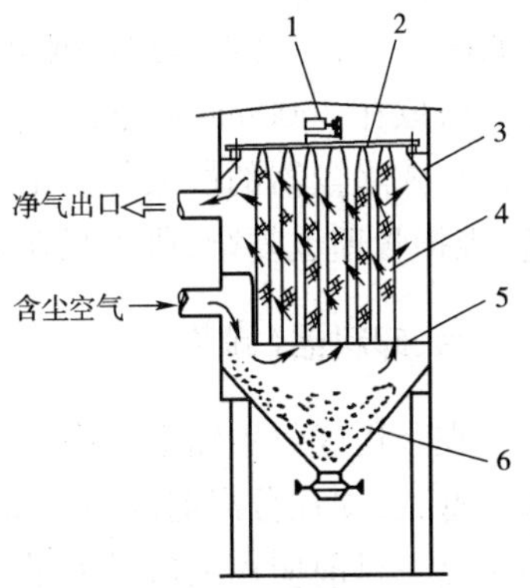

图 7-29 袋式除尘器
1-电机;2-振动架;3-支架;4-滤袋;5-袋板;6-灰斗

在袋板5和振动架2之间。工作时，当含尘气流沿着进气管进入除尘器中，并到达下方的锥形灰斗。由于气流方向的改变，在这里有一部分颗粒较大的灰尘被沉降分离出来，而含有细小灰尘的空气则向上运动，当通过滤袋4时，灰尘便被阻挡和吸附在袋子的内表面上。除尘后的空气由滤袋逸出，最后经排气管排出。除尘器工作一定时间后，通过振动架上的电动机1带动偏心块旋转，靠偏心块旋转时的离心力作用，带动振动架和滤袋一起振动，将过滤后附在滤袋上的灰尘除下，经卸灰器排出。

机械振动作为清灰装置的袋式除尘器常用于小型的气力输送机中。

3）气流反向吹洗

目前，在大型的气力输送机中，广泛采用气流反向吹洗措施来清除滤袋上的积灰，其中尤以脉冲气流反向吹洗式用得最多。这种方式清灰效率高，对滤袋损伤小，过滤容量大（180～240$m^3/m^2 \cdot h$），因而外形尺寸大大减小。

图7-30所示为采用脉冲气流反向吹洗的袋式过滤器。滤袋3通过钢丝滤袋骨架4固定在喷射管9上。工作时，含尘气流由进气口1进入中部箱体2，中部箱体内装有若干排滤袋，气流通过滤袋时，粉尘便被阻留在滤袋外表面上。过滤后的干净气体穿过滤袋经上部箱体8由排气口7排出。清除滤袋积灰的压缩空气是由一套控制装置控制，其工作原理是：在每个滤袋上部装有一喷射管，喷射管通过脉冲控制阀10与高压空气相连，脉冲信号程序地控制各喷射管的脉冲阀门使之依次开启，高压空气便依次地反向吹入滤袋，将粘附在袋外的灰尘吹落，灰尘落入灰斗5，最后经卸灰器6排出。一般脉冲周期（每个脉冲阀门开启到下次开启的时间间隔）为60s，喷射一次的延续时间为0.1～0.2s。

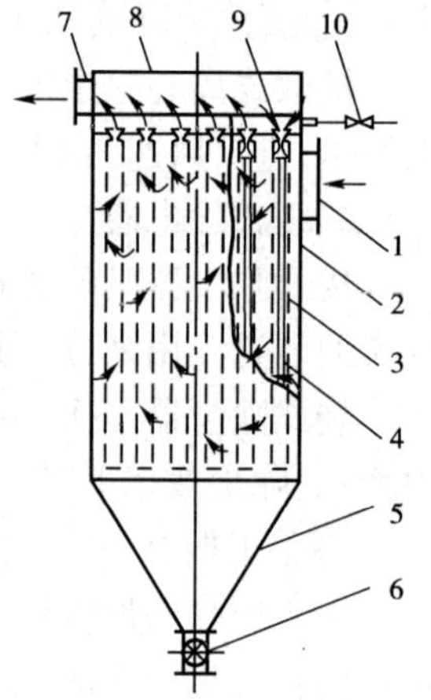

图7-30　袋式过滤器

1-进气口；2-中部箱体；3-滤袋；4-滤袋骨架；5-灰斗；6-卸灰器；7-排气口；8-上部箱体；9-喷射管；10-控制阀

滤袋可由各种棉布、毛呢、化纤织物等制造。棉布造价低，但其纤维直径较粗，不适于过滤细的粉尘。呢料透气性好、压损小、过滤效率高，但造价较高。目前一般采用工业涤纶绒布，较耐磨、强度高、容尘量大，在过滤风速为3m/min时滤尘效果高于99.5%。

目前常用的滤袋直径为120～130mm，滤袋高度为2000～3500mm。脉冲喷吹袋式过滤器中，滤袋过高，则底部就不能达到良好的清灰效果，故其滤袋高度一般取在2600mm以下。

袋式除尘器的最大优点是除尘效率高，一般均能稳定在99%以上，但体积较大，设备费用高，维护管理也复杂，所以只在除尘要求高的气力输送机中采用。

六、卸料器（卸灰器）

在吸送式气力输送机中，为了将物料从分离器中卸出，并阻止空气进入分离器而造成生产率降低，必须在分离器卸料口下方装设卸料器。对于装在除尘器下部用来卸出灰尘的则称为卸灰器。目前应用最广泛的结构形式是旋转式（叶轮式）和阀门式。

旋转式卸料器的结构和计算与旋转式供料器基本相同，可参见旋转式供料器（图7-21），这里不重述。所不同的是其均压管不再是把格室中的高压气体引出，而是将均压管与分离器连通，以提高格室中物料的装满程度，使叶轮格室在转到装料口之前，就让格室中的空气从均压管排至分离器，使格室中压力与分离器中的压力相等，从而使分离器中的物料便于进入卸料器的叶轮格室中。

阀门式卸料器如图7-31所示。它由上、下两道阀门构成。工作时,上阀门常开,下阀门关闭,使物料(或灰尘)落入卸料器中。需要卸料时,关闭上阀门,打开下阀门,即可在气力输送机不停机的情况下进行卸料。阀门式卸料器的结构较简单,气密性好,但其高度尺寸较大。

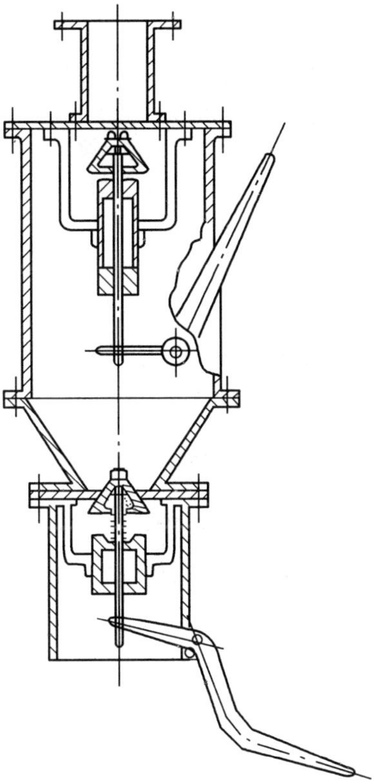

图7-31 阀门式卸料器

思考与练习

1. 气力输送机的工作原理是怎样的?
2. 气力输送机是如何分类的?
3. 气力输送机有哪些特点?
4. 气力输送机适用于什么场合?
5. 气力输送机由哪些主要部件组成?
6. 风机有哪些形式? 各有什么特点?
7. 气力输送机的输送管有哪些种类? 各用于什么场合?
8. 为提高弯管的抗磨性能,弯管采用了哪些结构形式?
9. 吸送式气力输送机的供料装置有哪些? 各适用于什么物料或场合?
10. 压送式气力输送机的供料装置有哪些形式? 各自的工作原理分别怎样?
11. 离心式物料分离器和离心式除尘器的工作原理怎样?
12. 袋式除尘器的形式有哪些?

第二篇　港口连续装卸机械

第八章　散货装船机

知识目标

1. 解释散货装船机的工作原理；
2. 知道散货装船机的分类；
3. 描述各种散货装船机的特点和应用。

能力目标

1. 具备分析散货装船机的工作原理和工作性能的基础知识；
2. 能根据实际需求合理选择散货装船机的类型。

第一节　概　　述

散货装船机是将后方输送机系统输送来的大宗散货装入船舱的连续式装卸机械。通常与堆场主带式输送机相衔接，主要由带式输送机、装船溜筒、各工作机构（如臂架伸缩、俯仰、回转、行走等机构）、金属结构、驱动与控制系统等组成。散货装船机一般采用电力驱动。

散货装船机装船作业时，物料由后方输送机系统运送转载到散货装船机的带式输送机上，再送至悬臂前端，经溜筒装入船舱内。通过臂架的伸缩、俯仰、回转和整机运行，改变装料点位置，以适应船舱尺寸的要求和水位的变化。

散货装船机按货种可分为：煤炭装船机、矿石装船机、散粮装船机等；按整机的结构特点可分为：固定式、移动式、弧线摆动式、直线摆动式等机型。

第二节　散货装船机的主要类型

一、固定式散货装船机

固定式散货装船机大多采用如图8-1所示的转盘式回转支承。其悬臂带式输送机与转盘相铰接，另一端通过俯仰钢丝绳吊挂在固定立柱顶部，由中心漏斗接受后方带式输送机系统的供料。悬臂带式输送机可通过悬臂的伸缩，改变装船的幅度；通过悬臂的俯仰和回转，适应船型和水位的变化，以及在非工作状态下可以避让船舶和使悬臂能转回到码头岸线内。伸缩、俯仰及回转机构均由电动机分别驱动。

固定式散货装船机可固定在码头前沿的墩座上，也可安装在趸船上使用。装船有效作业面有限，装船时需移船作业，对不同船型的适应性较差，但因构造较简单、布置方便、自重较轻，可节省码头水工投资，因而在河港中应用较为普遍，为提高装船效率，可在一个泊位设置多台装船机。

固定式散货装船机在我国海港的大型散货码头也有应用，例如青岛港煤炭出口码头，设置了5台生产率为1500～2000t/h的固定式装船机。根据不同要求，各港现有的固定式散货装船机型式很多。较完善的机型一般都具有回转、伸缩及变幅等机构，以扩大其有效装载面积及适应多种船型。有的还可以根据需要吊挂平舱机械，以保证船舶满载及配载平衡。

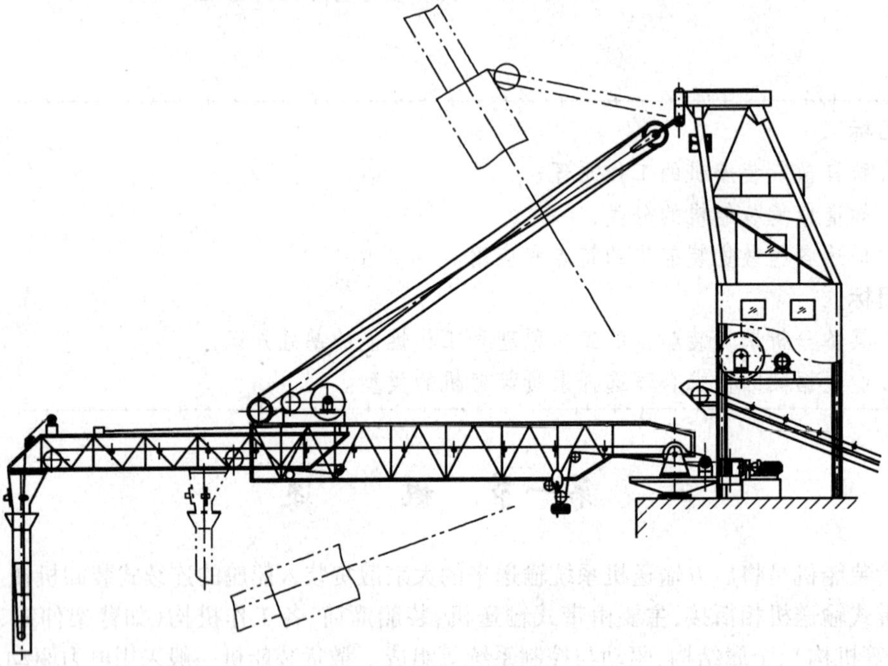

图 8-1　固定式散货装船机

二、移动式散货装船机

移动式散货装船机主要适用于直立式码头，可沿码头岸线行走，具有较完善的工作机构，通过门架运行和悬臂回转的配合就可以改变悬臂皮带机的卸料位置，可获得较高的装船效率。但当要求卸料半径的变化范围较大，并且舱口附近又有障碍物影响悬臂的动作时，就需增设悬臂伸缩机构以便作业。

移动式装船机的构造较复杂、自重较大，对码头结构要求较高，后方输送系统也较复杂。但它的使用灵活机动，便于对准舱口位置，可在每个泊位上配置较少的台数。根据不同的使用条件有：俯仰回转型、俯仰回转伸缩型和俯仰伸缩型等。

1. 俯仰回转型

如图8-2所示，臂架为不伸缩的直臂架结构，简单轻巧。由于只有臂架回转动作，就使得回转支承装置结构简单，整机质量小。装船作业时，物料在回转中心转载，通过悬臂皮带机、导料溜筒和抛料装置将物料装到船舱内，一般适用于中小型船舶。

2. 回转俯仰伸缩型

如图8-3所示，臂架可以伸缩、俯仰并和回转平台立柱等一同回转。在作业时，通过臂架的伸缩、回转和行走机构的配合来改变溜筒的装料位置。这种型式需要复杂的回转支承装置，机构多，质量大。但因有较完善的功能，可以有较大的作业覆盖面和较高的装船效率，对船型的适应性强。也可用于双侧靠泊的突堤码头，兼顾两个泊位的装船作业。

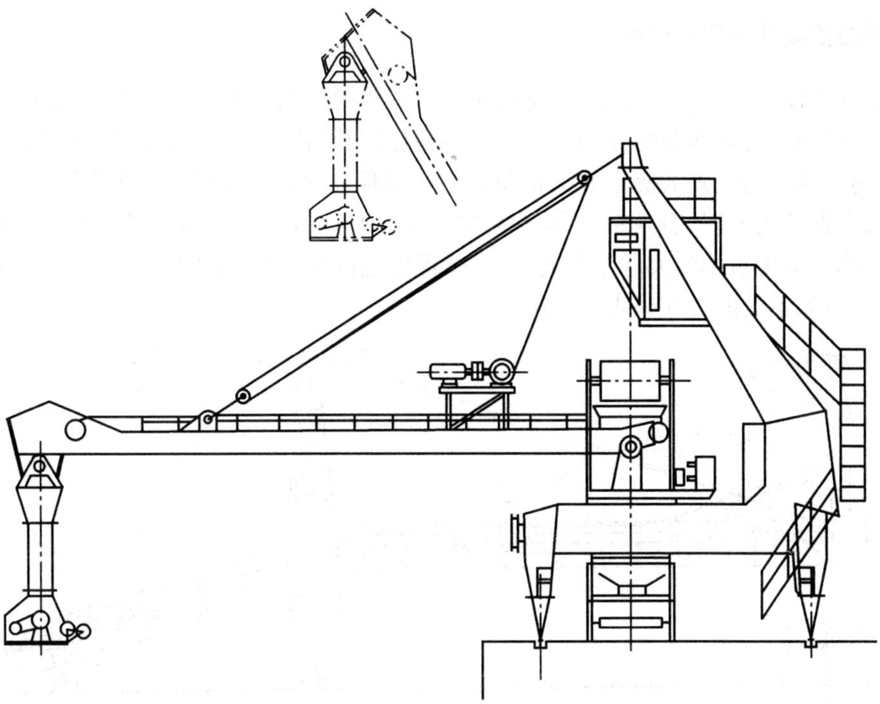

图 8-2　移动式散货装船机(一)

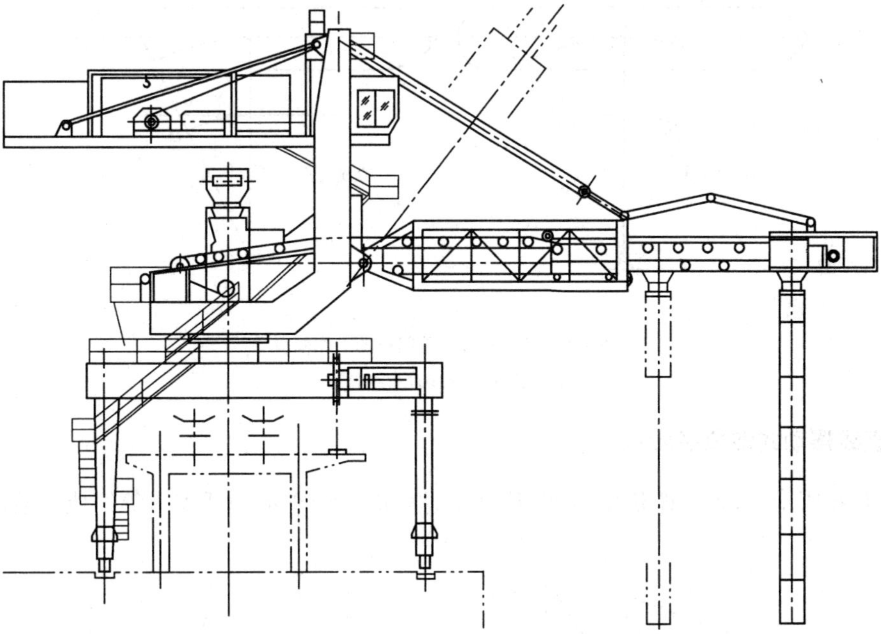

图 8-3　移动式散货装船机(二)

3. 俯仰伸缩型

臂架只作俯仰和伸缩动作。作业时,通过臂架伸缩和整机行走的配合来改变溜筒的装料位置,作业覆盖面为一固定的长条形,故适用于较固定的船型。由于没有复杂的回转支承及驱动装置,结构比较简单,质量较小。在非工作状态下,臂架应有较大的仰角,以便船舶离靠码头。

三、弧线摆动式散货装船机

如图 8-4 所示，后支承为固定的回转中心，前支承通过行走机构在弧形轨道上行走，使整机绕后支承摆动。装船作业时，后方输送机将物料送至回转中心转载，再通过悬臂带式输送机装入船舱内。其装船位置的变化如图 8-5a）所示，在摆动过程中，有效装船幅度将随摆角的增大而减小，当摆角为 α 时，有效幅度损失为 $BC = OA(1/\cos\alpha - 1)$。这种装船机的结构较为简单，质量较小。但要占用较大的布置面积，其弧形轨道的建造也较困难。一般适宜在河港趸船浮码头或水位差不大的直立码头上使用。

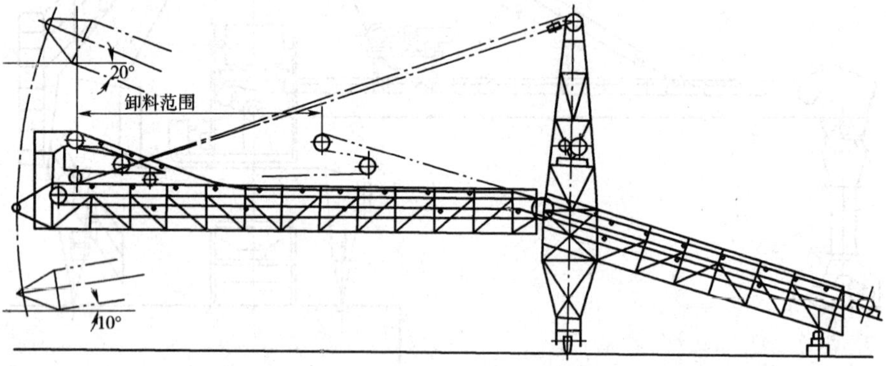

图 8-4　弧线摆动散货装船机

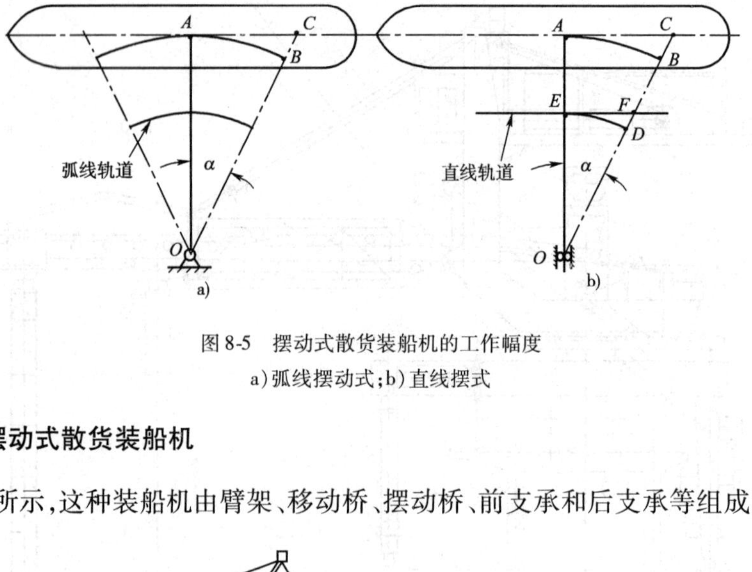

图 8-5　摆动式散货装船机的工作幅度

a）弧线摆动式；b）直线摆式

四、直线摆动式散货装船机

如图 8-6 所示，这种装船机由臂架、移动桥、摆动桥、前支承和后支承等组成。装船带式输

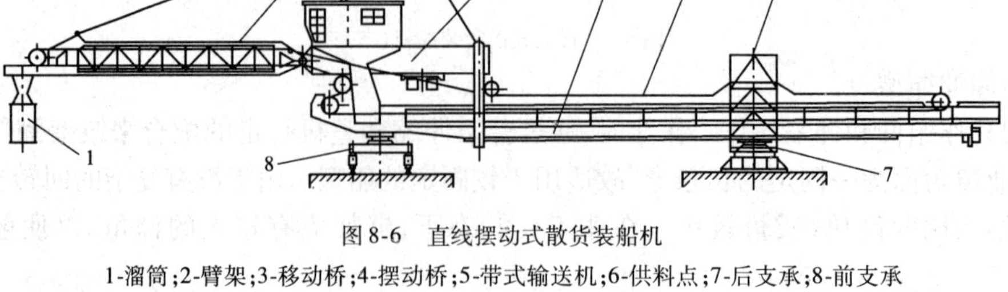

图 8-6　直线摆动式散货装船机

1-溜筒；2-臂架；3-移动桥；4-摆动桥；5-带式输送机；6-供料点；7-后支承；8-前支承

送机采用一条输送带，绕过臂架前端和移动桥前端的驱动滚筒、摆动桥前部的改向滚筒和尾部的拉紧滚筒而形成一个闭合回路。其装载点的位置如图 8-5b）所示，当前支承 E 沿直线轨道移动时，摆动桥在绕后支承 O 摆动的同时可沿桥架方向移动。当装船机由 OA 摆动至 OC 位置，即摆动角为 α 时，桥架前移量为 DF，使臂架端点由 B 点前移至 C 点，从而使部分工作幅度损失得到补偿。前移量 $DF = OE(1/\cos\alpha - 1)$。

作业时，后方输送机运送的物料在后支承回转中心转载，再由装船带式输送机装入船舱内。为适应船型需要，装船带式输送机可前后伸缩来改变工作幅度，其伸缩动作靠移动桥的移动来实现。直线摆动式散货装船机结构较简单，质量较小，但也需较大的布置面积。

思考与练习

1. 散货装船机的工作原理是怎样的？
2. 散货装船机是如何分类的？
3. 固定式散货装船机的工作特点是怎样的？
4. 移动式散货装船机的特点是怎样的？
5. 弧线摆动式散货装船机的特点是怎样的？
6. 直线摆动式散货装船机的特点是怎样的？

第九章　散货卸船机

知识目标

1. 解释抓斗卸船机的工作原理和分类；
2. 描述门座抓斗卸船机的特点和应用；
3. 描述桥式抓斗卸船机的特点和应用；
4. 描述机械式散货连续卸船机主要种类及各自的工作原理、特点和应用；
5. 描述气力卸船机的特点和应用。

能力目标

1. 具备分析各种散货卸船机的工作原理和工作性能的专业基础知识；
2. 能根据实际需求和各散货卸船机的使用特点，合理选择散货卸船机的类型。

散货卸船要比散货装船困难得多，散货卸船是散货运输过程中的薄弱环节。散货卸船机是根据船型和各种散货卸船作业特点而设计的多动作专用机械，有周期式和连续式两类。散货卸船的传统机械是周期性动作的抓斗卸船机，随着机械式散货连续卸船机的发展，连续式卸船机越来越多地用于散货卸船，而气力卸船机目前已较多地用于散粮连续卸船。

第一节　抓斗卸船机

抓斗卸船机是目前应用较广泛的散货卸船机，根据抓斗水平移动方式不同分为两种机型，一种是依靠臂架变幅进行水平移动的门座抓斗卸船机，另一种是依靠小车沿桥架运行进行水平移动的桥式抓斗卸船机。

一、门座抓斗卸船机

门座抓斗卸船机（带斗门机）的基本构造和门座起重机相似，只是在其门架上装有漏斗和带式输送机系统，如图 9-1 所示。卸船时，抓斗在船舱内抓起散货，移动到漏斗上方，将散货卸入漏斗，再经带式输送机输送到货场。由于漏斗就安装在门架的前面，所以抓斗的水平移动距离较短，在卸船过程中，基本上只需起升和变幅动作，几乎可省去回转动作，因而与普通门座起重机相比缩短了每个工作循环的时间，大大提高了卸船

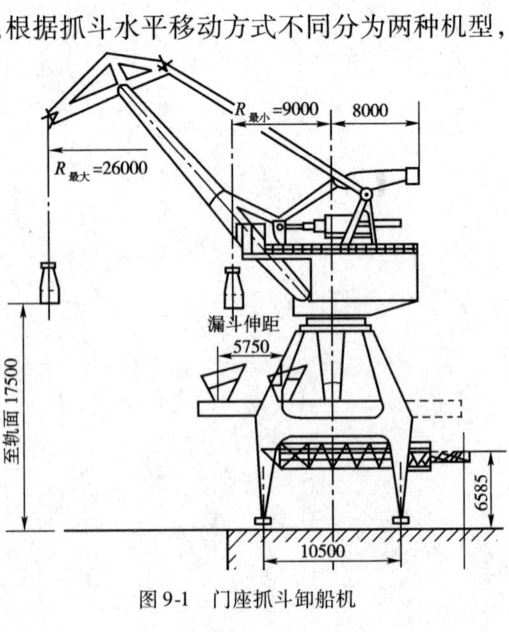

图 9-1　门座抓斗卸船机

效率。但由于钢丝绳吊挂抓斗的长度较长,臂架质量较大,提高起升和变幅速度会增加抓斗的偏摆和引起较大的动载荷,因而进一步提高速度受到限制;另外,起重量的增加又对自重和轮压的影响很大,所以带斗门机的设计生产率一般为 500 ~ 700t/h,进一步提高生产率会使整机自重过大。

上海港机厂生产的门座抓斗卸船机,其主要技术参数为:起重量 16t,卸煤额定生产率 540t/h,最高生产率 648t/h,起升速度 100m/min,起升高度为轨面以上 20m、轨面以下 15m,最大幅度 32m,变幅平均速度 80m/min,回转速度 1.24r/min,运行速度 25m/min,漏斗最大外伸距 6.75m,漏斗伸缩速度 6m/min,整机自重 450t,总装机容量约 710kW,最大轮压约 300kN。

二、桥式抓斗卸船机

桥式抓斗卸船机是一种桥架型起重机,图 9-2 所示的是 10t 桥式抓斗卸船机。作业时,抓斗自船舱内抓取散货并提升出舱,载重小车(抓斗小车)向岸边方向运行,当抓斗达到前门框内侧的漏斗上方时,将散货卸入漏斗,再经带式输送机系统送到货场。

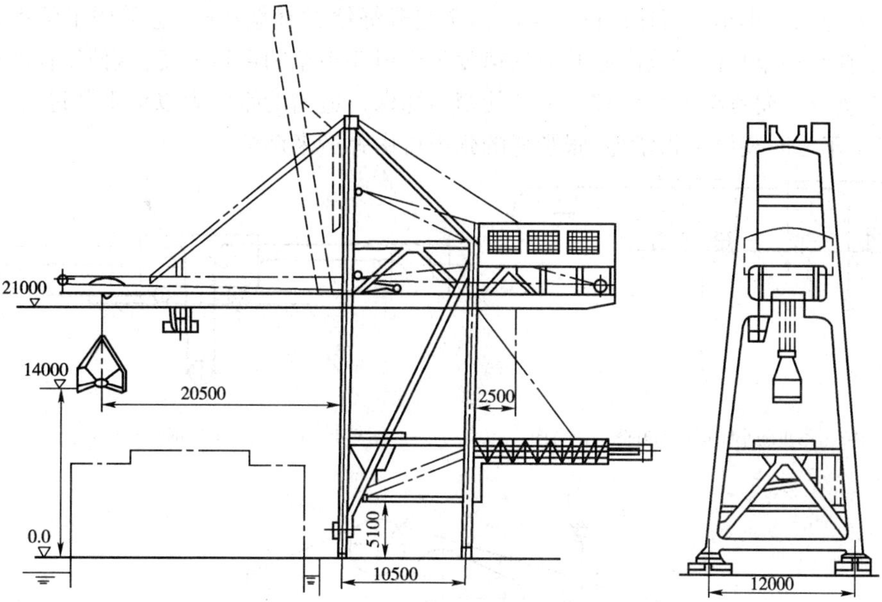

图 9-2　桥式抓斗卸船机

桥式抓斗卸船机具有较高的起升和小车运行速度,另外,机上的受料漏斗又靠近船舱,小车的作业行程较短,因此,桥式抓斗卸船机可达到较高的生产率。它的使用范围比较宽广,最小的起重量为 5t,卸船生产率约 400t/h;最大的起重量可达 85t,卸船生产率高达 4200 ~ 5100t/h。其作业对象为 30 万吨级以下的船舶,它的卸船生产率一般在 2500t/h 以下。

桥式抓斗卸船机除了具有和一般桥架型起重机相似的机构之外,其特点是在高大的门架上装设了有轨桥架,载重小车(对散货为抓斗小车)沿桥架运行。桥式抓斗卸船机的载重小车主要有自行式、绳索式和半绳索式三种形式。

1. 自行式

自行式小车采用内部驱动式,其起升机构和小车运行机构的全部驱动装置和电器设备均装在小车上。司机室可以连接在小车上,也可以单独运行。自行式小车的优点是没有复杂的绳索卷绕系统,也不会因小车运行而影响装卸点的定位。它的缺点是小车受驱动轮打滑条件的限制，其加速时间不能太短；小车自重较大导致整个起重机的自重和轮压增加，影响起重机的有效载重能力。

2. 绳索式

绳索式小车采用外部驱动，其起升机构和小车运行机构的驱动装置都设置在桥架的机房内，小车的运行和货物的升降全靠绳索牵引来实现。这种方式的主要优点是小车自重较轻，因而作用在机架上的载荷小，也就减轻了整机的自重；由于采用外部驱动不存在车轮打滑问题，小车运行提速快，4s 左右小车的运行速度就可提高到 200m/min，这对提高起重机的装卸效率有较大的意义。它的缺点是钢丝绳特别是起升绳的磨损较大；此外，如不采取一定的措施，吊重将会随小车运行而产生升降，如图 9-3 所示。为了使吊重在小车运行时保持水平位移，可采用不同的方案。图 9-4 的方案较简单，适用于吊钩小车。图 9-5 所示的补偿小车式运行系统适用于抓斗小车。其原理是：起升绳同时绕过抓斗小车和补偿小车，当小车运行时，补偿小车上的起升绳收回或放出，从而补偿抓斗小车运行造成的吊重升降。抓斗小车和补偿小车的牵引绳均由运行小车卷筒驱动，由于补偿小车的牵引绳采用了倍率为 2 的滑轮组，因此补偿小车的运行速度为抓斗小车运行速度的一半。由于起升绳绕过补偿小车，也采用了倍率为 2 的滑轮组，所以补偿小车收回或放出起升绳的速度等于抓斗小车的运行速度，这使得抓斗小车运行时，吊重在垂直方向不会发生位移。为了使牵引绳保持适当的张紧力以免垂度过大，在起重小车与补偿小车之间装设了张紧绳，张紧绳的张力可由弹簧来调整。

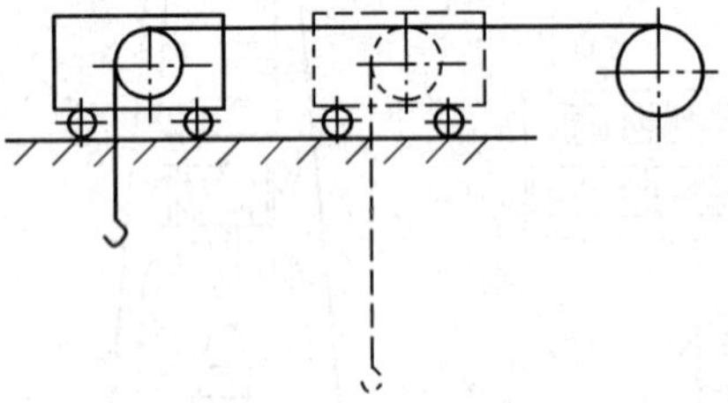

图 9-3　吊重随小车运行而升降的示意图

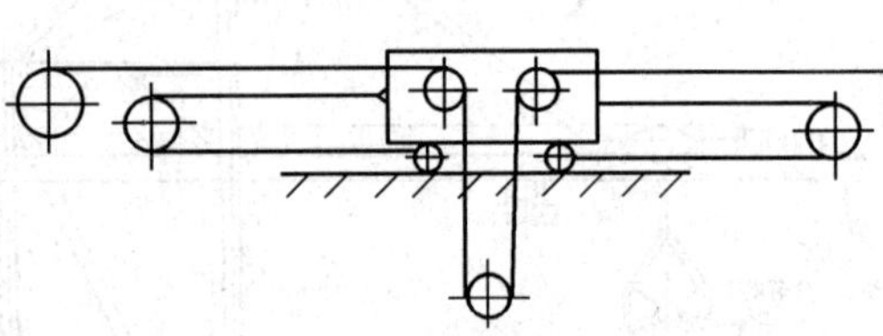

图 9-4　绳索式小车的钢丝绳卷绕系统

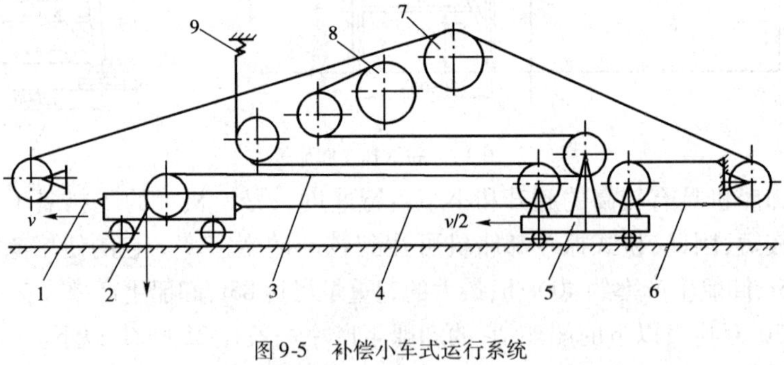

图 9-5　补偿小车式运行系统

1-抓斗小车牵引绳；2-抓斗小车；3 起升绳；4-张紧绳；5-补偿小车；6-补偿小车牵引绳；7-运行小车卷筒；8-起升卷筒；9-弹簧

3. 半绳索式

半绳索式小车采用部分外部驱动，其小车运行机构的驱动装置设置在小车上，而起升机构的驱动装置设置在桥架的机房内。它的优缺点介于上述两种型式之间，钢丝绳系统较绳索式小车简单，小车的自重较自行式小车轻。

桥式抓斗卸船机的主要参数有起重量、生产率、抓斗外伸距（由海侧轨道中心向外至抓斗铅垂中心线之间的最大水平距离)、起升高度和各机构的工作速度等。几台国内使用的桥式抓斗卸船机的主要技术性能参数见表9-1。

桥式抓斗卸船机的主要技术参数 表9-1

设计制造厂		江南造船厂	上海港机厂 广州重机厂	日本日立	上海港机厂 日本日立	上海港机厂 日本三菱
使用地点		上海港	广州港	北仑港	上海石洞口电厂	北仑港
货种		煤	散粮	矿石	煤	煤
适用最大船舶(10^4t)		1.6	3.5	10	3.5	5
生产率(t/h)		350~400	800	2100	1250~1600	1500
起重量(t)		10	25	56	34	35.4
抓斗外伸距(m)		20.5	27	38	27.7	30
抓斗起升高度(m)	轨面上	14	16	17.5	19.5	21
	轨面下	10	12	21	16.5	19
起升/下降速度(m/min)		80	60/100	140/160	120/130	100
小车行走速度(m/min)		120	120	180	160	160
大车行走速度(m/min)		26.6	25.3	20	25	20.7
悬臂行走速度(min/单程)		5	7	6	5	7
轨距(m)		10.5	16	30	22	26
最大轮压(kN)		~200	~350	~480	~500	
自重(t)		260	~610	1520	1050	
装机容量(kW)		387	~1064	2100	1200	
电源(V/Hz)		380/50	6000/50	6000/50	6000/50	6000/50

第二节 机械式散货连续卸船机

随着科学技术的迅速发展,机械式散货连续卸船机在技术上和应用上取得很大进展。目前,我国港口已使用了多种散货连续卸船机。这类卸船机靠机械式连续输送机从船舱中取料,并将散货提升出舱输送到岸上,与码头上的输送机系统相衔接。

机械式散货连续卸船机的机型很多,大多为移动式,一般将整机装在可沿轨道行走的门架上,装有输送机的臂架伸向船舶上方,臂架可回转、俯仰,臂架端部的取料和提升物料机构根据卸货的需要还常设有伸缩、回转、摆动等机构。

机械式散货连续卸船机主要根据提升物料出舱的连续输送机而命名,有链斗卸船机、悬链式链斗卸船机、双带式卸船机、波状挡边带式卸船机、螺旋卸船机、斗轮卸船机、埋刮板卸船机等。下面分别对主要机型作简要的介绍。

一、链斗卸船机

链斗卸船机是利用链斗从船舱内挖取物料并通过机上的输送系统将物料卸至码头上的散货连续式卸船机械,如图5-2所示。

与传统的抓斗卸船机相比,其主要特点是:

(1)卸船效率高,包括清舱阶段在内的平均卸船效率可达到额定生产率的55%~60%;而抓斗卸船机的平均卸船效率通常只有额定生产率的45%~50%。

(2)能耗低,比能耗约为1~1.6MJ/t,而抓斗卸船机为1.62~1.8MJ/t。

(3)对环境的污染小,除取料处外,物料在卸船机上的输送路径基本上是封闭的。

(4)工作平稳,连续性的工作方式,工作中没有频繁的起制动,噪声也较小。

(5)质量比相同外伸距和生产率的抓斗卸船机小。

(6)易于实现自动化控制。

(7)对船舶和货物的适应性不如抓斗卸船机。

链斗卸船机可用于作业石灰石、煤炭、磷酸盐、矿砂和原糖等散货物料,目前卸船生产率已超过2000t/h,接卸最大船型为10万吨级海轮。几种不同型式的链斗卸船机的主要技术参数见表9-2。

几种链斗卸船机的主要技术参数 表9-2

研制厂家		法国DL	PWH上海港机厂	日本三菱	日本住友	日本住友	日本石川岛
使用地点			上海港	福州电厂	深圳沙角电厂		日本北海道
生产率(t/h)		1200	额定1200 最大1600	最大1500	额定800	1100	1200
作业船型(10^4t)		3.5	1.6~2.5	2	3.5	2.5~3.5	5~7.7
货种		煤	煤	煤	煤	煤	煤
物料粒度(mm)		<40	<300	<200	<150	<250	
臂架回转半径(m)		28	25	24	35	28	40
臂架回转角(°)			±110				±100
臂架俯仰角(°)		-18~41	-16~44.5	-15.5~47	-18~30	-18~30	
胶带机工作角度(°)		-18~18	-16~19	-15.5~25	-18~18	-18~18	
轨距×基距(m)		10.5×12	10.5×10.5	10.5×12	20×15	10.5×14	20×16
最大轮压(kN)	工作	250	250	385		250	
	非工作	350	300	400		320	
臂架输送带速(m/min)		180	157	150	180	180	200
臂架回转速度(r/min)		0.2	端部线速1.7~17.5m/min	0.15	0.1	最大0.2	0.015~0.15
臂端俯仰速度(m/min)			6	15	7	最大12	
行走速度(m/min)		0~30	2~20	15	最大20	最大20	0~20
斗链速度(m/min)		78	6/86	30/65	最大65	最大70	10/60
提升机自转速度(r/min)		0.2	端部线速2~20m/min			最大1	0.05~0.5
装机容量(kW)			480	560	420		
整机自重(t)			512	600		~700	~1100

二、悬链式链斗卸船机

悬链式链斗卸船机是一种用于内河驳船的非张紧型链斗卸船机。它以封闭循环的无端链条为牵引构件,以料斗为承载兼取料构件,其链条在取料段无拉紧装置,故链斗在取料区段呈自由悬垂状态,如图5-3所示。它主要由链斗机构、链斗横移小车、升降机构、平衡系统、移船系统、接料带式输送机、倾斜带式输送机、金属结构、电气控制系统和安全辅助装置等部分组成。作业时，利用悬垂段的料斗在料层中分层挖取物料，物料被提升后卸到带式输送机上，再由带式输送机运送上岸。

悬链式链斗卸船机于1956年应用于美国密西西比河的干支流码头上进行煤炭卸船作业，采用墩柱式结构。我国武汉水运工程学院（现改为武汉理工大学）已先后研究设计了多台悬链式链斗卸船机，大多安装在趸船上，更能满足我国江河水位变化大的要求。该机对内河驳船卸散货是一种很有发展前途的机型。

悬链式链斗卸船机的优点是：

(1)能在取料过程中同时完成清舱作业。只要保证有一定数量的料斗接触舱底，就可在卸船的最后阶段边卸货边清舱，且清舱作业效果良好，清舱量小于1%～3%。

(2)链斗在沿舱底板取料并清舱时，由于悬垂段是柔性的，悬链斗不会与舱底板发生硬性碰撞，仅有部分链条及料斗的重力作用于舱底，因此，当驳船减载上浮或受风浪影响而摆动时，悬链斗或舱底都不会受损伤。

(3)卸船生产率稳定。链斗以恒定的速度运行，悬链斗取料基本上不受货层厚度影响，其平均生产率可达设计生产率的70%～75%。

(4)悬链式链斗卸船机以连续性方式作业，运行速度较低，工作平稳，动载荷小，可提高链条、料斗等易损构件的寿命。

(5)作业时大多采用定机移船作业方式，因此结构简单，自重轻，造价和能耗低，且易于操作。

(6)适用的货种比较广泛。悬链式链斗卸船机适用于煤、砂等物料的卸船作业，对于堆积密度比较大的块状物料，如矿石、白云石等仍能适应。

几种国产悬链式链斗卸船机的主要技术性能见表9-3。

几种国产悬链式链斗卸船机的主要技术参数 表9-3

型号	XLJ200A	XLJ360A		XLJ500B	XLJ1200A	
使用地点	株洲港	宜昌港		武汉装卸公司	武汉钢铁公司	
设计生产率(t/h)	200	360		500	1200	
货种	湿砂	煤	砂	湿砂	白云石	铁矿石
堆积密度(t/m³)	1.3～1.5	0.8	1.3	1.4～1.65	1.6	2.2
作业船型(t)	80	300～1000		1000	500～3000	
机头提升高度(m)	3	6.5		6.3	9.4	
悬臂长度(m)	11	17		17.5	23.56	
料斗宽度(mm)	1200			1500	1800	
链条速度(m/s)	0.36	0.4		0.45	0.5	
装机功率(kW)	48.7	92.6		111.1	283.4	
单位电耗(kW·h/t)	0.243	0.257		0.222	0.236	
整机自重(含平衡重,t)	60(12)	110(35)		137(47)	324(94)	
研究设计单位	武汉理工大学					

三、压带式卸船机

压带式卸船机是利用压带式带式输送机将取料装置挖取的物料提升出舱的一种连续式卸

船机械。压带式卸船机又称双带式卸船机或夹带式卸船机。图 9-6 所示的是压带式卸船机简图。

压带式卸船机以压带式带式输送机为基础,配以相应的机构和结构构成整机,一般自重较小。压带式卸船机一般用于散粮等流动性好的轻散粒物料的卸船。

压带式带式输送机由承载带和覆盖带夹持物料实现物料垂直提升和水平输送,其工作原理参见第三章第二节。

压带式卸船机的主要特点是:

(1)能耗低。其作业散粮时的能耗约为 0.25kW · h/t。

(2)卸船效率高。压带式卸船机卸散粮或其他颗粒状散货时,单机效率可达 2000t/h。若能配置特殊的取料装置,如清舱吸嘴,则即使在清舱阶段也可以取得较高的卸船效率。

(3)自重轻。压带式卸船机的主要组成部分是带式输送机,故其结构轻巧,对码头的负荷也较小。

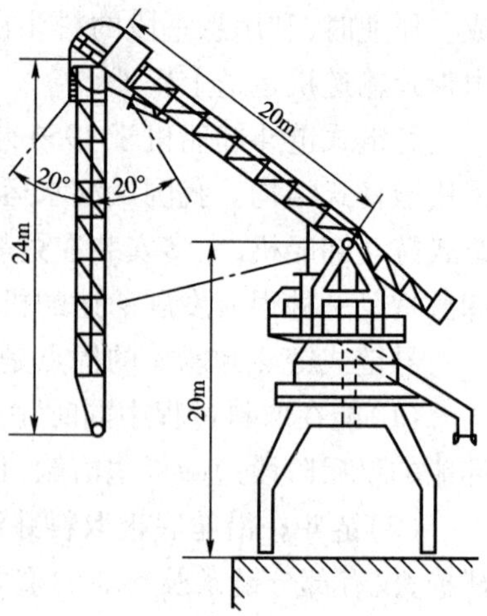

图 9-6　压带式卸船机简图

(4)货运质量好。除取料部位外,物料始终处于双带之间的密闭环境中输送,因而不会造成撒漏和扬尘,被运送物料破损小。

(5)压带式卸船机运转平稳,噪声小,操作与维护较方便。

(6)对物料的适应性较差,只能输送流动性好的颗粒状轻散物料,不宜输送流动性差、粘性大的物料。

(7)对异物较敏感,如有锐利边角的异物混入物料进入双带输送机系统中,则易损伤输送带。

(8)压带式卸船机的输送带,尤其是覆盖带需特别制造。

我国天津港、大连港从英国各引进 2 台压带式卸船机,用于散粮卸船作业。它们的主要技术参数见表 9-4。

双带式卸船机的主要技术参数　　表 9-4

名　　称		Simporter	臂架回转角(°)	左右各 105
制 造 厂		英国 Simon-Carves (西蒙—卡维斯)	输送带宽度(mm)	1300
			输送带速度(m/s)	4.65
生产率 (t/h)	额定	600	提升段摆动速度(m/s)	端部最大 0.25
	最大	750	臂架俯仰速度(m/s)	端部最大 0.25
物　　料		小麦	臂架回转速度(r/min)	0.16
船型(10^4t)		2 ~ 8	行走速度(m/min)	无级可控 ~ 12
最大幅度(m)		25	轨距(m)	10.5
提升高度(m)		25	最大轮压(kN)	≤230
提升段最大摆角(°)		向外 40,向内 30	起重能力(t)	5
臂架最大仰角(°)		工作 36,非工作 55	整机自重(t)	~252
臂架最大俯角(°)		−28	总装机容量(kW)	~320

四、波状挡边带式卸船机

波状挡边带式卸船机用旋转叶轮或斗轮或水平螺旋等装置取料,以波状挡边输送带进行提升和输送物料。图 9-7 所示为用于海港的波状挡边带式卸船机示意图。

波状挡边带式卸船机具有臂架俯仰、回转、门架运行、提升段回转和取料等机构，使卸船机机头可伸入到船舱内各处取料。波状挡边带式卸船机采用波状挡边输送带（参见图 3-19），不仅增大了物料装载量，而且可在垂直方向上输送物料。为了进一步提高装载量和进行封闭式输送，可采用一条普通平胶带将波状挡边输送带覆盖构成双带系统，这时物料装在由波状挡边输送带和覆盖带构成的一格格封闭空间中被提升输送。

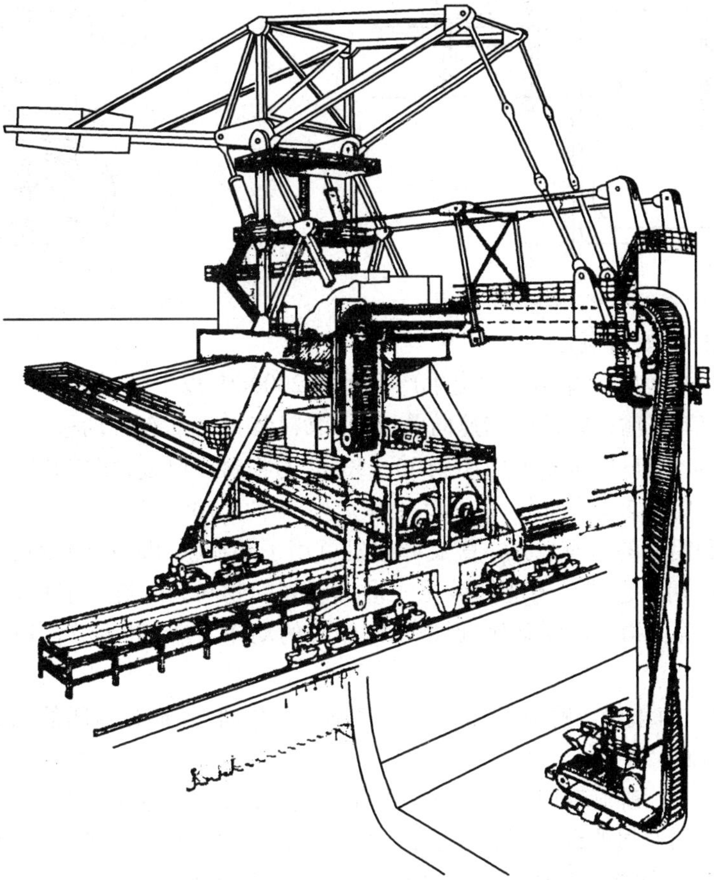

图 9-7　波状挡边带式卸船机

波状挡边带式卸船机的优点是：物料由垂直提升过渡到水平输送时无需转载，运行平稳，噪声小，能耗低，自重轻，能装、卸兼用。其主要缺点是：不能装卸大块物料和粘性物料，否则易卡死，输送带难以清扫。

目前我国已在使用这种卸船机，如秦皇岛港引进日本三菱公司制造的波状挡边带式卸船机，卸船生产率为 600t/h，该机附有作为装船机的连接部件，可加装溜管进行装船作业。

五、螺旋卸船机

螺旋卸船机是以螺旋取料并利用垂直螺旋输送机提升物料的散货卸船机械，如图 9-8 所示。

螺旋卸船机的取料装置由旋转方向相反的管外螺旋、管内垂直螺旋和带有倾斜翼板的给料器组成，如图 9-9 所示。作业时，管外螺旋使周围物料松动并向垂直螺旋供料，它的转速可按物料性质和生产率需要而调整，垂直螺旋将物料提升至顶端再转至水平螺旋输送机或带式输送机运送上岸。螺旋卸船机借助臂架回转、变幅、垂直螺旋摆动等机构的协同动作，机头可伸至舱内各点取料。

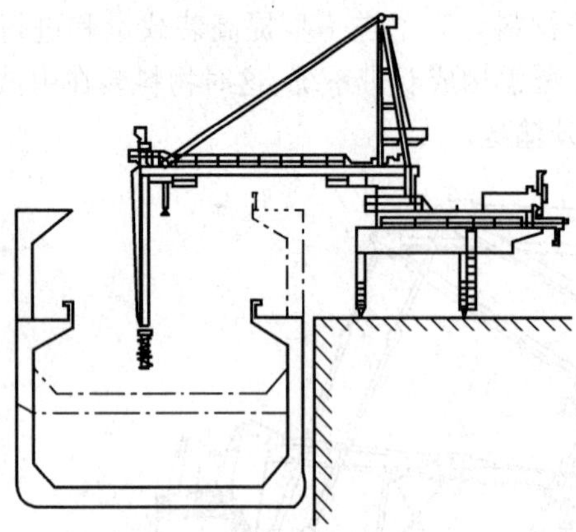

图 9-8　螺旋卸船机

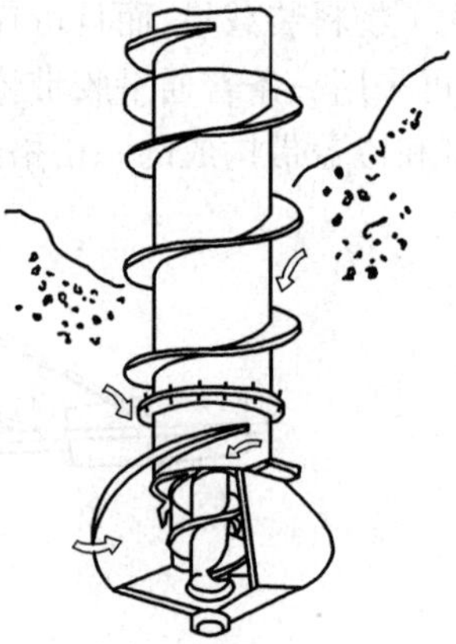

图 9-9　螺旋卸船机的取料装置

螺旋卸船机的主要特点是：

(1)卸船效率高。螺旋卸船机额定生产率可达 2000t/h 以上。借助于反向旋转式取料装置，使物料较紧密地在输送管道内匀速向前输送，取料装置又具有自动松料和掘进的功能，无论物料的流动性如何，只要舱底上面还剩 30～50cm 的物料层厚度，螺旋卸船机都能连续地接近满负荷工作，故其平均生产率较高，可达到额定生产率的 70% 以上。

(2)对货物和船型的适应性强。螺旋卸船机可用于卸粉状、颗粒状及块状的物料，由于取料装置具有松料功能，它甚至还能卸被压实形成硬壳的物料。螺旋卸船机借助臂架回转、变幅、垂直螺旋摆动等机构的协同动作，保证了卸船时的动作灵活，可适应各种类型的海船和内河驳船。

(3)结构简单、自重轻。螺旋卸船机依靠螺旋输送物料，外形为封闭的圆筒，无牵引构件，无空返分支，故断面尺寸小。

(4)环境污染小。螺旋卸船机的卸料过程是全封闭的，无泄漏和扬尘，噪声也较小。

(5)工作构件的磨损严重。螺旋卸船机的主要易磨损部件是：螺旋输送机的中间支承轴承和螺旋。这两者都埋在物料中，且与物料的相对滑动不可避免。

(6)能耗较高。输送螺旋在工作时由于物料与螺旋面之间的摩擦，物料与料槽或输送管壁之间的摩擦，以及物料之间的相互摩擦与搅动，物料的单位长度运移阻力较大，使得螺旋卸船机的单位能耗比其他机械式连续卸船机高，与抓斗卸船机相当，但比气力卸船机低。随着船型的增大，由于输送系统的垂直提升高度与水平输送距离的增大，螺旋卸船机的单位能耗也将显著增大。一般对于 1 万～5 万吨级的船舶卸煤或谷物的单位电耗为 0.5～0.7kW · h/t，卸水泥的电耗则可低些。

六、斗轮卸船机

斗轮卸船机是一种利用低速旋转的斗轮作为取料装置来挖取物料的连续式卸船机械。

刚性的取料斗轮作为斗轮卸船机的取料装置，具有很强的挖取能力，故斗轮卸船机几乎可以用来卸任何散粒物料，从经济方面考虑，斗轮卸船机更适合用来卸那些易结块、堆积密度大、磨琢性大等性能的物料。

斗轮卸船机按接卸船型可分为:内河型斗轮卸船机和海港型斗轮卸船机两大类。

内河型斗轮卸船机用于接卸各种散货驳船。斗轮挖取的物料通过斗式提升机或带式输送机输送上岸。由于驳船舱深较小,物料所需的提升高度较小,物料的转载比较容易实现,卸船机的构造比较简单,如图 9-10 和图 9-11 所示。

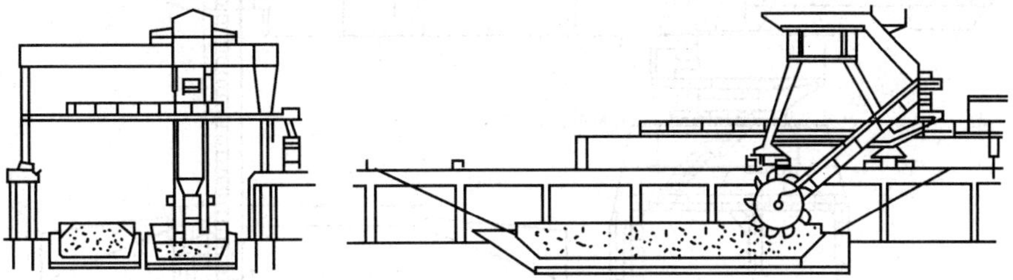

图 9-10 自行式内河斗轮卸船机(一)

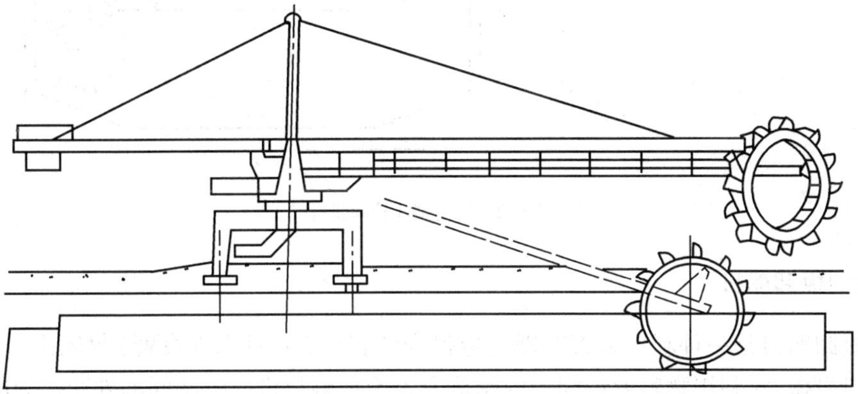

图 9-11 自行式内河斗轮卸船机(二)

海港型斗轮卸船机适用于各种散货海轮的卸船。斗轮挖取的物料直接转卸到波状挡边带式输送机的下部水平段,由波状挡边带式输送机提升出舱,再经过臂架带式输送机、中心漏斗等转卸到码头带式输送机,最终被送到堆场堆存。海港型斗轮卸船机除挖取、输送物料所必需的机构外,还必须设有整机行走、臂架俯仰、臂架回转、机头回转等机构,以保证斗轮能到达船舱内的任何地点进行作业,另外,为确保在整个卸船过程中海轮和卸船机的安全,海港型斗轮卸船机还装配有完善的电控、操作和安全保护系统,故其结构比较复杂,如图 9-12 所示。

斗轮卸船机的主要特点是:

(1)对物料的适应性好,斗轮挖取力强,可以作业各种散粒物料,尤其适合作业粒度大、堆积密度大、坚硬、潮湿、粘性的散粒物料。

(2)对船型的适应性好,不仅可接卸各种内河驳船,也可接卸各种海轮。

(3)卸船效率高。斗轮卸船机可经常在额定生产率下工作,清舱阶段时,借助于清舱机械的配合作业,也可达到较高的卸船效率,其平均生产率较高。

(4)能耗较低。斗轮卸船机除了机头取料装置外,其余主要部分是带式输送机或斗式提升机,故其能耗较低,平均作业能耗为 0.3kW · h/t 左右。

(5)环境污染小。斗轮卸船机卸船时,除斗轮取料部位外,其余的物料输送和转卸环节均处于密闭的环境中,无撒落和扬尘。且各机构工作速度较低,噪声小。

(6)由于斗轮卸船机一般用于接卸较难挖取的重散粒物料,故其整机刚度较大,整机重量及制造成本也比其他机械式连续卸船机高。

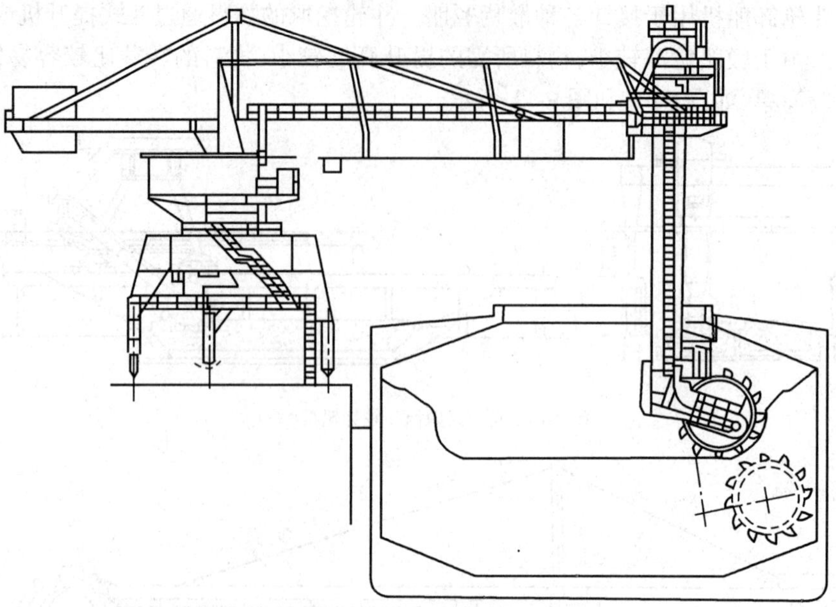

图 9-12　海港型斗轮卸船机

七、埋刮板卸船机

埋刮板卸船机是一种利用垂直臂埋刮板提升装置(以下简称垂直臂)封闭提升输送散货的连续卸船机械,它利用物料颗粒间的内摩擦力大于物料与机槽壁之间的外摩擦力的原理,使物料成整体输送。其工作原理参见第四章的第一节。

散货专业码头上常用轨道式埋刮板卸船机,其主要由垂直臂、水平臂架系统、机上输送机、回转机构、俯仰机构、行走机构、电控系统及金属构架等组成,如图 9-13 所示。

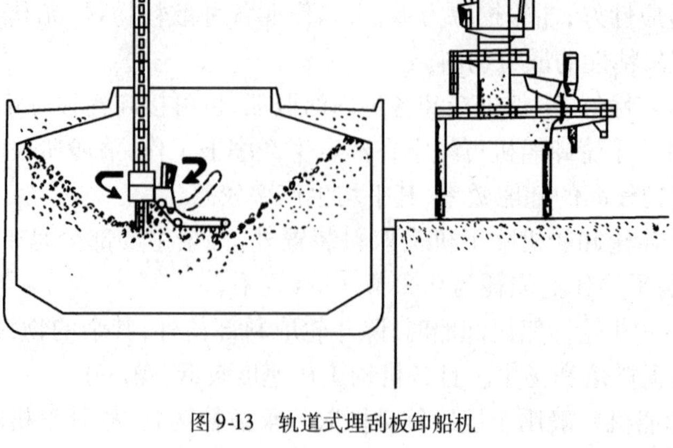

图 9-13　轨道式埋刮板卸船机

埋刮板卸船机的特点是:体积小,效率高,结构简单,维护方便,物料在封闭的管道中输送,无撒漏和扬尘。普遍应用于散粮卸船。

第三节　气力卸船机

气力卸船机采用气力吸送散货卸船,也是一种连续式散货卸船机,它主要用于散粮卸船作业,也有用于煤炭、水泥等散货卸船作业。用于散粮卸船作业的气力卸船机通常称为吸粮机。吸粮机由气力吸送散粮系统和为使吸嘴灵活吸粮的各种工作机构和机架组成,有固定式、移动式和浮式。

图9-14所示为400t/h移动式吸粮机。工作时,船舱内的散粮由吸嘴吸进气力输送系统经分离器卸至门架上的伸缩胶带机,再通过与之衔接的输送机系统送入机械化圆筒粮仓。该机的垂直、水平输料管都可伸缩,适用于3.5万吨以下的海船卸散粮作业。该机有两个吸管悬臂,臂架一长一短,以满足宽大的船舱口内侧和外侧的卸船需要。为了避免两根吸管工作不均衡而影响效率,采用了两套独立的单管气力输送系统,鼓风机功率为2×240kW。吸粮机上设有消声、减振装置。

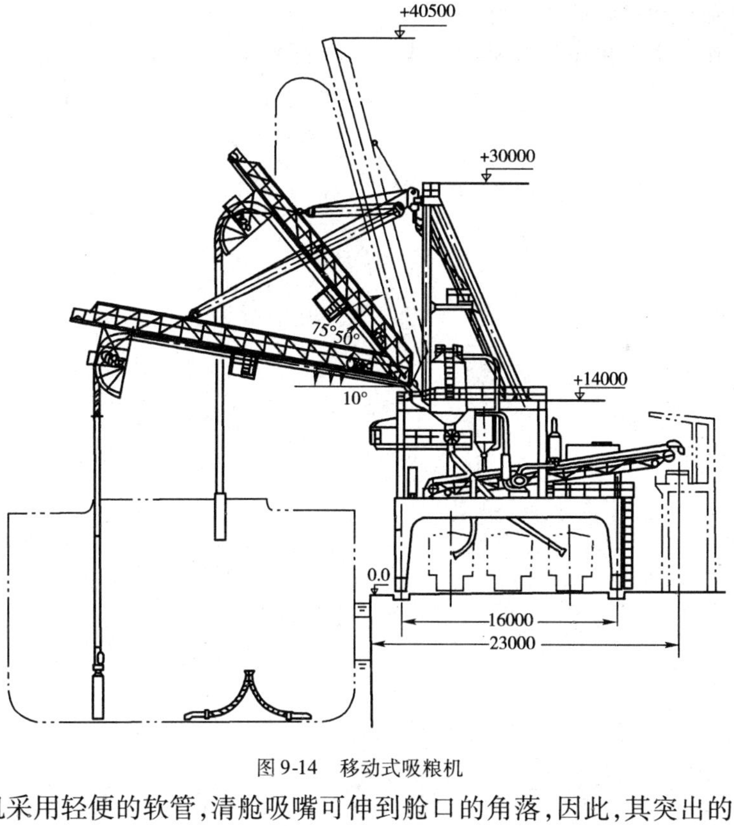

图9-14　移动式吸粮机

由于吸粮机采用轻便的软管,清舱吸嘴可伸到舱口的角落,因此,其突出的优点是便于清舱作业,不损伤舱底。此外,它的输料管尺寸小,构造简单,操作方便,工作可靠,容易维修,在密闭系统卸货作业,舱内不扬灰尘。其主要缺点是功率消耗和噪声较大,但近年的新机型已有很大改进。

在国际上,于19世纪末期开始在港口运用气力输送机进行散粮卸船,20世纪30年代,气力输送机成为欧洲某些大港专业化散粮码头上的主要卸船设备。目前,用于荷兰鹿特丹港的吸粮机单机生产率为1000t/h，国内湛江、广州港采用400t/h吸粮机。

思考与练习

1. 散货卸船机是如何分类的？
2. 门座抓斗卸船机的工作原理是怎样的？
3. 桥式抓斗卸船机的工作原理是怎样的？
4. 桥式抓斗卸船机的载重小车主要有哪几种型式？各自有什么特点？
5. 机械式散货连续卸船机主要有哪些类型？主要有哪些组成部分？
6. 简述链斗卸船机的工作特点和应用场合。
7. 悬链式链斗卸船机的工作原理如何？有哪些组成构件？主要优点是什么？
8. 简述压带式卸船机的主要特点。
9. 简述波状挡边带式卸船机的主要特点。
10. 简述螺旋卸船机的主要特点。
11. 简述斗轮卸船机的主要特点。
12. 简述埋刮板卸船机的主要特点。
13. 气力卸船机主要用于什么货种？其工作特点怎样？

第十章 散货堆场的堆取料机械

知识目标

1. 解释堆料机的组成和工作原理；
2. 描述堆料机的主要性能参数和分类；
3. 解释取料机的组成和工作原理；
4. 描述取料机的主要类型及各类型的工作原理；
5. 描述斗轮堆取料机的主要类型和工作原理；
6. 描述斗轮堆取料机的特点；
7. 描述斗轮堆取料机的主要装置。

能力目标

1. 具备分析散货堆场的堆取料机械的工作原理和工作性能的基础知识；
2. 能根据实际需求合理选择堆取料机械的类型。

第一节 堆 料 机

由卸船机或卸车机卸下的散货通常用带式输送机运送至堆场，在堆场上由堆料机进行堆垛。堆料机是将散货在堆场上进行堆垛的机械。

堆料机主要由堆料机体和尾车两大部分组成。堆料机体上有悬臂带式输送机、俯仰机构、整机运行机构，有的堆料机还设有回转机构。尾车实际上是堆场水平固定式带式输送机（主皮带机）的卸料车。堆料机作业时，由尾车将主皮带机上输送过来的散料转卸到机架上伸出的悬臂带式输送机上，悬臂带式输送机将物料卸在堆场上从而完成堆料作业。堆料机机架跨在堆场水平固定式带式输送机上，运行机构可使堆料机在轨道上沿着堆场水平固定式带式输送机移动，以调整堆料机的堆料地点，使堆料机能将物料堆满在整个堆场上。

堆料机的主要性能参数有：生产率、堆料高度和工作幅度。堆料机的生产率应与堆场水平固定式带式输送机的生产率相匹配；堆料高度和工作幅度则按装卸工艺的堆料要求来确定。设有俯仰机构和回转机构的堆料机可调整堆料高度和堆料位置，俯仰机构和回转机构运动速度一般较低，工作频率不高，均属非工作性机构。

堆料机按结构特征可分为：不可回转式和回转式；按货种可分为：堆煤机、堆矿机等。

1. 不可回转式堆料机

不可回转式堆料机用于特定的平面布置和工艺要求，只能在固定的带式输送机的一侧或两侧堆料，臂架不能回转，只能在垂直平面内俯仰，因而堆成的料堆呈较窄的尖顶状长条形，堆料的总长度小于与之配套的堆场水平固定式带式输送机的长度。不可回转式堆料机适用于配合坑道输送机系统作业，或适用于对堆料范围要求不高的场合。不可回转式堆料机典型结构参见图 10-1。

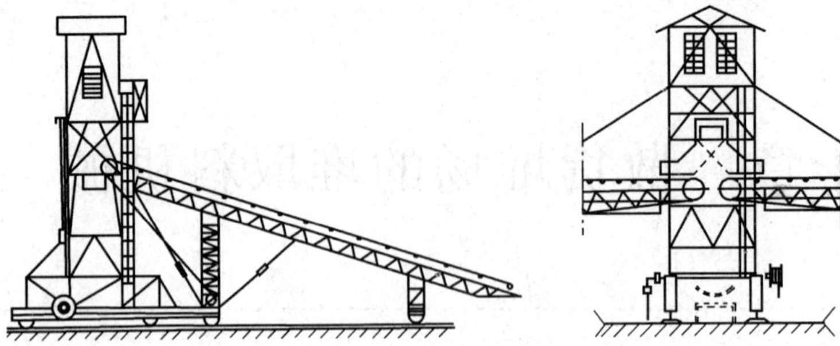

图 10-1　不可回转式堆料机

2. 回转式堆料机

回转式堆料机的堆料臂通过回转机构驱动其回转，可在堆场水平固定式带式输送机的两侧堆料，可以堆出较宽的平顶状长条形料堆，料堆的总长度可超过与之配套的堆场水平固定式带式输送机的长度，适用于在面积较大的散货堆场上作业。回转式堆料机典型结构参见图 10-2。

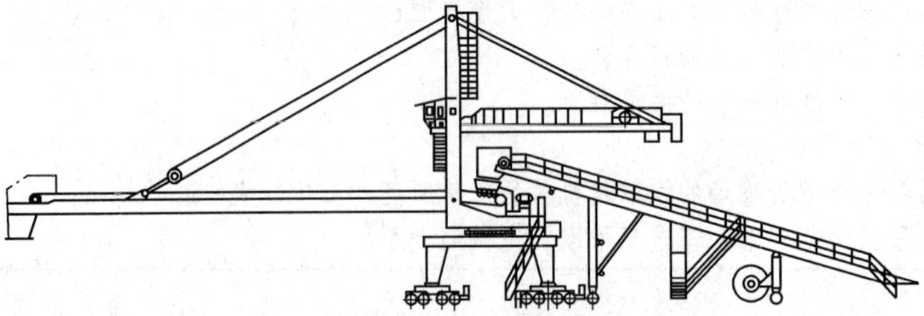

图 10-2　回转式堆料机

堆料机还可采用高门架式，用于与高架栈桥带式输送机配套使用，以便于堆场内流动机械的通行，参见图 10-3。

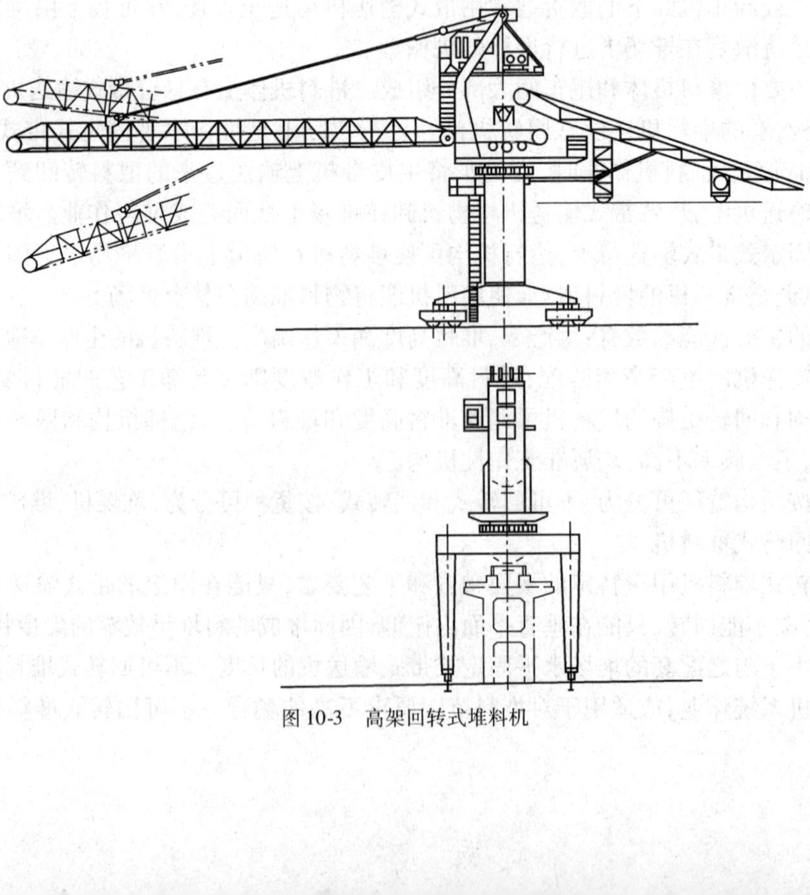

图 10-3　高架回转式堆料机

第二节　取　料　机

取料机是用于挖取堆场上的散粒物料并将物料供给地面或坑道带式输送机，从而将散粒物料从堆场运出的专用机械。

取料机主要由取料部分、运料部分和行走、回转、俯仰等机构组成。工作时，取料装置连续不断地从料堆中取料，并由运料输送机输送到地面或坑道带式输送机。通过行走、回转、俯仰等机构协同动作保证取料装置能连续高效地从料堆上取料。

取料机按取料装置的结构特征可分：斗轮取料机、门式取料机和螺旋取料机等型式。

1. 斗轮取料机

斗轮取料机主要由斗轮装置、悬臂带式输送机、机架和俯仰、回转、行走机构等组成。工作时斗轮从料堆取料，并通过悬臂带式输送机转载至地面带式输送机运出堆场。斗轮的工作位置可由斗轮臂的俯仰、回转和整机的行走来调整，以保证斗轮能连续地从料堆上取料，如图10-4所示。

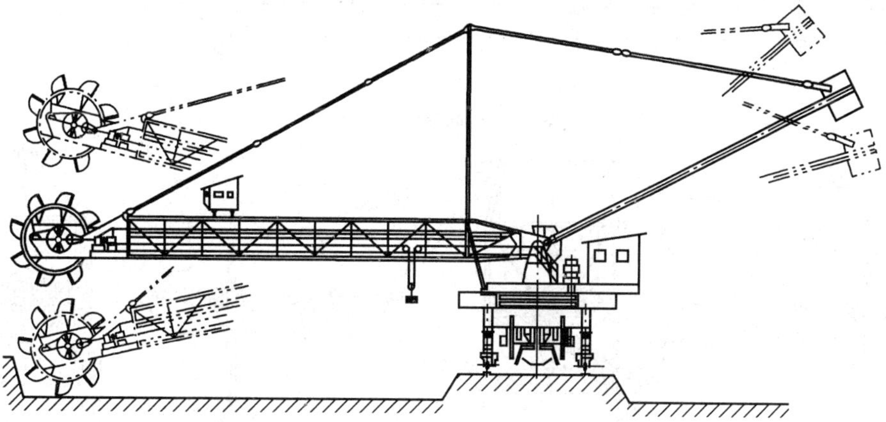

图10-4　斗轮取料机

2. 门式取料机

门式取料机的门架横向跨越料堆，并通过两端的车轮沿料堆两侧轨道纵向行走。取料斗轮套装在活动梁上，活动梁内装有带式输送机，活动梁可在垂直方向上下移动。工作时斗轮转动，从料堆取料并卸到活动梁内的带式输送机上，然后再转载到堆场地面带式输送机运出。斗轮可沿活动梁移动并由整机行走来保证斗轮连续取料，如图10-5所示。

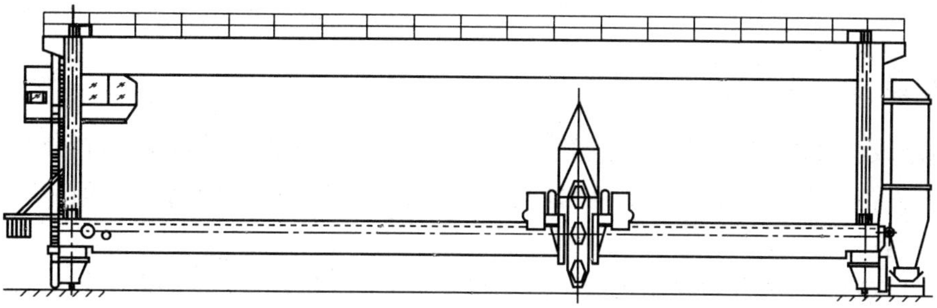

图10-5　门式取料机

3. 螺旋取料机

螺旋取料机是利用旋转的螺旋直接把堆场上的散粒物料推进坑道带式输送机的一种取料

机械。简易的螺旋取料机跨越料堆并贴近地面移动,只能从料堆的底部将物料推入坑道带式输送机,因而多用于小型堆场(图10-6)。双臂螺旋取料机由取料螺旋、臂架、机架和行走、俯仰、伸缩等机构组成,如图10-7所示。工作时取料螺旋可作上下、左右及前后三个方向的移动,因而取料效果较好。

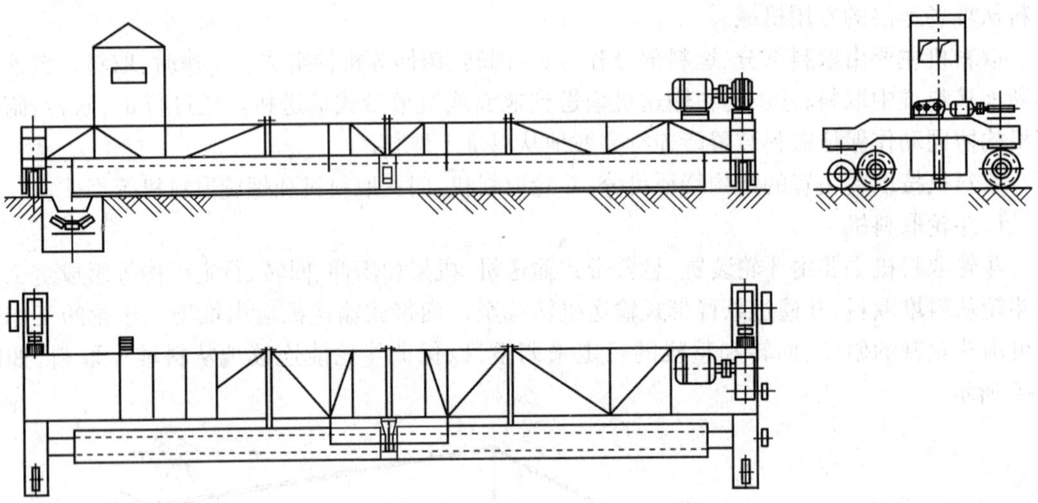

图10-6 简易螺旋取料机

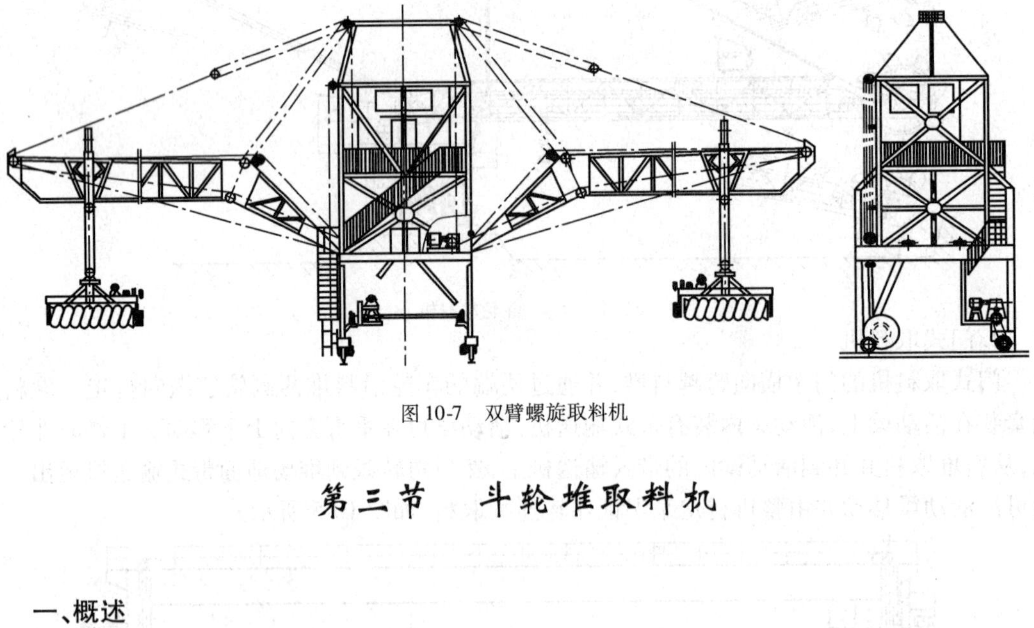

图10-7 双臂螺旋取料机

第三节 斗轮堆取料机

一、概述

斗轮堆取料机是具有堆料和取料两种功能的连续装卸机械。与堆料、取料分开的两台设备比较,其设备价格和运转费用低,在堆场上占地面积小,堆场的利用率高。但堆料和取料不能同时进行。

斗轮堆取料机是在斗轮挖掘机的基础上发展起来的,主要用于专用散货码头、钢铁企业、大型电站及矿山的散料堆场装卸各种矿石、煤、砂石、焦炭、耐火材料及化工原料等散粒物料。斗轮堆取料机的生产作业分为堆料和取料两种不同工况。斗轮堆取料机通常是卸船或卸车系统进行堆料作业,装船或装车系统进行取料作业的主要配套设备。主要性能参数有:生产率、堆料高度、回转半径、回转角度和工作速度等。生产率应与前方装卸系统生产能力相匹配；堆料高度、回转半径和回转角度则根据堆场的堆存量、面积及料堆的几何尺寸来确定。

二、主要类型和工作原理

按照生产能力的大小可将斗轮堆取料机分为：

(1)轻型(生产率在630m^3/h以下)；

(2)中型(生产率为630～2500m^3/h)；

(3)大型(生产率为2500～5000m^3/h)；

(4)特大型(生产率为5000～10000m^3/h)；

(5)巨型(生产率在10000m^3/h以上)。

按其运行装置的型式则可将斗轮堆取料机分为履带式、轮胎式和轨道式等三种，我国设计制造的斗轮堆取料机多为轨道式。

按斗轮臂架系统的平衡方式又可将斗轮堆取料机分为：活配重式，如图10-8所示，该机的斗轮臂架是利用钢丝绳吊挂于带活配重的平衡梁上；死配重式；整体平衡式，如图10-9所示。上述三种型式中，活配重式因其斗轮臂架俯仰所引起的整机倾覆力矩变化小，故其稳定性较好，但其整机高度较其余两种更高。

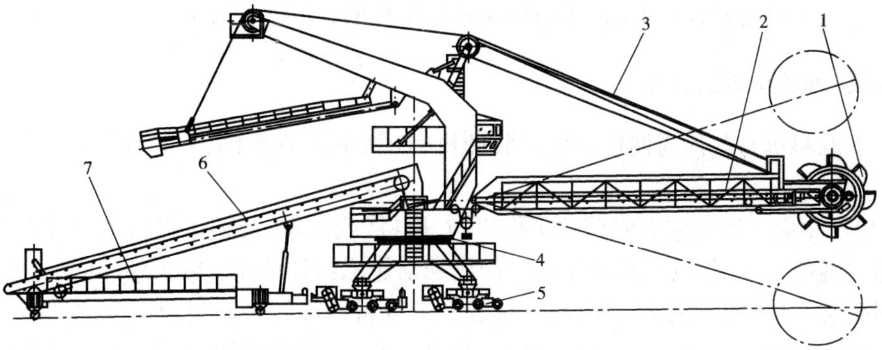

图10-8 悬臂式斗轮堆取料机结构简图

1-斗轮机构；2-悬臂带式输送机；3-俯仰机构；4-回转机构；5-运行机构；6-尾部带式输送机；7-尾车架

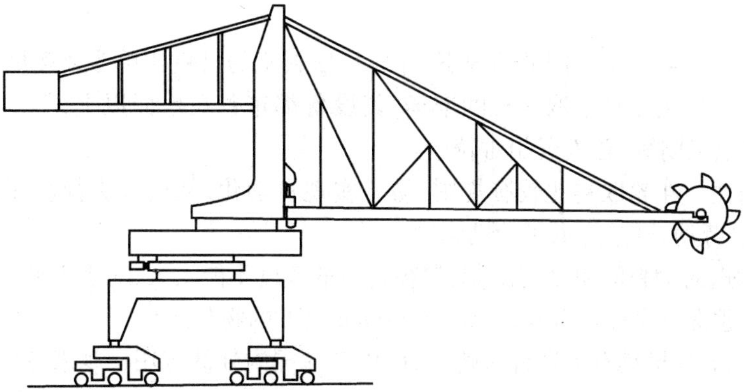

图10-9 整体平衡式斗轮堆取料机

斗轮堆取料机主要由斗轮机构、悬臂带式输送机、俯仰机构、回转机构、行走机构、尾部带式输送机(主带式输送机)、尾车架和门架等部分所组成。图10-8为悬臂式斗轮堆取料机结构简图。斗轮机构1、悬臂带式输送机2、俯仰机构3、回转机构4等回转部分安装在门架上，门架通过由四套运行台车组成的运行机构5可沿轨道运行。悬臂输送机2通过尾车架7与沿主输送线布置的尾部带式输送机6协同工作。尾车架通过挂钩与堆取料机主机架相连，尾部带式输送机的头部可通过设在尾车架上的液压缸进行升降，其尾部则与主带式输送机连为一体。

当进行堆料作业时，尾部输送机的头部处于转盘中心的悬臂带式输送机装料斗的上方，从主带式输送机输送上来的物料经尾部输送机头部滚筒卸入料斗，再经悬臂输送机抛向堆场。由于悬臂输送机的装料斗设置在转盘的回转中心，因此，无论转盘回转到任意方位均能保证从尾部输送机上来的物料准确无误地卸入料斗并进入悬臂输送机。

当进行取料作业时，则应首先解开挂钩，使尾车架脱离主车架并通过升降液压缸将尾部输送机的头部降至主机门架档部，再挂上挂钩然后开动装设在悬臂输送机头部的斗轮机构使斗轮转动，取料铲斗便切入料堆挖取物料，当装满物料的料斗运转至悬臂输送机头部的上方时，斗内物料在自身重力作用下卸落到固定料槽上经溜料板滑落至悬臂输送机上（此时悬臂输送机的运行方向与堆料作业时恰恰相反），最后经悬臂输送机的尾部料斗送入尾部输送机直至主带式输送机上。

无论是堆料还是取料作业时，均可利用整机回转机构和运行机构的配合运动，调整和改变堆取料位置，以尽量扩大堆取料机的服务范围。而俯仰机构则用于调节堆取料的高度。

在斗轮堆取料机堆料作业时，斗轮机构是不工作的。

三、斗轮堆取料机的特点

斗轮堆取料机与其他周期性动作的装卸机械（如单斗装载机、装卸桥等）相比，具有以下优点：

（1）生产率高。因为它有专门的工作机构，堆料（或取料）与输送物料是同时进行的，而且是无间断地连续作业，故其生产率很高。而周期动作机械如单斗装载机则不同，它的铲斗既要完成取料任务，又要完成输送物料任务，形成一个取料→旋转→卸料→空载返回的工作循环。在这个循环中，取料只占整个循环时间的三分之一左右，其余时间均用于输送及空转工序上，所以生产率低。在相同功率情况下，斗轮堆取料机的生产率约为单斗装载机的1.5~2.5倍。

（2）能耗低。因为它主要是采用能耗较低的带式输送机来完成物料输送的，故其功率消耗小。

（3）自重轻。在生产率相同的情况下，斗轮堆取料机的自重比单斗装载机要轻1/3~1/2。

（4）投资少。使用斗轮堆取料机的堆场，其设备都布置在地面以上，基础简单，工程的土石方量少，所以施工期短，总投资相对较少。

（5）操作简便。斗轮取料比较有规则，易于实现自动化，从而大大简化了操作程序，有效地改善了工人的劳动条件，降低了劳动强度。

（6）对所输送的物料的块度有限制，散粒物料的块度不能太大，对于中型（630~2500m^3/h）斗轮堆取料机，通常只允许挖取粒度250~300mm以下的物料。

由于斗轮堆取料机具有上述许多优点，所以它在国内外的应用已越来越广泛。

四、斗轮堆取料机的主要装置

斗轮堆取料机是通过斗轮装置、悬臂带式输送机和尾部带式输送机等主要装置的配合运行来完成堆料或取料的。

1. 斗轮装置

斗轮装置主要由驱动部分和斗轮部分组成，其驱动部分为一液压马达；斗轮部分则由斗轮体和安装在斗轮体上的铲斗构成。斗轮轴与马达轴直接连接。

当斗轮工作时，由驱动部分的液压马达直接驱动斗轮转动，铲斗便切入料堆挖取物料，然后运转至卸料区段将物料卸落到悬臂输送机上。

1）铲斗

在斗轮堆取料机的斗轮体上，通常装置有6～12个铲斗，铲斗的容积一般为20～630dm^3。要使铲斗挖取物料的阻力最小，就要求铲斗有一个合理的形状；同时，为保证铲斗工作安全可靠，使用寿命长，则要求铲斗具有足够的强度和耐磨性。

铲斗的种类很多，根据用途和挖取物料的不同，大体分为平口斗、斜口斗和带齿斗等。斗口形状有拱形、梯形和花瓣形等，如图10-10所示。

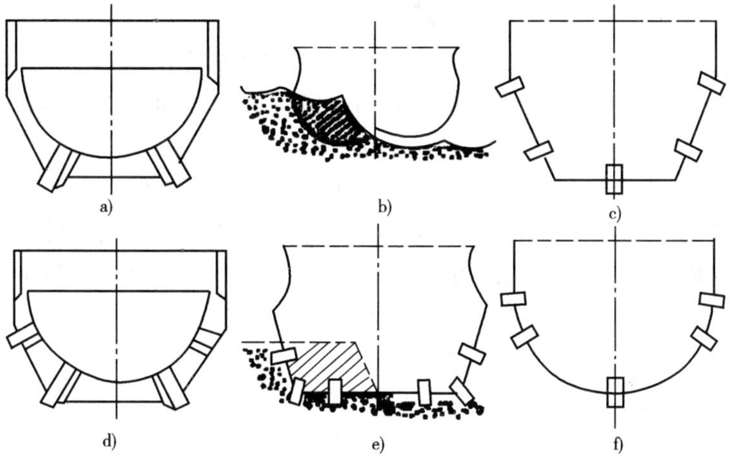

图10-10　铲斗及斗口形状图

铲斗由切割刃、斗唇、斗底和底座等组成。在铲斗的斗唇部分堆焊有斗箍，用以增加铲斗的刚性和强度。而斗齿的作用则是为了减少斗口的磨损。

2）斗轮

斗轮由斗轮体和铲斗组成，斗轮直径一般为2～18m。斗轮按其结构型式可分为：有格式斗轮、无格式斗轮和半格式斗轮。

（1）有格式斗轮

有格式斗轮的结构如图10-11a）所示，铲斗1用螺栓固定在轮毂2上，每个铲斗有一个对

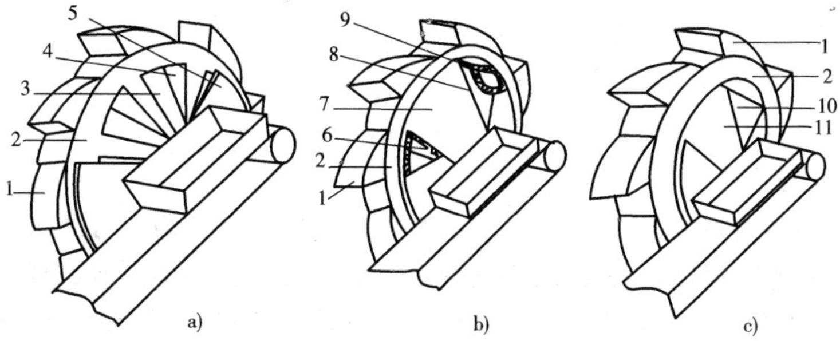

图10-11　斗轮构造简图

a）有格式斗轮；b）无格式斗轮；c）半格式斗轮

应的卸料溜槽，它由溜板3和前后格板4构成。溜板倾斜安装，并与铲斗底部相通。由铲斗底部卸出的物料经溜料槽卸到斗轮一侧的悬臂输送机头部的装料斗内。

为了防止铲头内的物料在还没有到卸料位置时就从溜料槽卸出，在斗轮靠卸料一侧装有扇形挡板5，因挡板5不随斗轮运转，故可挡住已装入铲斗及溜料槽内的物料。

有格式斗轮每个斗均有对应的卸料槽，物料滑移行程较短，滑移阻力较小，适于挖取中小块度的坚硬物料。但有格式斗轮卸料区间较小，故其转速必须取得较低，否则物料就来不及卸尽。另外，由于有格式斗轮工作表面较大，容易粘结物料，格子内表面清扫困难，故有格式斗轮不宜用于挖取粘性物料。

(2)无格式斗轮

无格式斗轮的结构如图10-11b)所示，它由铲斗1和轮毂2等组成。在斗轮体中央，有前导板6、侧导板7和后导板8构成的卸料槽，卸料槽与悬臂架固接，不随斗轮转动，且在其圆周上焊有与斗轮宽度相同的圆筒形挡料板9。

斗轮工作时，铲斗自下而上逐渐装满物料，由于固定不转动的圆筒形挡料板9挡住铲斗底口，使物料不能从底口流出。当铲斗转到卸料槽区段时，物料才能从斗底口流经卸料槽进入悬臂输送机头部装料斗中，然后由悬臂输送机运走。

无格式斗轮只有一个固定的卸料槽，卸料角达130°，卸料区间大，斗速高，为有格式斗轮转速的1.5~2.0倍。故其生产率也高。同样尺寸和重量的斗轮，其生产能力亦可以提高相同的倍数，且适于挖取粘性物料。因此，近年来无格式斗轮得到了优先广泛的应用和发展。

无格式斗轮亦有卸料高度大、卸料装置结构复杂等缺点。此外，当其铲斗装得过满时，会使物料在铲斗内压实，从而妨碍自由卸料。

无格式斗轮和有格式斗轮的具体结构见图10-12。

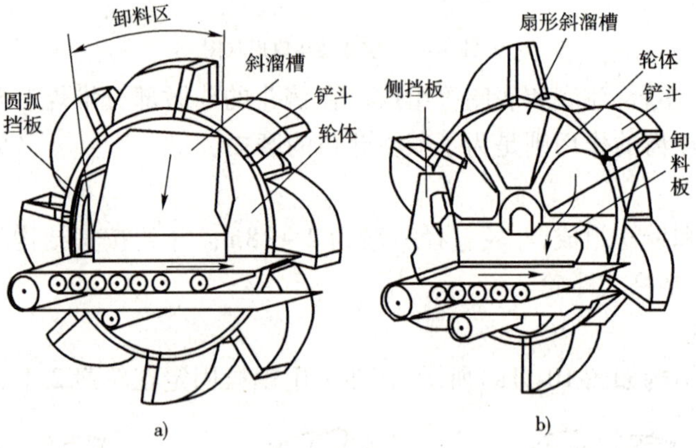

图10-12　斗轮结构图

a)无格式斗轮;b)有格式斗轮

(3)半格式斗轮

半格式斗轮的结构如图10-11c)所示，它亦主要由铲斗1、轮毂2等所组成。轮毂中央亦有一个与无格式斗轮相似的卸料装置，不同的是环形挡板与轮圈间形成的环形空间的径向尺寸更大，且在此环状框架中，对应各铲斗均有一小段径向卸料导板(格板)形成的卸料槽，因此，半格式斗轮在工作时，其性能介于有格式斗轮和无格式斗轮之间，兼有二者之优点，但因其结构较为复杂，应用不如无格式斗轮广泛。

3）斗轮的卸料方式

斗轮的卸料方式分为离心卸料和重力卸料两大类。重力卸料又分为侧卸式（包括单侧式和双侧式）和直卸式（斗轮与悬臂带式输送机布置在一条直线上）。绝大多数斗轮堆取料机都采用单侧重力卸料。

（1）离心卸料

斗内物料主要靠离心力抛卸出来。斗轮转速高，故其生产率高。缺点是物流分散，物料卸不干净。故只适于卸干燥流动性好的物料。这种卸料方式一般只用于斗轮取料机上。这样，可将斗轮中心线与悬臂输送机中心线重合布置，使斗轮机头简单紧凑，臂架受力情况好（无附加扭矩），整机自重轻。

（2）重力卸料

斗轮内的物料主要靠物料重力卸出。斗轮转速较低，但卸料区间大，卸料时间长，物料能卸干净。为了使斗轮机既能取料又能堆料，斗轮中心线就不能与悬臂带式输送机中心线重合布置，斗轮必须布置在悬臂带式输送机侧面。

4）斗轮在悬臂上的安装

大多数斗轮堆取料机是采用重力侧卸式卸料方式。

采用侧卸式卸料的斗轮必须布置在悬臂输送机臂架一侧。臂架要承受附加扭矩。为了使臂架受力情况得到改善，并能更好地进行卸料，斗轮须按图10-13所示要求安装在臂架头部。即斗轮相对于臂架轴线在水平面上倾斜一 β 角，其值一般为2°～13°，如图10-13a）所示，这样，不仅减小了斗轮对臂架的扭矩，同时也改善了铲斗的卸料条件；此外，为了尽可能增大卸料溜槽的倾角，以增大物料卸滑速度，提高卸料能力。安装斗轮时，还必须相对于臂架在垂直平面内向卸料一侧倾斜 α 角，其值为0～10°，如图10-13b）所示。

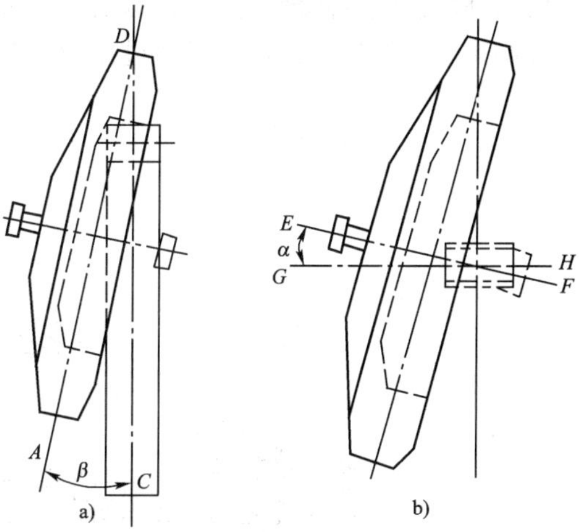

图10-13　斗轮在臂架上的安装

5）安全保护装置

斗轮堆取料机在取料作业中，有可能挖到坚硬的特大物料，或遇被挖物料发生突然倒塌等均会造成异常过载。如果没有过载安全保护装置，则可能损坏斗轮驱动装置，甚至引起整机倾覆。北仑港最大堆取能力为5250t/h的大型斗轮堆取料机，采用了一种浮动配重超负荷限制器。它是在俯仰钢丝绳的一端装上浮动式平衡配重，如图10-14所示。当斗轮一旦发生过载时，浮动配重就沿着导杆向上浮动并碰击行程限位开关，从而发出警报信号或立即切断机构电源，以便停机待查，排除故障。

2. 悬臂带式输送机

悬臂带式输送机是装设在斗轮堆取料机悬臂上用以完成斗轮机堆取料职能的一个主要装置。它在结构上与一般带式输送机基本相同，区别在于其前后两端部的装料装置上均安装有可以开闭的活动横挡板。

取料时，悬臂带式输送机前端（头部）装料装置端部的横挡板关闭，防止物料从端部散落。与此同时，打开后端装料装置横挡板，以便物料卸落到尾部输送机上。

堆料时，则将后端横挡板关闭，以接纳从尾部输送机卸下来的物料。同时，打开前端横挡板，让物料顺利通过悬臂输送机头部抛卸堆料。

悬臂带式输送机前后端装料装置端部的活动横向挡板的开闭可由人工操作，亦可采用联动液压操作。

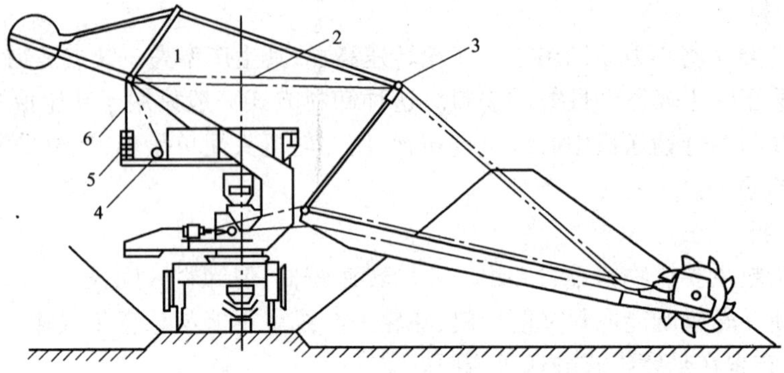

图 10-14　具有浮动式平衡配重的斗轮堆取料机

1-滑轮；2-俯仰钢丝绳；3-滑轮；4-臂架俯仰机构；5-浮动配重；6-导轨拉杆

3. 尾部带式输送机

斗轮堆取料机中的尾部带式输送机是串联在堆场主带式输送机中的，它处于堆取料机驱动台车的尾部，故称之为尾部带式输送机。其结构如图 10-15 所示。它由具有行走轮的尾部平台、升降支架、升降液压缸和挂钩装置等组成。升降支架的高低、倾角大小完全由升降液压缸控制调节。尾部带式输送机通过挂钩装置与主带式输送机相连。

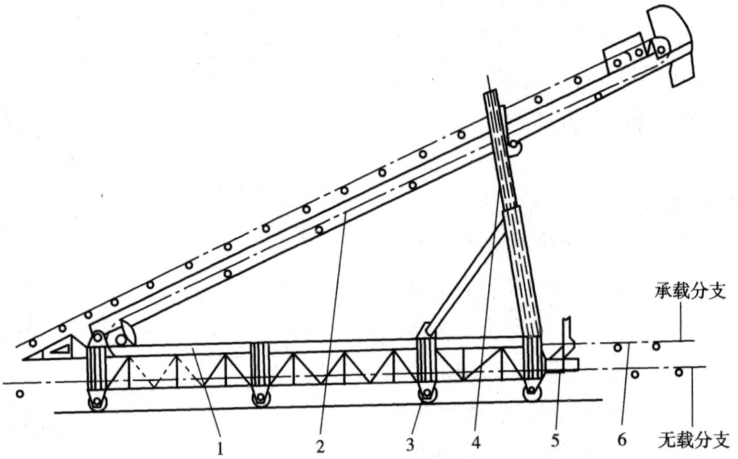

图 10-15　尾部带式输送机

1-尾部平台；2-升降支架；3-尾部平台行走轮；4-支架升降机构；5-挂钩装置；6-堆场主输送带

当斗轮堆取料机要从一种作业状态（如堆料）改变为另一种作业状态时（如取料），必须相应改变尾部带式输送机的升降支架倾角，其操作程序是：当从堆料（或取料）变为取料（或堆料）时，应先解开挂钩装置，使尾部带式输送机与堆取料机驱动台车分离，然后启动升降油缸降下（或升上）升降支架，并调整到工作位置，再开动驱动台车向尾部带式输送机的尾部平台靠拢，待相互衔接后插上挂钩装置，即可开始新的作业。

实际上，当堆取料机进行堆料时，其尾部带式输送机就是一台串联在主带式输送机上的卸料车。

思考与练习

1. 堆料机的组成是怎样的?
2. 堆料机的主要性能参数有哪些?
3. 堆料机按结构特征可分为哪几种?各有什么特点?适用于什么场合?
4. 取料机主要由哪些部分组成?其工作原理是怎样的?
5. 取料机按取料装置的结构特征可分为哪几种?各有什么特点?
6. 斗轮堆取料机主要用于什么作业场合?有哪些主要参数?
7. 斗轮堆取料机是如何分类的?主要由哪些部分组成?
8. 简述斗轮堆取料机的工作原理。
9. 斗轮堆取料机的堆料作业和取料作业是如何转换的?
10. 斗轮堆取料机与其他周期性动作的装卸机械相比,有哪些特点?
11. 斗轮按其结构型式可分为几种?
12. 斗轮的卸料方式有哪些?
13. 采用重力侧卸式卸料的斗轮在悬臂上安装时应注意什么?

第十一章　散货卸车机械

知识目标

1. 知道散货卸车机械的主要类型；
2. 描述链斗卸车机的主要组成和工作特点；
3. 描述螺旋卸车机的主要组成；
4. 描述螺旋卸车机的类型，各种螺旋卸车机的工作特点；
5. 描述翻车机的主要组成部分和结构型式；
6. 描述翻车机的工作特点；
7. 知道翻车机卸车系统的主要组成。

能力目标

1. 具备分析各种散货卸车机械及翻车机卸车系统的工作原理和工作性能的基础知识；
2. 能根据实际需求合理选择散货卸车机械。

散货卸车机械是指将散粒物料从铁路敞车中卸出的机械，主要有：链斗卸车机、螺旋卸车机和翻车机等几种型式。

第一节　链斗卸车机

链斗卸车机是一种能将散货卸车并堆放的卸车机械。其特点是：结构简单，效率高，装卸成本低，链斗卸车机主要由链斗提升机、升降机构、带式输送机、行走机构、机架和电气控制系统等组成，如图 11-1 所示。

作业时，链斗提升机下降至待卸敞车内，链斗将物料挖取提升到一定高度后，转卸到带式输送机上，由带式输送机将物料输送堆放到铁路两侧的堆场上。通过行走机构的移动和链斗提升机的升降运动，链斗卸车机可逐层挖取物料，直至将车厢内的散货物料全部卸完。

链斗卸车机按跨越车厢的数量可分为：单轨和双轨，其跨度在 5 ~ 22m 之间。带式输送机可为一条固定的或可双向移动的双向带式输送机，也可配置左右各一条可俯仰、回转的堆料带式输送机（图 11-2），以获得较大的堆存能力。

链斗卸车机的生产率一般为 300 ~ 400t/h，每小时可接卸 5 ~ 6 节敞车。适宜作业粒状和小块状的干燥的、流动性好的散粒物料，如煤炭。

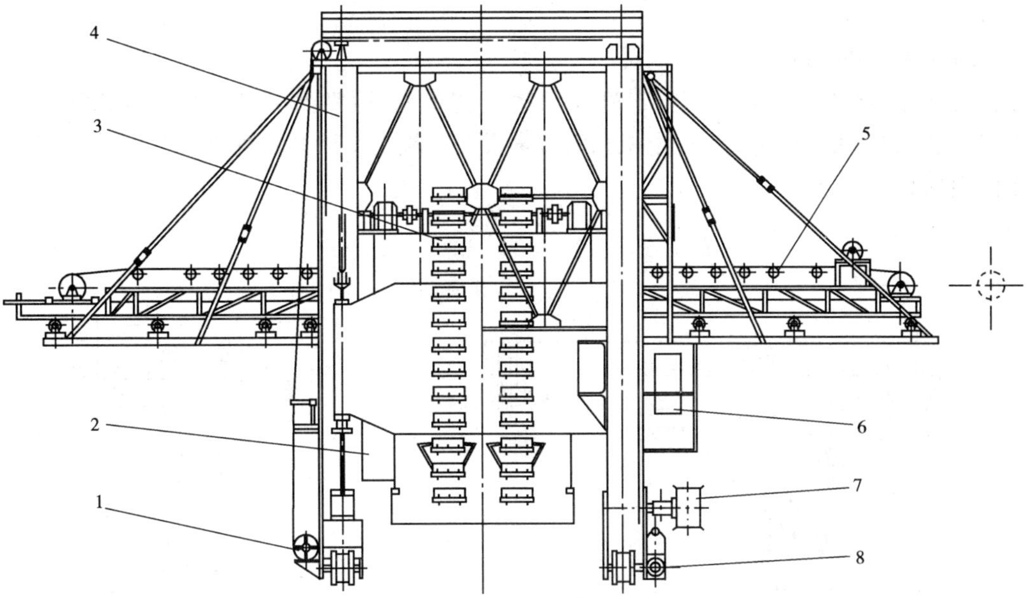

图 11-1　链斗卸车机(一)

1-升降机构;2-电气系统;3-链斗提升机;4-机架;5-带式输送机;6-司机室;7-电缆卷筒;8-行走机构

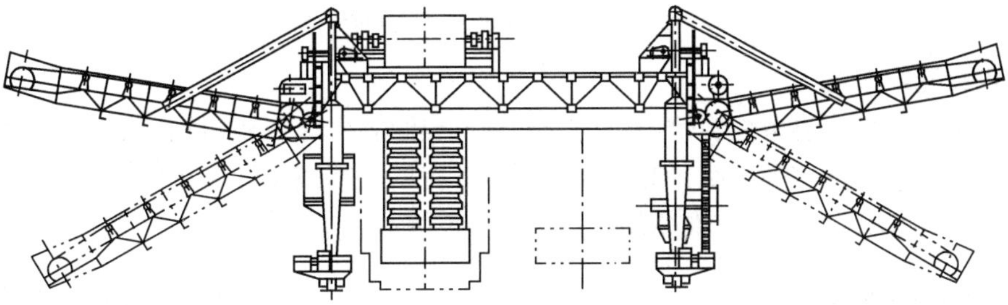

图 11-2　链斗卸车机(二)

第二节　螺旋卸车机

螺旋卸车机是接卸具有侧开门铁路敞车的专用卸车机械。它由水平卸料螺旋、螺旋传动机构、螺旋摆动机构、提升机构、行走机构和机架等组成。

作业时,将螺旋卸车机运行到车厢端部,打开敞车侧门,逐步放下卸料螺旋,让其插入物料堆中,开动卸料螺旋,利用螺旋的斜面将物料从敞车两侧推出。通过行走机构的移动和螺旋升降机构的升降,螺旋卸车机可将车厢中的散货物料逐层从车厢两侧卸下,直至将车厢内的散货物料全部卸完。当螺旋接近车厢底部时,可操纵螺旋摆动机构,使两个卸料螺旋处于不同的高度位置,以便将车厢底板上和端部的残留散货清卸干净。

螺旋卸车机具有结构简单、效率高、设备投资少等优点。一般生产率为 300 ~ 400t/h,卸料螺旋直径一般为 800 ~ 900mm 的三头螺旋,螺旋转速为 100r/min 左右,适合作业松散和堆积密度不大的散货物料。

螺旋卸车机按支承结构型式不同可分为：桥式螺旋卸车机、门式螺旋卸车机和悬臂式螺旋卸车机。

1. 桥式螺旋卸车机

桥式螺旋卸车机主要由大车行走机构、小车行走机构、桥架、螺旋传动机构、螺旋提升机构等组成，如图 11-3 所示，其大车行走机构沿着铺设在混凝土支柱上的轨道行走，主要用于库内或车间内的卸车作业。

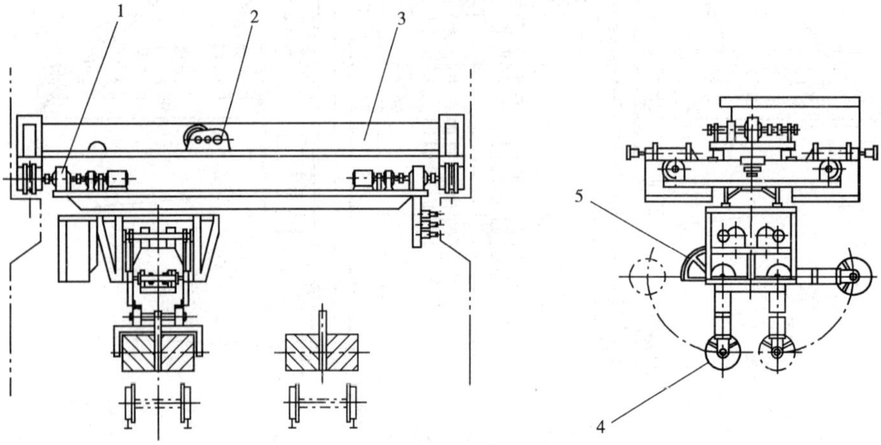

图 11-3　桥式螺旋卸车机

1-大车行走机构；2-小车行走机构；3-桥架；4-螺旋传动机构；5-螺旋圆周提升机构

2. 门式螺旋卸车机

门式螺旋卸车机主要由螺旋传动机构、螺旋提升机构、大车行走机构、门架等组成，门式螺旋卸车机可跨越单列或多列车厢，如图 11-4 所示。有的门式螺旋卸车机两边设有倾斜带式输送机，可在平地料场进行卸车和堆高作业，如图 11-5 所示。

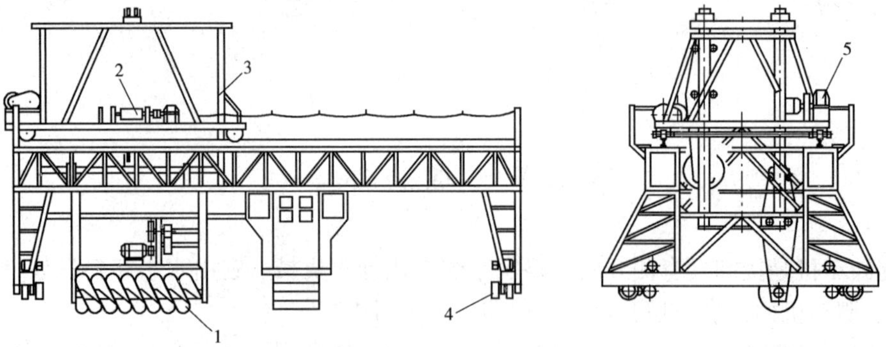

图 11-4　门式螺旋卸车机

1-螺旋传动机构；2-螺旋升降机构；3-小车；4-大车行走机构；5-小车行走机构

3. 悬臂式螺旋卸车机

悬臂式螺旋卸车机主要由螺旋传动机构、螺旋提升机构、螺旋移动小车、回转机构、大车行走机构、门架等组成。回转机构可使臂架回转 360°，因此可分别在螺旋卸车机的两侧铁路轨道上进行卸车，如图 11-6 所示。

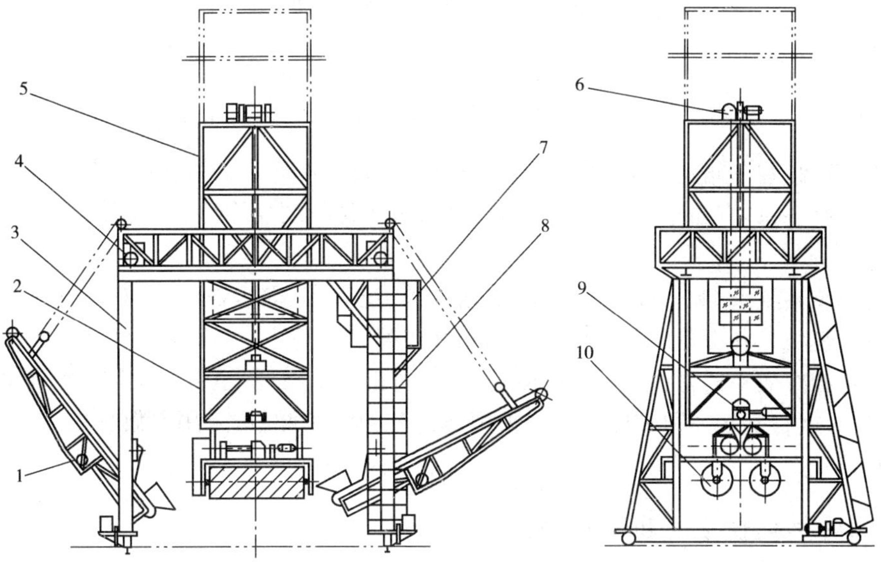

图 11-5　带倾斜带式输送机的螺旋卸车机

1-带式输送机;2-滑动架;3-门架;4-输送机俯仰机构;5-固定架;6-螺旋提升机构;7-操作室;8-梯子;9-螺旋摆动机构;10-螺旋机构

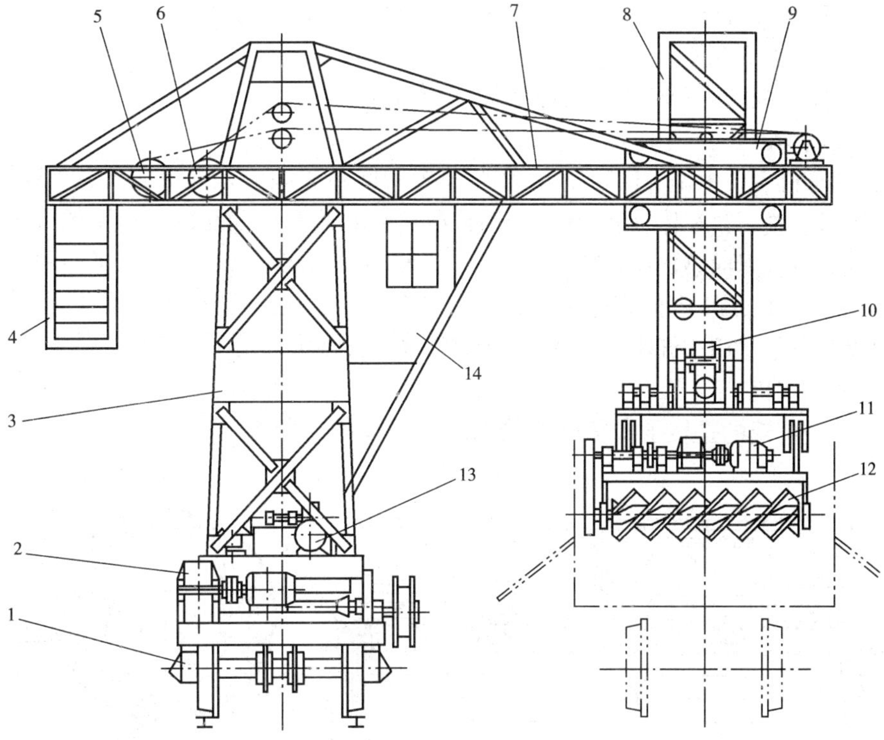

图 11-6　悬臂螺旋卸车机

1-铁路平车;2-行走传动机构;3-回转架;4-平衡重;5-螺旋提升绞车;6-螺旋移动绞车;7-悬臂桁架;8-螺旋套架;9-螺旋移动小车;10-螺旋倾斜传动机构;11-螺旋传动机构;12-螺旋;13-回转传动机构;14-操作室

第三节　翻　车　机

一、概述

翻车机是用倾翻车厢的方法由车厢顶部将所载散货一次卸出的快速卸车机械。翻车机是一种大型卸车设备,具有卸车效率高、生产能力大、机械化程度高等特点,适用于大型专业化散货码头和电厂。

翻车机卸车系统由翻车机、重车铁牛、摘钩平台、迁车台、空车铁牛、受料漏斗和地下带式输送机等设备组成。各设备的工作效率必须相互匹配。

翻车机的卸车效率通常为30~40厢/时,一次可翻一节车厢,也可一次翻二节车厢或三节车厢,最高可一次性翻卸8节车厢。对于采用旋转车钩的车厢,可采用不解体的方式卸车,卸车效率更高。

二、翻车机主要组成部分和结构型式

翻车机主要由回转机架、车辆支承轨道、车体压紧装置、回转机架回转驱动机构、翻车机支承装置及其他辅助装置组成。回转机架主要由翻车机底梁和数个C型或O型端环、侧梁靠车板装置、顶梁压车器装置以及支承轮等结构组成。顶梁上装有压车器,在翻车机翻转过程中将进入回转机架的车厢牢固地固定,并与回转机架一起回转。通常压紧装置采用液压方式压紧。回转机架的驱动装置由电动机、减速器、开式小齿轮和固定在回转机架环形支承结构上的大齿圈组成。

翻车机主要有侧倾式和转子式两种型式。

1.侧倾式翻车机

侧倾式翻车机主要由偏心回转平台、压紧装置和回转驱动装置等组成。当车厢被送进旋转平台后,压紧装置压紧车体,回转平台转动将散货卸到侧面的漏斗内。由于偏心布置,翻转轴线位于车辆上方,因而整机质量较大,提升高度大,工作线速度较高,耗电多,其翻转角一般不超过180°,货物不易卸干净;但它所需的压紧力较小,有利于保护车辆,而且地下构筑物基础浅,土建投资省。适用于卸车量不太大,所装货物粘性不大和地下水位较高的场合。

2.转子式翻车机

目前应用最广泛的是转子式翻车机,如图11-7所示。

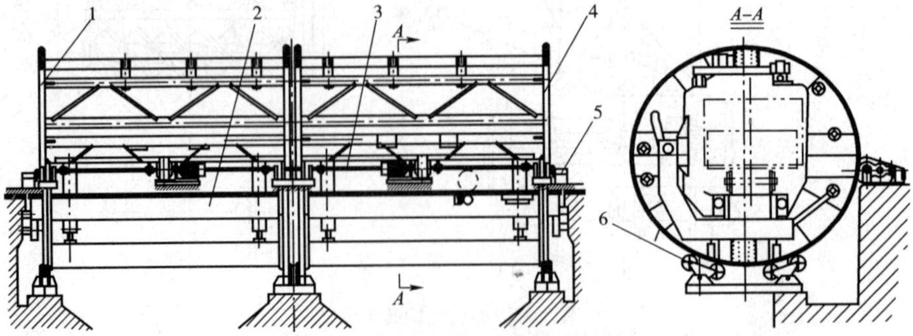

图11-7　转子式翻车机

1-转子(左);2-平台及压车装置;3-传动装置;4-转子(右);5-电气设备;6-托辊装置

转子式翻车机主要由转子、支承平台、压紧装置、回转驱动装置和托辊装置等组成。当车辆被送进转子内的支承平台时，压紧装置压紧车体，转子回转将散货卸到下面的受料漏斗内。转子式翻车机的翻转轴线靠近旋转系统的质心，翻转角度可达360°，因而质量较小，耗电较少，工作可靠，货物容易卸干净；但其地下构筑物基础较深，土建投资大，压紧力较大，易损坏车辆。

三、翻车机卸车系统

翻车机作业时，一般需将列车解体并逐一送进翻车机翻卸，卸完货物的空车厢需要送出拉走重新编列。所以翻车机卸车系统通常还需有：重车铁牛、摘钩平台、迁车台、空车铁牛、受料漏斗和地下带式输送机等设备配合工作。

1. 重车铁牛和空车铁牛

重车铁牛和空车铁牛位于卸车作业线的端部，由机车牵引送来的车列停列在重车线上。由重车铁牛按一定的时间周期将车厢推或拉至摘钩平台上，或直接将车厢推进翻车机（车厢已摘钩）。

重车铁牛有后推式（图11-8）和前牵引式（图11-9）两种，主要由牵车铁牛和绞车两大部分组成。采用后推式铁牛可事先将列车车厢全部摘钩。

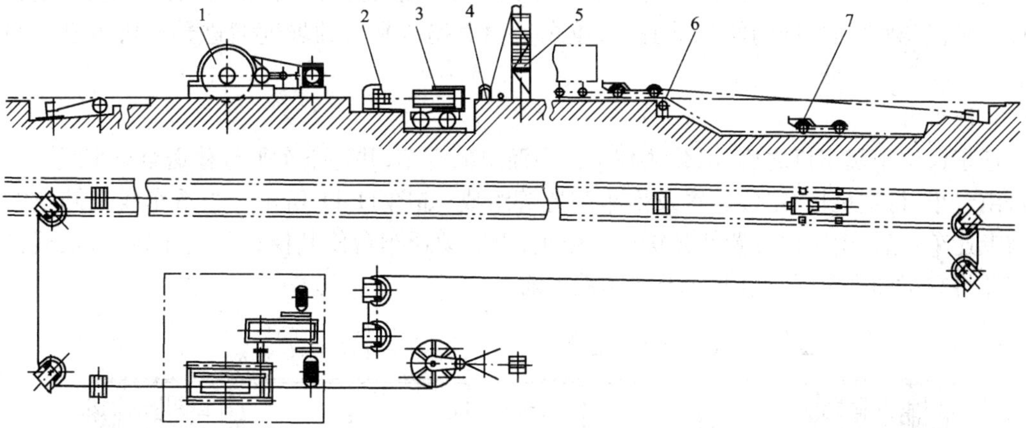

图11-8　后推式重车铁牛

1-卷扬机构；2-导向轮；3-拉紧小车；4-拉紧轮；5-配重装置；6-托辊；7-铁牛

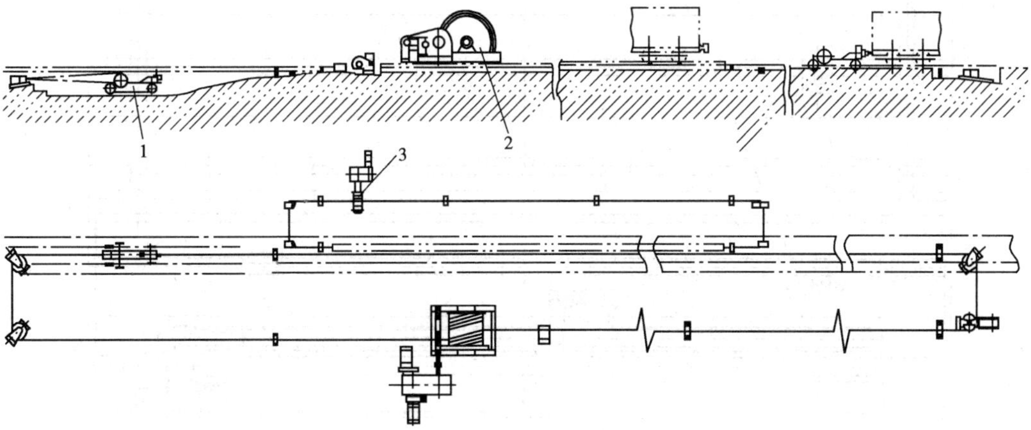

图11-9　前牵引式重车铁牛

1-铁牛；2-卷扬装置；3-推车装置

空车铁牛位于卸车后的空车线上，主要也由牵车铁牛和绞车两大部分组成，将由迁车台溜出的或从翻车机直接溜出的空车推送至空车线上集结成列。

2. 摘钩平台

摘钩平台位于翻车机前，能使停在其上的重载车厢自动摘钩后溜进翻车机。其主要由平台和驱动装置组成，如图 11-10 所示。摘钩平台有两种型式：低轨式和平轨式。低轨式摘钩平台其铁牛轨道面低于车辆轨道面；平轨式摘钩平台其铁牛轨道面与车辆轨道面齐平。

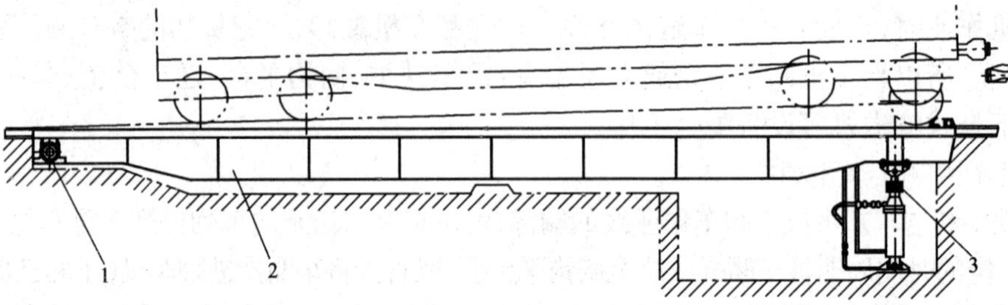

图 11-10　摘钩平台

1-轴承装置；2-台架；3-液压驱动装置

当重车被送上摘钩平台后，制动列车。启动液压驱动装置，当摘钩平台的一端被升起到一定程度时，车辆之间的挂钩便自动脱开，重车凭借着摘钩平台的坡度溜进翻车机中进行卸车作业。

3. 迁车台

迁车台位于翻车机之后，承载从翻车机中溜出的空车，并将空车平行移送至空车线上。迁车台由台车、行走机构、定位装置及推车装置等组成，如图 11-11 所示。当重车线上卸空的车厢溜上迁车台后，由定位装置使其缓冲并停止，再驱动迁车台使其横移至空车线上，最后再由推车器将空车厢推出迁车台并送至空车铁牛前。

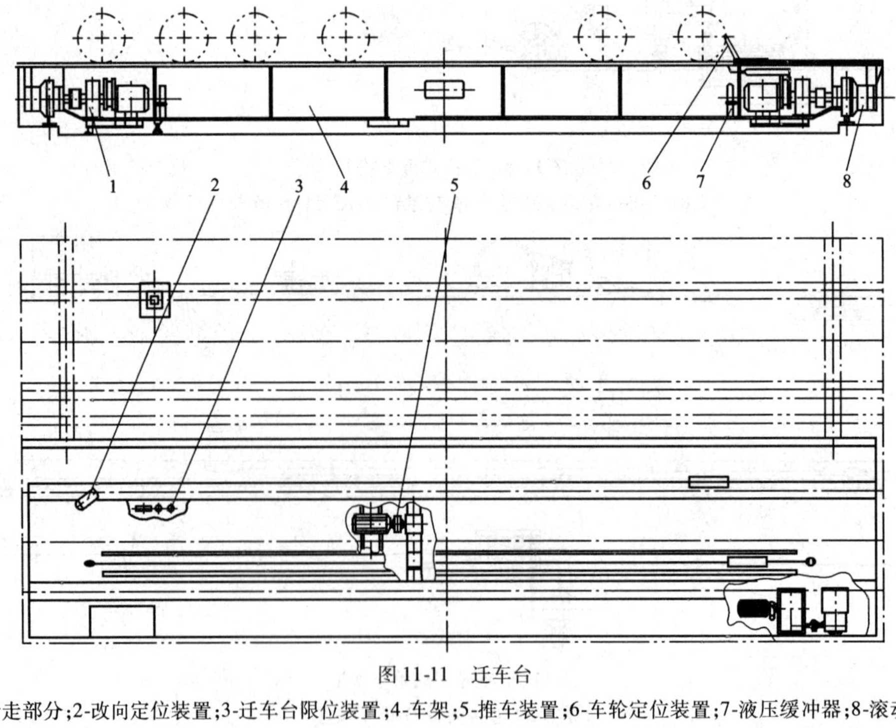

图 11-11　迁车台

1-行走部分；2-改向定位装置；3-迁车台限位装置；4-车架；5-推车装置；6-车轮定位装置；7-液压缓冲器；8-滚动止挡

思考与练习

1. 散货卸车机械主要有哪些型式？
2. 简述链斗卸车机的主要组成，特点如何？其工作原理怎样？
3. 简述螺旋卸车机的主要组成，螺旋卸车机是怎样工作的？有哪些特点？
4. 螺旋卸车机有哪些类型？各适用于什么场合？
5. 翻车机是一种怎样的机械？适用于什么物料和场合？
6. 翻车机的主要组成部分是什么？有哪些型式？
7. 目前最常见的是哪种型式的翻车机？为什么？
8. 翻车机卸车系统主要由哪些设备组成？
9. 简述重车铁牛、空车铁牛、摘钩平台和迁车台的作用。

第三篇　集装箱起重运输机械

第十二章　集装箱起重运输机械概论

知识目标

1. 知道集装箱机械的发展过程；
2. 描述集装箱的基本参数和外形尺寸；
3. 描述集装箱吊具的种类和各自的特点；
4. 描述标准伸缩式吊具的结构、组成及工作特点；
5. 描述双箱吊具和旋转吊具；
6. 描述吊钩横梁的结构和作用。

能力目标

1. 具备分析集装箱吊具的工作原理和工作性能的基础知识；
2. 能根据实际需求合理选用集装箱吊具。

世界海上集装箱运输开始于20世纪50年代的后半期，最初只限于美国的国内航线。60年代后半期逐步发展到欧洲、北美、澳大利亚、日本等工业发达的国家，进入到海上国际集装箱运输的时期。70年代初期，第三世界一些国家和地区亦相继开展海上集装箱运输，开始使用第二代集装箱船，载箱量为1000～1500TEU（标准箱）。70年代后期，开始使用第三代集装箱船，载箱量为2500～3000TEU。1984年以后，开始了环球国际集装箱运输的新时期，出现了第四代集装箱船，载箱量达到3000TEU以上。2004年投入使用的集装箱船大部分是容量为4000TEU以上的船。容量超过8000TEU的超级集装箱船于2003年第一次出现。2005年已有航运公司订购容量为10000TEU的集装箱船。目前，舱容达9000～10000TEU的集装箱船舶已经用于骨干航线。

集装箱运输近20年来得到了迅速的发展，并引起了一场运输业上的革命。发展集装箱运输是实现港口规模经济的主要途径之一。目前世界上已有100多个国家和地区，600多个港口开展了集装箱运输。拥有专用泊位1600多个。1992年世界港口集装箱吞吐量达1.03亿TEU，2002年已达2.66亿TEU，2004年超过3亿TEU。

我国的集装箱运输起步虽晚，但发展很快。我国在20世纪70年代后半期开始发展国际集装箱运输，1985年开始国际集装箱班轮运输。现从事国际集装箱运输的公司有150多家，拥有船舶1080艘。中远总公司集装箱船队的载箱位超过30万，在世界20大班轮公司中位居第五，拥有载7500TEU的第六代集装箱船及目前最大的可载8500TEU的集装箱“航空母舰”。现我国大陆港口开辟的国际集装箱班轮航线有130多条，每月开出的国际航班达1700多班，遍布世界100多个国家和地区的600多个港口。

世界集装箱港口的发展经历了三个阶段，20世纪70年代至80年代中期是以欧美港口为重心，80年代中期至90年代改变为以亚洲港口为重心。进入21世纪后，世界港口的重心已开始向中国转移。自20世纪90年代以来,中国沿海港口集装箱吞吐量就一直保持着年均30%的增长速度。2003年我国完成的港口集装箱吞吐量达4800万TEU,2004年集装箱吞吐量达到5652万TEU,跃居世界第一位。其中,上海港和深圳港集装箱吞吐量双双突破1000万TEU,分列世界集装箱大港的第三、第四位。加上集装箱吞吐量最大的香港,世界集装箱吞吐量排名前五位的港口中,中国占了3席。目前我国的进出口货物已有六成依靠集装箱运输处理,预计到2010年我国沿海港口的集装箱吞吐量将会达到1.2亿TEU。

随着海上国际集装箱运输的发展,出现了海运和内河航运、铁路、公路联运,逐渐形成了以海运为中心环节的两端向内地延伸的集装箱运输体系。

第一节　集装箱起重运输机械发展概况

集装箱起重运输机械是供集装箱船舶和车辆的装卸、库场上集装箱的堆码、拆垛和转运以及集装箱运输的专用机械。

随着世界集装箱运输的发展,集装箱机械得到了相应的发展。

集装箱机械的发展大体可分为三个阶段:

第一阶段(1957~1966年)是集装箱机械发展的初级阶段。

在集装箱运输的初期,港口是利用船上自备的轨道式龙门起重机或码头上的通用起重机来进行装卸的。1958年美国马特松公司和帕色科公司联合研制了世界上第一台岸边集装箱起重机,起重量为22.68t,安装于加利福尼亚的阿拉美达港马特松码头。经过实践证明,在港口码头前沿装设岸边集装箱起重机更为经济合理,因此,美国帕色科公司从1965年开始大量制造岸边集装箱起重机。在此期间,集装箱货场作业的机械也由通用的装卸机械发展为专用的集装箱机械。货场装卸工艺为全底盘车方式和跨运车方式。出现了可堆码两层跨一层作业的跨运车、跨两列集装箱和一条车道的轮胎式集装箱龙门起重机。

第二阶段(1967~1976年)是集装箱机械的发展阶段。

欧洲、日本从仿制美国的集装箱机械逐步发展为独立设计制造。1973年,国际标准化组织(ISO)颁发了国际标准ISO 668—1973《货物集装箱外部尺寸和重量》,从此,岸边集装箱起重机出现了标准设计。货场集装箱的装卸方式由原来的全底盘车方式、跨运车方式发展到轮胎式集装箱龙门起重机方式、轨道式集装箱龙门起重机方式。轮胎式集装箱龙门起重机发展到可堆码三层跨两层集装箱作业,跨六列集装箱和一列车道。叉车由底叉车发展到顶吊式,并出现了侧面集装箱叉车。

第三阶段(1977年以后)是集装箱机械的改造提高阶段。

集装箱码头的装卸能力和装卸效率,在很大程度上取决于码头前沿岸边集装箱起重机的生产能力和生产效率。近几年来,集装箱专用码头已出现了高速型岸边集装箱起重机,其起升速度和小车运行速度,比普通型岸边集装箱起重机分别提高了40%和35%左右,平均生产效率由原来的20~25箱/h,提高到30~40箱/h。

岸边集装箱起重机是集装箱专用码头前沿装卸集装箱船舶的大型起重设备,一台起重量为40.5t的普通型岸边集装箱起重机的自重约650t左右,在每个支腿8个行走车轮的情况下,最大轮压可达400kN左右,因而码头建筑费用很高。为了降低码头造价,必须减轻岸边集装箱起重机的自重和轮压。对于现有大量的由件杂货码头改造成的集装箱码头,往往要受到码头前沿承载能力的限制。自20世纪80年代初期以来,世界各国已研制了一些轻型岸边集装箱起重机,其主要是采用合理的结构设计,选用高强度的优质钢材,减轻金属结构件的重量等。如日本日立制作所制造的轻型岸边集装箱起重机,以三角形断面管子桁架结构取代矩形断面梁结构,减轻前大梁和主梁的重量,从而使起重机的自重和轮压均大为减小,整机自重为480 ~ 500t,32 个行走轮,最大轮压为 270kN。

为了提高整个集装箱专用作业线的生产率,现正在进一步研制操作简便、经久耐用、节约能源、安全可靠的集装箱装卸搬运机械,研究集装箱码头的装卸机械化系统和单机的半自动化、自动化控制。

我国从 1975 年开始进行集装箱机械的研制工作,1979 年前后已研制出第一批岸边集装箱起重机,集装箱跨运车、牵引车和叉车等。上海港机制造厂已生产有高速岸边集装箱起重机,起重量为 40. 5t,满载起升速度为 50m/min,空载起升速度为 120m/min;制造的轻型岸边集装箱起重机,起重量为 40. 5t,自重约为 550t,32 个行走车轮,最大轮压为 270kN。振华港机(ZPMC)已成为世界知名的起重机制造商,主要生产岸边集装箱起重机、轮胎式集装箱龙门起重机等大型起重机械和钢结构。目前,ZPMC 产品 80% 以上出口,进入世界 66 个国家和地区(包括台湾和香港),120 多个主要港口码头,连续 8 年世界销量排名第一,连续 5 年世界占有率 50% 以上,2006 年以来世界市场占有率超过 70% 。

目前,集装箱起重运输机械已经形成了比较完善的体系,并在不断发展创新。归纳起来主要有下列类型:

用于集装箱船舶装卸的专用机械:主要有岸边集装箱起重机(也称集装箱装卸桥);用于堆场上集装箱的堆码、拆垛、和转运的专用机械称堆场机械:其主要机型有集装箱跨运车、轮胎式集装箱龙门起重机、轨道式集装箱龙门起重机、集装箱正面吊运机、集装箱叉车等;用于集装箱货场及其公路运输集装箱的专用机械,称为集装箱水平运输机械:其主要类型有集装箱的牵引车、挂车等。

第二节　集　装　箱

集装箱是能装载货物并便于用机械进行装卸搬运的一种运输工具。

集装箱应具有足够的强度,在有效使用期内可以反复使用,适用于一种或多种运输方式运送货物,途中无需倒装,设有供快速装卸的装置,便于从一种运输方式转到另一种运输方式,并便于箱内货物的装满和卸空。

集装箱机械的基本参数和外形尺寸,取决于集装箱装货后的总重和外形尺寸,以及运载集装箱的船舶的船型。国际标准化组织(ISO)于 1979 年 4 月颁布了国际标准 ISO 668—1979《第一系列货物集装箱的分级、外部尺寸和重量》,其规定:第一系列货物集装箱的宽度均为2438mm(8ft);货物集装箱的长度见表 12-1。1AA、1BB 和 1CC 型集装箱的高度为 2591mm(8ft6in);1A、1B、1C 和 1D 型集装箱的高度为 2438mm(8ft);1AX、1BX、1CX 和 1DX 型集装箱的高度小于 2438mm(8ft),降低高度的集装箱许用于罐式集装箱、无盖式集装箱、散货集装箱、板架式集装箱和平底板架型集装箱。第一系列货物集装箱的外部尺寸、公差和重量见表 12-2。国际标准化组织又分别于 1988 年和 1995 年对其标准进行了修订。

我国于 1980 年,参照国际标准 ISO 668—1979 颁布了国家标准 GB 1413—1980《集装箱外部尺寸、极限偏差和额定重量》,1985 年在前者基础上进行了修订,颁布了国家标准 GB/T 1413—1985。此项国家标准适用于我国铁路、水路和公路运输的各种集装箱。我国的集装箱型号为5D、10D、1CC、1C、1CX、1AA、1A和1AX八种。5D和10D型集装箱主要用于国内运输,1CC、1C、1CX和1AA、1A、1AX型集装箱主要用于国际运输。GB/T 1413—85规定的集装箱外部尺寸、极限偏差和额定重量见表12-3。

货运集装箱的公称长度(ISO 668—1979) 表12-1

货物集装箱型号	公称长度		货物集装箱型号	公称长度	
	m	ft		m	ft
1AA 1A 1AX	12	40	1CC 1C 1CX	6	20
1BB 1B 1BX	9	30	1D 1DX	3	10

注:某些国家对车辆和货物的总长度实行法规限制。

第一系列货物集装箱的外部尺寸、公差和重量(ISO 668—1988) 表12-2

货物集装箱型号	长度 L				宽度 W				高度 H				重量(最大总重)	
	mm	公差 mm	ft in	公差 in	mm	公差 mm	ft	公差 in	mm	公差 mm	ft in	公差 in	kg	lb
1AA	12192	0 −10	40 0	0 $-\frac{3}{8}$	2438	0 −5	8	0 $-\frac{3}{16}$	2591①	0 −5	8 6①	0 $-\frac{3}{16}$	30480	67200
1A	12192	0 −10	40 0	0 $-\frac{3}{8}$					2438	0 −5	8 0	0 $-\frac{3}{16}$	30480	67200
1AX	12192	0 −10	40 0	0 $-\frac{3}{8}$					<2438		<8 0		30480	67200
1BB	9125	0 −10	29 $11\frac{1}{4}$	0 $-\frac{3}{8}$					2591①	0 −5	8 6①	0 $-\frac{3}{16}$	25400	56000
1B	9125	0 −10	29 $11\frac{1}{4}$	0 $-\frac{3}{8}$					2438	0 −5	8 0	0 $-\frac{3}{16}$	25400	56000
1BX	9125	0 −10	29 $11\frac{1}{4}$	0 $-\frac{3}{8}$					<2438		<8 0		25400	56000
1CC	6058	0 −6	19 $10\frac{1}{2}$	0 $-\frac{1}{4}$					2591①	0 −5	8 6①	0 $-\frac{3}{16}$	24000	52900
1C	6058	0 −6	19 $10\frac{1}{2}$	0 $-\frac{1}{4}$					2438	0 −5	8 0	0 $-\frac{3}{16}$	24000	52900
1CX	6058	0 −6	19 $10\frac{1}{2}$	0 $-\frac{1}{4}$					<2438		<8 0		24000	52900
1D	2991	0 −5	9 $9\frac{3}{4}$	0 $-\frac{3}{16}$					2438	0 −5	8 0	0 $-\frac{3}{16}$	10160	22400
1DX	2991	0 −5	9 $9\frac{3}{4}$	0 $-\frac{3}{16}$					<2438		<8 0		10160	22400

注:①某些国家对车辆和货物的总高度实行法规限制。

集装箱外部尺寸、极限偏差和额定重量（GB/T 1413—85） 表 12-3

集装箱型号	高度 H		宽度 W		长度 L		额定重量（最大总量）
	尺寸	极限偏差	尺寸	极限偏差	尺寸	极限偏差	
	mm						kg
1AA	2591	0 -5	2438	0 -5	12192	0 -10	30480
1A	2438	0 -5	2438	0 -5	12192	0 -10	30480
1AX	<2438		2438	0 -5	12192	0 -10	30480
1CC	2591	0 -5	2438	0 -5	6058	0 -6	20320
1C	2438	0 -5	2438	0 -5	6058	0 -6	20320
1CX	<2438		2438	0 -5	6058	0 -6	20320
10D	2438	0 -5	2438	0 -5	4012	0 -5	10000
5D	2438	0 -5	2438	0 -5	1968	0 -5	5000

集装箱的宽度尺寸是统一的，但集装箱的长度尺寸规格繁多，为便于统计计算船舶的载运量、港口码头和库场的通过能力、机械设备的装卸效率等，国际上以 20ft 长度的集装箱作为当量箱来进行换算，因而将 20ft 长度的集装箱称为标准箱。集装箱的长度尺寸系列相互成一定的简单倍数关系，这样就可以使集装箱在运输工具上的锁紧固定装置合理配套布置，适于不同箱型尺寸的组合，并充分利用各种运输工具的底面积和有效容积，同时也便于集装箱的堆码和管理。国际标准第一系列货物集装箱的长度关系见图 12-1。国标 GB/T 1413—85《集装箱分类、尺寸和额定质量》货运集装箱的长度关系见图 12-2。

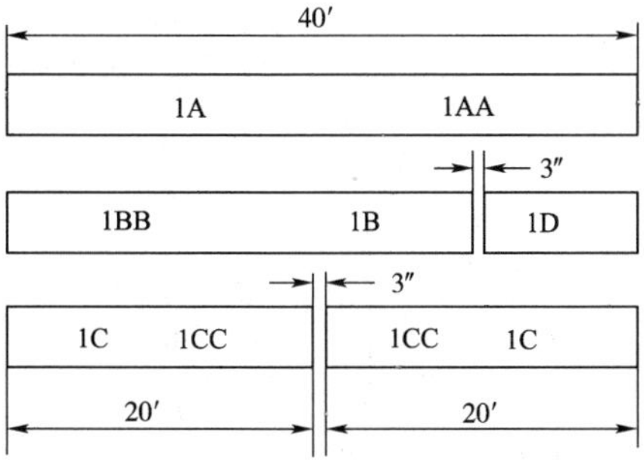

图 12-1 国际标准第一系列集装箱的长度关系

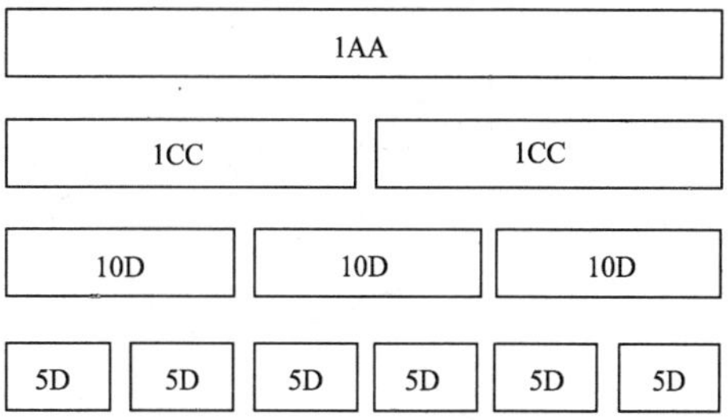

图 12-2 国标 GB/T 1413—85 集装箱的长度关系

20′×8′×8′6″集装箱一般货物装载量为 10～12t，40′×8′×8′6″集装箱一般货物装载量为 16～18t。

近年来为了充分利用运输工具的运输能力、发挥集装箱机械的潜力和扩大适箱货物的种类，集装箱有向大型化、专业化发展的趋势，出现了便于运输机械和设备的“超重箱”；装运轻泡货和百杂货的“超高箱”、“超宽箱”、“超长箱”等。40ft 箱在总箱量中的比重逐年在增加，出现了公称长度为45ft 的集装箱，此外，冷藏、罐状、开顶等特种货物的专用箱也有所增长。故我国分别于 1998 年和 2008 年对《集装箱外部尺寸、极限偏差和额定重量》进行了修订。2008 年8 月颁布了国家标准 GB/T 1413—2008《系列 1 集装箱　分类、尺寸和额定质量》，主要增加了公称长度为 45ft 集装箱的相关内容和具体的技术数据。参见表 12-4 和表 12-5。

系列 1 集装箱公称长度（GB/T 1413—2008）　　表 12-4

集装箱型号	公称长度		集装箱型号	公称长度	
	m	ft		m	ft
1EEE 1EE	13.716①	45①	1CC 1C 1CX	6	20
1AAA 1AA 1A 1AX	12①	40①	1D 1DX	3	10
1BBB 1BB 1B 1BX	9	30			

注：①某些国家对车辆和装载货物的总长度有法规限制。

系列 1 集装箱的外部尺寸、允许公差和额定质量（GB/T 1413—2008）　　表 12-5

集装箱型号	长度 L				宽度 W				高度 H				重量（最大总重）	
	mm	公差 mm	ft in	公差 in	mm	公差 mm	ft	公差 in	mm	公差 mm	ft in	公差 in	kg	lb
1EEE	13716	0 −10	45	0 $-\frac{3}{8}$	2438	0 −5	8	0 $-\frac{3}{16}$	2896①	0 −5	9　6①	0 $-\frac{3}{16}$	30480①	67200①
1EE									2591①	0 −5	8　6①	0 $-\frac{3}{16}$		
1AAA	12192	0 −10	40	0 $-\frac{3}{8}$	2438	0 −5	8	0 $-\frac{3}{16}$	2896①	0 −5	9　6①	0 $-\frac{3}{16}$	30480①	67200①
1AA									2591①	0 −5	8　6①	0 $-\frac{3}{16}$		
1A									2438	0 −5	8	0 $-\frac{3}{16}$		
1AX									<2438		<8			

续上表

集装箱型号	长度 *L*				宽度 *W*				高度 *H*				重量（最大总重）	
	mm	公差 mm	ft in	公差 in	mm	公差 mm	ft	公差 in	mm	公差 mm	ft in	公差 in	kg	lb
1BBB	9125	$^{0}_{-10}$	29 11 $\frac{1}{4}$	$^{0}_{-\frac{3}{8}}$	2438	$^{0}_{-5}$	8	$^{0}_{-\frac{3}{16}}$	2896①	$^{0}_{-5}$	9 6①	$^{0}_{-\frac{3}{16}}$	30480①	67200①
1BB									2591①	$^{0}_{-5}$	8 6①	$^{0}_{-\frac{3}{16}}$		
1B									2438	$^{0}_{-5}$	8	$^{0}_{-\frac{3}{16}}$		
1BX									<2438		<8			
1CC	6058	$^{0}_{-6}$	19 10 $\frac{1}{2}$	$^{0}_{-\frac{1}{4}}$	2438	$^{0}_{-5}$	8	$^{0}_{-\frac{3}{16}}$	2591①	$^{0}_{-5}$	8 6①	$^{0}_{-\frac{3}{16}}$	30480①	67200①
1C									2438	$^{0}_{-5}$	8	$^{0}_{-\frac{3}{16}}$		
1CX									<2438		<8			
1D	2991	$^{0}_{-5}$	9 9 $\frac{3}{4}$	$^{0}_{-\frac{3}{16}}$	2438	$^{0}_{-5}$	8	$^{0}_{-\frac{3}{16}}$	2438	$^{0}_{-5}$	8	$^{0}_{-\frac{3}{16}}$	10160	22400
1DX									<2438		<8			

注：①某些国家对车辆和装载货物的总高度、总载荷有法规限制（如铁路和公路部门）。

系列 1 各种型号集装箱的宽度均为 2438mm（8 ft）。

各种型号集装箱的公称长度参见表 12-4 和表 12-5。

箱高为 2896mm（9 ft 6 in）的集装箱，其型号定为 1EEE、1AAA 和 1BBB 型。

箱高为 2591mm（8 ft 6 in）的集装箱，其型号定为 1EE、1AA、1BB 和 1CC 型。

箱高为 2438mm（8 ft）的集装箱，其型号定为 1A、1B、1C 和 1D 型。

箱高小于 2438mm（8 ft）的集装箱，其型号定为 1AX、1BX、1CX 和 1DX 型。

第三节　集装箱吊具

为了安全迅速地吊运集装箱，大多数集装箱机械如岸边集装箱起重机、集装箱跨运车、轮胎式集装箱龙门起重机，轨道式集装箱龙门起重机等，均采用集装箱吊具作为专用的取物装置。

集装箱吊具，如 20ft 吊具和 40ft 吊具等都与集装箱的规格尺寸配套，它具有与集装箱箱体相适应的结构，通过旋锁与箱体的角配件连接进行起吊作业，由司机操作控制旋锁的开闭。集装箱吊具是集装箱起重运输机械最为重要的部件之一，其质量与可靠性，直接影响着起重机的整机性能。

一、集装箱吊具的种类

集装箱吊具基本上可以分为固定式、组装式和自动伸缩式等三大类。

1. 固定式集装箱吊具

固定式集装箱吊具如图 12-3 所示。它是起吊 20ft 或 40ft(或 45 ft)集装箱的专用吊具。固定式吊具直接悬挂在起升钢丝绳上,在吊具上装设有液压装置,通过悬锁机构转动旋锁,与集装箱的角配件连接或者松脱。这种吊具结构简单,重量最轻,但只适用于起吊一种规格的集装箱。要起吊不同规格的集装箱,必须更换吊具,而更换吊具需要花费较长的时间,使用起来不方便。且每个吊具配一套液压系统,成本相对较高。

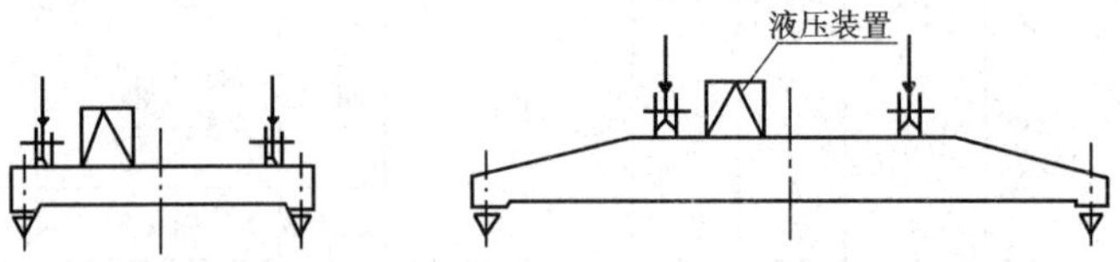

图 12-3 固定式集装箱吊具

a)20ft 集装箱用;b)40ft(或 45 ft)集装箱用

2. 组装式集装箱吊具

组装式吊具由两种或两种以上不同规格的固定式吊具组合而成,以适应起吊不同规格的集装箱。其型式还可分为:吊梁式吊具、主从式吊具、子母式吊具三种。

1)吊梁式吊具

如图 12-4 所示,吊梁式吊具是将专用吊梁悬挂在起升钢丝绳上,当需要起吊不同规格的集装箱时,将不同规格的固定式吊具与吊梁用销轴相接,连接接口具有统一的尺寸,则更换下面的吊具比固定式集装箱吊具方便。驱动用的液压装置等分别装设在各个吊具上。吊梁式吊具比固定式吊具使用方便,但质量较重,成本也较高。

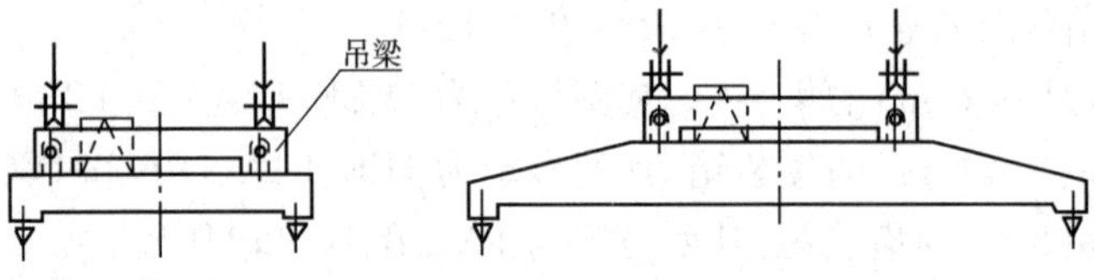

图 12-4 吊梁式集装箱吊具

a)20ft 集装箱用;b)40ft(或 45 ft)集装箱用

2)主从式吊具

如图 12-5 所示的主从式吊具,其主吊具为 20ft 集装箱专用吊具,用于直接起吊 20ft 集装箱,主吊具上设有液压装置。当需要起吊 40ft(或 45 ft)集装箱时,则通过旋锁连接把 40ft(或 45 ft)吊具挂在主吊具下面。40ft(或 45 ft)吊具上的各个动作由装在主吊具上面的液压装置驱动。这种吊具结构较简单,故障少,拆装和维修保养比较方便,有利于减轻机械自重,从而可提高

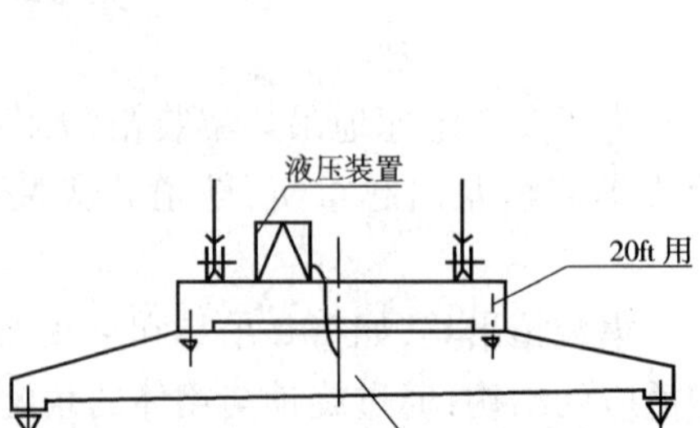

图 12-5 主从式吊具

流动式集装箱装卸搬运机械的机动性。主从式吊具也可以设计成由其他规格的专用吊具与主吊具配套使用,实现吊装其他规格的集装箱。主从式吊具的更换比吊梁式吊具更为方便,但质量也较重。

3)子母式吊具

如图 12-6 所示,结构形式与吊梁式吊具相似,但液压装置装在母体的吊梁上,在吊梁下可换装 20ft、40ft(或 45 ft)等多种规格集装箱固定吊具,液压系统通过快速接口实现上下相连。与主从式吊具相比,质量可减小。由于共用一套液压装置,成本也相应降低。

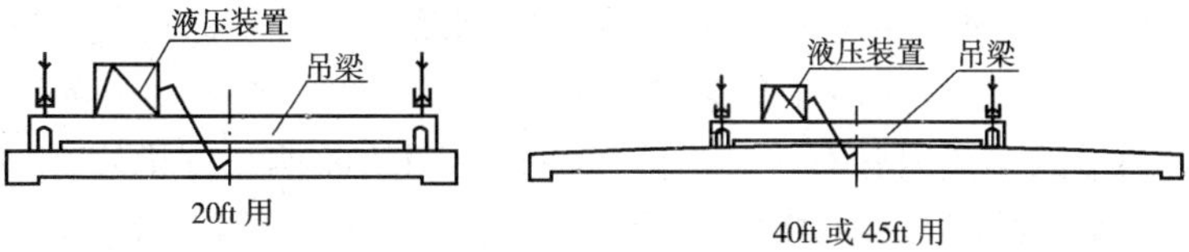

图 12-6　子母式集装箱吊具

3. 自动伸缩式吊具

自动伸缩式吊具又可分为:标准吊具、双箱吊具、旋转吊具三种。

自动伸缩式吊具上装有机械式或液压式的伸缩机构,能在 20 ~ 40ft(或至 45ft)范围内进行伸缩调节,以适应不同规格集装箱的装卸要求。伸缩式吊具质量较大,但其长度调节方便,操作灵活,通用性强,生产效率高,因此是目前集装箱专用机械普遍采用的吊具,如图 12-7 所示。

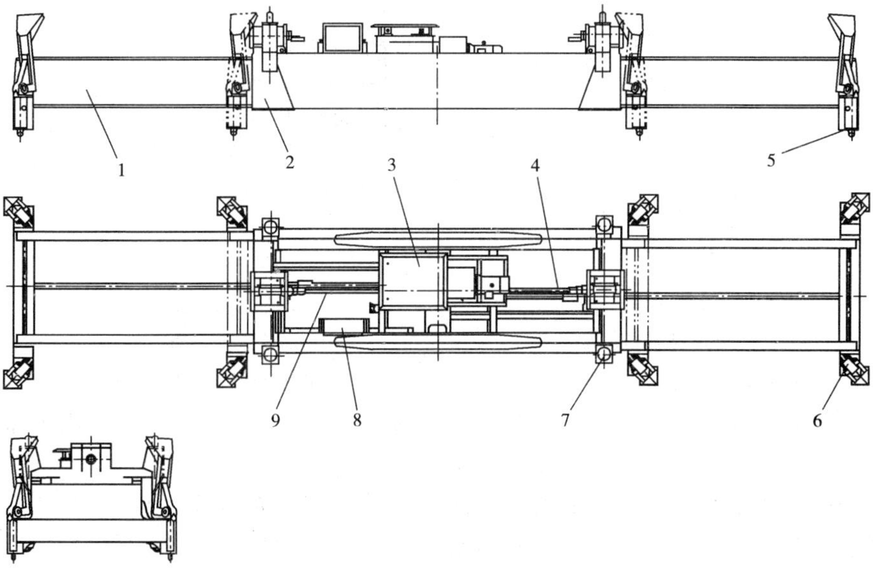

图 12-7　伸缩式吊具

1-伸缩梁;2-主梁;3-液压系统;4-输缆装置;5-旋锁装置;6-导向装置;7-前后倾装置;8-电气系统;9-伸缩机构

二、伸缩式吊具的结构

1. 标准吊具

标准吊具由钢结构、旋锁装置、伸缩机构、导向装置、液压系统等组成。

1)钢结构

吊具的钢结构是吊具的承载构件,呈全封闭型式,主要由主梁和伸缩梁两部分构成。伸缩梁被嵌套在主梁的两根“Ⅲ”形梁中,在伸缩驱动力的作用下,伸缩梁可以在“Ⅲ”形梁中滑动。

伸缩梁与端部横梁用焊接方式替代传统的螺栓联接方式,可避免因螺栓松动而引起的螺栓断裂现象。在伸缩梁和主梁的滑动面之间装有特制的减磨垫块,以减小伸缩梁动作时的摩擦阻力,用于制作垫块的减磨材料具有较高的强度,能够承受伸缩梁传递到主梁的挤压力和冲击载荷。

为了提高起重量和减轻吊具的自重,吊具的结构件广泛采用国际先进的特高强度焊接钢板。

2)旋锁装置

旋锁装置是使吊具与集装箱在吊运时连成一体的结构。对于标准集装箱,采用旋锁式连接装置,即在吊具框架的四角相应于集装箱角配件的孔位处,装设一个可转动的旋锁,如图12-8所示。吊具两端的端梁内各有一套由液压油缸驱动的曲柄连杆机构,每套机构驱动两个旋锁动作。它们被安装在箱形端部横梁内,不会受到外力损坏,具有很高的可靠性。旋锁式连接装置的工作原理如图12-9所示,当吊具通过导向装置降落到箱体上,吊具旋锁即准确地插入集装箱角配件的椭圆形孔内(图12-9a),旋锁转动90°(图12-9b),就可锁住集装箱而吊运(图12-9c)。

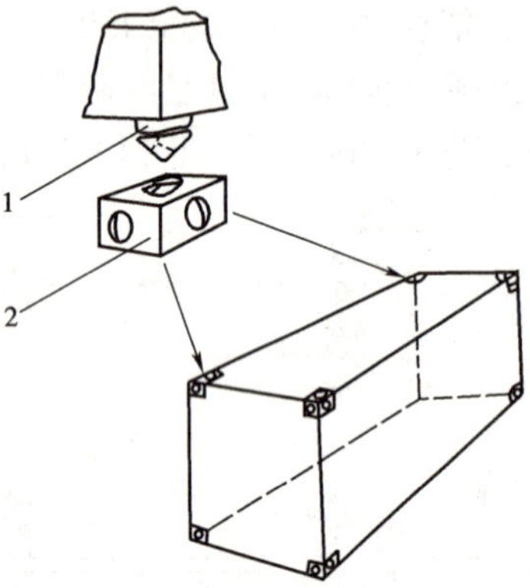

图12-8　旋锁式连接装置
1-吊具旋锁;2-集装箱角配件

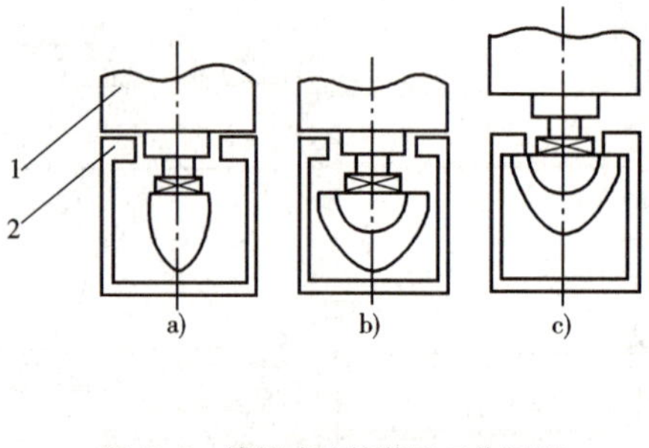

图12-9　旋锁式连接装置工作原理
1-吊具旋锁;2-集装箱角配件

标准吊具有4个旋锁,采用悬挂方式支承,旋锁通过锁销螺母支承在推力轴承上,该轴承由轴承钢制造,能承受较大的轴向冲击力,适应于集装箱吊具大载荷、高冲击、露天作业的恶劣工况。推力轴承安装在凹球面上,允许其在较大范围内摆动,从而使吊具旋锁在空间实现了全方位的"浮动",这种浮动式旋锁装置,吊具旋锁在吊起集装箱时仅承受拉力,并且使旋锁更容易插入集装箱的角配件孔中,这种"浮动"使吊具旋锁也能吊装略有变形的集装箱。

吊具四角的旋锁装在相应的旋锁箱内,旋锁箱结构如图12-10所示。旋锁箱内有一个顶杆,顶杆在弹簧作用下,突出于旋锁体底部。当旋锁进入集装箱角配件孔后,旋锁箱底面与集装箱角配件顶面接触时,突出的顶杆即被压回。顶杆上端接触开关,吊具四角的指示灯和司机室操作台上的指示红灯同时发亮,即可转动旋锁,通过液压传动装置使旋锁转动90°,触及限位开关,指示灯绿灯亮,表示旋锁已锁闭,即可开始起吊集装箱。旋锁顶杆用于产生信号起到一定的联锁作用。当顶杆被压回,顶端触及开关指示红灯亮时,起升机构下降回路即被切断。而当吊具四个角的旋锁顶杆均被压回箱体,四个角的旋锁全部进入相应的集装箱角配件后,旋锁驱动装置的动作回路方被接通。司机揿动"闭锁"按钮,即将旋锁与集装箱角锁紧,旋锁液压传动装置的液压缸推动连杆,触及终点行程开关,指示绿灯亮,同时接通起升机构回路。起升机构上升动作瞬间，旋锁箱底面即脱离集装箱角配件顶面，顶杆在弹簧张力的作用下恢复突出旋锁箱体底部，此时吊具四角的指示灯和司机室操作台上的指示灯同时熄灭，旋锁驱动装置动作回路即被切断。在这种电气联锁保护下，即使司机操作失误亦不致在吊运集装箱时自动开锁。同时只有在旋锁全开或者全锁时，起升机构才能动作。

为了确保作业安全，旋锁装置除了电气联锁外，还装有机械联锁装置。当吊具将集装箱吊至空中时，若电气联锁失灵而司机却误动作，机械联锁装置保证旋锁装置绝对不发生转动。其保护原理如下：在旋锁的转柄上开有两个半圆形缺口（图12-11），当吊具吊着箱子在空中时，顶杆（参见图12-10）上部的圆柱体正好卡在转柄的缺口处，从而阻止转柄（旋锁）转动；当吊具落在集装箱上时，顶杆被向上压回，顶杆上的圆柱体在高度方向上离开了转柄的缺口，转柄就可以转动，以实现开闭锁动作。

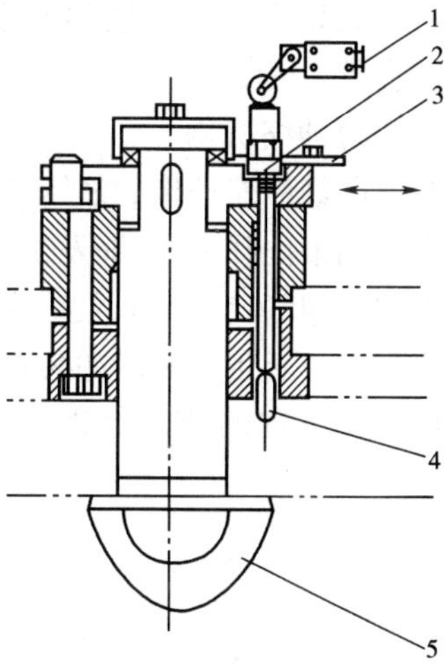

图 12-10 旋锁箱

1-接触开关；2-调整螺栓；3-固定板；4-顶杆；5-旋锁

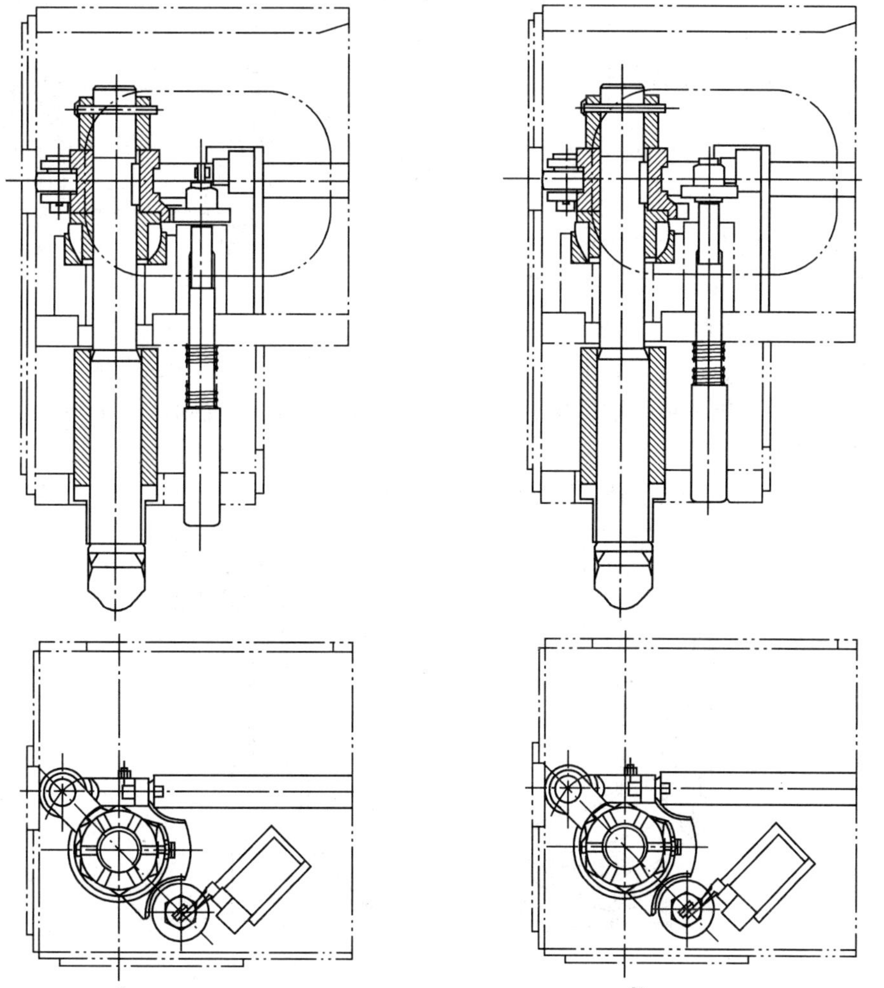

图 12-11 旋锁装置机械联锁保护装置

a）吊具吊着集装箱；b）吊具完全落在集装箱上

集装箱吊具上设的电气和机械的连锁安全装置在一个动作没有完成以前,后一个动作不能进行。

3)伸缩机构

吊具伸缩动作靠液压马达和减速器驱动链轮、链条传动实现。当伸缩梁在伸缩运动过程中遇到限位开关时,即发出信号并切断电磁阀电源,使液压马达停止转动,吊具就定位于设定的20ft、40 ft或45 ft位置,并在司机室的显示屏上显示吊具的伸(缩)长度。在伸缩链条的两边各有一套张紧和缓冲装置(图12-12)。该装置中装有专用碟形弹簧,用以吸收一部分来自伸(缩)方向的冲击能量。

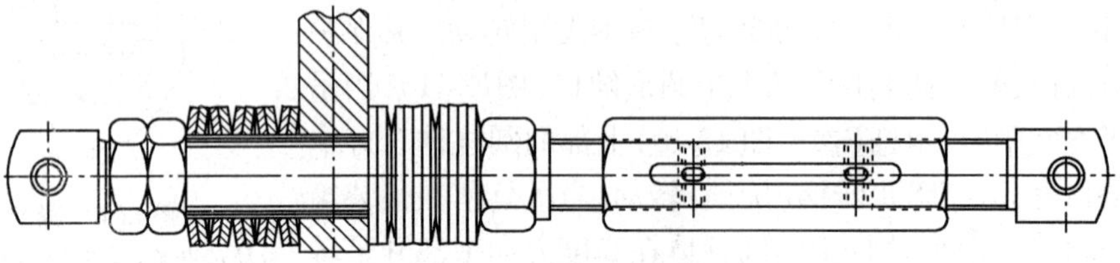

图12-12　张紧缓冲装置

除了在液压系统中有过压卸荷保护外,还采用摩擦式驱动链轮(图12-13)来保护吊具的伸缩机构。当吊具所受的外载大于摩擦链轮的设计力矩时,该链轮产生滑转,以吸收冲击能量,达到保护机械和液压部件的目的。

4)导向装置

伸缩式吊具备有导向装置,它在吊具接近集装箱时起定位作用,以提高装卸效率。当吊具中心线和集装箱中心线偏离不大于200mm的情况下,司机不必重新启动行走小车,可放下导向板,吊具即能迅速对准集装箱,使旋锁插入集装箱的角配件孔中。

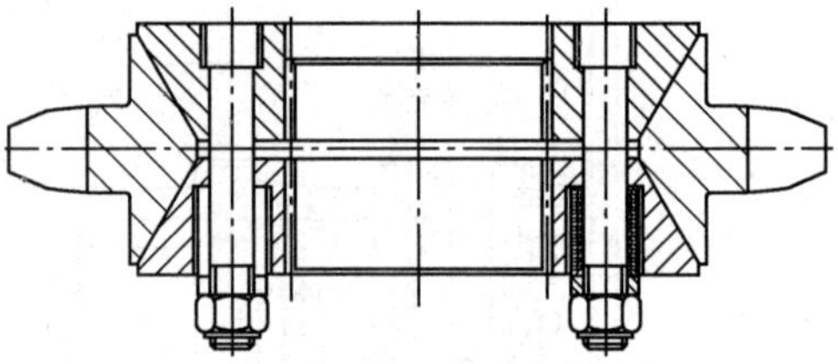

图12-13　摩擦链轮

导向装置分别安装于吊具的4个角上。导向装置分活动式和固定式两大类。活动式导向装置主要用于与岸边集装箱起重机相配的吊具上;固定式导向装置则多用于与轮胎式龙门起重机相配的吊具上。

活动式导向装置有两种驱动型式,即用往复式液压缸和用摆动液压缸驱动,如图12-14所示。

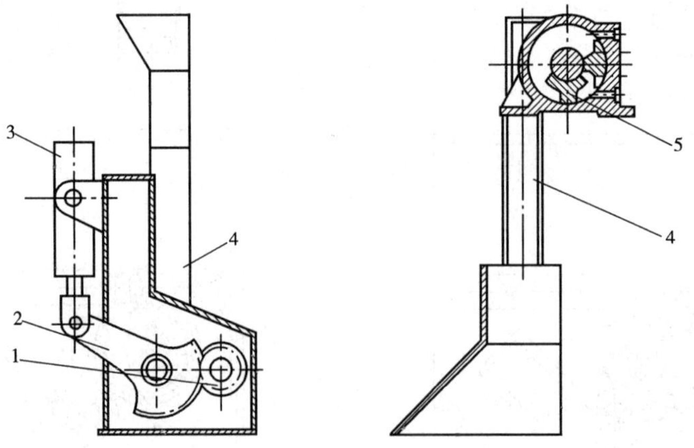

a)　　b)

图12-14　液压缸驱动导向装置

a)往复式液压缸驱动;b)摆动液压缸驱动

1-传动齿轮;2-曲柄齿轮;3-液压缸;4-导板;5-摆动液压缸

导向装置由导向板、液压缸和液压传动系统组成。导向板的末端是用钢板做成的角锥形包角，导向板的摆动幅度为180°，导向板下压时的扭矩不小于1200N·m。由于4组导向板具有独立的驱动装置，因此它们可按司机的操作指令，或同时动作，或成对动作，或单独动作。工作时导向板向下翻转，正好套在集装箱四个角上；不工作时导向板全部翻转向上，此时，吊具的外轮廓尺寸应和集装箱外形尺寸一致，保证吊具可以畅通地出入集装箱的格栅之间。

5）前后倾转装置

吊具通过钢结构架上的滑轮组和起升钢丝绳相连，实现吊具的升降。由于在装卸过程中，集装箱船尤其是中小型集装箱船舶会出现横倾或纵倾，故要求吊具能在前后、左右方向作一定角度的倾斜。

作为一种可选择的设备，前后倾转装置可安装在集装箱吊具上，用于岸边集装箱起重机在装卸集装箱船舶时的快速对箱。其原理是：在吊具和上架之间装有4个前后倾动液压缸，通过海侧的两个液压缸伸（缩）和陆侧的两个液压缸缩（伸）来实现前后倾转。吊具空载时，前后倾转的范围为±5°。

6）液压系统

旋锁驱动装置、导向板驱动装置、吊具伸缩装置和吊具前后倾斜装置，均采用液压驱动，它们公用的液压泵驱动装置和油箱装设在主梁上，用具有挠性钢带的高压软管供油。

2. 双箱吊具

双箱吊具即一次能同时装卸两个20ft集装箱的吊具，可分为：不可移动式和可移动式两种。

1）不可移动式双箱吊具

与单箱吊具相比，大大提高了装卸效率。不可移动式双箱吊具是在标准吊具的基础上，在主框架的中部增加4套独立的旋锁装置及相应的结构件，即中间双箱吊点装置，从而在保留标准吊具原有全部功能的基础上，增加了同时装卸两只20ft集装箱的功能，如图12-15所示。

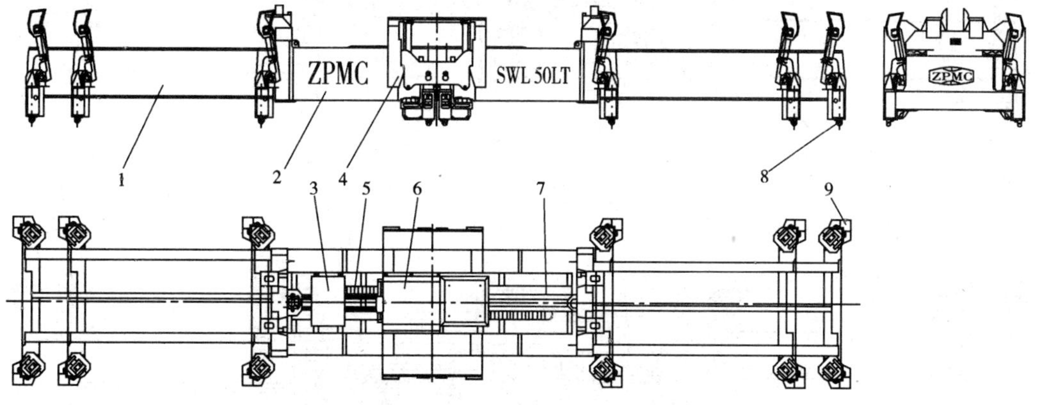

图12-15　不可移动式双箱吊具

1-伸缩梁；2-主梁；3-电气系统；4-双箱吊点装置；5-输缆装置；6-液压系统；7-伸缩驱动装置；8-旋锁驱动装置；9-导向装置

双箱吊点装置也称中间旋锁装置，由4只旋锁箱、4套独立的旋锁装置和2套垂直提升装置组成。在每套垂直提升装置上装有6块减磨块，起导向和减磨作用。由于中间4只旋锁箱分别由2个液压缸驱动作垂直运动，因此，中间旋锁装置始终能保持准确的位置尺寸。在中间旋锁箱的销轴连接处有60mm的垂直浮动间隙，从而能在两只20ft集装箱的吊点高度落差不超过60mm的情况下，同时起吊两只20ft集装箱。

中间旋锁箱的支点处也采用浮动式旋锁装置，从而保证中间4只旋锁能准确地插入集装箱的角配件孔中。另外，中间旋锁箱的垂直提升高度达420mm，当提升至最高处时，可以使中间旋锁装置处于主梁结构的上部，保证吊具在吊运单只超高箱时避免与中间旋锁装置发生干涉，从而更好地保护中间旋锁装置和集装箱。

只有当4只中间旋锁箱全部下降到位时，吊具才能同时起吊两只20ft的集装箱；只有当装卸单只20ft或40ft集装箱时，中间4只旋锁箱必须被提升到位。为了正确区分吊具下是两个20ft箱子还是一个40ft箱子，吊具上还装有一套由红外线光电感应开关组成的双箱检测装置。该装置既能使司机正确判断即将起吊的集装箱是单箱还是双箱，同时还与起重机的控制系统一起组成了一套电气安全联锁保护程序：当吊具下是40ft单箱而吊具的中间4只旋锁箱全部处于下降的位置（吊具处于双箱状态）时，吊具下降到安全高度时会自动停止下降，以防损坏集装箱和旋锁装置；当吊具下是两只20ft集装箱而中间旋锁箱却未下降（吊具处于单箱状态）时，起重机自动停机，并发出信号通知司机发生了错误动作。

同样，可根据实际需求，在电气联锁的基础上，还装有机械联锁装置，其与电气联锁一起，确保中间4只旋锁的可靠动作。并且在装卸双箱时，中间4只旋锁与两端的4只旋锁动作是联锁的，即只有当8只旋锁全部插入2只集装箱的8个角配件孔中后，8只顶杆限位开关发出信号，才允许吊具做开闭锁动作。

2）可移动式双箱吊具

可移动式双箱吊具与不可移动式双箱吊具的结构型式基本相同，只是在不可移动式双箱吊具的基础上增加了一套中间吊点装置的平移机构，同时对液压系统作了相应的改进，电气上增加了可移动式双箱吊具控制器等。可移动式双箱吊具既能装卸单个集装箱，又能同时装卸2个间距在一定范围内变动的20ft集装箱。平移机构在吊箱和空载情况下均可实现平移。参见图12-16。

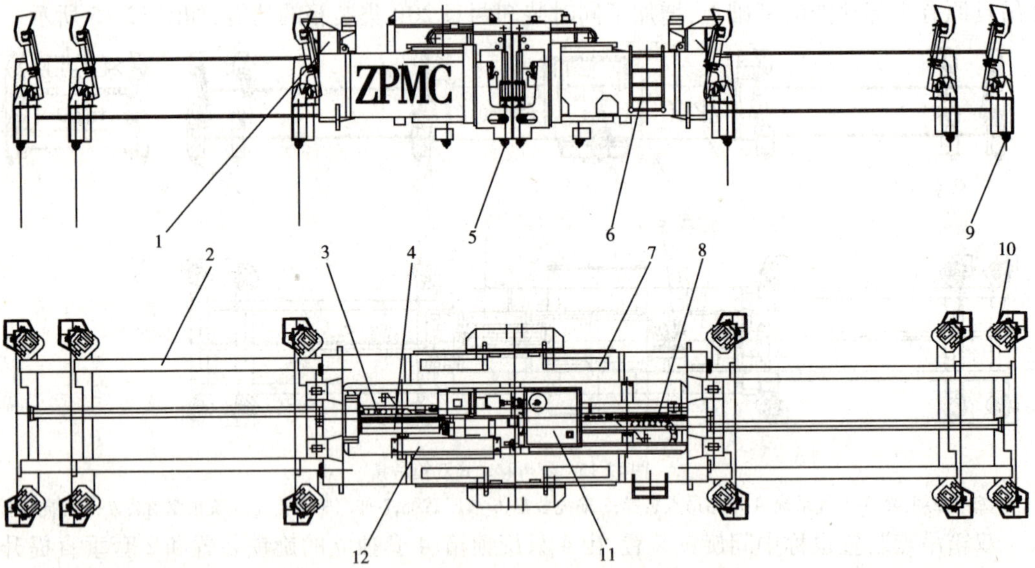

图12-16　可移动式双箱吊具

1-主梁；2-伸缩梁；3-输缆装置1；4-双箱移动机构；5-中间吊点装置；6-梯子；7-输缆装置2；8-伸缩驱动机构；9-旋锁驱动装置；10-导向装置；11-液压系统；12-电气系统

随着40ft或者45ft集装箱使用比例的增大，新的可分离式一次可吊装2×40ft或4×20ft的集装箱吊具已经研制成功，并将在今后进一步发展到能一次吊装2×45ft集装箱的水平。

3. 旋转吊具

旋转吊具可实现平面旋转运动，一般回转角度 ±200°就可满足要求，不需要大于 360°，可用于某些岸边集装箱起重机、轨道式龙门起重机和多用途门座起重机。

旋转吊具的下部为一个自动伸缩式吊具，在其上部配置了一个调心小车和旋转装置，如图 12-17 所示。

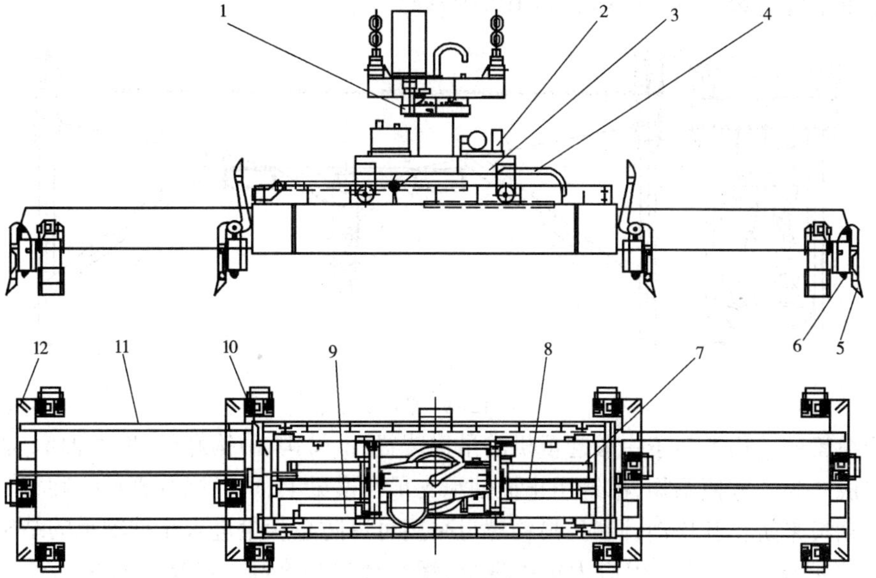

图 12-17 旋转式吊具

1-旋转装置；2-液压系统；3-调心小车；4-输缆装置 1；5-导向装置；6-旋锁装置；7-输缆装置 2；8-伸缩驱动机构；9-电气系统；10-主梁；11-伸缩梁；12-导向角轮

旋转装置由旋转支承装置和驱动机构组成。在旋转装置上装有均力平衡梁，以保证起重机 4 根钢丝绳均衡受力。吊具的旋转部分与非旋转部分通过一个回转支承相连。电动机或液压马达驱动减速器和主动小齿轮，带动吊具作旋转运动。采用起重机上的 PLC 系统控制吊具的旋转角度，使吊具的旋转角度严格跟随起重机的旋转角度，从而保证集装箱始终作平行移动，以提高装卸效率。4 个限位开关可发出左右 0°、左右终点位置信号，以提示司机吊具的旋转方向和位置。

当吊具由于旋转运动而发生重心偏移时，调平系统能够自动或按司机的操作指令进行行程 ±800mm 的调心运动，以保持吊具的水平状态。这个运动由一个液压缸驱动调心小车的移动来实现。调心小车上的 4 个车轮（也可用 4 块抗磨板）拉住吊具底梁结构，承受来自吊具的拉力。旋转部分的电缆和液压软管通过输缆履带与吊具相联。

旋转吊具用摆动油缸驱动导板摆动，其摆动幅度为 180°。6 个导板中，2 个位于海侧，2 个位于陆侧，左右端梁中部各 1 个。导板下压时的扭矩不小于 1200N · m。由于 6 组导板具有独立的驱动装置，因此它们可按司机的操纵指令同时动作或成对动作或单独动作。同时，加长型的导板结构及 6 个导板的布置方式能够帮助司机尽快稳住吊具的扭摆，快速将旋锁插入集装箱的角配件孔中，以提高装卸效率。

集装箱吊具发展的另一个方向是电力驱动。从 2000 年开始在国外及香港的一些港口开始使用全电动集装箱吊具，并且目前使用的数量正在大幅度上升。

电动吊具无液压系统，故没有油液泄漏和各类线圈、电磁阀失效等问题。相对于液压吊具而言,电动吊具结构简单、重量轻、工作可靠、维修保养简单。目前使用的电动吊具自重仅为7t左右。而普通液压吊具自重一般为10t左右。

三、吊钩横梁

吊钩横梁是集装箱桥吊的辅助吊具,如图12-18所示。吊钩横梁主要用于装卸件杂货。其额定起重量可达65长吨(1长吨=1016.047kg)。

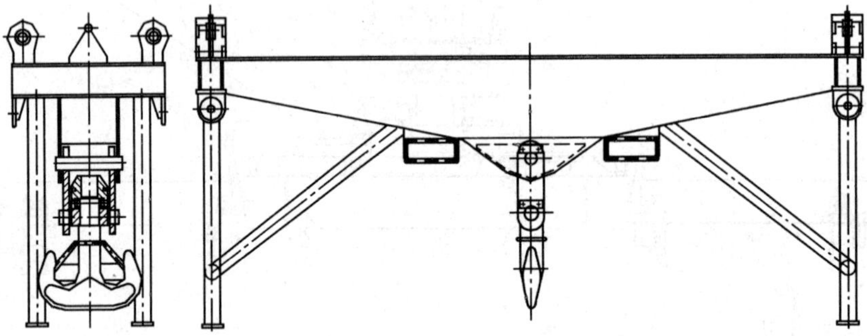

图12-18 吊钩横梁

吊钩横梁的结构类似于一般起重机的吊钩装置,由吊钩、吊钩螺母、推力轴承、横梁和承载结构件组成。为了方便系物,吊钩用止推轴承支承在横梁上,可以绕垂直轴线旋转。在吊钩螺母上用止动板来防止其松动,同时,吊钩螺母采用可以防止灰尘进入止推轴承的结构。吊钩尾部采用梯形螺纹,以防止产生应力集中现象,螺纹牙根强度高。吊钩钩身采用梯形的断面形状,吊钩头部装有弹簧自动复位的安全封口板装置,以防止系物绳自动脱钩。钩头有单钩和双钩两种形式,单钩一般用于中小起重量的岸桥上,双钩虽然制造工艺比较复杂,但其受力条件好,钩体材料能得到充分利用,故双钩多用于大起重量的岸桥上。

吊钩横梁的结构件要求具有足够的强度和刚度,其与吊具上架的联接方式有旋锁式和插销式。为了方便运输和安放,在吊钩横梁上还装有叉槽和支腿。

思考与练习

1. 集装箱机械的发展大体可分为哪三个阶段?
2. 什么是集装箱?什么是标准箱?
3. 我国集装箱的外形尺寸和额定重量是怎样的?
4. 集装箱吊具的种类有哪些?各种集装箱吊具的工作特点有哪些?
5. 简述伸缩式标准集装箱吊具的结构、组成。
6. 简述伸缩式标准集装箱吊具的钢结构的构成特点。
7. 简述集装箱吊具旋锁装置的结构组成和工作原理。
8. 旋锁装置的电气联锁和机械联锁的原理分别是怎样的?
9. 简述集装箱吊具导向装置的结构组成和工作原理。
10. 双箱吊具的种类有哪些?各有什么特点?
11. 简述旋转吊具的结构组成和工作特点。
12. 简述吊钩横梁的作用。

第十三章　岸边集装箱起重机

知识目标

1. 说出岸边集装箱起重机的类型；
2. 描述岸桥主要技术参数；
3. 描述岸桥金属结构的主要组成；
4. 描述岸桥起升机构的主要组成和典型布置；
5. 描述岸桥起升钢丝绳卷绕系统的类型和工作特点；
6. 描述岸桥小车运行机构的分类和结构特点；
7. 描述牵引式运行小车钢丝绳卷绕系统的类型和工作特点；
8. 描述吊具减摇装置的作用及分类；
9. 描述大车行走机构的组成和工作原理；
10. 描述岸桥安全钩装置的作用和结构组成；
11. 知道岸桥的应急机构。

能力目标

具备分析岸桥各机构的工作原理和工作性能的基础知识。

岸边集装箱起重机(简称岸桥)是集装箱码头前沿装卸集装箱船舶的专用起重机。其特点是跨距大、速度快、效率高,参见图 13-1。

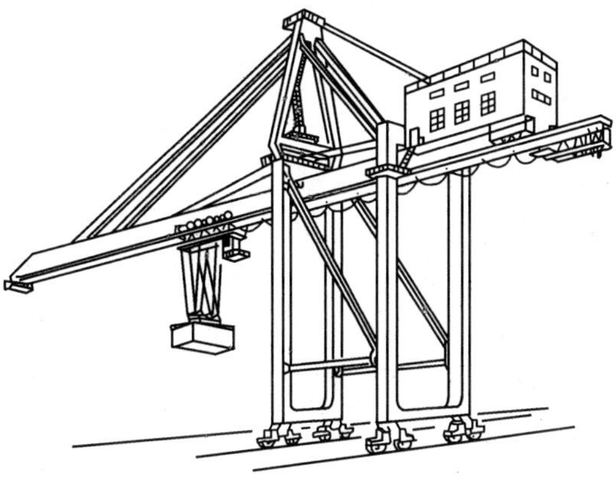

图 13-1　岸边集装箱起重机

第一节　岸桥的类型和主要技术参数

一、岸桥的类型

岸桥有多种型式，按不同的分类方法可有以下几种类型：

1. 按主梁（大梁）的结构型式分

岸桥可分为：单箱形梁结构、双箱形梁结构、板梁与桁架梁混合结构、全桁架结构。

主梁是岸桥金属结构的主要构件，不论采用哪种型式，主梁必须保证有足够的强度和刚度，主梁的长度应满足集装箱船的最大外伸距和后伸距的要求，并要便于施工和安装。

单箱形主梁中有一根箱形梁，所配置的多是起重自行式小车，小车以悬挂的方式在主梁轨道上运行。

双箱形主梁由两根箱形梁组成，两根梁之间用横梁联接。双箱形式岸桥具有小车布置方便、结构受力合理等优点，是应用最为普遍的一种型式。

板梁与桁架梁混合式和全桁架结构式，结构重量较轻，但结构尺寸大，制造工艺复杂，用于外伸距不大、要求自重小、许用轮压低的场合。

2. 按小车型式分

可分为：起重自行小车式、全绳索牵引小车式、半绳索牵引小车式。

起重自行式小车是将起升机构和小车运行机构均装在小车上，从而省去一整套钢丝绳牵引装置，结构简单，便于维修，大大减少了钢丝绳用量和滑轮数量，起升绳长度短，使用寿命长，小车运行定位性好，吊具易于对箱；但小车自重大（一般可达 60 ~ 95t），小车的驱动功率也大，因而导致整机轮压增大，码头费用增加。

全绳索牵引式小车是将起升机构驱动装置和小车运行机构驱动装置都装设在机房内，小车行走靠钢丝绳牵引，小车自重大大减轻，整机重量减轻，码头建造费用相应降低，小车的起动和加速性能较好，不产生打滑现象；但钢丝绳卷绕系统复杂，维修不便，钢丝绳容易磨损，更换钢丝绳比较困难，由于钢丝绳的下垂、弹性伸长和振动，影响吊具精确对位。对于大伸距的岸桥，主要采用这种型式。

半绳索牵引式小车又称自行式小车，它是将起升机构驱动装置设置在机房内，而小车运行机构仍然设在小车上，它的特点介于起重自行式小车和全绳索牵引式小车两者之间。

3. 按主梁让船方式分

可分为：俯仰式、伸缩式、折叠式（鹅颈式），如图 13-2 所示。

俯仰式，整个前大梁可以升起或放下。这种型式较为简单，但仰起后高度较大，目前在岸桥中得到广泛采用。

伸缩式，前主梁可通过一套驱动装置进行伸缩，工作时，前主梁向海侧方向伸出；非工作时，可将前主梁滑移收缩到框架内。其前主梁是悬臂梁，受到的弯矩很大，通常采用桁架结构，以减轻重量。这种结构型式的岸桥适用于对净空高

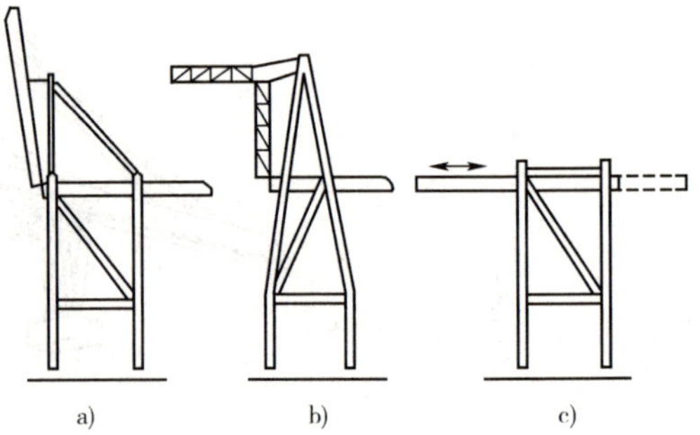

图 13-2　前大梁让船方式

a）俯仰式；b）折叠式；c）伸缩式

度要求较严的场所，港口很少采用。

折叠式，前主梁分为两段，仰起时从中间折叠，作业时，主梁可放置水平位置。它用于飞机场附近等有高度限制的码头。

二、岸桥的主要技术参数

岸桥的主要技术参数描述了岸桥的特征、能力和主要技术性能。主要包括：起重量、尺寸参数、工作速度、轮压等。

1. 起重量

岸边集装箱起重机的起重量是所吊集装箱的最大总重量与吊具的重量之和。通常以 Q 表示，单位为吨(t)。

各种型号集装箱的最大总重量参见表 12-5。

对于标准 40ft 和 45ft 的集装箱，其最大总重量取 30.5t。岸边集装箱起重机普遍采用自动伸缩式吊具，其重量一般为 10t 左右。随着结构的不断改进，有的伸缩式吊具的重量已减轻到 8～8.5t。固定式吊具的重量则比伸缩式轻，且不易损坏，尽管更换吊具需要一定的时间，但近几年出现了以固定式吊具代替伸缩式吊具的趋势。

2. 尺寸参数

岸桥的尺寸参数是表示岸桥作业范围、外形尺寸及限制空间的技术参数，主要有以下 8 个参数：起升高度、外伸距、内伸距、轨距、基距、门架净空高度、门框净空宽度和岸桥总宽等，如图 13-3 所示。

岸桥尺寸参数的选定，与所装卸的集装箱船船型、集装箱箱型、码头作业条件及装卸工艺等有关。

1)起升高度

起升高度应根据船舶型深、吃水、潮差和船上集装箱的装载情况来定。起升高度包括轨面以上起升高度和轨面以下起升高度。要求在轻载高水位时，能装卸甲板上最高一层的集装箱，甲板上堆箱层数视不同船型为 4～7 层；在重载低水位时，能吊到舱底最下一层集装箱。起升高度还要考虑船舶横倾到其最大允许值的影响，并留有安全过箱高度。

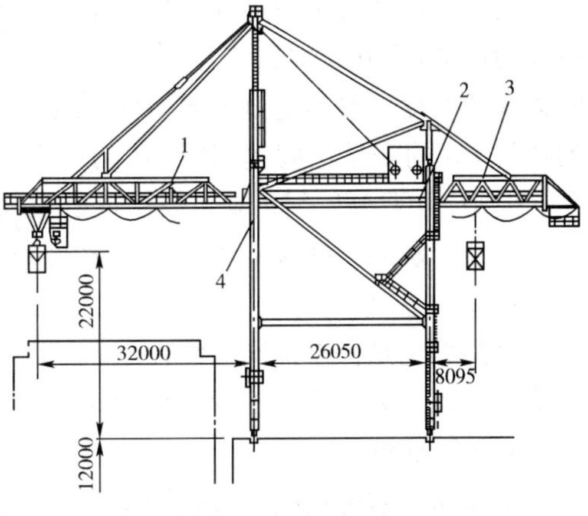

图 13-3　轻型岸边集装箱装卸桥示意图

1-前伸(悬)臂；2-主梁；3-后伸臂；4-门架

2)外伸距

外伸距是指岸桥水侧轨道中心线向外至吊具铅垂中心线之间的最大水平距离。

外伸距是表示岸桥可以装卸船舶大小的主要参数。它受到船宽(甲板上集装箱排数)、甲板上箱子的层数、箱高、船的横倾角、船舶吃水、码头前沿至海侧轨道中心的距离、码头防碰靠垫的厚度及预留小车制动的安全距离等因素的影响。

3)内伸距

内伸距是指岸桥陆侧轨道中心线向内至吊具铅垂中心线之间的最大水平距离。

为了保证装卸船舶的效率，在码头前沿水平搬运机械来不及搬运的情况下，内伸距就可起到临时堆放箱子的缓冲作用。此外，考虑到岸桥要把舱盖板吊放到内伸距范围下的要求，内伸距一般取 7～12m。

4)轨距

轨距是指岸桥两行走轨道中心线之间的水平距离。

轨距的确定,应使起重机具有足够的稳定性和考虑到由于轨距变化给起重机轮压带来的影响。同时,要考虑码头前沿的装卸工艺方式。通常,要求岸桥轨距范围内能临时堆码三列集装箱并允许跨运车能自由进出搬运这些集装箱。

在岸桥门架下铺设铁路进行车船直接换装的方式是不经济的。由于需要经常移动铁路车辆和对箱作业,将会影响船舶装卸效率。同时在码头前沿铺设过多的轨道线,还会影响流动搬运机械的运行。故岸桥的轨距不考虑铺设铁路线的尺寸要求。

一般轨距取 16m 是比较合理的,也符合我国起重机轨距标准的规定。

5)基距

基距是指同一轨道上两个主支承中心线之间的距离。基距越小,岸桥在侧向风力或对角方向风力作用下的轮压越大,侧向稳定性也越差。因此,只要岸桥总宽允许,基距应尽可能布置得大一些,行走支点越靠近门框立柱中心越好。

6)门架净空高度

门架净空高度是指海陆侧门框联系横梁下平面与码头平面的距离。它取决于门架下通过的流动式搬运机械的外形高度。如通过跨运车,并留出一定的安全间隙 0.8 ~ 1m。堆码三层集装箱通过两层集装箱的跨运车的外形高度约为 9m,则门架的净空高度可取 10m。

7)门框净空宽度

门框净空宽度是指进入司机室平台以下的海(陆)侧门框左右门框内侧之间的水平距离,也称为门腿之间的净宽。门框净宽主要是为保证船舶的舱盖板和超长集装箱通过门腿之间。舱盖板的长度一般不超过 14m,45ft 集装箱的使用已很普遍,其长度也不超过 14m,再考虑两侧各留 1m 的安全空间,普通岸桥的门框净空宽度为 16m,可以满足装卸一般集装箱船的需要。但是,由于 48ft、53ft 等超长箱也已投入使用(53ft 集装箱长度为 16.154m),因而新一代超巴拿马型岸桥的门框净空宽度需增大到 18m。

8)岸桥总宽

岸桥总宽是指岸桥同一侧行走轨道上的左右两组行走台车外侧缓冲器端部之间在自由状态下的距离。为了便于多台岸桥同时作业,岸桥总宽应尽可能小,一般取为 26 ~27m。

3. 工作速度

工作速度的选定应满足装卸生产率的要求,并对各机构的工作速度进行合理分配。提高升降和小车运行速度对缩短装卸工作循环时间意义较大,但在速度分配时还要尽量使之与电动机的容量规定相配合,并尽可能使机电设备配件通用化,以便于维修更换。此外,起重机工作速度的提高会增加吊具的摇摆,集装箱对位更加困难,对位时间相应增加,因此,必须采用效果良好的减摇装置。

1)起升(下降)速度

起升速度通常设有两种速度,即起吊额定负荷量时的起升速度和空载起升速度。而且,空载起升速度高于满载速度一倍以上。初期建造的普通型岸边集装箱起重机的起升速度一般为:满载 31.5m/min,空载 72m/min,相应的设计生产率为 20 箱/h 左右。后期开发的高速型,起升速度提高到:满载 60m/min,空载 150m/min,相应的设计生产率为 40 ~45 箱/h。

2)小车运行速度

由于超巴拿马岸桥的前伸距均大于 40m,有的已达到 70m,故小车行走距离一般都远远超过岸桥的平均起升高度，因此，提高小车运行速度对缩短工作循环时间，提高生产率是很有意义的。

普通型的岸边集装箱起重机的小车运行速度一般为 150 ~ 180m/min，高速型已提高到 240 ~ 250m/min。

但是，小车运行速度的提高，将会增加吊具的摇摆和司机的疲劳，因此必须具有效果良好的减摇装置，对小车和司机室采取减振措施，为司机创造舒适的操作条件。如能有效解决因小车运行速度提高而产生的各种不利影响，根据目前大伸距超巴拿马型岸桥生产率和工作循环，全绳索牵引式小车的小车运行速度可提高到 300m/min 以上。

3）大车运行速度

移动大车的目的是调整作业位置，因此，对大车运行速度并不要求很快，一般在 25 ~ 45m/min即可。

4）前大梁俯仰时间

前大梁俯仰时间是指前大梁从水平位置运动到仰起的挂钩位置的时间，或者从仰起的挂钩位置运动到水平位置所需的时间（min）。即用前大梁俯仰单程时间来表示，一般取 5 ~ 6.5min。

在集装箱船舶停靠码头和装卸完离开码头时，岸桥需将臂架仰起来，以便让船通过，由于臂架俯仰机构属于非工作性机构，故速度较低。

4. 轮压

岸桥的轮压分为最大工作轮压和最大非工作轮压。

1）最大工作轮压

起重机在工作风速 16m/s 的情况下起吊额定负荷量，并按下列方式确定装卸操作时各支腿下每个车轮的最大压力：

（1）前大梁处于水平状态，行走小车位于前大梁前端，风向平行或垂直于轨道方向，取其中较大的数值。

（2）前大梁升起，行走小车位于近外侧支腿上，风向平行或垂直于轨道方向，取其中较大的数值。

（3）前大梁升起，行走小车位于近内侧支腿上，风向平行或垂直于轨道方向，取其中较大的数值。

2）最大非工作轮压

起重机在最大非工作风速的情况下，仅带吊具，不起吊集装箱，前大梁升起，风向平行或垂直于轨道方向，取其中较大的数值。

表 13-1 列举了一些制造厂商生产的岸桥的主要技术参数。

岸边集装箱起重机的主要技术参数 表 13-1

主参数 / 制造厂	额定起重量（t）	外伸距（m）	内伸距（m）	轨距（m）	起升高度（m）	起升速度（m/min）		小车运行速度（m/min）	小车运行方式
						满载	空载		
上海港机厂	40.5	32	8.5	26.05	34	50	120	145	牵引式
上海港机厂	50.8	44.2	18.3	24.39	33.52	53.4	110	152.4	牵引式
振华港机	40	44	13	26	44	55	150	180	自行式
振华港机	50	50	15	26.05	51	60	150	240	牵引式

续上表

主参数 / 制造厂	额定起重量(t)	外伸距(m)	内伸距(m)	轨距(m)	起升高度(m)	起升速度(m/min)		小车运行速度(m/min)	小车运行方式
						满载	空载		
振华港机	65	61	15	30.48	50	70	180	250	牵引式
CT	45	48	18	25	33	60	130	180	牵引式
Kone	50.8	45	19.8	27.43	30.48	52	125	152	牵引式
NKK	55	48.5	15	30.5	50.5	70	160	180	牵引式
MGM	40.5	54.5	15	30	34.5	70	150	210	自行式
Morris	50	45	15.3	30	36	70	150	210	半绳索

第二节 金属结构

一、岸桥金属结构的主要组成

岸桥金属结构主要由以下几个部分组成(参见图13-4)。

1. 门框系统

门框是岸桥的主要构件,它分为海侧门框和陆侧门框两部分。海侧门框包括:海侧门框立柱、上横梁、下横梁;陆侧门框包括:陆侧门框立柱、上横梁、下横梁。

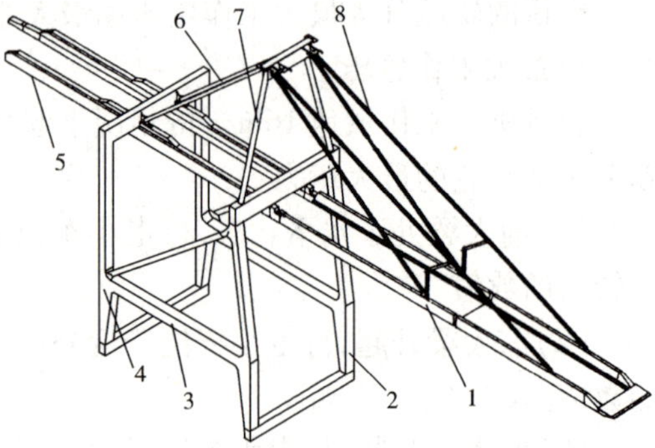

图13-4 岸桥金属结构组成

1-前大梁;2-海侧门框系统;3-门框连接横梁;4-陆侧门框系统;5-后大梁;6-后拉杆;7-梯形架;8-前拉杆

2. 梯形架

梯形架包括:海侧梯形架、陆侧梯形架,有的岸桥无陆侧梯形架。

3. 大梁

包括:前大梁、后大梁,两者之间用铰点连接。

4. 拉杆系统

拉杆系统包括:前第一排拉杆、前第二排拉杆、后拉杆。

5. 门框连接系统

包括:门框连接横梁、门框连接斜撑、门框上部水平撑杆。

为了增加整个金属结构的刚度和便于整机运输,目前常采用的做法是将门框系统、梯形架、门框连接系统及后拉杆等部件之间用焊接连接成一个整体组件,习惯上将这一组件通称为:门架系统。因此,岸桥的金属结构组成也可归纳为由门架系统、大梁、拉杆系统三大部分组成。

二、门架系统

岸桥的门架结构型式有三种:A型门架,H型门架和AH组合型门架,如图13-5所示。

1. A型门架

A型门架结构型式为岸桥早期产品的结构型式。其结构紧凑,海侧门架向陆侧门架倾斜,因而使前后大梁的铰点可缩到码头岸线以内，可防止与船舶上层建筑相碰。在起重量不大的小轨距岸桥中，A型门架是比较适用的。

2. H 型门架

H 型门架结构受轨距大小变化影响不大，其特点是海侧门框垂直。H 型门架高度较低，焊接工艺性好，制造拼装容易，多用于海侧轨道与码头前沿的距离足够大的码头。

3. AH 组合型门架

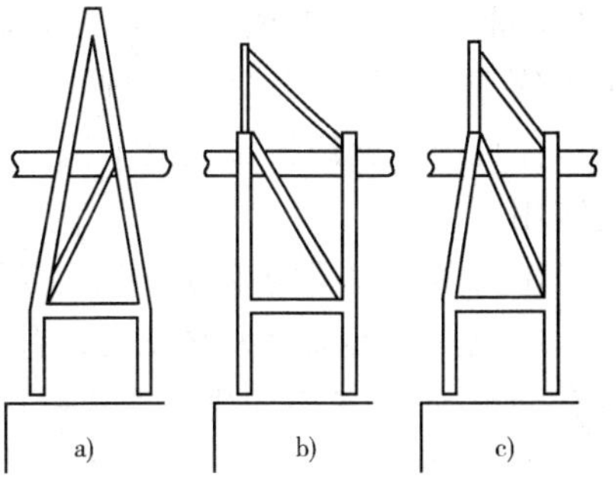

图 13-5 门架结构型式

a) A 型门架；b) H 型门架；c) AH 组合型门架

AH 组合型门架是在 H 型门架的基础上，吸收了 A 型门架可防止大梁铰点与船舶上层建筑相碰的优点。虽然它和 H 型门架相比，制造工艺相对复杂，但由于目前国际航运中起重机与船舶日益大型化，要求船与起重机有更大的相对净空，而起重机又不能过大地加大海侧轨道与码头前沿的距离，因此目前国际上较多使用 AH 型门架。

三、大梁

大梁结构就总体而言，主要有桁架式、板梁式、双箱梁式和单箱梁式等几种型式。如图 13-6 所示。

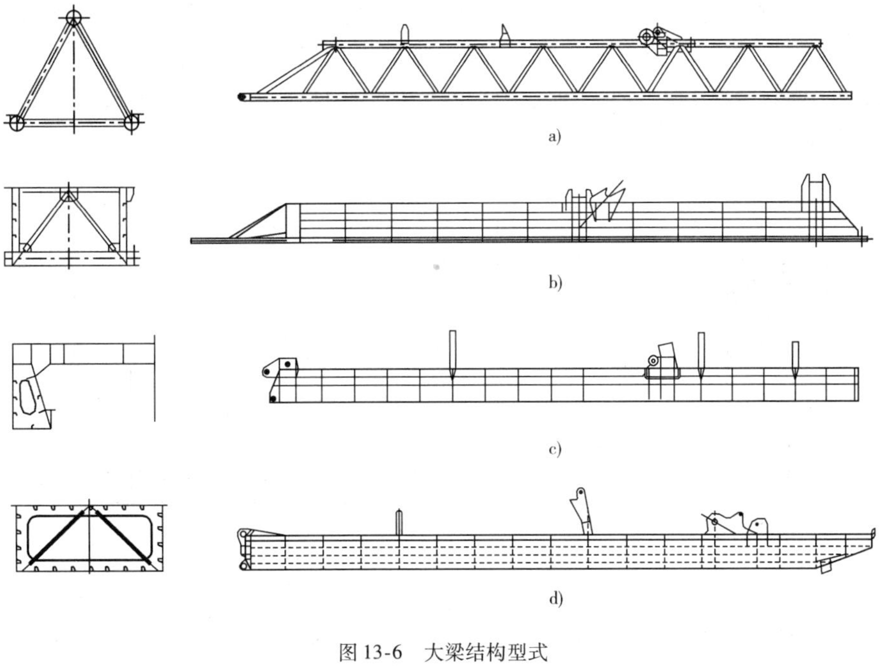

图 13-6 大梁结构型式

a) 桁架式；b) 板梁式；c) 双箱梁式；d) 单箱梁式

图 13-6a) 是典型的桁架式大梁，其特点：重量轻、刚度大、轮压小、迎风面小、整机稳定性好；但制造工艺复杂，焊接量大，而且杆件相互之间的节点是疲劳破坏的疲劳源，若处理不好将会影响起重机的寿命。桁架式大梁在轻型集装箱起重机上采用较多，然而随着集装箱码头的专业化发展，泊位承载能力大为提高，这种型式的大梁应用越来越少。

图 13-6b) 为典型的板梁式大梁结构，其重量比箱形梁轻，制造工艺比桁架式梁简单。

图 13-6c) 为双箱梁结构，采用双箱梁结构的起重机的整体高度比同样起升高度的单箱梁

结构的起重机小，迎风面积小，整体稳定性好，双箱梁的大梁水平刚度较好，小车运行平稳，其小车位于轨道上，维修保养方便。双箱梁的前后大梁之间普遍采用双铰点结构，这种双铰点结构可保证小车轨道接头处的平稳过渡和方便铰点的维修。因此，双箱梁结构的大梁得到了普遍应用。

岸桥前后大梁的铰点分单铰点和双铰点。

单铰点是指前后大梁铰接只有一个铰点，该铰点既是工作铰点，又是大梁俯仰铰点。由于只有一个铰点，考虑到要实现两种功能，铰点通常布置在紧靠小车轨道接头的下面位置，为避免前大梁俯仰时，前后大梁上的小车轨道发生干涉，轨道接头的接缝必须沿高度方向斜切。当小车运行到大梁海侧时，大梁要绕该单铰点转动，使小车轨道在接头处的间隙发生变化，因此轨道在接头处就要保留较大的间隙，则小车在运行通过接头处时，必定会产生冲击。另外，单铰点的维修比较困难，若铰点处的轴承或轴需要维修更换，就需要采用大的辅助设备，将前大梁的作用力释放。

双铰点的型式是指前后大梁分别在两个不同标高处布置相互独立的两个铰点，参见图13-7，其中下铰点位于轨道下且非常接近轨道的地方，而上铰点则在轨道上且远离轨道接头处。大梁处于水平状态时，当小车运行到大梁海侧，由于上铰点的限制作用，大梁围绕下铰点转动不大，使小车轨道在接头处的间隙变化最小。当大梁俯仰时，大梁则绕上铰点转动，下铰点放开。由于上铰点远离轨道接头，且在轨道接头之上，所以轨道接头的形式可以多种多样，不会出现单铰点经常发生干涉的问题。由于前后大梁之间有上、下两个铰点，且两个铰点的功能明确，因此双铰点的维修比较方便。若上铰点处的轴承或轴需要维修更换，则将前大梁置于水平状态即可维修；若下铰点需要维修，则将前大梁仰起即可维修。上、下铰点的维修都不需要大型辅助设备。

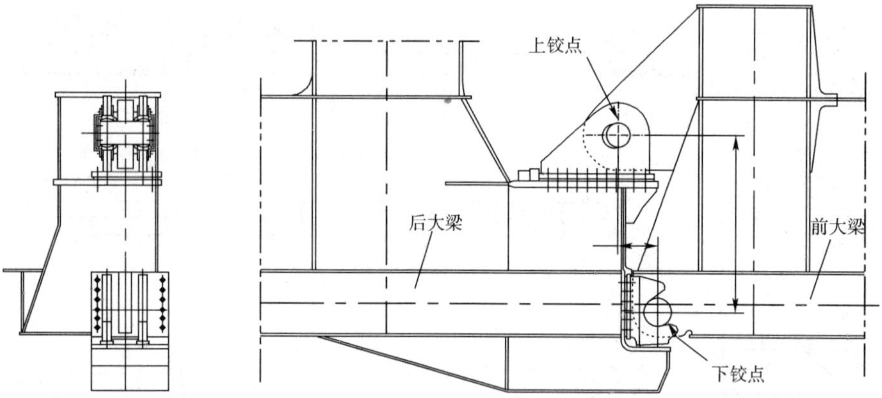

图 13-7　双铰点结构的示意图

图 13-6d）为单箱梁结构，在相同起升高度的情况下，单箱梁和板梁式结构起重机的整体高度一般要比双箱梁起重机高 3m 左右，因而导致前两种形式的起重机的迎风面积大，重心高，重量也较大，对起重机的整体稳定性不利。而且小车悬挂在梁的外侧，从而限制了大梁的宽度，大梁的水平刚度不如双箱梁起重机，影响小车运行稳定性，在起制动时小车易产生啃轨现象，维修保养不方便。另外，为了保持水平稳定性，单箱梁无法采用双铰点结构。

四、拉杆

岸桥的拉杆有前后之分，后拉杆为固定的，而前拉杆为可铰接折叠式，以适应前大梁的俯仰需求,如图 13-4 所示。后拉杆有管结构、箱形结构、H 形结构、单板结构和桥梁钢缆结构等多种型式。前拉杆多采用单板结构、H 形结构或箱形结构,如图 13-8 所示。

拉杆是非常重要的断裂危险构件(简称 FCM 构件),要求有足够的强度和可靠度,制造过程中要对所有焊缝进行无损探伤。

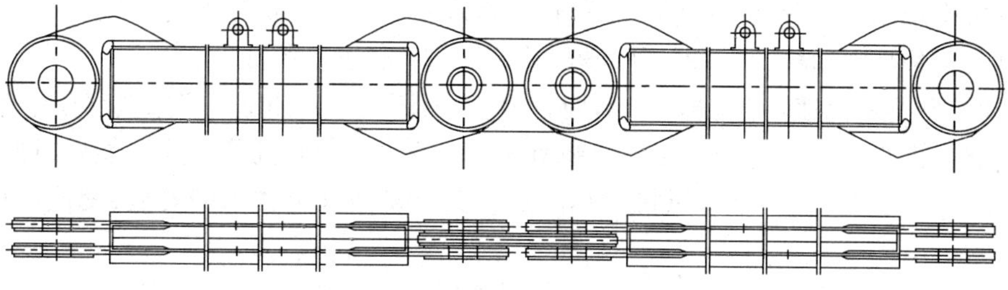

a)

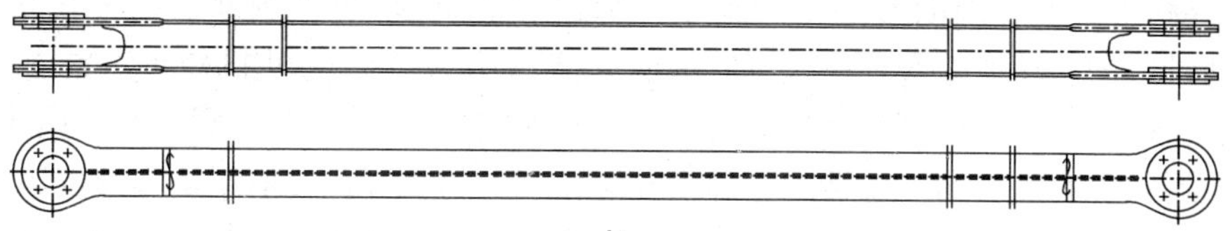

b)

图 13-8　拉杆结构

a)箱形结构拉杆;b)H 形结构拉杆

第三节　起 升 机 构

一、概述

岸桥的起升机构是岸桥最主要的工作机构,其作用是实现集装箱吊具的升降运动。起升机构除了采用专用集装箱吊具起吊集装箱外,还可通过吊钩横梁(图 12-18)对重件、件杂货进行装卸作业。

全绳索牵引式小车和半绳索牵引式小车的岸桥,起升机构的驱动装置安装在机器房内,由电动机、减速器、卷筒和制动器等组成,通常是由左右对称布置的两组驱动装置来实现吊具的升降,为了保持两组驱动装置同步运行,必须在高速轴(电机轴)和低速轴(卷筒轴)之间装设同步装置,如果采用电驱动技术能确保同步,可以不设机械同步装置。

起升机构一般应满足下列要求:

(1)起升机构设计和选型应符合《起重机设计规范》(GB 3811—2008)规定或买方文件规定的工作级别。

(2)起升机构驱动装置的各部件应安装在具有足够强度和刚度的共用底架上,底架再与机器房钢结构固定。

(3)驱动装置的各传动轴同心度应是可调的,可通过底盘与机座之间的调整垫片进行调整。

(4)传动装置的支座应有足够的侧向刚度,以承受因钢丝绳偏斜而产生的侧向力,保证盘式制动器正常工作。

(5)在高速轴(减速器侧)和低速轴(卷筒轴侧)装有可靠的制动器。

(6)配设性能可靠的安全保护装置,包括高度指示器和限位保护、超载保护、超速保护、挂舱保护架等,在转动部件的外围应装设安全防护栏,在卷筒下方配有接油盘,以防止污染环境。

(7)当电气系统发生故障时,应有将货物放置到地面或将吊具从舱内取出的措施。

二、起升机构的主要组成和典型布置

起升机构由驱动装置、钢丝绳卷绕系统、吊具和安全保护装置等组成。

驱动装置包括电动机、联轴器、制动器、减速器、卷筒、支承等部件。

安全保护装置有高速轴制动器、低速轴制动器、行程限位开关、超速开关、超负荷保护装置等。

岸桥起升机构的驱动电机有交流电机和直流电机,直流电机的调速性能好,过载能力较大,可达到250%或更高,并配有风机散热。随着交流变频调速技术的发展,交流电机的应用越来越普遍。

岸桥起升机构应采用常闭式制动器,制动器的安全系数应不小于1.75。若安装两个以上制动器,必须保证单个制动器能安全承受全部吊载静负荷,每个制动器的安全系数应大于1.25。高速轴上的制动器应安装在减速器轴端侧,以确保安全。为使机构布置紧凑,应尽量减小制动器的轴向尺寸。制动器应设有磨损自动补偿装置和手动释放装置。新一代的制动器为智能型制动器,能自动发出制动器工作温度和工作状况的信号。目前岸桥起升机构、小车运行机构、俯仰机构的高速轴上广泛采用电力推杆作为松闸器的盘式制动器,低速轴采用液力泵站驱动的盘式制动器,大车运行机构中采用块式制动器或电力推杆作为松闸器的盘式制动器。

为保证安全,起升机构中设有起升高度限位装置。

减速器通常采用卧式减速器,齿轮为渗碳淬火硬齿面并磨齿。减速器箱体应有足够的刚度,以保证受载后产生的变形不会影响齿轮的啮合,箱体采用钢板焊接而成。

岸桥起升机构对联轴器的基本要求是:高可靠性、足够的安装精度、方便调整同轴度和良好的润滑。目前普遍采用梅花型联轴器或齿形联轴器。

岸桥的起升钢丝绳通常选用线接触钢丝绳,钢丝的公称抗拉强度不宜大于1700MPa,对于优质钢丝绳,可提高到1800MPa。岸桥起升钢丝绳之间的相互距离较大,不会出现钢丝绳相互缠绕的现象,所以起升钢丝绳可选取相同旋向(左旋或右旋),一般不指明要求时均为右旋。

岸桥起升机构有如下几种典型布置型式:

1.一台减速器居中,两侧布置电机和卷筒

这种布置型式结构紧凑,占机房空间小,钢丝绳绕入或绕出卷筒的偏角小,但减速器大而重,机器房内需配备大起重量的维修起重设备,如图13-9所示。

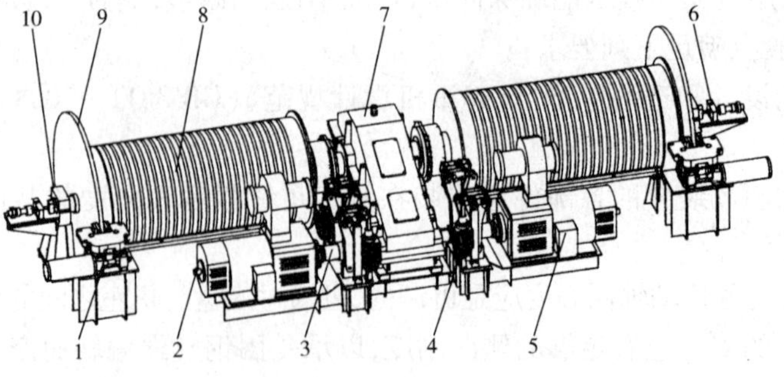

图13-9 起升机构布置型式(一)

1-低速级制动器;2-测速开关;3-联轴器;4-高速级制动器;5-电机;6-凸轮限位开关/超速开关;7-减速器;8-卷筒;9-低速制动盘;10-卷筒支座

2. 两台减速器居中,两侧分别布置电机和卷筒

这种布置型式使两个卷筒之间的距离增大,钢丝绳绕入或绕出卷筒的偏角小,方便大梁尾部滑轮组的布置,减速器较小,可减小维修起重机的起重量,但占用空间大,并需配置同步联轴器,如图 13-10 所示。

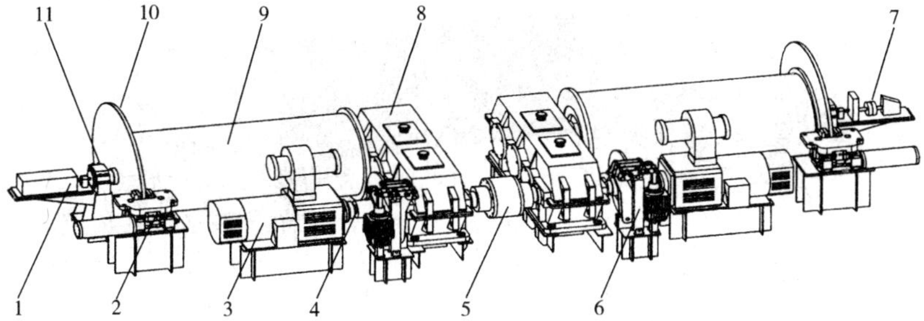

图 13-10 起升机构布置型式(二)

1-脉冲编码器/凸轮限位开关;2-低速级制动器;3-电动机;4-高速轴联轴器;5-同步联轴器;6-高速级制动器;7-测速/超速开关;8-减速器;9-卷筒;10-低速级制动器;11-卷筒支座

3. 两台减速器外置,卷筒和电机居中

这种布置型式省掉了卷筒支承和同步联轴器,结构紧凑,减速器较小,可减小维修起重机起重量,但卷筒长度尺寸大,特别对起升高度较大的超巴拿马岸桥,卷筒长度可达 7 ~8m,将造成钢丝绳的偏角过大,也不利于尾部滑轮的布置。另外,一旦卷筒与联轴器出现偏角,必须调整其中一个减速器,同时相应的电机和制动器也要跟着作调整,故此种布置型式应用不多,如图 13-11 所示。

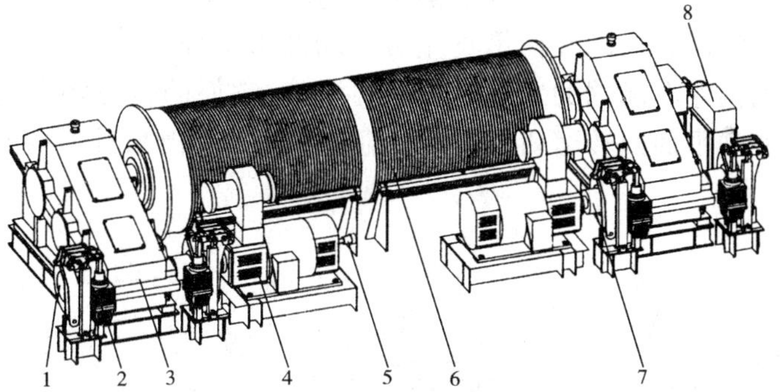

图 13-11 起升机构布置型式(三)

1-制动盘;2-高速级制动器;3-减速器;4-电动机;5-测速/超速开关;6-卷筒;7-高速级联轴器;8-脉冲编码器/凸轮限位开关

4. 卷筒居中,电机分别布置在两减速器外侧

这种布置型式类似第 3 种布置型式,区别在于电机分别布置在两个减速器的外侧,维修检查的空间较大,其特点与第 3 种型式相似,应用也不多,如图 13-12 所示。

三、起升钢丝绳卷绕系统

由于岸桥的起重量一般为 40t 或更大,通常用 4 根钢丝绳并通过吊具滑轮形成 8 根独立的钢丝绳承受起升载荷。为便于更换钢丝绳,一般将 4 根起升钢丝绳的 4 个绳端分别固定在卷筒上。

为了有利于岸桥在不同工况下的集装箱装卸作业，通常岸桥吊具应具有前后倾转、左右倾转和平面回转 3 个运动，统称为吊具的倾转运动，前后倾转和平面回转角度一般为 ±5°，左右倾转为 ±3°~4°。

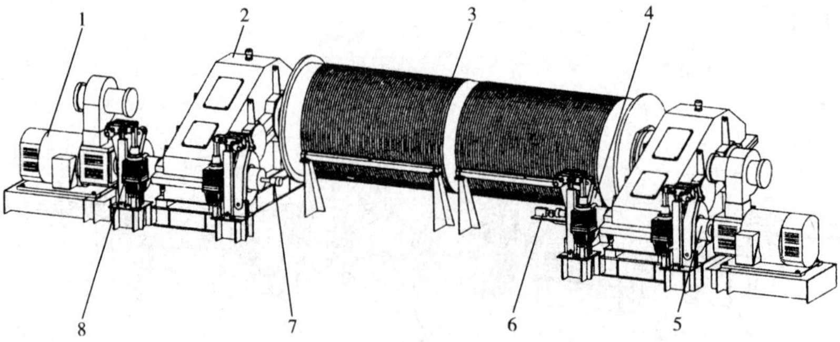

图 13-12　起升机构布置型式(四)

1-电动机;2-减速器;3-卷筒;4-制动盘;5-高速轴联轴器;6-脉冲编码器/凸轮限位开关;7-测速/超速开关;8-高速级制动器

1. 全绳索牵引小车式岸桥起升钢丝绳卷绕系统

起升钢丝绳卷绕系统一般有两种布置形式，如图 13-13 和图 13-16 所示，由尾部滑轮组、小车滑轮组、头部滑轮组、吊具上架滑轮组以及钢丝绳托辊、调整接头等组成。

图 13-13 所示的钢丝绳卷绕系统，大梁头部布置 2 套独立的倾转装置，吊具能完成左右倾转和平面回转两个动作。当需要左右倾转时，起升卷筒不动，设在大梁头部的两套倾转装置同向移动，即可实现吊具的左右倾转；当吊具需要平面回转时，起升卷筒仍然不动，两套倾转装置反向移动，由于小车滑轮组之间的距离与吊具上架滑轮组之间的距离不同，使得钢丝绳与垂直方向存在一个偏角，正是有了这个偏角，钢丝绳的张力在吊具上架平面内会引起一个水平分力。倾转装置同向移动时，吊具左右两端的水平分力各自平衡，倾转装置反向移动时，吊具上架平面内左右两端的水平分力不再平衡，它们的合力将在水平面内形成一个力偶，从而使吊具实现平面回转运动。吊具的前后倾转只能由吊具上的前后倾动液压缸来完成。

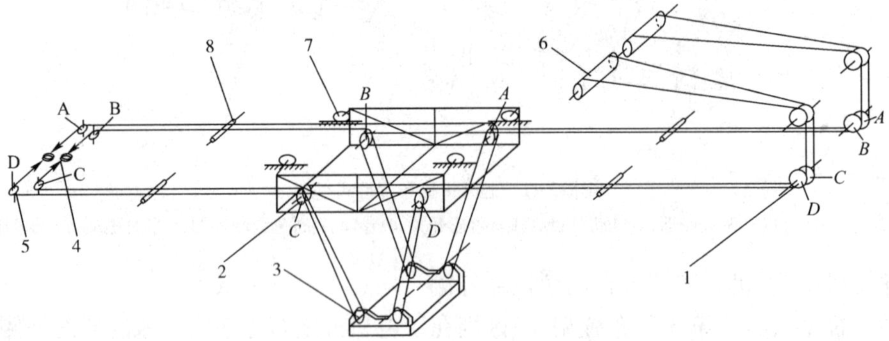

图 13-13　钢丝绳卷绕系统(一)　回转 + 左右倾

1-尾部滑轮组;2-小车滑轮组;3-吊具上架滑轮组;4-头部倾转装置;5-头部滑轮组;6-起升卷筒;7-小车行走轮;8-托辊

若在大梁头部设置 3 套(图 13-14)或 4 套独立的倾转装置(图 13-15)，则可以完全实现吊具的前后倾转、左右倾转和平面回转 3 个运动。

在图 13-14 中，若三个倾转装置同向移动，可实现左右倾转；若 1 号倾转装置不动，2 号、3 号倾转装置反向移动，可实现前后倾转；若 2 号、3 号倾转装置同向移动而 1 号倾转装置与之反向移动,则可实现平面回转。

在图 13-15 中,若四个倾转装置同向移动,可实现左右倾转;若 1 号、2 号倾转装置反向移动或 3 号、4 号倾转装置反向移动,可实现前后倾转;若 1 号、4 号倾转装置反向移动或 2 号、3 号倾转装置反向移动,则可实现平面回转。

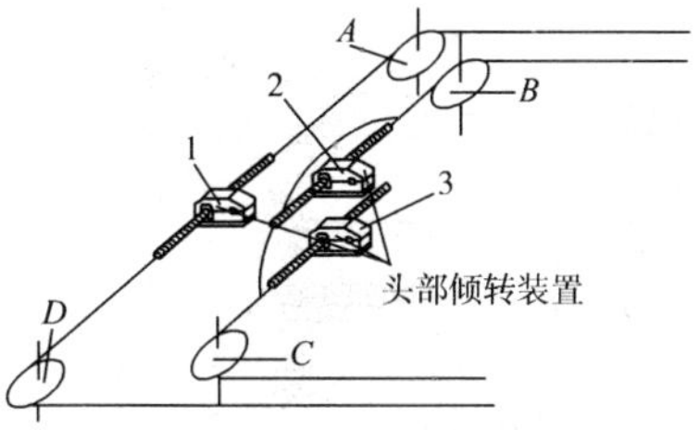

图 13-14　三套倾转装置的布置形式

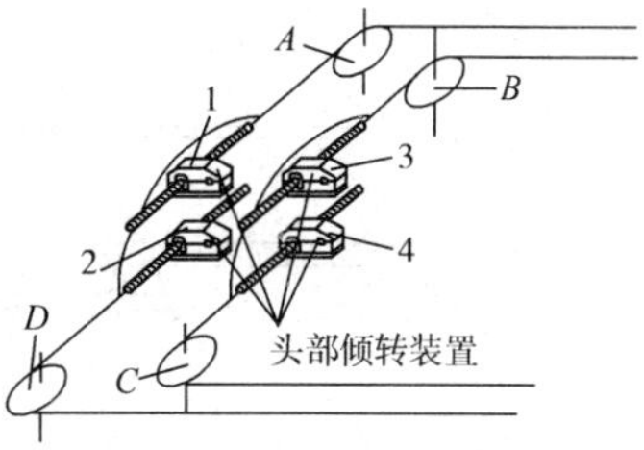

图 13-15　三套倾转装置的布置形式

图 13-16 所示的钢丝绳卷绕系统,大梁头部同样布置有 2 套独立的倾转装置,吊具能完成左右倾转和前后倾转两个动作。两套倾转装置同向移动,可实现吊具的左右倾转;两套倾转装置反向移动,可实现吊具的前后倾转。而吊具的平面回转动作往往由设在尾部滑轮组处的防挂舱液压缸来完成,参见图 13-17。

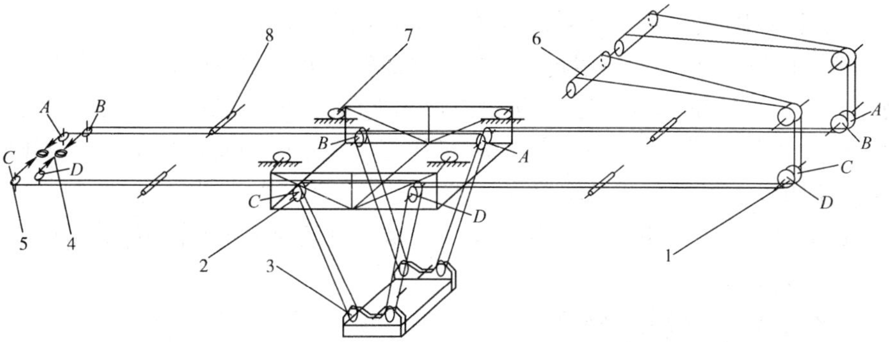

图 13-16　钢丝绳卷绕系统(二)　左右倾 + 前后倾

1-尾部滑轮组;2-小车滑轮组;3-吊具上架滑轮组;4-头部倾转装置;5-头部滑轮组;6-起升卷筒;7-小车行走轮;8-托辊

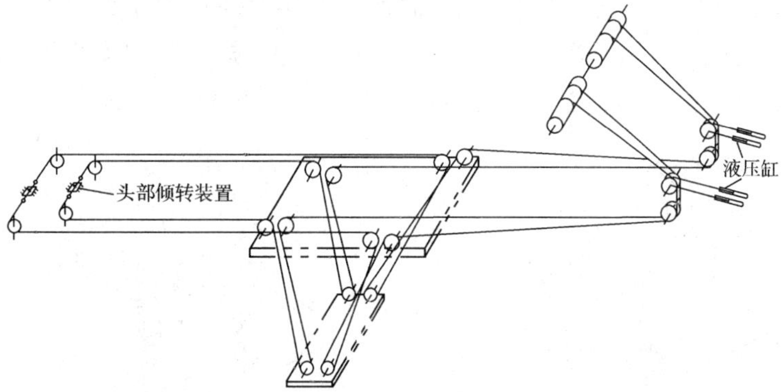

图 13-17　用液压缸实现平面回转的钢丝绳卷绕系统

同样,若在大梁头部设置 3 套或 4 套独立的倾转装置,则可以完全实现吊具的前后倾转、左右倾转和平面回转 3 个运动。

如果吊具倾转装置不设在大梁头部而全都设置在尾部,常采用多功能液压缸与挂舱保护相结合的共用液压缸来实现 3 个倾转运动,参见图 13-18。当设置在大梁尾部的 4 个液压缸采用不同的组合方式进行伸缩运动从而推动大梁后部改向滑轮时，可相应实现吊具的左右倾转、前后倾转和平面回转。

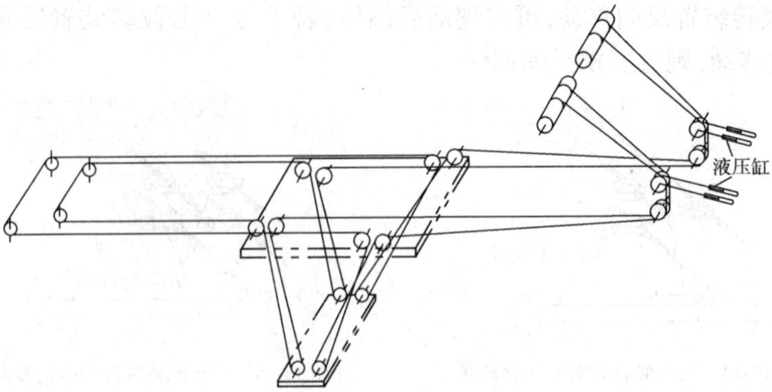

图 13-18　倾转装置设置在尾部的钢丝绳卷绕系统

挂舱是指：一是当空吊具或满吊具从船舱内起升出舱过程中被卡住；二是当吊具起吊甲板上的集装箱而该集装箱与下层集装箱之间的锁销尚未打开。当吊具发生挂舱时，电气控制系统从检测到超载信号，经 PLC 控制系统比较，反馈控制断电、制动器上闸直至最终停车，延续时间近 1s。这段时间内超载载荷将对结构、机构等造成很大的损伤。

为了保护岸桥的安全，一般是通过在后大梁尾部的起升改向滑轮处设四只可单独动作的防挂舱液压缸。一旦挂舱，从发生挂舱至最终停车期间，液压缸能迅速释放大量缸内的高压油，从而快速释放挂舱载荷，直至与岸桥结构、机构等所能承受的载荷平衡。事故排除后可通过司机室内按钮操作使挂舱保护装置复位。

由于吊具多数位于大梁前部和中部工作，为了减小钢丝绳下垂对倾转动作的影响，吊具倾转装置多装在大梁头部。

2. 起重自行小车式岸桥起升钢丝绳卷绕系统

起重自行小车式岸桥，起升机构和小车运行机构均设置在小车架上，其起升钢丝绳卷绕系统的组成比较简单，钢丝绳从起升卷筒出来后，经吊具上架滑轮组，再回到小车机器房下端的钢丝绳固接处，如图 13-19 所示。其中图 a)，将两个双联起升卷筒分离，而在两个起升电机尾端之间设置电磁离合器，当离合器闭合时，两个电机刚性同步运转，以实现吊具的正常升降；当离合器打开时，起升电机驱动各自的卷筒实现左右倾转。图 b)中，4 根钢丝绳从卷筒出来后，

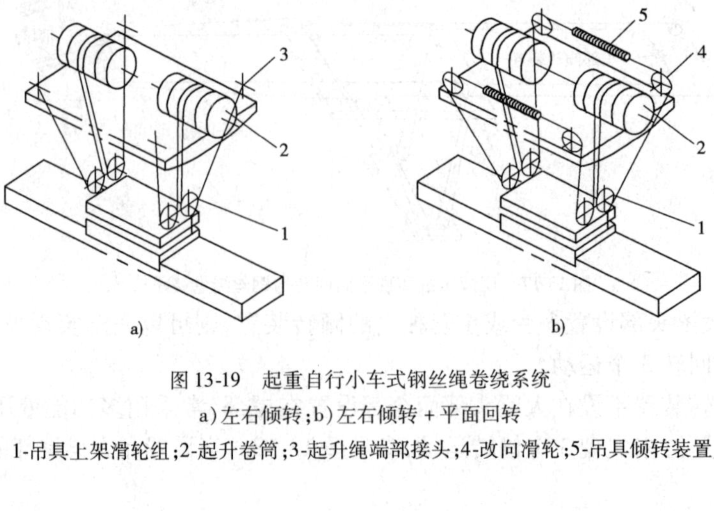

图 13-19　起重自行小车式钢丝绳卷绕系统

a) 左右倾转；b) 左右倾转 + 平面回转

1-吊具上架滑轮组；2-起升卷筒；3-起升绳端部接头；4-改向滑轮；5-吊具倾转装置

经吊具上架滑轮又回到小车机器房内的改向滑轮处,并最终连接到吊具倾转装置的螺杆上,以实现吊具的左右倾转、平面回转。吊具的前后倾转则依靠吊具上架的前后倾转液压缸来完成。

第四节　小车运行机构

一、概述

在岸桥上,使集装箱吊具作水平往复运动的机构总成称为小车运行机构。它包括运行小车总成、运行小车驱动机构、小车钢丝绳卷绕系统和安全保护装置。

运行小车的驱动方式有自行式和钢丝绳牵引式两种。自行式小车的驱动装置布置在运行小车上;钢丝绳牵引式小车的驱动装置一般布置在机器房内,有时也可将驱动装置布置在机器房下面的大梁内。

岸边集装箱起重机的运行小车可分为三种:起重自行式小车、全绳索牵引式小车、半绳索牵引式小车。

小车的每一端都装有缓冲器,缓冲器应能充分吸收小车碰撞能量,以防止小车带着额定载荷并以全速运行撞击车挡而造成岸桥、车挡或小车结构、机构的损坏。由于小车运行速度高,动能较大,故常采用液压缓冲器。

二、起重自行式小车

1. 特点

起重自行式小车是将起升机构和小车行走机构都装设在小车架上,载重小车可以自行。其特点是:

(1)结构较简单,便于维修;

(2)起升钢丝绳由载重小车上的卷筒直接绕经吊具滑轮,因而钢丝绳的磨损减小,使用寿命较长;

(3)行走小车不受牵引钢丝绳下挠、弹性伸长和振动等影响,因而便于定位,且微动性好;

(4)前大梁起升后,码头上仍能继续作业;

(5)载重小车自重较大,因而导致整机重量增加,轮压增大,码头费用增加。

2. 布置型式

起重自行式小车包括起升机构、机器房和运行小车3大部分。起升机构包括起升驱动装置、起升钢丝绳卷绕系统和安全保护装置等。机器房内设有维修行车及机房附件等。运行小车包括小车车轮组、水平轮、小车架、缓冲器、小车驱动装置、锚定装置、司机室及安全限位装置等,如图13-20所示。

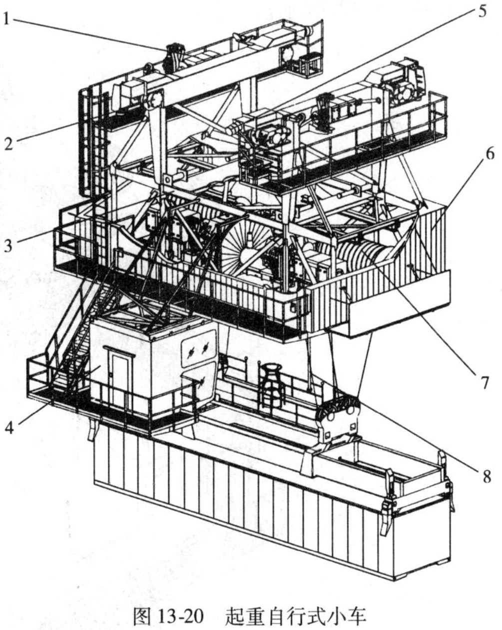

图13-20　起重自行式小车

1-小车驱动机构;2-小车车轮总成;3-小车框架结构;4-司机室;5-缓冲器;6-小车机房总成;7-起升机构驱动装置;8-限位装置

三、全绳索牵引式小车

1. 特点

全绳索牵引小车式是将起升驱动装置和小车行走驱动装置都装设在机房内，小车行走靠钢丝绳牵引，其特点是：

（1）载重小车自重大大减轻，因而起重机前大梁的载荷减小，整机重量减轻，码头建造费用相应降低；

（2）载重小车的起动和加速性能较好，不致产生打滑现象；

（3）钢丝绳卷绕系统复杂，维修不便，且容易磨损，更换钢丝绳比较费事；

（4）由于钢丝绳下垂，影响吊具精确对位。

2. 布置型式

如图 13-21 所示。

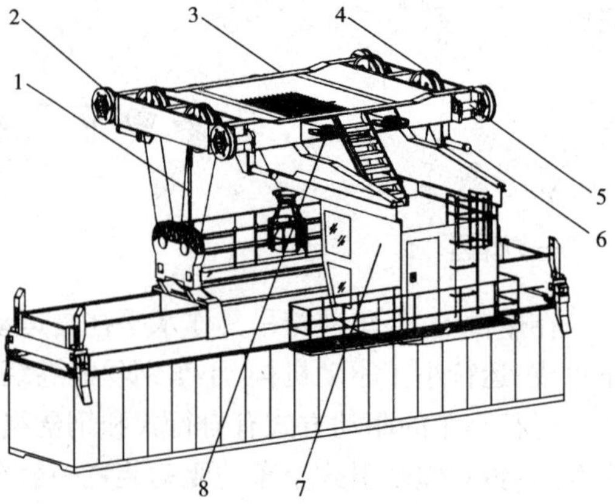

图 13-21　绳索牵引式小车

1-安全限位开关；2-小车车轮组；3-小车架；4-小车起升滑轮组；5-钢丝绳托辊；6-缓冲器；7-司机室；8-小车牵引滑轮组

四、半绳索牵引式小车

1. 特点

半绳索牵引式小车又称自行式小车。它是将起升驱动装置设置在机房内，而小车行走驱动装置仍然装设在载重小车架上。

2. 布置型式

如图 13-22 所示。

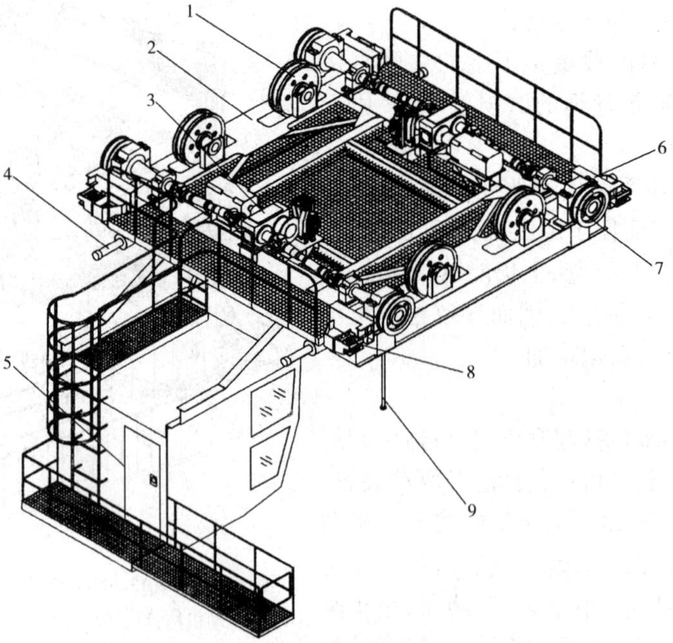

图 13-22　自行式小车

1-小车滑轮组；2-小车架；3-小车行走驱动装置；4-液压缓冲器；5-司机室；6-钢丝绳托辊；7-小车车轮组；8-水平轮；9-限位安全装置

由于岸桥的大梁前伸距离较大，减轻小车重量对岸桥金属结构部分有着重要影响，故岸桥多采用全绳索牵引式小车。

五、小车运行驱动装置

1. 自行式小车

自行式小车驱动装置由电动机、联轴器或万向联轴节、制动器、减速器及安全限位装置等组成。对于双箱梁结构的岸桥，其驱动装置一般是前后布置，设有两套独立的驱动装置，分别驱动海侧和陆侧的小车轮，如图 13-23 所示。

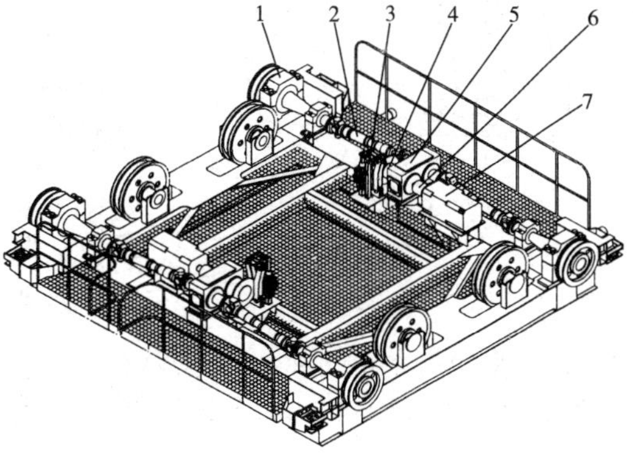

图 13-23　自行式小车驱动装置

1-车轮组总成；2-万向联轴节；3-制动器；4-制动盘联轴器；5-减速器；6-联轴器；7-电动机

2. 钢丝绳牵引式小车

牵引式小车的驱动装置由电机、联轴器、制动器、减速器、卷筒、卷筒支座及安全限位开关等组成。电动机经减速器驱动卷筒，再经过小车钢丝绳卷绕系统，从而牵引小车沿着大梁轨道作水平运动。图 13-24 所示的驱动装置要注意小车牵引钢丝绳必须从电机底部通过。图13-25 所示的驱动装置占用空间较大，但维护方便。

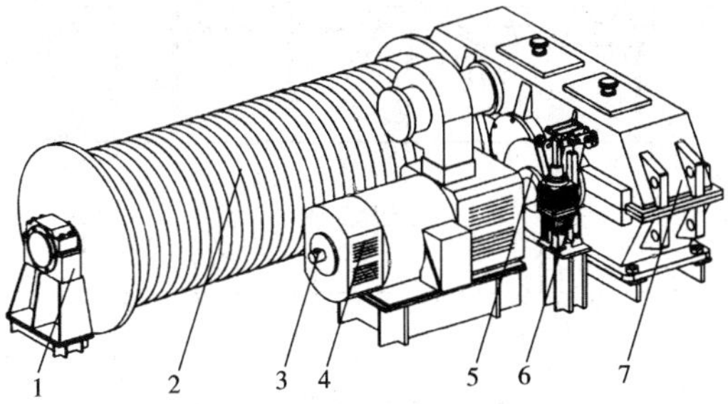

图 13-24　绳索牵引式小车驱动装置(一)

1-卷筒支座；2-卷筒；3-脉冲编码器；4-电机；5-高速级联轴器；6-制动器；7-减速器

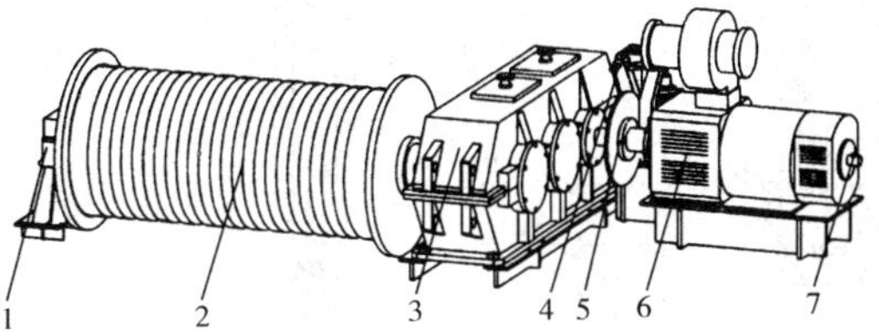

图 13-25　绳索牵引式小车驱动装置(二)

1-卷筒支座；2-卷筒；3-减速器；4-高速级制动器；5-高速级联轴器；6-电动机；7-脉冲编码器

六、牵引式运行小车钢丝绳卷绕系统

1. 钢丝绳卷绕系统的布置

牵引式运行小车的钢丝绳卷绕系统基本相同，其不同点主要在于张紧油缸的布置形式和位置不同。典型的钢丝绳卷绕系统布置有如下两种：

(1)张紧油缸位于海侧上横梁处，如图 13-26 所示。

(2)张紧油缸位于后大梁尾部，如图 13-27 所示。

2. 钢丝绳张紧装置

采用绳索牵引式小车，应设有机械式或液压式张紧装置，其作用是使钢丝绳始终处于张紧状态，以减少起制动时小车的弹动和急剧起制动时产生的抖动。此外，在大梁俯仰过程中，钢丝绳张紧装置还能起到补偿钢丝绳的绳长变化的作用。

钢丝绳张紧装置一般为液压式。液压式张紧装置有立式和卧式两种安装型式。

立式安装的液压式张紧装置，一般布置在海侧上横梁，其结构组成如图 13-28 所示。

卧式安装的液压式张紧装置，一般布置在后大梁的尾部，其结构组成如图 13-29 所示。

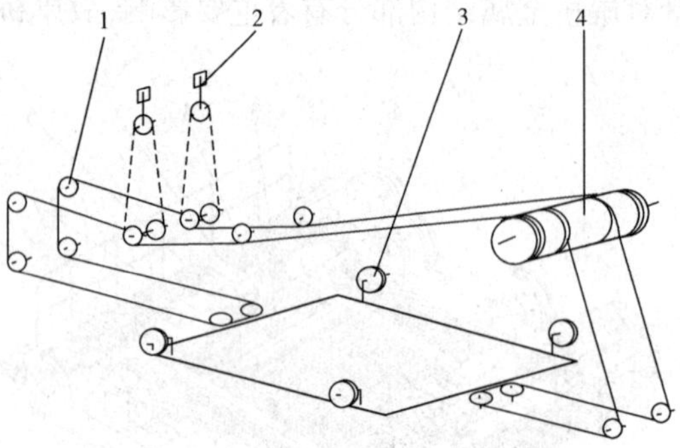

图 13-26　绳索牵引式小车钢丝绳卷绕系统(一)

1-滑轮;2-张紧油缸;3-小车行走轮;4-小车行走驱动卷筒

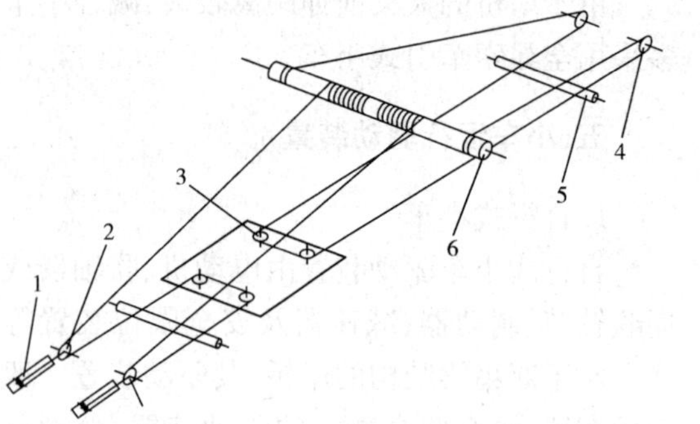

图 13-27　绳索牵引式小车钢丝绳卷绕系统(二)

1-张紧油缸;2-尾部张紧油缸滑轮;3-小车均衡滑轮;4-头部滑轮;5-托辊;6-小车行走驱动卷筒

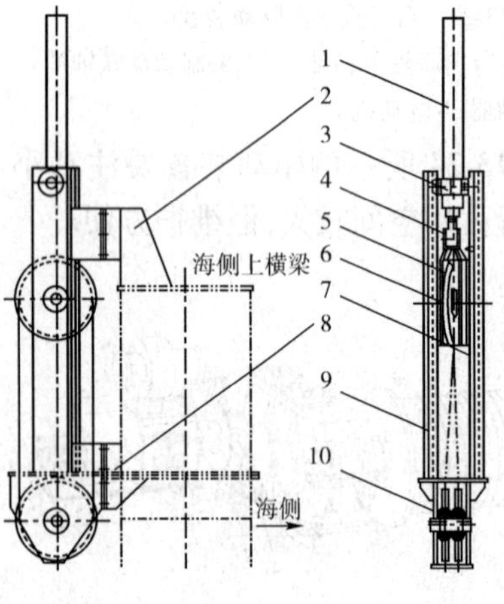

图 13-28　立式安装的张紧装置

1-张紧油缸;2-上支座;3-油缸十字铰轴;4-油缸接头;5-活动滑轮组;6-活动滑轮架;7-限位开关;8-下支座;9-固定支座;10-固定滑轮组

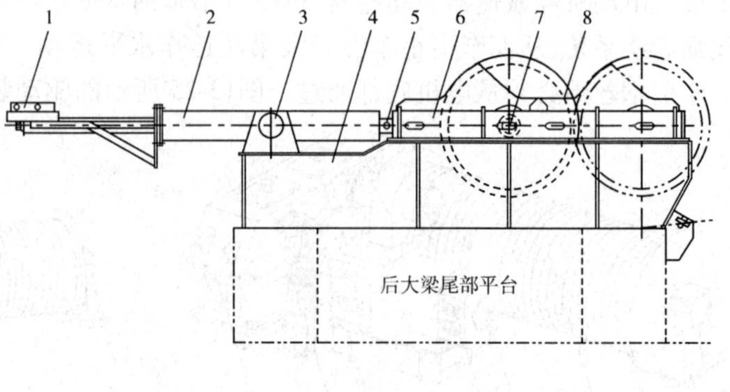

图 13-29　卧式安装的张紧装置

1-限位开关;2-张紧油缸;3-油缸铰轴座;4-固定支座;5-油缸接头;6-滑轮导向架;7-滑轮导向装置;8-滑轮组

第五节　减摇装置

岸桥的小车运行距离较长,运行速度也较高,当小车起动和制动时,吊具及所吊的集装箱会在小车运行方向上发生摇摆。小车运行速度越高,所产生的摇摆越严重。据试验,当小车运行速度达到 180m/min 以上,在小车制动停车后,吊具及其集装箱的摆幅可达 2m,要经过半分钟左右摆动才能停止。从而严重影响作业安全和生产效率。

岸桥在装卸过程中,吊具需要与集装箱对位,起吊的集装箱需要与底盘车对位或放置到堆场、船舱的一定位置。尽管目前吊具已普遍装有导向装置,但只能在吊具与集装箱连接位置相距 ±150 ~ 200mm 范围内才能有效地工作。由于摇摆而使对位时间增长,对装卸效率影响极大。因此,对于小车运行速度较大的岸桥,一般要装设减摇装置。

吊具减摇装置的作用是:当带着起升载荷(空吊具或空吊具 + 满载集装箱)的主小车运行到预定位置时,减摇装置可使悬吊着的起升载荷围绕悬吊点的摇摆幅度在规定的时间里或规定的摇摆周期里减到规定的数值内。

吊具与所吊集装箱的摇摆量,与司机操作的熟练程度有很大关系。

减摇装置主要分为机械式(包括机械液压式)和电子式两大类。机械式减摇装置又可分为:分离小车式和分离小车与翘翘梁组合式。

一、分离小车式

分离小车式减摇装置(图 13-30)的海侧一组滑轮小车和陆侧一组滑轮小车分别悬吊着吊具上架的滑轮组。需要减摇时,分离小车可自动分离到最大间距,使吊具上架上呈 V 形悬吊的钢丝绳水平分力最大,从而阻止吊具上架围绕悬吊点摇摆。当主小车运行到海侧船舶上方时,海陆侧分离小车将根据起升高度位置在某个高度以上按恒定的分离夹角限制自动分离到某个间距;在某个高度以下(一般以甲板为准),分离小车完全收拢,以防止最外侧的悬吊钢丝绳与船舱格栅或集装箱发生碰擦。分离式小车还应设有手动操作,司机可根据实际情况,如:潮位、甲板上集装箱的层数等,将分离小车分离到所需的任何间距。

分离小车式减摇装置根据分离传动型式的不同,又分为:液压缸分离式、机械螺杆分离式、机械链条分离式三种。

二、分离小车与翘翘梁组合式

分离小车与翘翘梁组合式减摇装置是在分离小车式减摇装置的基础上增加带阻尼的翘翘梁组成的,如图 13-31 所示。

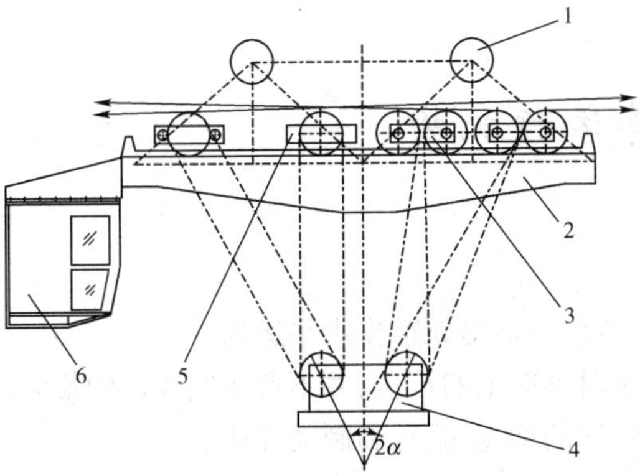

图 13-30　纯分离小车式减摇装置

1-主小车车轮;2-小车架;3-海侧分离小车;4-吊具上架;5-陆侧分离小车;6-司机室

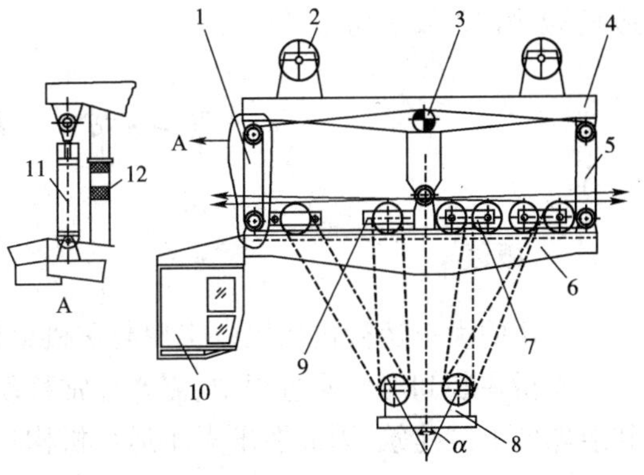

图 13-31　分离小车与翘翘梁组合式减摇装置

1-陆侧钢丝绳滑轮组;2-主小车车轮;3-减摇卷筒和制动器;4-小车架;5-海侧钢丝绳滑轮组;6-翘翘梁;7-海侧分离小车;8-吊具上架;9-陆侧分离小车;10-司机室;11-阻尼液压缸;12-橡胶缓冲垫

当小车起、制动时,吊具将产生摇摆,则分离小车与吊具上架上的海、陆侧滑轮组之间的起升钢丝绳张力发生变化,并且起升钢丝绳与铅垂线之间的夹角也发生变化:吊具向海侧摆动时,陆侧起升绳的张力比海侧的大,钢丝绳与铅垂线之间的夹角也比海侧的大,使翘翘梁的陆侧向下摆而海侧向上摆,即翘翘梁逆时针转;而当吊具向陆侧摆动时,情况则相反,翘翘梁的陆侧向上摆而海侧向下摆,即翘翘梁顺时针转。翘翘梁每摆动一次,其上的阻尼装置就吸收了吊具的摆动能量。

翘翘梁上的阻尼装置通常采用制动器或液压缸两种型式。

阻尼装置采用制动器时,减摇钢丝绳在减摇卷筒上紧紧缠绕 2 ~ 3 圈后,两端分别引入到海侧摆动滑轮组和陆侧摆动滑轮组,则翘翘梁的摆动通过钢丝绳牵动减摇卷筒,卷筒转动即制动盘转动,使能量消耗在制动器上。

多级制动控制系统还可根据悬吊重量的大小(是空吊具还是满载集装箱)等工况,给出不同的制动力矩组合,以实现有效的减摇效果。

三、电子式减摇装置

电子式减摇装置是模仿"跟钩"动作的自动控制过程。当小车起、制动,吊具及悬吊的箱子发生摇摆而偏离小车的中心位置时,电子减摇系统根据此时的加速度值的大小和方向,通过计算机的快速运算,使小车进行第二次起、制动,以实现"跟钩"动作。如制动时,吊具向前摇摆到最高位置时,小车通过第二次起、制动也同时到达该位置,则吊具及箱子的动能已转化为势能,而由于小车的及时"跟钩"使吊具的势能下降,从而使吊具逐渐停止摇摆。

电子式减摇装置因为小车架上的滑轮组不需分离,故机械布置最为简单,尺寸最小,重量最轻,如图 13-32 所示。

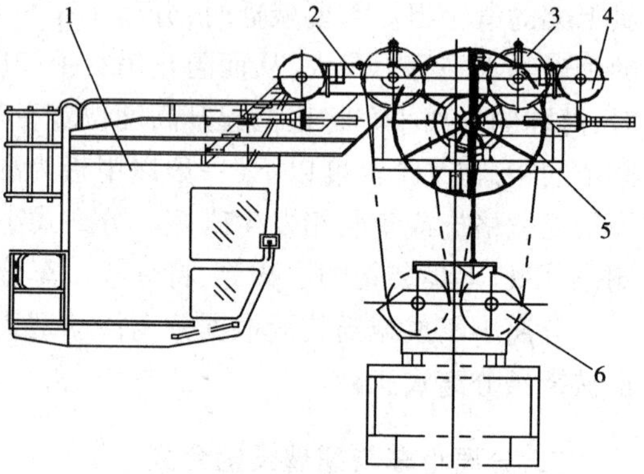

图 13-32　电子式减摇装置

1-司机室;2-小车架;3-小车固定滑轮组;4-车轮;5-吊具电缆卷筒;6-吊具上架

第六节　大车运行机构

一、概述

岸桥的大车运行机构用以实现起重机整机沿着码头前沿轨道作水平运动。

岸桥在装卸船作业过程中,需要经常移动大车对准船上的箱位,并不致碰撞邻近的集装箱和船舶的上层建筑,因而要求大车运行机构具有较好的调速、微动和制动性能。

二、大车行走机构的运行支承装置和运行驱动装置

1. 运行支承装置

大车行走机构由设在门框下的 4 组行走台车组成(图 13-33)。为使每个行走轮受力均匀,装有两个车轮的行走台车通过中平衡梁、大平衡梁再与门框下横梁铰接。整个岸桥的重量通过 4 个支座法兰和铰轴与耳板传给大平衡梁,再通过中平衡梁,将重量均匀传到行走台车的每个行走轮上(图 13-34 和图 13-35)。

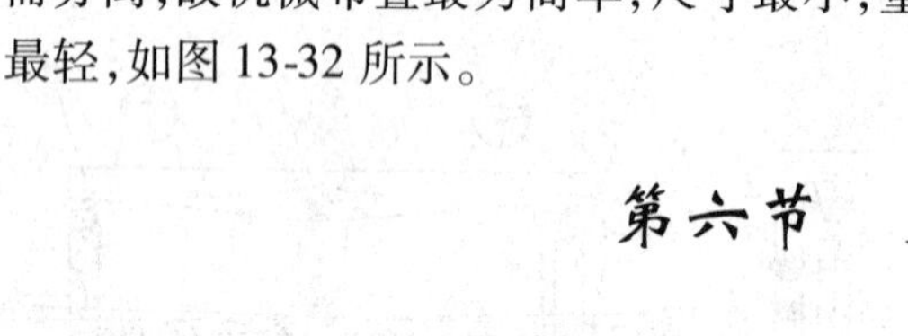

图 13-33　门框与行走台车组

岸桥门框下的每套行走台车组的车轮数量通常有 8 轮、10 轮和 12 轮,其布置形式如图 13-36 所示。

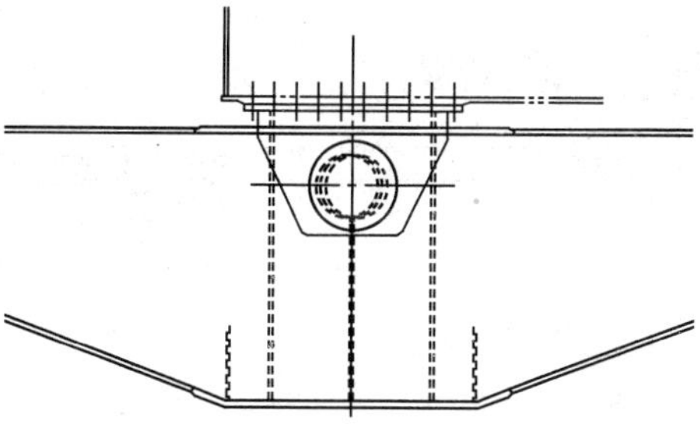

图 13-34　门框下横梁与大平衡梁铰接形式

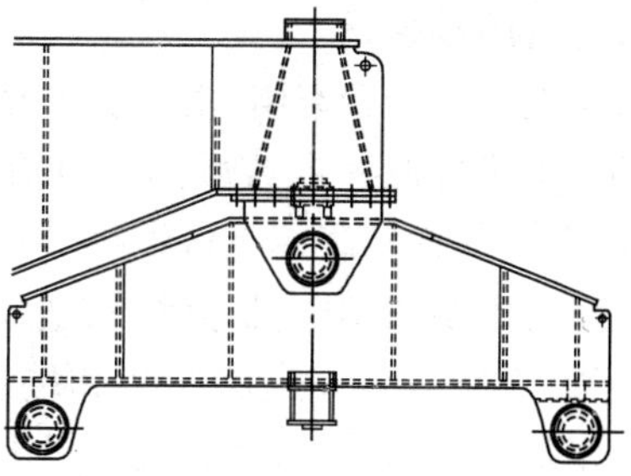

图 13-35　大平衡与中平衡梁铰接形式

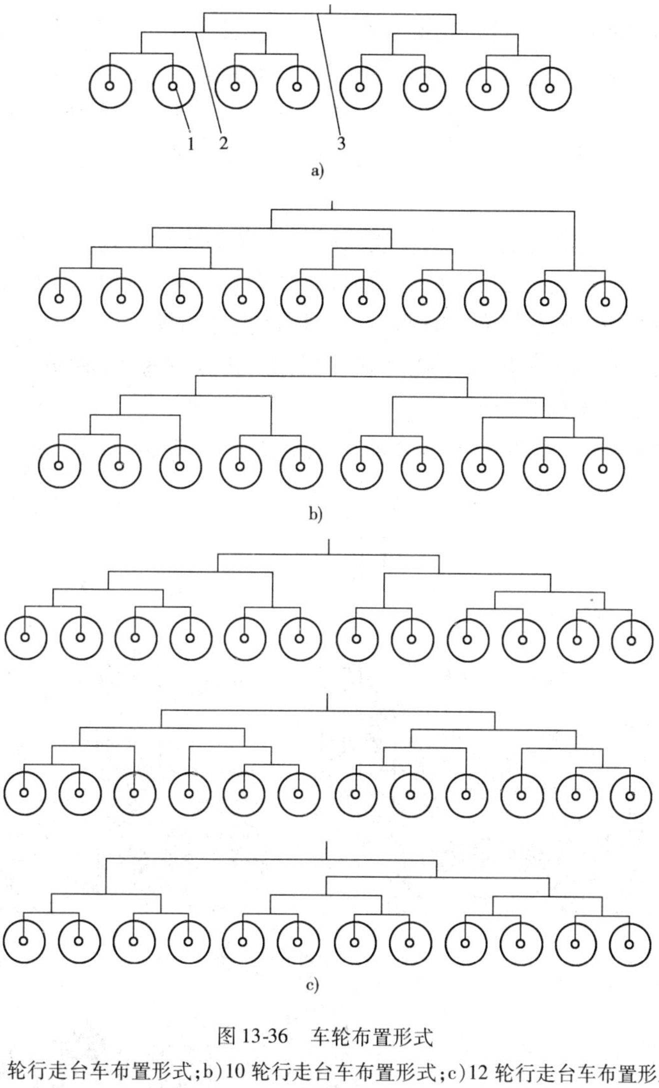

图 13-36　车轮布置形式

a)8 轮行走台车布置形式;b)10 轮行走台车布置形式;c)12 轮行走台车布置形式

1-台车;2-中平衡梁;3-大平衡梁

在大车全速行走时紧急制动或遇大风吹动滑行被轨道车挡止动时,因岸桥重心较高、惯性很大,可能会发生整机倾覆事故。为提高岸桥的防倾翻的安全裕度,可在岸桥门框端部设置防倾支承板,将倾覆边(起重机发生倾翻时绕其翻转的轴线)外移,以加大平衡力矩。如图 13-37 所示。

2. 运行驱动装置

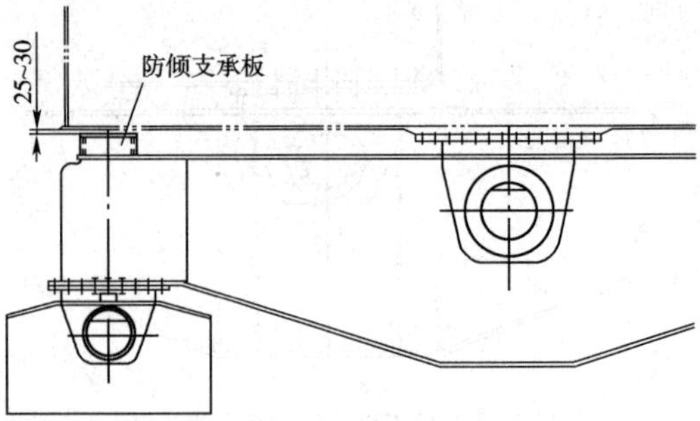

图 13-37　防倾支承板

每个大车行走台车组，由一套或多套驱动装置驱动。电机经减速器或减速器和开式齿轮传动驱动车轮，从而实现起重机整机沿轨道行驶。

大车行走机构用电机，其结构型式有卧式和立式两种，安装方式有底座安装和端法兰安装。由于大车行走是间歇工作的，故一般电机不配置风机，但要求具有良好的起动性能和大的过载能力，必须适应户外环境和高温环境。

大车运行机构的制动器应能使起重机在工作状态最大风力作用下，风从任何方向吹来，起重机大车全速运行时能在规定的时间内停止，其制动力矩应不小于 2 ~2.5 倍的电机的额定力矩。制动器应与控制系统设有辅助的联锁装置，以防止在制动器未释放时大车运行电机运转而发生事故。制动器配有一手动释放杆，以便可手动完全释放，进行作业而不影响制动器的寿命。

大车运行机构的减速器常用：立式安装或卧式安装的圆柱伞齿轮减速器、立式或卧式安装的行星伞齿轮减速器、平行轴式圆柱齿轮减速器、蜗轮蜗杆减速器等。考虑到大车行走的工作特点和载荷特点，对大车减速齿轮一般不要求使用硬齿面齿轮。

大车运行机构的联轴器一般选用挠性联轴器，如：齿式联轴器、蛇形弹簧联轴器、梅花形联轴器等。主要要求是易于拆装维修。

大车运行机构常用的驱动布置型式有立式驱动、卧式驱动等型式，参见图 13-38 和图 13-39。

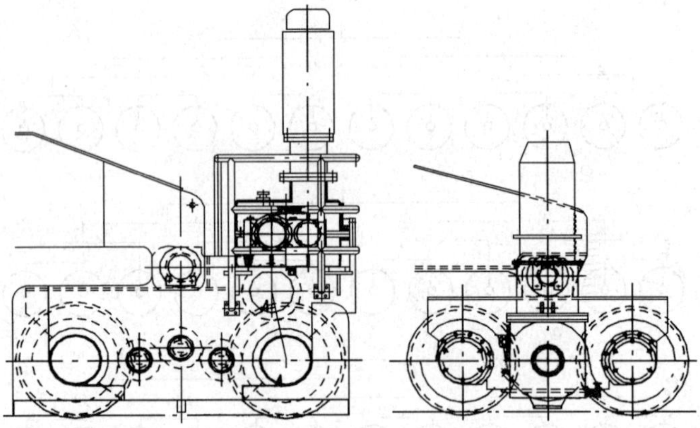
图 13-38　立式电机驱动

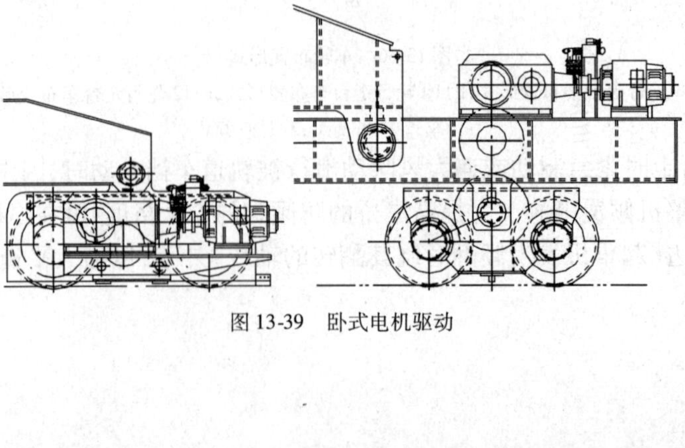
图 13-39　卧式电机驱动

大车运行机构还应装设各种安全装置，如防爬器、夹轨器、锚定装置、防台风系固装置、缓冲器等。防爬器是最简单易行的安全装置，将防爬器楔入车轮踏面与轨道顶面之间，以防止在阵风情况下起重机沿轨道滑移。风速在 16 ~ 35m/s 时，应使用夹轨器。当风速大于 35m/s 时，应使用锚定装置。防台风系固装置安装在起重机的每个角上，与码头上的防台风支座相连接。岸桥系固装置能够抵抗台风倾覆力，它应系附在起重机结构上，而不是系附在大车平衡梁上。

大车行走台车四角外侧均应装设缓冲器，缓冲器应能吸收岸桥以全速、空载撞到车挡或另一台岸桥的动能，不会造成岸桥或车挡损坏。大车缓冲器全部压缩时，还应超出行走台车任何部分 3 in（76.2mm）。由于大车质量大，动能很大，故常使用液压缓冲器。

为保证岸桥运行的安全性和可靠性，除了在行走机构上配置减速、停车限位等安全装置以外，岸桥还设置防碰保护装置。岸桥的防碰保护有大车防碰保护和大梁防碰保护两种。大车防碰保护有：红外线和接近开关限位两种；大梁防碰保护是为防止大车运行时大梁碰到船上设施，在大梁两侧拉有 2 根细钢丝，钢丝与限位开关相连接，当钢丝被碰撞时，限位开关动作，切断大车运行机构的电源，使大车立即制动停止，防止意外。

第七节　俯仰机构

一、概述

岸桥的前大梁俯仰机构是调整性机构，用以实现前大梁绕大梁铰点作俯仰运动。当船舶停靠或离开码头以及岸桥移动舱位时，将运行小车行至岸桥跨度以内，通过俯仰机构使前大梁仰起；作业时，通过俯仰机构放下前大梁。

俯仰机构由驱动装置、钢丝绳卷绕系统、安全钩装置及安全保护装置等组成。俯仰机构的驱动装置设置在机房内，由电动机、联轴器、制动器、卷筒及支承等组成；钢丝绳卷绕系统包括：钢丝绳、动滑轮、定滑轮、均衡装置及钢丝绳接头等；安全钩装置包括：钩体、电动液力推杆、配重、支承座、限位开关等；安全保护装置除高低速级制动器外，还配有凸轮限位器或行程开关、超速/测速开关、俯仰角度限位装置、松绳限位开关等多种安全保护限位装置。

俯仰机构还应设置缓冲器，在前大梁俯仰的终点位置，应装有自动减速装置和限位开关。当前大梁处在最高位置时，俯仰缓冲器能在减速开关未起作用，上极限限位开关断电后前大梁不能立即停止时吸收撞到缓冲器上的动能，或吸收前大梁挂钩后由于反向暴风使前大梁向后翻倒撞击的动能。

二、俯仰机构的驱动装置

俯仰机构与起升机构有许多类似之处。前者是用来实现前大梁的俯仰运动，后者是实现吊具及集装箱的升降运动，但是俯仰机构速度比起升机构速度低，而且是非工作性机构。因此，俯仰机构与起升机构构造基本相同，只是俯仰机构的低速轴上必须装设性能可靠的制动器，以备前大梁下降时发生超速时紧急制动。

俯仰电机是短时工作制，一般选用 30min 工作制。考虑到俯仰机构的工作特点，要求电机有较大的过载能力，一般为静态载荷力矩的 1.8 ~ 2 倍，对电机的起动时间没有严格的限制。

为了保证俯仰机构工作时不发生前大梁坠落事故，必须设有高速级制动和低速级制动双重保护。高速级制动器通常采用液力推杆盘式制动器,制动力矩一般要求至少为最大俯仰静力矩的2倍,应能在低速级制动器开释的情况下,独立地实现紧急制动,将前大梁停在任意位置上。低速级制动器通常采用液压盘式制动器,一般设置在卷筒靠近支撑轴承座的一端,直接作用在卷筒上。当前大梁下降运行中,下降速度超过额定速度的15%～20%时,低速级制动器将制动,并在无高速级制动器辅助的情况下,能独立地将前大梁停在任何位置。低速级制动器在断电后或紧急停止时能立即制动,不设延时装置。

俯仰机构减速器,一般选用水平剖分式卧式减速器,多数情况下要求用渗碳淬火的硬齿面齿轮,由于俯仰机构不经常工作,也可采用调质齿轮。

俯仰机构联轴器的特点和要求与起升机构联轴器的特点和要求基本相同,高速级联轴器采用齿式联轴器和梅花形联轴器。低速级联轴器仍以球面支承式齿式联轴器和滚柱式联轴器为主。

俯仰机构驱动装置的布置型式主要有以下两种:

1. 电机与卷筒位于减速器两侧(图13-40)

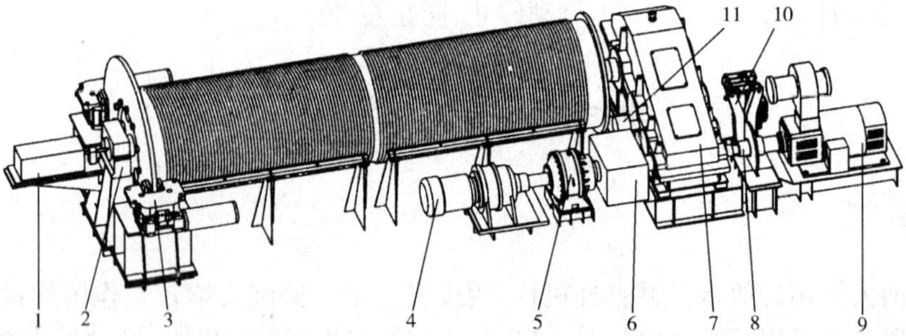

图13-40 俯仰机构驱动装置布置型式(一)

1-凸轮限位器/脉冲编码器;2-卷筒支撑座;3-低速级制动器;4-应急电机;5-应急减速器;6-应急换挡器;7-减速器;8-高速级联轴器;9-电机;10-高速级制动器;11-测速/超速开关

2. 电机与卷筒位于减速器同侧(图13-41)

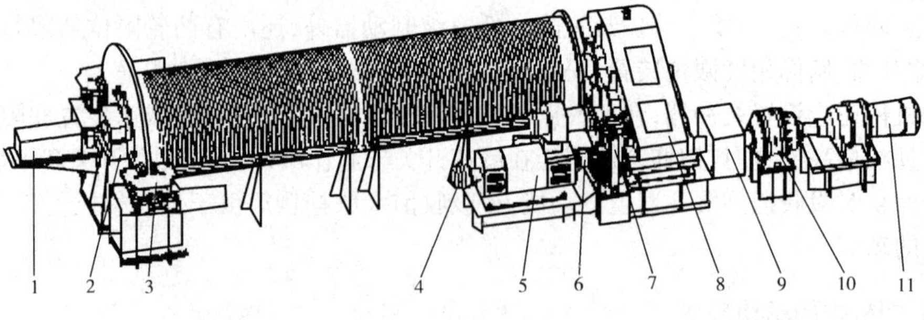

图13-41 俯仰机构驱动装置布置型式(二)

1-凸轮限位器/脉冲编码器;2-卷筒支撑座;3-低速级盘式制动器;4-测速/超速开关;5-电机;6-高速级联轴器;7-高速级制动器;8-减速器;9-应急换挡器;10-应急减速器;11-应急电机

三、俯仰钢丝绳卷绕系统

俯仰钢丝绳从卷筒绕出,卷绕在由定滑轮和动滑轮组成的滑轮组之间,其中,定滑轮安装在梯形架顶部,动滑轮安装在前大梁端部上。如果不考虑滑轮组倍率的变化,一般是按钢丝绳的分支数和是否配置均衡滑轮来划分的。俯仰钢丝绳卷绕系统典型的布置如图13-42和图

13-43 所示。

图 13-42 所示为 2 根俯仰钢丝绳分别独立卷绕；图 13-43 所示为俯仰钢丝绳为 1 根钢丝绳，通过均衡滑轮连接过渡，钢丝绳端部接头或均衡滑轮的位置，根据滑轮组的倍率，可以布置在梯形架滑轮处，也可布置在前大梁滑轮处。

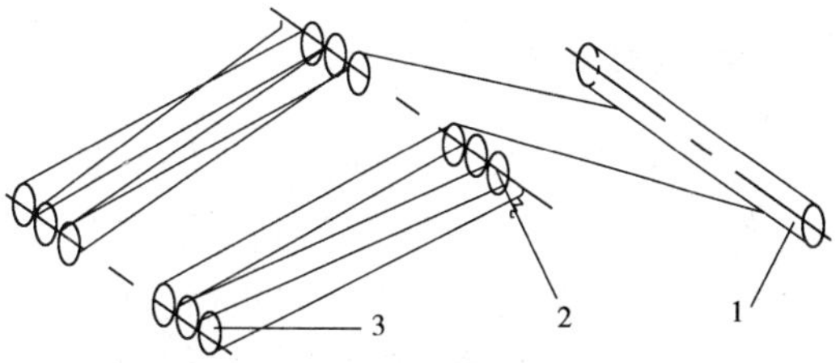

图 13-42　俯仰钢丝绳卷绕系统图

1-俯仰卷筒；2-定滑轮；3-动滑轮

俯仰机构通常用 2 根独立的钢丝绳，以保证当 1 根钢丝绳发生折断时，前大梁仍有 1 根绳支持，为了保证 2 根钢丝绳的载荷均衡，设置有特殊的均衡装置。

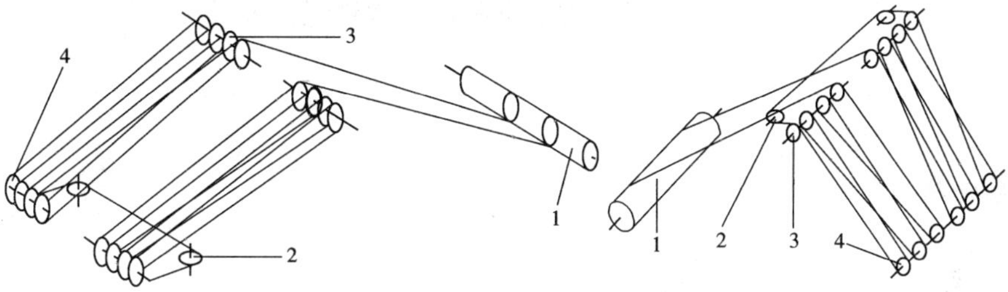

图 13-43　俯仰钢丝绳卷绕系统图

1-俯仰卷筒；2-均衡滑轮；3-定滑轮；4-动滑轮

四、安全钩装置

当前大梁仰起至终点位置（80°左右）时，司机室内应有信号灯指示，安全钩装置将前大梁锁住，以使俯仰钢丝绳处于松弛状态。安全钩装置可以是自动的，也可以是手动的。无论是自动还是手动，均需由推杆或液压缸来控制。

安全钩装置设置在海侧梯形架的顶部。设置若干个限位开关来自动控制大梁钩区减速、钩区停止、极限位置停止及安全钩的抬钩和落钩动作。

图 13-44 为电动推杆式安全钩的结构示意图，这种型式的安全钩装置结构简单，可自动控制，配重调整方便，使用最为广泛，但结构尺寸较大，布置在海侧梯形架顶部，要考虑维修空间。

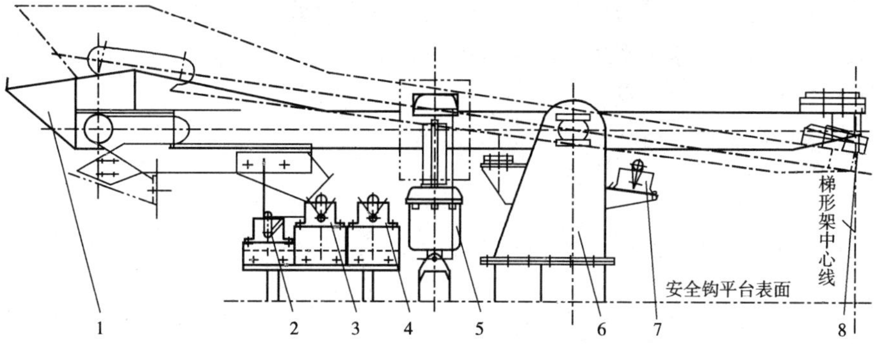

图 13-44　电动推杆式安全钩

1-钩体；2-钩区限位减速开关；3-钩区终点限位开关；4-钩区极限限位开关；5-液力电动推杆；6-安全钩支座；7-抬举钩限位开关；8-安全钩配重

五、应急机构

当岸桥在工作中,若码头上高压电断电或电控系统出现故障,应急机构可利用码头备用电源,通过手动的联接方式联接到主机构上,以较慢的速度使主机构脱离作业位置,回到停机安全位置或设定的安全位置或将负荷安全卸下。

应急机构一般有:俯仰应急机构、起升应急机构、小车应急机构。应急机构可以是各自独立的,也可以是利用一套共用的移动式应急机构(对于全绳索牵引式小车)。目前,大部分的岸桥上仅配置有俯仰应急机构。俯仰应急机构在需要时,通过手动拨叉换档器和减速器高速级联接。

为了安全起见,应急机构的操作一般均设置在相应的工作机构旁,应急机构和主机构之间通过人工进行联接。在联接环节处,设置有安全限位和联锁限位开关,以确保应急机构的运行安全可靠,万无一失。

思考与练习

1. 岸桥是如何分类的?
2. 岸桥的主要技术参数有哪些?
3. 岸桥金属结构的主要组成有哪些?岸桥前后大梁之间采用双铰点形式有什么好处?
4. 岸桥起升机构的主要组成有哪些?有哪些典型布置形式?
5. 为便于在不同工况下的集装箱装卸作业,吊具应具有哪些运动?
6. 全绳索牵引小车式岸桥起升钢丝绳卷绕系统有哪些形式?分别有什么特点?
7. 运行小车可分为哪几种类型?各有什么特点?
8. 自行式小车和牵引式小车的运行驱动装置的结构组成分别是怎样的?
9. 牵引式运行小车钢丝绳卷绕系统的典型布置形式怎样?
10. 简述小车运行机构的钢丝绳张紧装置的作用。
11. 吊具减摇装置主要有哪些类型?简述吊具减摇装置的作用。
12. 简述大车行走机构的运行支承装置的结构组成和工作原理怎样。
13. 简述大车行走机构的运行驱动装置的结构组成和工作原理。
14. 简述岸桥俯仰机构驱动装置的结构组成和布置型式。
15. 简述俯仰钢丝绳卷绕系统的典型布置型式。
16. 简述安全钩装置的组成和作用。
17. 简述岸桥应急机构的作用。

第十四章　集装箱堆场机械

知识目标

1. 说出集装箱堆场机械的种类；
2. 描述集装箱跨运车的结构组成和工作特点；
3. 描述集装箱跨运车的主要技术参数和主要装置；
4. 描述轮胎式集装箱龙门起重机的主要技术参数和各机构的结构组成和工作原理；
5. 描述轨道式集装箱龙门起重机的主要技术参数和各机构的结构组成和工作原理；
6. 描述集装箱正面吊运机的主要技术参数和各机构的结构组成和工作原理；
7. 描述集装箱叉车的主要技术参数和各机构的结构组成和工作原理。

能力目标

1. 具备分析各种集装箱堆场机械的工作原理和工作性能的基础知识；
2. 能根据生产实际情况合理选用集装箱堆场机械。

集装箱堆场机械是用于集装箱堆场的车辆装卸、集装箱的堆码、拆垛和转运的专用机械。主要有集装箱跨运车、轮胎式集装箱龙门起重机、轨道式集装箱龙门起重机、集装箱正面吊运机和集装箱叉车等。

第一节　集装箱跨运车

一、概述

集装箱跨运车（图 14-1）是一种应用于集装箱码头和集装箱中转站堆场的集装箱专用装卸机械，其作用是实现集装箱的水平搬运、堆码及对集装箱半挂车进行装卸作业。

集装箱跨运车的主要特点是：

（1）集装箱跨运车可一机多用，具有完成多种作业的能力，从而减少码头作业机械机种和数量，减少作业环节，使整个装卸运输系统简化，便于组织管理；

（2）机动性好，作业灵活，取箱对位快，装卸作业效率较高；

（3）集装箱跨运车的结构、机构较复杂，维修保养比较困难，维护人员技术水平要求高；

（4）初始投资较高；

（5）整机车体窄，质心位置高，行走稳定性较差，对路面和司机操作技术水平要求高，司机对位不准易造成集装箱损坏；

（6）堆场利用率较低。

二、集装箱跨运车的主要装置及系统

1. 吊具与升降系统

吊具及升降系统是集装箱跨运车进行集装箱的吊取、升降和堆码作业的重要装置。为了适应对箱作业的要求，集装箱跨运车所用吊具具有特殊的吊挂装置，可实现平移、水平偏转及回中等调整动作。通常，平移距离在 ±300mm 左右，水平偏转角 ±6°。集装箱跨运车的吊具与其他集装箱装卸机械应用的吊具相似。

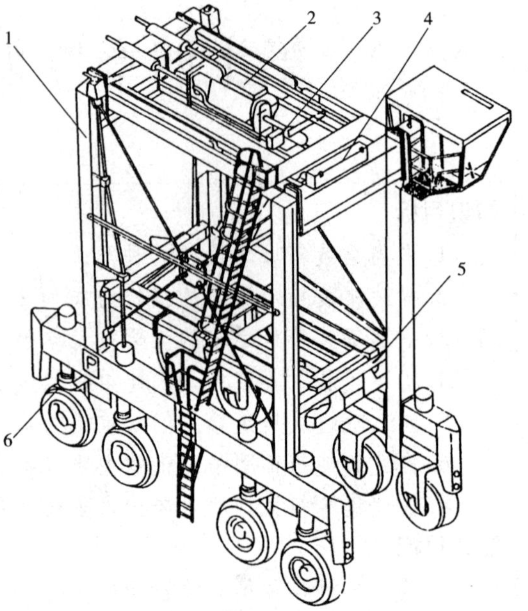

图 14-1　集装箱跨运车

1-车架；2-动力及传动系统；3-液压系统；4-电控系统；5-吊具与升降系统；6-转向、行驶和制动系统

集装箱跨运车是通过升降吊具起吊集装箱的，主要型式有：链条—液压缸升降系统、链条—液压马达升降系统和钢丝绳卷筒升降系统（电力驱动），其中以链条—液压缸升降系统应用为最多，如图 14-2 所示。

链条—液压缸升降系统通常由两套升降缸、承载链条、链滑轮组等组成。吊架悬挂在升降链条上，吊具连接在吊架的下部。每根升降链条的一端固定在吊架上，另一端固定在车架上。升降缸牵引链滑轮组伸缩从而使吊架及吊具升降，实现集装箱的作业要求。

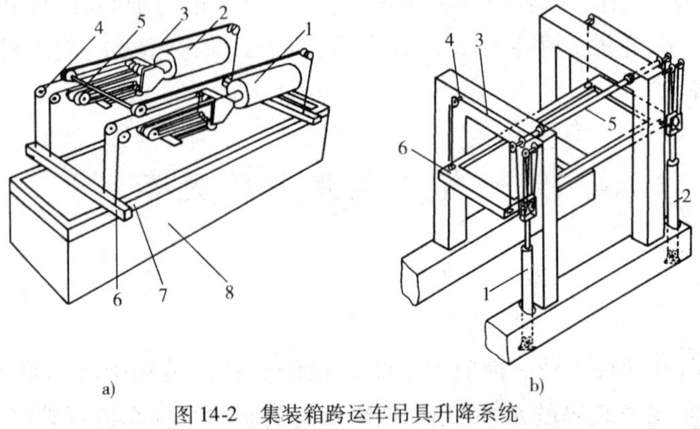

图 14-2　集装箱跨运车吊具升降系统

a）升降液压缸水平顶置；b）升降液压缸竖立侧置

1、2-升降液压缸；3-起升链条；4-链轮；5-同步轴；6-吊架；7-吊具；8-集装箱

2. 动力及传动系统

动力及传动系统是集装箱跨运车的关键装置之一。其作用是：提供整机工作所需的能量并以适当的方式传递至各个工作机构。

集装箱跨运车采用的动力装置为柴油发动机。

集装箱跨运车主要有以下三种传动形式：

1）液力—机械式传动系统

它是目前集装箱跨运车采用的主要传动方式。其特点是：液力变矩器可有效改善驱动特性，但机械传动系统复杂，布置困难。

2)全液压传动系统

这是一种新型的传动方式,其特点是:用液压马达直接驱动车轮以替代复杂的机械传动装置,使整个传动系统大为简化,布置方便,调速容易,但要求液压系统及元件具有较高的工作可靠性及较好的维护性。

3)电传动系统

以发动机带动发电机发电,通过适当的变换和控制,将电力输送给各个电动机,各电动机再驱动相应的工作机构。其特点是:传动系统简单高效,易于调节控制,传动特性好,使用方便,但对设计与维护,特别是控制装置的技术水平要求高。

3. 转向、行驶和制动系统

集装箱跨运车的转向系统通常采用全部车轮转向和全液压操纵的转向装置,以减小整机的转弯半径和操纵力。转向系统由梯形机构、转向液压缸及相应的液压驱动、控制系统组成。

行驶系统包括车轮和悬挂装置。集装箱跨运车一般有 4 ~ 8 个车轮。悬挂装置为行走轮与车架下横梁之间的弹性连接装置,用来缓冲整机在不平道路上行驶时产生的冲击载荷,改善运行性能。

集装箱跨运车的行车制动系统为全轮制动方式,即每个车轮的轮毂中都装有制动器。除此之外,还装有驻车制动器,它一般装在主减速器内。制动器的制动能源有液压和气动两种。

4. 液压系统及电气控制系统

集装箱跨运车液压系统的功能是:为各主要工作机构提供所必需的驱动与控制,是整机工作的重要系统,主要包括:吊具、吊具升降、转向等液压回路。

电气控制系统的功能是:对各工作机构起控制、驱动(尤其对电传动系统)作用及安全保护、照明等。目前,电气控制系统一般都配有相应的 PLC 控制器和故障监控装置。

三、集装箱跨运车的主要技术参数

在选用集装箱跨运车时,除起重量应满足集装箱和吊具总重的需要之外,装卸搬运效率、堆码和通过集装箱的层数、车身宽度、转弯半径和稳定性等技术性能参数也要符合要求。

1. 起重量

集装箱跨运车的起重量是指所吊集装箱的最大总重量和吊具的重量之和。通常以 Q 表示,单位为吨(t)。

2. 升降速度和行驶速度

集装箱跨运车的升降速度是指:吊具在吊箱满载及空载条件下的升降速度。

跨运车由于起升高度较小,为减少起制动时的冲击载荷,升降速度不宜取得过大,同时考虑到升降时间只占整个作业循环时间的 15% ~20% ,一般升降速度为 200 ~300mm/s。

集装箱跨运车行驶速度是指:整机在吊箱满载或空载情况下的直线行驶速度,其最大值一般为 20km/h 左右。

3. 堆码和通过集装箱的层数(高度)

堆码和通过集装箱的层数(高度)为集装箱跨运车起升吊箱和搬运的空间作业能力。

堆码层数(高度)是指:整机吊具下最大起升/放置集装箱的层数(高度)。

通过层数(高度)是指:整机空载行走时可跨越通过的最大堆箱层数(高度)。

目前,集装箱跨运车的堆码和通过集装箱的层数一般为 3 ~4 层箱高,也有 2 层箱高的。

集装箱跨运车堆码和通过集装箱的层数(高度)的确定,与整个集装箱码头的堆存面积、堆存能力和具体作业条件有着密切的关系。增加堆码和通过集装箱的层数，可以提高堆场的堆存能力，但在收货人提货时，找箱倒箱比较困难。

4. 生产率

集装箱跨运车的生产率是指：整机在一定工艺（或规定的作业循环）条件下，单位时间内所能完成的装卸搬运箱量。

跨运车的生产率 Q_S 按下式计算：

$$Q_S = \frac{3600}{t} \quad 箱/h \tag{14-1}$$

式中：t——跨运车的装卸搬运作业循环时间，s。

跨运车的装卸搬运作业循环时间主要由两部分构成：一是搬运行驶时间，二是装卸堆码时间。

集装箱跨运车只有在直线行驶时才能达到最高速度，而在转弯时必须限速行驶。对于集装箱专用码头，从安全操作的角度考虑，跨运车直线行驶的一般速度为 8～10km/h，最高速度也只能在 20km/h 左右。对于集装箱专用码头，集装箱跨运车的生产率应与岸边集装箱起重机相适应。

5. 宽度尺寸

集装箱跨运车的宽度尺寸是指其整机外形最大宽度和跨内最小宽度，见图 14-3。

跨运车是跨越在集装箱行列上行驶的，所以其宽度尺寸将影响到集装箱堆码间距、堆场利用率及装卸安全等。

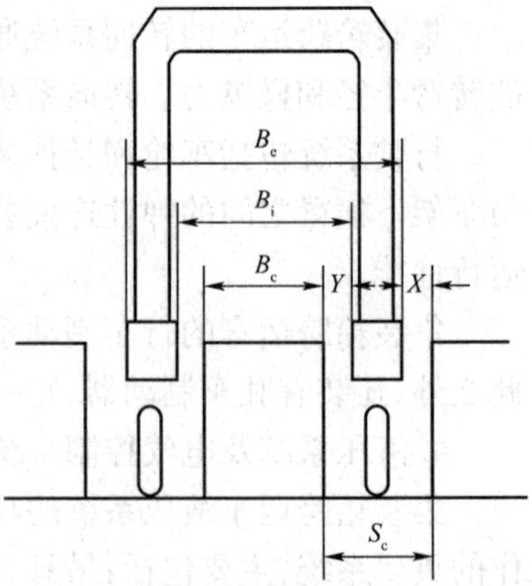

图 14-3　集装箱跨运车的宽度尺寸

各列集装箱的间距与集装箱跨运车宽度尺寸之间的合理关系为：

$$B_i - B_c \leqslant B_c + 2S_c - B_e$$

即

$$Y \leqslant X \tag{14-2}$$

式中：S_c——集装箱堆列之间的距离，m；

B_i——跨运车的内部宽度，m；

B_e——跨运车的外部宽度，m；

B_c——集装箱的宽度，m。

通常 S_c 的值可取 1.4m，Y 或 X 取值在 0.5m 左右。

6. 最小转弯半径

转弯半径是衡量跨运车转向性能的一个重要技术指标，在使用时，转向性能本身也反映出跨运车的机动性。

跨运车的外廓最小转弯半径是指跨运车搬运集装箱，在平坦硬路面上低速转弯，其转向轮处于最大偏转角时，轮廓离转弯瞬时中心最远点的圆弧轨迹半径。跨运车搬运 40ft 集装箱的外廓最小转弯半径，比搬运 20ft 集装箱的外廓转弯半径要大。图 14-4 所示为跨运车外廓最小转弯半径的一个实例。

转弯半径的大小关系到码头货场面积的合理使用，转弯半径越小，所占的通道面积也就越小。目前，集装箱跨运车的外廓最小转弯半径一般在 10m 左右。

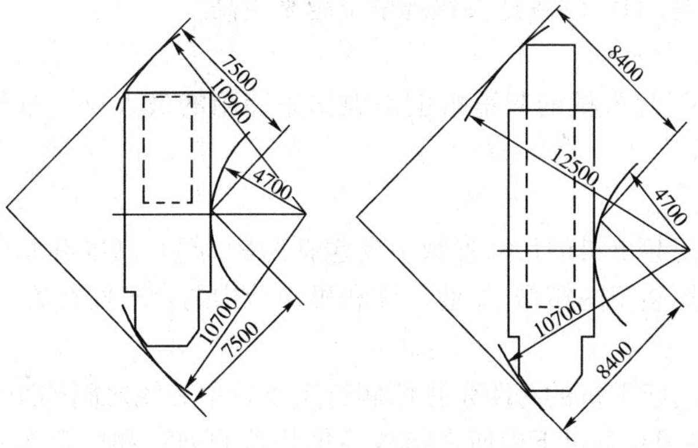

图 14-4　跨运车的外廓最小转弯半径和转弯通道宽度

第二节　轮胎式集装箱龙门起重机

一、概述

轮胎式集装箱龙门起重机(简称 RTG)是集装箱货场进行堆码作业的专用机械。它是由前后两片门框和底梁组成的门架,支承在橡胶充气轮胎上,以便在货场上行走,并可转向换场作业。装有集装箱吊具的行走小车沿着门框横梁上的轨道行走,用以装卸底盘车和进行集装箱堆场的堆码作业,如图 14-5 所示。

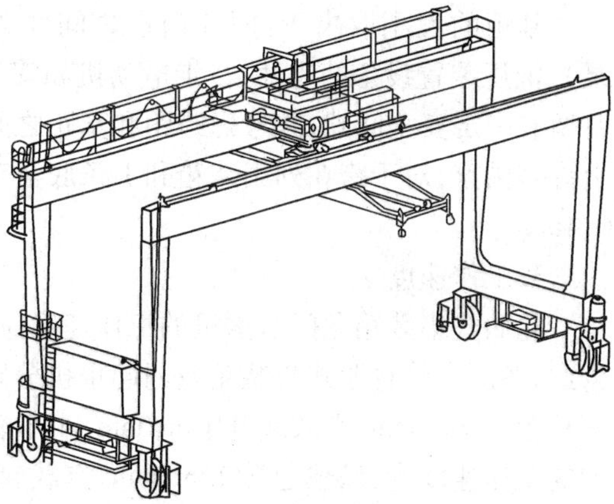

图 14-5　轮胎式集装箱龙门起重机

目前 RTG 的动力是柴油机。RTG 的驱动方式以前都采用柴油机—直流电动机的驱动形式,该系统一般采用三台发电机,一台供起升和大车运行,另一台供小车运行,一台交流发电机供照明辅助等用。由于该系统比较复杂,现已使用不多。现在采用一台交流发电机供电、晶闸管整流后再由直流电动机驱动的方式。随着变频调速技术的发展,交流电机在 RTG 上得到了广泛应用。

随着环保要求的不断提高,各港口正在积极尝试采用普通交流电作为 RTG 的动力。通过增加电缆卷盘、电缆换向装置、快速拔接插头等设施,RTG 可用电力驱动,不仅降低成本,而且减少噪声、废气的污染。

轮胎式集装箱龙门起重机的机构部分,主要有起升、小车运行和大车运行机构,并设有吊具减摇装置和回转装置。回转装置使吊具能在水平面内小范围回转(通常为 ±5°),以便吊具对准集装箱锁孔。轮胎式集装箱龙门起重机采用了行走限位警报装置或无线电感应装置,保持在货场上直线行走,并可作 90° 直角转向,从一个货场转移到另一个货场,一般不载重箱行走。

二、主要技术参数

轮胎式集装箱龙门起重机的主要技术参数有起重量、跨距、起升高度、基距、工作速度和轮压等。随着港口的发展，RTG 的各种参数规格也越来越高。

1. 起重量

轮胎式集装箱龙门起重机的起重量也是根据集装箱的最大总重量和吊具的重量来决定的。一般为 40.5t。

2. 尺寸参数

轮胎式集装箱龙门起重机的尺寸参数主要包括跨距、起升高度和基距。这些尺寸参数的确定与货场所装卸的集装箱的箱型、作业条件和机械结构的合理性有关。

1）跨距

轮胎式集装箱龙门起重机的跨距是指两侧行走车轮中心线之间的距离。

跨距的大小，取决于起重机下面所需跨越的集装箱的列数和底盘车的通道宽度。通常按跨越 6 列集装箱和一条底盘车通道或 3 列集装箱和 1 条底盘车通道考虑。对于国际集装箱专用码头货场，一般取其跨越 6 列集装箱和 1 条底盘车通道宽度，取跨距为 23.5m。

2）起升高度

轮胎式集装箱龙门起重机的起升高度是指吊具底部至地面的垂直距离。

起升高度取决于起重机门架下所堆放的集装箱的层数和高度。一般按堆放四层、通过三层最高的集装箱（9ft6in）及作业时留有一定的安全距离来考虑，即常取起升高度为 12.22m。目前，RTG 的起升高度通常不超过 7 个 9f t6in 的集装箱高度。

3）基距

轮胎式集装箱龙门起重机的基距是指两片门框主柱中心线之间的距离。

基距的大小取决于：两片门框之间底梁上的起重机的发动机、发电机、电动机（或液压泵）、液压装置设备的尺寸；行走电动机如安放在底梁下前后轮胎之间，则应考虑其布置位置，并留有一定安全间隙；并考虑跨距和基距之间的合理比例关系及其整机的稳定性。目前世界上许多国家，对于跨 6 列集装箱和 1 条底盘车通道的轮胎式集装箱龙门起重机，其基距一般取 6.4m。

3. 工作速度

轮胎式集装箱龙门起重机的工作速度应与码头前沿岸边集装箱起重机的生产率相适应，为此，各厂家将轮胎式集装箱龙门起重机分别设计为普通型和高速型。普通型的工作速度为：满载起升 9m/min，空载起升 18m/min，小车满载运行 35m/min，大车空载运行 90m/min。高速型的工作速度为：满载起升 23m/min，空载起升 52m/min，小车满载运行 70m/min，大车空载运行 135m/min。

4. 轮压

轮胎式集装箱龙门起重机的轮压分为最大工作轮压和最大非工作轮压。

1）最大工作轮压

起重机在工作风速 16m/s 的情况下起吊额定负荷量，并按下列方式进行装卸操作时各支腿下每个轮的最大压力：

（1）行走小车位于装设机电设备的底梁一侧末端，风向垂直于大梁方向，取其中较大的数值。

（2）行走小车位于另一侧末端，风向垂直于大梁方向，取其中较大的数值。

2）最大非工作轮压

起重机在最大非工作风速的情况下仅带吊具，不起吊集装箱，风向垂直于大梁方向，取其中较大的数值。

轮胎式集装箱龙门起重机的最大轮压，是选用轮胎和设计起重机行走通道路面承载能力的依据。

三、起升机构

采用柴油机—电力驱动的 RTG，起升机构是由电动机通过减速器驱动起升卷筒，其布置方案有电动机轴与卷筒轴平行布置方案和电机轴与卷筒轴垂直布置方案。

图 14-6 所示为电动机与起升卷筒平行布置的起升机构传动原理图。由电动机 2 通过减速器 4 驱动起升卷筒 5，从而实现吊具的升降。在卷筒的一端装有限位开关 6，以控制其起升最高位置和下降的最低位置。

图 14-7 所示为电动机轴与起升卷筒轴垂直布置的方案。当载重小车上不便采用平行布置方案时，即可采用垂直布置方案。

起升钢丝绳的卷绕系统见图 14-8。

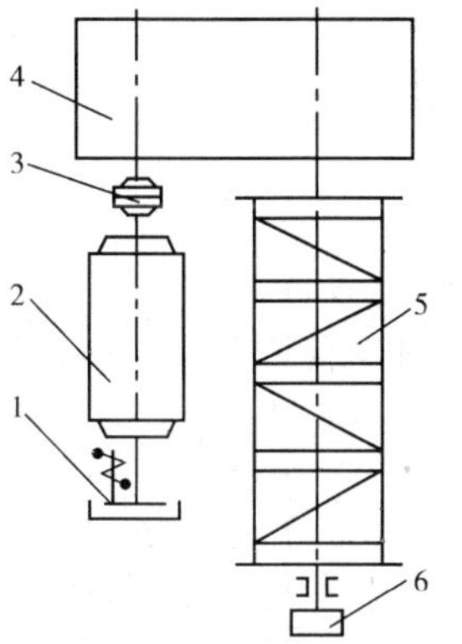

图 14-6　电动机与起升卷筒平行布置的起升机构传动原理图

1-制动器；2-电动机；3-联轴节；4-减速器；5-起升卷筒；6-限位开关

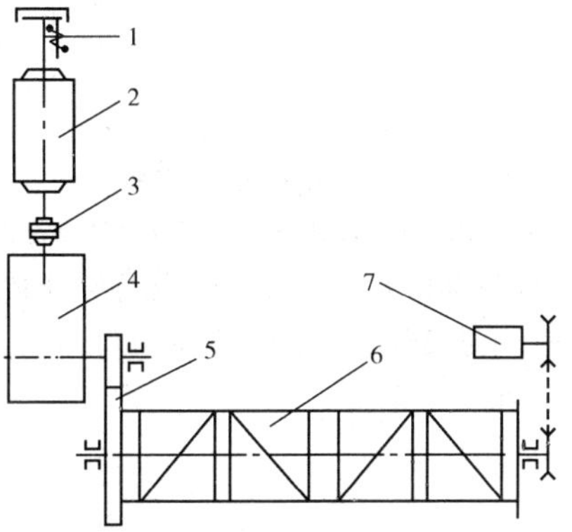

图 14-7　电动机与起升卷筒垂直布置的起升机构传动原理图

1-制动器；2-电动机；3-联轴节；4-减速器；5-开式齿轮；6-起升卷筒；7-限位开关

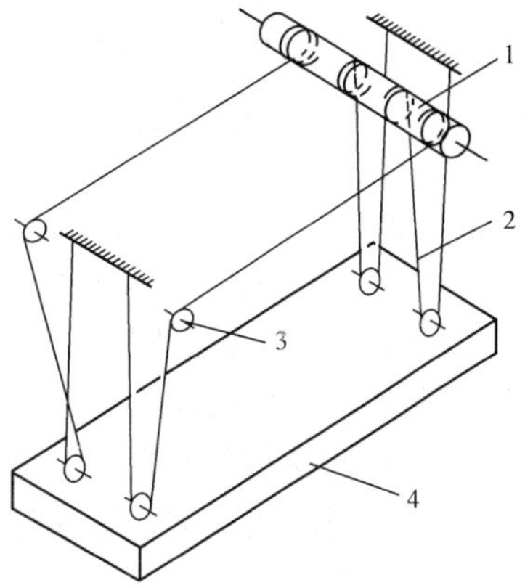

图 14-8　起升钢丝绳卷绕系统图

1-起升卷筒；2-钢丝绳；3-滑轮；4-吊具

四、小车运行机构

RTG 小车运行机构有齿条驱动式和车轮驱动式两种。

1. 车轮驱动式

小车运行依靠车轮与轨道之间摩擦力驱动，传动平稳，但在起制动过猛或雨天时会出现打滑现象，若采用四角全驱动小车，则可基本上消除打滑现象。传动系统为电动机驱动减速器，减速器输出端经过浮动轴驱动两端的车轮，如图 14-9 所示。

2. 齿条驱动式

电动机通过减速器带动左、右两根浮动轴，浮动轴上的悬臂齿轮与两侧齿条啮合传动，每根齿条通过垫块焊于 RTG 的大梁上。齿条传动可靠，不会打滑，小车行走定位准确，但起制动有些冲击，且齿条安装要求较高，必须保证全行程啮合良好（图 14-10）。

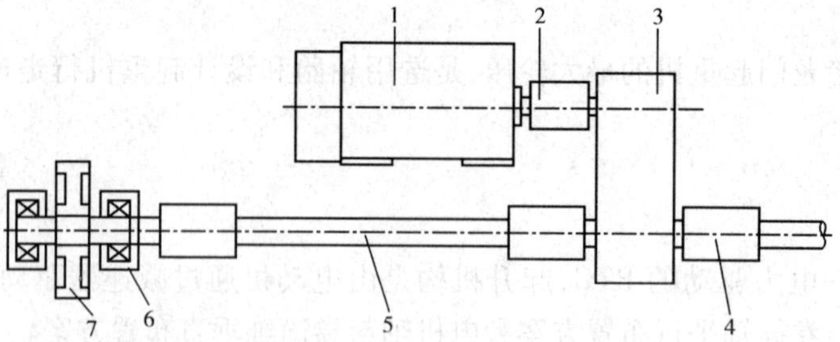

图 14-9　车轮驱动式的小车运行机构

1-电动机;2-联轴器;3-减速器,4-联轴器;5-浮动轴;6-轴承座;7-小车行走轮

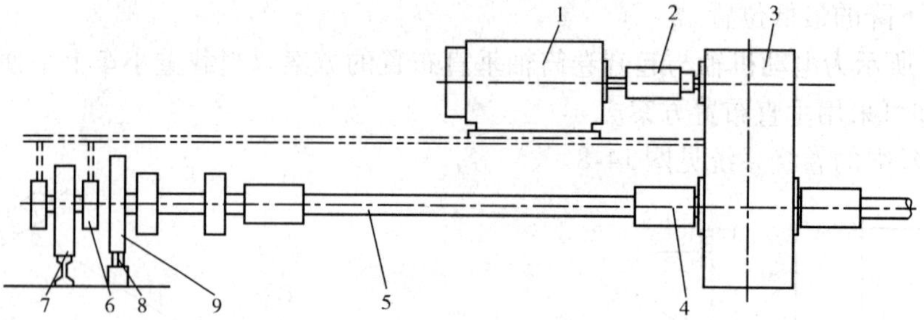

图 14-10　齿条驱动式的小车运行机构

1-电动机;2-联轴器;3-减速器;4-联轴器;5-浮动轴;6-轴承座;7-小车行走轮;8-齿条;9-齿轮

小车运行机构在轨道终点前设有减速限位开关,终点设有停止限位和紧停限位,小车在轨道中间段可以全速行驶,而在距轨道两端 2m 处,通过减速限位开关即自动减速,行至停止限位开关处,即自行停止行走。不工作时,小车停放在主梁中部,用锚定装置锚定。

五、大车运行机构

RTG 的车轮数有 4 轮、8 轮、16 轮三种,其中 8 轮应用最为广泛。大车运行机构共有 4 套,其中 2 套为驱动,2 套为从动,一般驱动轮为对边布置。大车运行机构由车轮组、传动机构、车架和平衡梁、转向系统、安全防护装置等组成。

1. 车轮结构

车轮组由轮胎、轮辋、车轮轴和两个轴承座组成。轮胎分为有内胎和无内胎两种,无内胎轮胎由于减少了内外胎之间的摩擦,散热好,寿命长,因而应用较多。轮胎充气压力一般为1MPa。

2. 大车运行传动机构

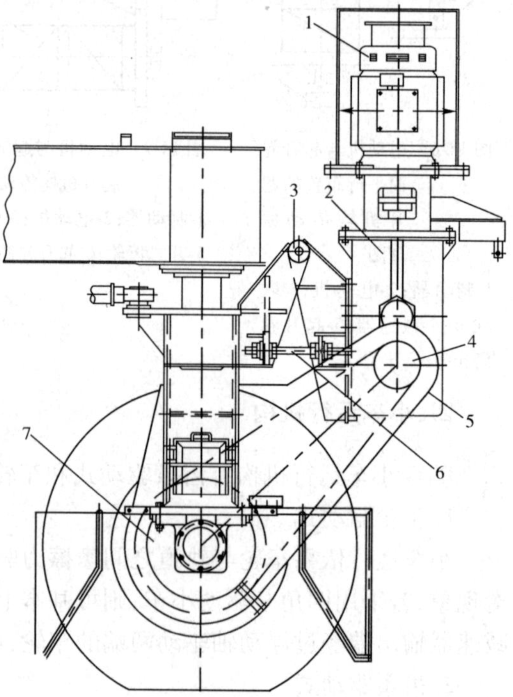

图 14-11　大车运行传动机构

1-电机;2-减速器;3-铰轴;4-小链轮;5-链条;6-调整螺杆;7-大链轮

如图 14-11 所示,一般采用立式电机通过减速器、小链轮、传动链条,带动大链轮,大链轮固定在车轮上,车轮随大链轮一起转动。驱动部分安装在一个铰接架上,上部为铰轴,下部为调整

螺杆,用来调整链条的张紧度。

3. 直线行走

RTG 由于行走路面状况、轮胎充气压力、行走小车位置和整机所受风力等因素,使轮胎上分布的载荷不均匀,因而 RTG 两侧的轮胎变形量也不一样,可能使大车走偏或蛇行,容易发生碰撞事故。为此,必须采取行走微调措施,以保证起重机直线行走。

保持大车直线行走的措施有多种形式。一种措施是在起重机侧面设走偏指示杆和行走限位警报器。如司机通过走偏指示杆发现起重机走偏,可及时调整两行走电机的转速,行走限位警报器是当起重机走偏后,起重机的警报接触器碰到堆场上的集装箱时,即发出警报,提醒司机调整行走方向。

第二种措施是采用无线电感应轨迹自动控制装置。该装置由一条铺设在行走通道地下的低频振荡电流的感应电缆和装设在起重机车轮组之间的天线及控制装置组成。当天线位置与感应电缆的位置出现偏移时,则天线的两个线圈中即产生电势差,经放大后输出一个控制信号,使起重机大车运行电机磁场发生相应变化,从而达到自行控制起重机运行轨迹的目的。采用这种轨道自动控制装置,可将运行偏移控制在 10cm 以内。

还可在地面涂特种油漆,机上摄像机摄取信号,进行自动纠偏。此外还有红外线等纠偏措施。

4. 转向系统

RTG 在货场上只能直线行走,当需要从一个堆场转移到另一个堆场时,必须转向行驶。但由于其跨距大,如按照一般车辆进行任意转向,转弯半径则很大,需占用相当大的堆场面积,因而在集装箱专用码头,RTG 一般采用 90°直角转向方式,在堆场两头转向处,每个车轮下应铺设转向钢板,以减少转向时车轮的变形和磨损。

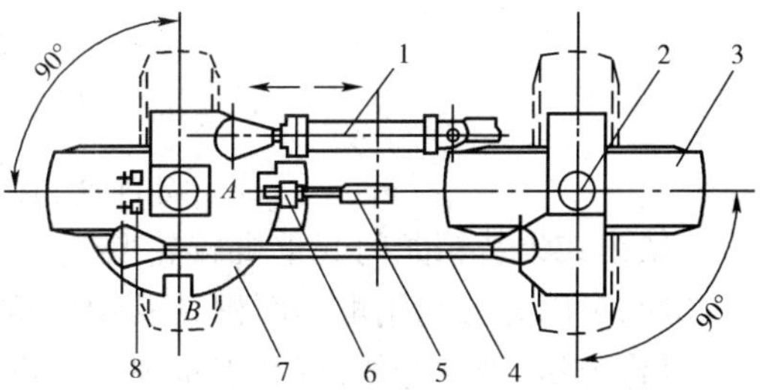

图 14-12　90°直角转向装置

1-转向液压缸;2-转向销;3-车轮;4-拉杆;5-锁销液压缸;6-锁销;7-转向板;8-限位开关

RTG 装有 4 套转向装置,即每一条支腿下平衡梁的底部装有一套 90°转向装置,每套装置由转向液压缸、锁销液压缸、拉杆、限位开关等组成,如图 14-12 所示。车轮处于实线位置表示起重机直线行走状态,在这种情况下,锁销 6 在转向板的锁口位置 *A* 上,当需要作 90°转向时,先搬动操纵杆,通过锁销液压缸将锁销 6 退出,液压缸 1 推动转向板 7 回转,并借助于拉杆 4 使车轮绕转向销 2 回转 90°。此时,车轮处于虚线位置,锁口 *B* 转到原来锁口 *A* 的位置,再用锁销液压缸 5 将锁销锁在锁口 *B* 中,起重机即可横向运行。整个操作在司机室内进行。当起重机开到堆场一头需要转向时,按上述操作过程将车轮转动 90°,然后横行到另一堆场一头,再转向 90°,即可在另一堆场进行装卸作业。

仅在货场相当宽敞的内陆集装箱中转站采用定轴转向方式。对于跨距小于 10m 的 RTG,在货场条件允许的情况下,亦采用自由转向方式。

5. 其他装置

大车运行机构还有下列装置:保护车轮的护罩、防止大车被大风吹动的轮胎斜楔块、大车跑偏防碰撞开关等。

第三节　轨道式集装箱龙门起重机

一、概述

轨道式集装箱龙门起重机是集装箱码头货场进行装卸、堆码集装箱的专用机械。根据场地、集装箱储运工艺流程及装卸的车辆的不同，轨道式集装箱龙门起重机可采用无悬臂、单悬臂或双悬臂等形式。

轨道式集装箱龙门起重机主要由金属结构、运行小车、起升机构、大车运行机构、平面回转装置、电气控制系统等组成。

如图 14-13 所示的轨道式集装箱龙门起重机，由两片双悬臂的门架组成，两侧门腿用下横梁连接，两侧悬臂用上横梁连接，门架通过大车运行机构在地面铺设的轨道上行走。在港口多采用双梁箱形焊接结构的轨道式集装箱龙门起重机，个别采用 L 型单梁箱形焊接结构。在集装箱专用码头上，岸边集装箱起重机将集装箱从船上卸到码头前沿的拖挂车(底盘车)上，拖到堆场，用轨道式集装箱龙门起重机进行装卸堆码作业，或者相反。在集装箱码头，还采用轨道式集装箱龙门起重机装卸汽车和铁路车辆。

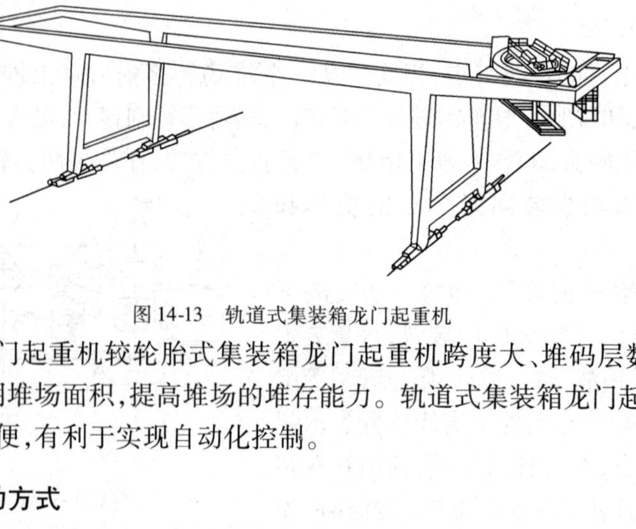

图 14-13　轨道式集装箱龙门起重机

轨道式集装箱龙门起重机较轮胎式集装箱龙门起重机跨度大、堆码层数多，一般可堆放 5 ~ 6层，可以充分利用堆场面积，提高堆场的堆存能力。轨道式集装箱龙门起重机结构较为简单，操作容易，维修方便，有利于实现自动化控制。

二、主要机构驱动方式

1. 起升机构

起升机构有两种形式：钢丝绳卷筒式(图 14-14)和刚性伸缩式(图 14-15)。其中前者与轮胎式集装箱龙门起重机的起升机构基本相同。

钢丝绳卷筒类型起升机构由电动机、齿轮联轴器、盘式或块式制动器、中硬齿面减速器、低速轴联轴器、起升卷筒和轴承座等组成。由起升钢丝绳、滑轮与吊具滑轮组组成一组绕绳系统。

刚性伸缩式起升机构中有一套伸缩导向钢结构架，可分钢丝绳卷筒提升和液压缸提升。其中钢丝绳卷筒提升式构造简单，基本组成与其他起升机构相似。液压缸提升式工作平稳、构造简单，但维护保养要求较高。

2. 小车运行机构

小车运行机构由电动机、齿轮联轴器、盘式或块式制动器、中硬齿面减速器、低速轴联轴器、车轮及车轮支承组成。驱动机构的布置方式可分为:沿小车轨道方向布置和垂直小车轨道方向布置两种,见图 14-16。

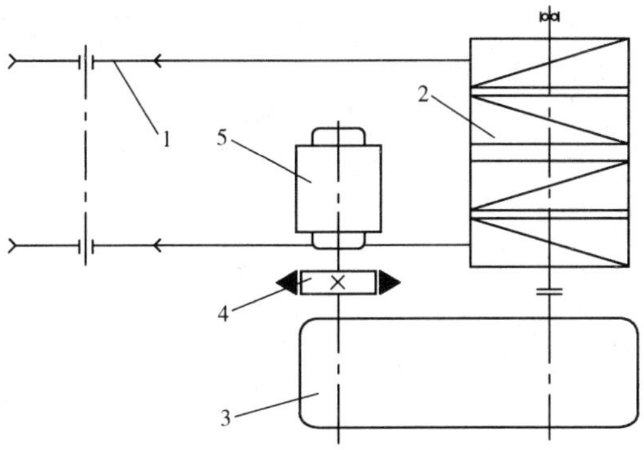

图 14-14　钢丝绳卷筒式起升机构

1-滑轮;2-起升卷筒;3-减速器;4-制动器;5-电动机

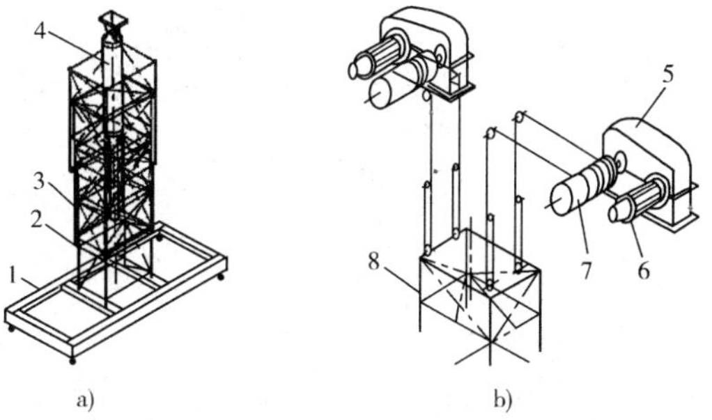

图 14-15　刚性伸缩式起升机构

a)液压缸提升;b)钢丝绳卷筒提升

1-吊具;2-内架;3-伸缩导向钢结构架;4-油缸;5-减速器;6-电动机(带制动器);7-起升卷筒;8-内架

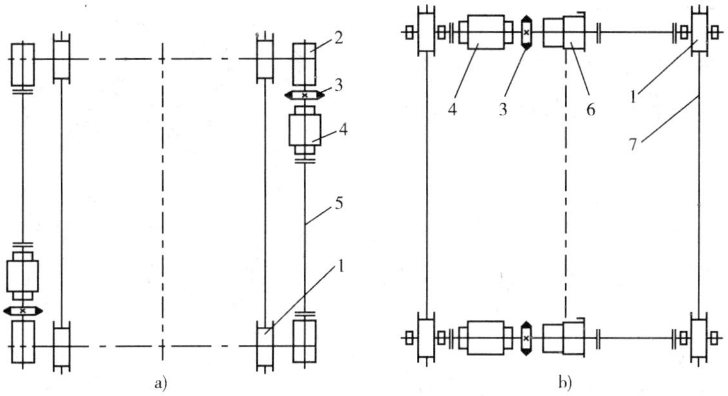

图 14-16　钢丝绳卷筒式起升机构

a)沿小车轨道布置;b)垂直小车轨道布置

1-车轮;2-减速器;3-制动器;4-电动机;5-万向联轴器;6-行星减速器;7-轨道

3. 大车运行机构

大车运行机构的构造和型式与其他各类起重机相似,如采用开式齿轮驱动台车时,则由电机、齿轮联轴器、制动器、中硬齿面减速器、开式齿轮、车轮和车轮支承等组成;如采用封闭式传动,则将减速器输出轴直接与车轮轴连接,直接传动,但减速器传动比将稍大。通常采用三轮或四轮台车,车轮数根据轮压大小来确定。

4. 平面回转装置

堆场、储运场的铁路集装箱车辆和集装箱卡车装载集装箱的顶面相对比较平,因而一般不要求吊具有纵向和横向倾动,但集装箱卡车在运行停车时有可能偏斜,故轨道式集装箱龙门起重机需要设置平面回转装置。对于钢丝绳卷筒式起升机构,平面回转装置由钢丝绳、滑轮组、钢丝绳连接接头、铰点、摇臂、支座及推杆等组成。常用的吊具平面回转绕绳方法有两种:单边连接和对角连接,如图 14-17 所示。

也可在轨道式集装箱龙门起重机的载重小车上装设回转机构。如图 14-18 所示,转盘下面有 4 个滚轮,其中两个为主动滚轮,由两台对称布置的驱动装置驱动,在固定的小车环形轨道上行走;另一种型式的回转小车采用大直径滚柱轴承,结构紧凑,回转平稳,只需一套回转驱动装置。

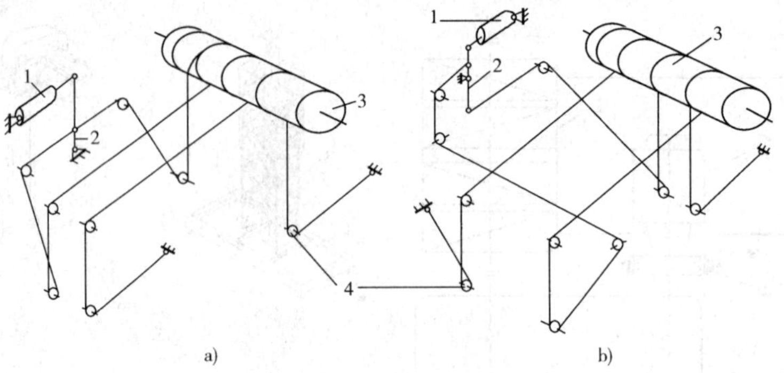

图 14-17　吊具平面回转卷绕系统

a)单边连接;b)对角连接

1-推杆;2-摇杆;3-起升卷筒;4-吊具滑轮

三、主要技术参数

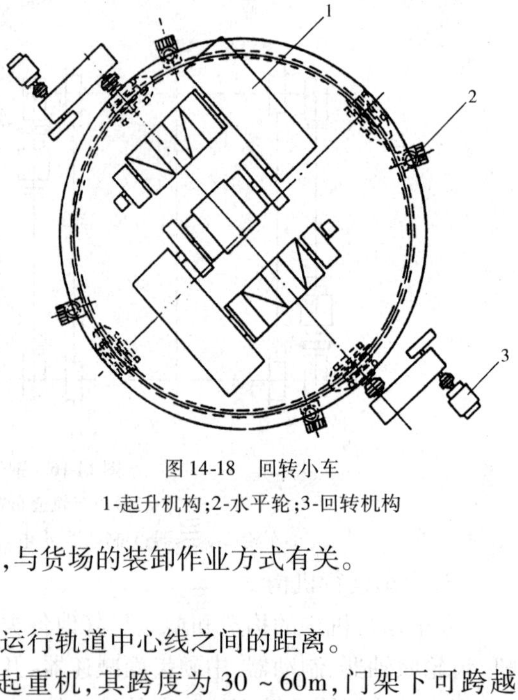

图 14-18　回转小车

1-起升机构;2-水平轮;3-回转机构

轨道式集装箱龙门起重机的主要技术参数有起重量、跨度、悬臂伸距、起升高度、基距和工作速度等。

1. 起重量

轨道式集装箱龙门起重机的起重量也是根据额定起重量和吊具的重量来确定的,一般额定起重量为 30.5t。

2. 尺寸参数

轨道式集装箱龙门起重机的尺寸参数主要有跨度、悬臂伸距、起升高度及基距等。

1)跨度和悬臂伸距

轨道式集装箱龙门起重机的跨度和悬臂伸距,与货场的装卸作业方式有关。

(1)跨度

轨道式集装箱龙门起重机的跨度是指起重机运行轨道中心线之间的距离。

国际集装箱码头使用的轨道式集装箱龙门起重机,其跨度为 30 ~ 60m,门架下可跨越 10 ~ 20多列集装箱。

(2)悬臂伸距

轨道式集装箱龙门起重机的悬臂伸距是指两侧轨道中心线分别至悬臂端吊具中心线之间的距离。

在轨道式集装箱龙门起重机的悬臂伸距范围内,通常可通过两条底盘车作业线或者堆放 3 列集装箱,一般轨道式集装箱龙门起重机的悬臂伸距为 8 ~ 10m。

2)起升高度

轨道式集装箱龙门起重机的起升高度是指吊具底部平面至轨面的垂直距离。

起升高度与堆码集装箱的层数有关,通常按堆码 5 层,并能吊起集装箱在第 5 层上通过来考虑,其起升高度为 16m。

3)基距

轨道式集装箱龙门起重机的基距是指起重机同一轨道上两个主支承中心线之间的距离。

轨道式集装箱龙门起重机的门框内应能通过45ft(13.716m)的集装箱,并考虑在装卸过程中可能产生的摆动,两边需留有一定的安全间隙,则门框内有效通过宽度为14~15m。基距除满足门框内有效通过宽度外,还应保证起重机稳定性的要求。

3.工作速度

集装箱专用码头货场轨道式集装箱龙门起重机的工作速度应与码头前沿岸边集装箱起重机的生产率相适应,以保证码头前沿不停顿地进行船舶装卸作业。对于标准集装箱码头,在一个泊位配备两台岸边集装箱起重机的情况下,货场一般配备3台跨度为30~60m的轨道式龙门起重机,其中两台供前方船舶装卸作业,一台供后方进箱和提箱用,起升和小车运行速度与岸边集装箱起重机大体相同或略高。比如,码头前沿采用普通型岸边集装箱起重机,则轨道式集装箱龙门起重机的满载起升(下降)速度一般为35~45m/min,空载起升(下降)速度为70~100m/min,小车运行速度为110~150m/min。因轨道式集装箱龙门起重机的大车运行距离约比岸边集装箱起重机长一倍,故其大车运行速度比岸边集装箱起重机约高一倍左右,为45~100m/min。

我国大连起重机器厂制造的用于集装箱码头和中转站的DQ型轨道式集装箱龙门起重机,额定起重量为30.5t,适用于装卸20ft、30ft和40ft集装箱。其跨度为30m。双悬臂伸距各为12.25m,起升高度12m,起升速度约为12.98m/min,大车运行速度约为71m/min,小车运行速度约为57m/min,小车可回转±210°,回转速度约为1.23r/min。吊具为伸缩式,并设有减摇装置。

第四节 集装箱正面吊运机

一、概述

集装箱正面吊运机是一种用以完成集装箱装卸、堆码和水平运输作业的集装箱装卸搬运机械。它是20世纪70年代中期开发的一种新机型。与集装箱叉车比较,它具有机动性能好、稳性好、轮压较小、堆码层数高和堆场利用率高等优点,是比较理想的货场装卸搬运机械,如图14-19所示。

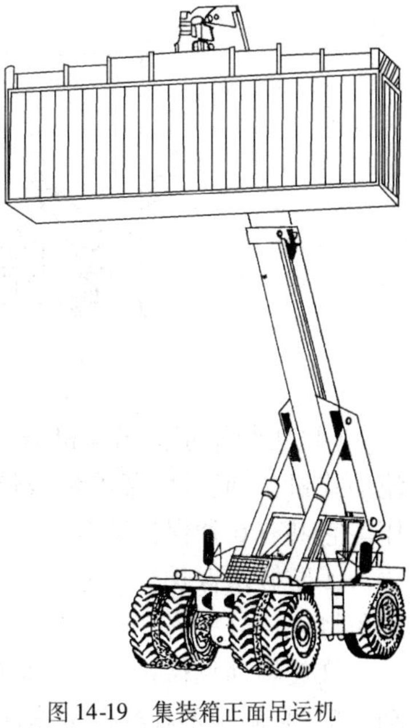

图14-19 集装箱正面吊运机

集装箱正面吊运机主要由运行机构、臂架伸缩机构、臂架俯仰机构和可以回转、伸缩、横移的吊具等组成。运行机构包括发动机、液力变矩器、液力动力换挡变速箱及传动轴等。前桥为驱动桥,后桥为转向桥。集装箱正面吊运机除行走部分外,臂架俯仰、伸缩,转向及吊具的各项动作均采用液压传动。

二、作业特点

(1)有可伸缩和左右回转120°的吊具,因此特别适应在货场作业。由于吊具可伸缩,能用于20~45ft的集装箱装卸作业。由于吊具可左右回转，所以在吊装集装箱时，吊运机不一定要与集装箱垂直，即可以与箱子成夹角吊装。在吊起集装箱后，又可转动吊具，使箱与吊运机处在同一轴线上，以便通过比较狭窄的通道。同时，吊具可以左右各移动 800mm，便于在吊装时对箱，从而提高生产效率（图 14-20）。

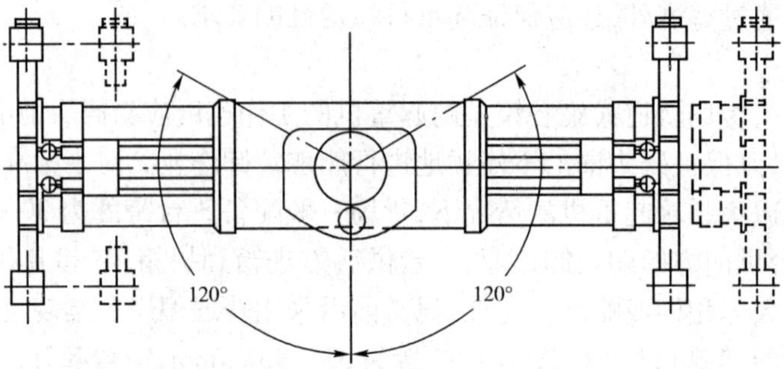

图 14-20　集装箱正面吊运机吊具回转、横移图

吊具悬挂在伸缩臂架上，可绕其轴线转动，当吊运的集装箱不水平时（如集装箱在半挂车上，而半挂车板面与地面不平），也可以正常操作。因此，集装箱正面吊运机几乎可以在任何条件下的集装箱堆场进行作业。

（2）有能带载俯仰的伸缩式臂架。集装箱正面吊运机一般采用套筒式方型伸缩臂架。集装箱的起降运动由臂架伸缩和俯仰来完成，它没有专门的起升机构。臂架的伸缩和俯仰同时进行，所以可获得较大的升降速度，并且整机可同时行走，从而具有较高的效率。

（3）能堆码多层集装箱及跨箱作业。由于集装箱正面吊运机在设计时吸取了叉车、跨运车等集装箱装卸搬运机械的优点，并考虑到了这些机械的不足，因此它能够完成其他机械所不能完成的作业。集装箱正面吊运机一般可吊装 4 个箱高，有的可达到 5 个箱高，而且可跨箱作业，这样就可以提高堆场的利用率，如图 14-21 所示。

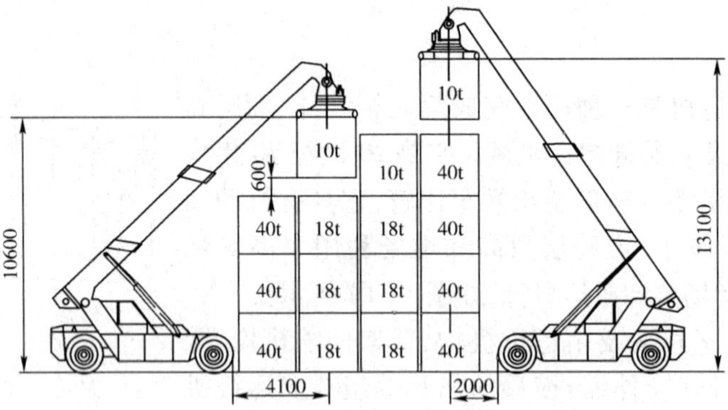

图 14-21　集装箱正面吊运机作业情况

（4）集装箱正面吊运机具有多种保护装置，能保证安全作业。由于集装箱正面吊运机是流动式机械，而且臂架可带载伸缩和带载俯仰，因此必须具有足够的保护装置来确保安全操作。它共有 6 种保护装置。

①防倾覆保护。当起吊重量超过各种工作幅度下的允许值时，保护装置即行动作，并且有红色灯光信号警告。

②旋锁动作保护。其一是旋锁完全进入集装箱角配件内，旋锁才能动作，否则旋锁不能转动，其二是旋锁不在全开或全闭的状态下，臂架伸缩、俯仰和吊具回转都不能动作，同时也有信

号灯指示。

③起吊集装箱后，整机不能用高速档行驶，否则发动机自行停止运转。

④变速杆入档后，发动机不能起动。

⑤臂架最大仰角有限位保护。

⑥入档后再拉手刹车，发动机即停车。

(5)在吊具上安装吊爪后，可以连集装箱半挂车一起装卸，吊重可达38t，实现铁路公路联运。将集装箱吊具换装为吊钩后可吊装其他重大件货物。

(6)采用集装箱正面吊运机，可提高装卸效率，与集装箱叉车相比，堆场利用率也可提高80%。

(7)但集装箱正面吊运机带箱运行时，一般是将臂架升至最大仰角，这时货物重心移至前轴线内，因此后桥负荷比空载时增大，将造成后轮胎磨损加剧。

三、结构型式

集装箱正面吊运机按其结构型式可以分为单臂架和双臂架两大类。

1. 单臂架集装箱正面吊运机

单臂架集装箱正面吊运机(图14-19)的起重臂为单箱式结构，用两根俯仰油缸支撑，制造工艺简单。在吊运倾斜的集装箱时，利用吊具与臂架间的自由摆动进行对位。但是，由于吊具与臂架是单支点连接，故吊运装载偏心的集装箱时所产生的倾斜，要通过横移吊具保持其平衡。而且吊运机行走时，由于路面不平，易导致摇摆。

此外，臂架俯仰是由双油缸驱动，由于各种原因，可能出现油缸工作不同步，使臂架受扭。

2. 双臂架集装箱正面吊运机

双臂架集装箱正面吊运机为双起重臂，起重臂为箱形结构。它与单臂架正面吊运机的不同之处，是用两个小断面的臂架代替了一个大断面臂架。每个臂架都可以伸缩，并由两个俯仰油缸分别支撑。两个臂架可以分别动作，也可同步动作，因此其结构和液压控制系统比较复杂。由于是双臂架，所以与吊具是双支承连接。吊具稳定性较好，即使遇到集装箱装载偏心或路面不平的情况，也不会引起吊具摆动。

在吊运倾斜的集装箱时，可对两臂架采用不同的高度而使吊具就位，如图14-22所示。并可让两臂架伸出不同的长度而使集装箱转动一定的角度，如图14-23所示，此角度最大不超过12°。

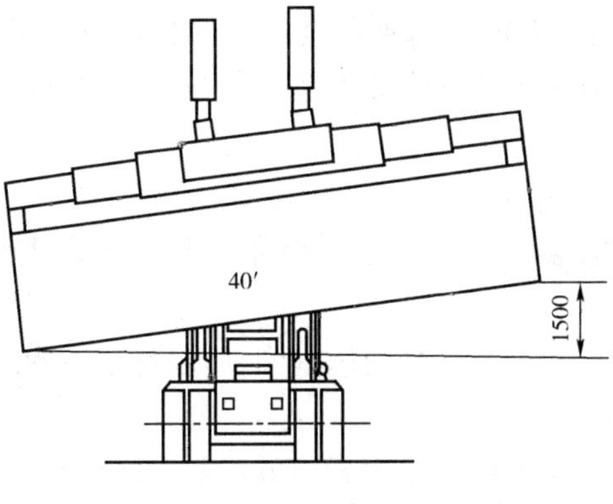

图14-22 双臂架吊运机斜吊集装箱

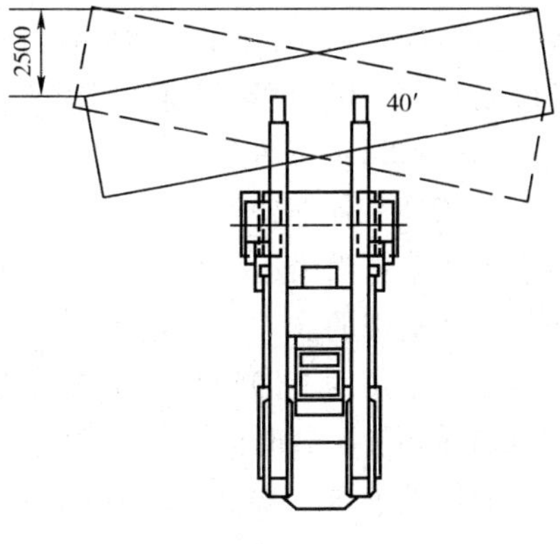

图14-23 双臂架吊运机转动集装箱

双臂架集装箱正面吊运机受力比较简单，俯仰油缸不存在同步问题。同时，两臂架中间距离较大，驾驶室可放在中间，并可以适当提高其高度，使司机视野较好。

对于双臂架，为了使吊具能回转较大的角度，必须在平衡架下再安装吊具回转机构，因而整个吊具高度较大，从而降低了有效起升高度。

四、主要技术参数

1. 起重量

集装箱正面吊运机的起重量根据额定起重量和吊具的重量来确定。额定起重量一般按所吊运的集装箱最大总重量决定，对于标准40ft(45ft)集装箱的最大重量取30.5t。目前，各厂家生产的起吊40ft(45ft)集装箱的正面吊运机，其吊具重量都约为10t。

2. 起升高度

起升高度即堆码高度，一般为4层箱高，如按8ft6in（即2.591m）箱高考虑，还加上一定的安全间隙，故起升高度一般为11m左右。如要求堆5层箱高时，起升高度应不小于12.955m，一般为13m左右(图14-21)。

3. 工作幅度

集装箱正面吊运机一般能跨一排箱作业。一般要求在对第一排箱作业时，前轮外沿离集装箱的距离为700mm左右，工作幅度最小应距前轮外沿2m。在对第二排箱作业时，前轮外沿离第一排集装箱的距离为500mm左右，工作幅度最小应距离前轮外沿4.1m(图14-21)。

4. 车身外形尺寸

集装箱正面吊运机主要用在货场作业，要求能适应狭小的场地条件，因此对通过性能要求较高，需要控制车身宽度和长度。另外，还要考虑整机的稳定性和车架受力情况。一般要求正面吊运机能在7.5m左右的直角通道上转弯，在9.5m左右的通道内能90°转向。因此要求其最小转弯半径在8.5m左右，最大轴距为5500mm左右，车体不带臂架时长度约为7500～8000mm左右，车身宽度一般为3500～4000mm左右。

5. 工作速度

集装箱正面吊运机的工作速度包括行走速度、臂架俯仰和伸缩速度及吊具的工作速度。

1）行走速度

集装箱正面吊运机的运行距离一般在40～50m以内较为合理。如距离太远，则应在前沿机械与堆场间用拖挂车来作水平运输。集装箱正面吊运机在满载时只允许低速行驶，因集装箱正面吊运机自重较大，在吊运40t时，整机总重达100t，如行驶速度过快，则对制动、爬坡、整机稳定性以及发动机功率都有较大影响，故满载时最大速度一般不超过10km/h。空载时可高速行驶，一般为25km/h左右。

2）臂架俯仰和伸缩速度

由于集装箱正面吊运机没有专门的起升机构，装卸时集装箱的起升和下降是通过臂架的俯仰和伸缩来实现的。

臂架由最小角度上仰到最大角度约为1min左右。由于是液压俯仰，所以臂架下俯有两种速度：空载时较慢；满载时的臂架下俯速度比空载时快一倍。

臂架的伸缩速度一般为12m/min左右。由于最大伸缩距离只有6m左右，全伸或全缩时间约为30s。

3)吊具的工作速度

吊具的工作速度有以下三种：

(1)吊具伸缩速度

在吊运集装箱时，多是连续吊运同规格集装箱，20ft 和 40ft(或 45ft)集装箱交叉作业情况较少，因此吊具伸缩速度一般取 12m/min 左右。

(2)吊具左右平移速度

吊具左右平移主要用于对位。左右平移距离各 800mm，故吊具左右平移速度一般取 6m/min左右。

(3)吊具回转速度

吊具回转主要用于对位，而且所转动的角度一般不大于 15°，因此转动速度不宜过大，一般取 540°/min 左右。

6. 点动性能

集装箱正面吊运机多数有点动功能，以保证微动对位，提高工作效率。集装箱正面吊运机的臂架伸出、缩回、仰起、俯下；吊具左移、右移、左回转、右回转等 8 个动作都有点动机构。广州港机械制造厂制造的 JD40 型集装箱正面吊运机，点动距离列于表 14-1。

JD40 型集装箱正面吊运机的点动距离(mm/次)　　表 14-1

点动性能	臂架伸出	14
	臂架缩回	10
	臂架仰起	8.3
	臂架俯下	4.3
	吊具向左平移	5.8
	吊具向右平移	5.4
	吊具向左回转(油缸行程)	2.8
	吊具向右回转	3.8

五、臂架伸缩机构及俯仰机构

集装箱正面吊运机作业时，臂架伸缩和俯仰频繁。采用液压驱动，可使整机操作灵活、平稳。

1. 臂架伸缩机构

为了提高装卸效率，集装箱正面吊运机采用伸缩式箱形臂架，并能在重载工况下俯仰。其臂架伸缩和俯仰机构见图 14-24。集装箱正面吊运机臂架的伸缩用液压油缸推动。伸缩段 4 与基本段 3 之间的相对运动是由伸缩油缸 1 驱动的。臂架轴向力由伸缩油缸 1 来承受，力矩则由支承装置 2、5 组成的反力矩来平衡。

对于重载伸缩的集装箱正面吊运机的内外臂架间，采用托辊式支承装置，其伸缩阻力较小，JD40 型集装箱吊运机的托辊支承装置结构见图 14-25。托辊组支承装置由 4 个托辊及托辊轴、3 组楔形滑块和托盘等组成。楔形滑块的作用是当 4 个托辊受力不均时，在水平分力差的作用下，滑块作横向移动，使受力较小的托辊上升，从而达到各托辊受力均匀的作用。

2. 臂架俯仰机构

臂架俯仰机构采用两个油缸直接推动臂架基本段，从而实现俯仰。

左右两侧俯仰油缸采用并联方式。由于臂架基本段的刚性较强，俯仰油缸采用三通接头直接通油。如由于多种原因造成两侧油缸外载不同时，液压系统中油压自然平衡。这样，油缸伸缩即使不同步，臂架及俯仰机构仍能正常工作。

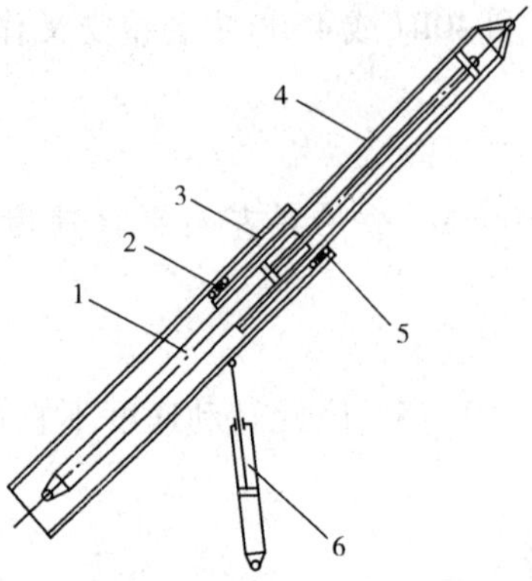

图 14-24　集装箱正面吊运机臂架伸缩和俯仰原理

1-伸缩油缸；2、5-支承装置；3-基本段；4-伸缩段；6-俯仰油缸

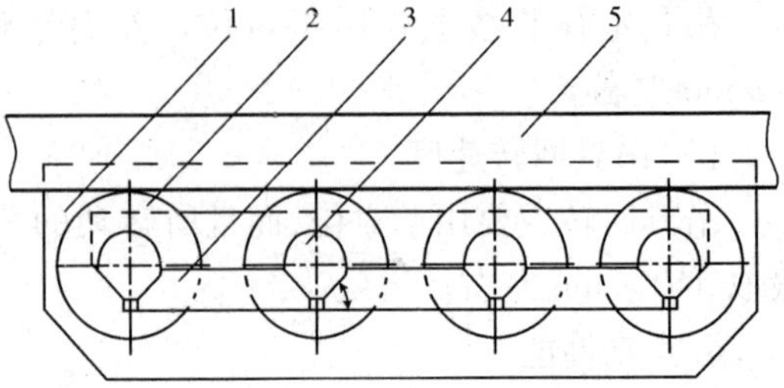

图 14-25　托辊组支承装置

1-托盘；2-托辊；3-楔形滑块；4-托辊轴；5-臂架伸缩段

六、吊具

为了吊运和堆码集装箱的要求，集装箱正面吊运机的吊具应能左右回转 120°；横移 1600mm（左、右各 800mm）；收缩能吊运 20ft 箱，伸出能吊运 40ft（45ft）箱；具有旋锁回转机构（90°转角）；绕吊运机前行轴线摆动（无动力）。另外，吊具还必须装设安全保护装置，以保证吊具未与集装箱连接妥当时，不致吊起集装箱。

集装箱正面吊运机的吊具安装结构见图 14-26。

1. 吊具的回转机构

目前采用较多的是油缸驱动。这种吊具回转机构结构简单。油缸固定在某一位置，便于对位和操作，机构也稳定。

JD40 型吊运机吊具的回转机构结构如图 14-27 所示。回转油缸安装在回转支承 3 上。回转

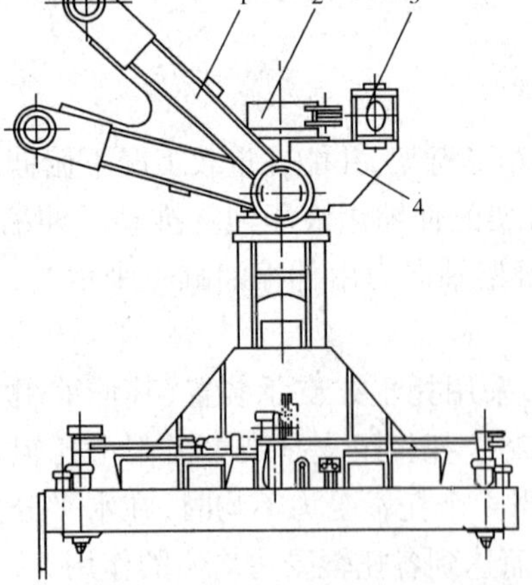

图 14-26　集装箱正面吊运机吊具连接

1-人字架；2-转轴；3-回转驱动装置；4-回转支承

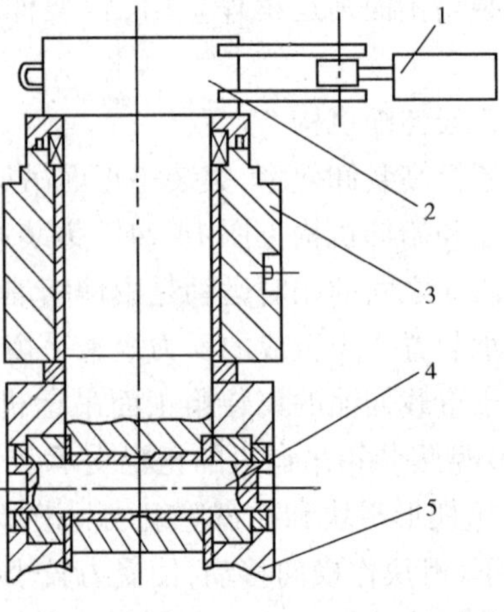

图 14-27　集装箱正面吊运机吊具回转机构

1-回转油缸；2-转轴；3-回转支承；4-横轴；5-吊具上架

支承通过吊具人字架与臂架伸缩段连接。当回转油缸通油后，推动转轴上的连杆，使转轴2转动，转轴2通过横轴4带着吊具上架5一起转动。

2. 吊具横移和伸缩机构

吊具横移机构一般用油缸驱动。横移油缸一端固定在吊具上架上，另一端与吊具底架固定。在吊具上架上安装有4个滚轮，吊具底架的支承梁就悬挂在这四个滚轮上。当横移油缸伸缩时，吊具底架在吊具上架的4个滚轮上左右移动，带动集装箱左右横移。一般可左右横移800mm。

吊具伸缩机构采用两套油缸驱动，并采用并联型式，使两套油缸同时动作。

吊具的回转、横移和伸缩油缸，全部采用同一规格，以便更换和维修。

第五节　集装箱叉车

集装箱叉车是一种从普通叉车发展而来的适应于集装箱装卸作业特殊需要的专用叉车，主要用于集装箱的装卸、堆码及短距离的搬运等作业，是集装箱码头和货场常用的装卸设备之一。

集装箱叉车按照构造形式分为正面集装箱叉车和侧面集装箱叉车。正面集装箱叉车是集装箱码头和货场常用的一种装卸机械，习惯上把正面集装箱叉车简称为集装箱叉车。

正面集装箱叉车可以采用货叉插入集装箱底部叉槽内举升搬运集装箱（图14-28），也可在门架上装设一个吊顶架，借助旋锁与集装箱连接，从顶部起吊集装箱（图14-29）。为了满足集装箱装卸作业的需要，正面集装箱叉车应具有的性能特点是：

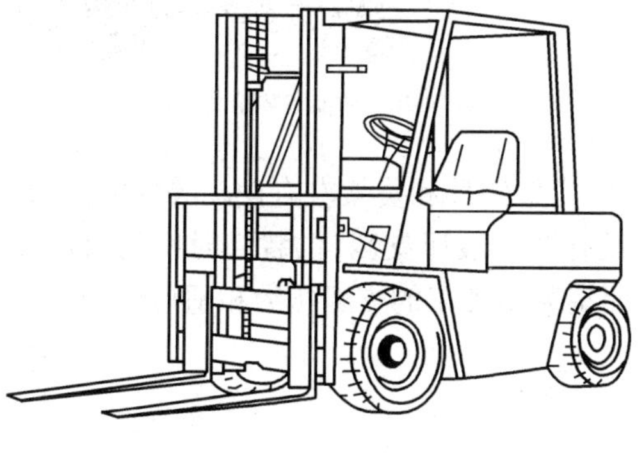

图14-28　叉运式正面集装箱叉车

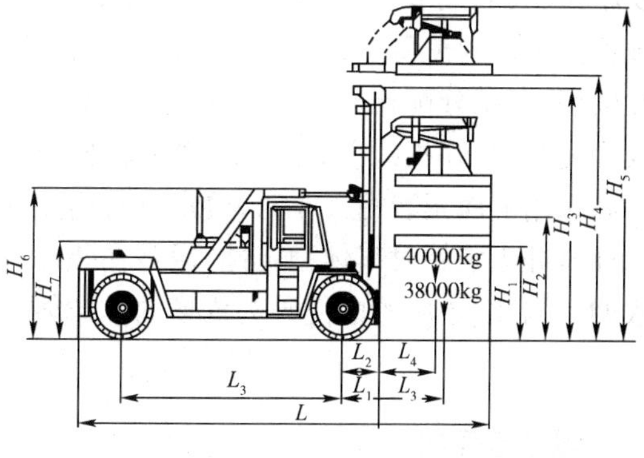

图14-29　吊运式正面集装箱叉车

（1）起重量与各种箱型的最大总重量一致。对于采用货叉装卸的集装箱叉车，起重量等于集装箱的最大总重量，对于顶部起吊的还要加上叉车吊具的重量。考虑到现有大量的国际集装箱所装运的货物重量都达不到额定重量，如20ft集装箱的载货量平均只有12t左右，40ft集装箱的载货量平均只有18t左右，因而，从使用的经济性出发，往往根据实际情况选用相应起重量的集装箱叉车，如装卸40ft或20ft轻载集装箱可分别选用起重量为25t或20t的集装箱叉车等。

（2）载荷中心距（货叉前壁至货物重心之间的距离）取集装箱宽度的二分之一，即1220mm。

（3）起升高度按堆码集装箱的层数来确定。

（4）为改善操作视线，将司机室位置升高，并装设在车体一侧。

(5)为了适应装卸集装箱的要求，除采用标准货叉外，还备有顶部起吊和侧面起吊的专用属具。

(6)为便于对准箱位和箱底的叉槽，整个货架具有侧移(约100mm)和左右摆动的性能，货叉也可沿货架左右移动，以调整货叉之间的距离。

正面集装箱叉车是用于装卸、搬运和堆码集装箱的一种专用机械，它具有机动性能强和使用范围广等优点。使用货叉还可装卸搬运其他重件货物。但是，使用正面集装箱叉车的通道宽度需要14m以上，占用通道面积大，集装箱只能成两列堆放，影响堆场面积的利用；满载时前轴负荷和轮压较大，对码头前沿和通道路面的承载能力要求高，叉车液压件多，完好率低，维修费用较高，叉车前方视线较差，对集装箱的损坏率较高。因此，正面集装箱叉车一般只用在集装箱吞吐量不大的普通综合性码头和堆场进行短距离的搬运作业。合理搬运距离为50m左右，超过100m用正面集装箱叉车搬运是不经济的。在这种情况下，可采用集装箱拖挂车配合使用。

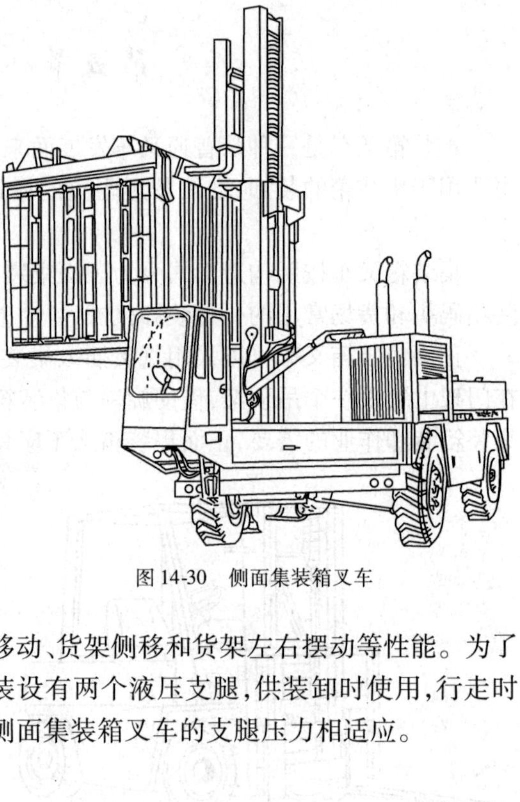

图14-30　侧面集装箱叉车

侧面集装箱叉车是一种专门设计带有侧叉的集装箱叉式装卸车。侧面集装箱叉车可将门架和货叉移出，叉取集装箱后收回，将集装箱放置在货台上进行搬运，还可装设顶部起吊属具，用以装卸集装箱(图14-30)。与正面集装箱叉车比较，侧面集装箱叉车载箱行走时的横向尺寸要小得多，因而要求的通道宽度也小(约4m)；载箱行走时的负荷中心在前后轮之间，行走稳定性较好，轮压分配比较均匀。但是，结构和控制较为复杂，装卸视线差，装卸效率也较低。在设计和选用侧面集装箱叉车时，要求具有门架前后移动、货架侧移和货架左右摆动等性能。为了保证装卸集装箱时车体稳定性，通常在装卸一侧装设有两个液压支腿，供装卸时使用，行走时收回。因此，还应考虑使码头货场的承载能力与侧面集装箱叉车的支腿压力相适应。

思考与练习

1. 集装箱堆场机械有哪些种类？
2. 简述集装箱跨运车的工作特点。
3. 简述集装箱跨运车的主要技术参数。有哪些主要装置和系统？
4. 简述轮胎式集装箱龙门起重机的主要技术参数。
5. 轮胎式集装箱龙门起重机有哪些机构和系统？其90°转向装置的工作原理如何？
6. 简述轨道式集装箱龙门起重机的主要技术参数。
7. 轨道式集装箱龙门起重机有哪些机构？
8. 集装箱正面吊运机的组成和作业特点？
9. 简述集装箱叉车的性能特点。

第十五章　集装箱水平运输机械

知识目标

1. 描述集装箱水平运输机械的组成；
2. 描述集装箱牵引车的类型；
3. 描述集装箱挂车的类型；
4. 描述集装箱牵引车拖带挂车的拖挂方式。

能力目标

1. 具备分析集装箱水平运输机械的工作原理和工作性能的基础知识；
2. 能根据实际需求合理选用集装箱水平运输机械。

集装箱水平运输机械是用于集装箱货场及公路运输集装箱的专用车辆。

集装箱水平运输机械有集装箱牵引车和挂车。

集装箱牵引车(图 15-1)用来拖带载运集装箱的挂车或半挂车(图 15-2)。

图 15-1　集装箱牵引车

图 15-2　集装箱牵引车和半挂车

第一节　集装箱牵引车

集装箱牵引车按驾驶室的形式可分为长头式和平头式,按车轴的数量可分为双轴式和三轴式,按用途可分为公路运输用牵引车和货场运输用牵引车。

一、长头式和平头式集装箱牵引车

1. 长头式集装箱牵引车(图 15-3a)

这种牵引车的发动机布置在司机座的前方,司机受发动机振动的影响较小,比较舒适,发生碰撞时也较安全。此外,打开发动机罩检修也比较方便。但这种车头较长,因而整个车身长度和转弯半径较大。

2. 平头式集装箱牵引车(图 15-3b)

这种牵引车的发动机在司机座位下面,司机的舒适感较差,但牵引车的驾驶室较短,视线较好,轴距和车身全长比较短,转弯半径小。在司机座位后面可以加一小床,以便长途行车时司机换班休息。

近年来,为了提高运输效率,降低运输成本,拖挂运输越来越多地被采用。为此,各国都根据本国公路、桥梁的宽度、负荷量以及涵洞的尺寸,对挂车组的重量和尺寸作出了各种限制,我国也制定了一些规定,为了缩短挂车组的长度,以达到规定的要求,越来越多地采用平头式牵引车。

二、双轴式和三轴式集装箱牵引车

1. 双轴式集装箱牵引车(图 15-4a)

这种牵引车一般用于牵引装运 20ft 集装箱的半挂车。这种牵引车双轴一般为 4×2 型,即后轴为驱动轴,前轴为转向轴。其车身较短,轴距较小,转弯半径小,机动性能好。但由于后轴为单轴,因此承受负荷较小,牵引力也较小。

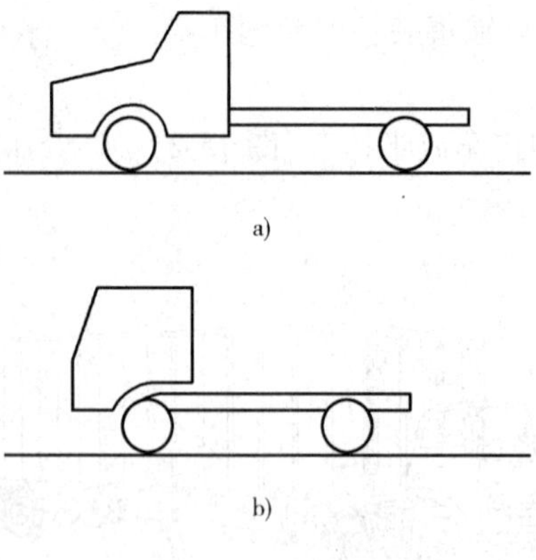

图 15-3 牵引车驾驶室形式图

a)长头式;b)平头式

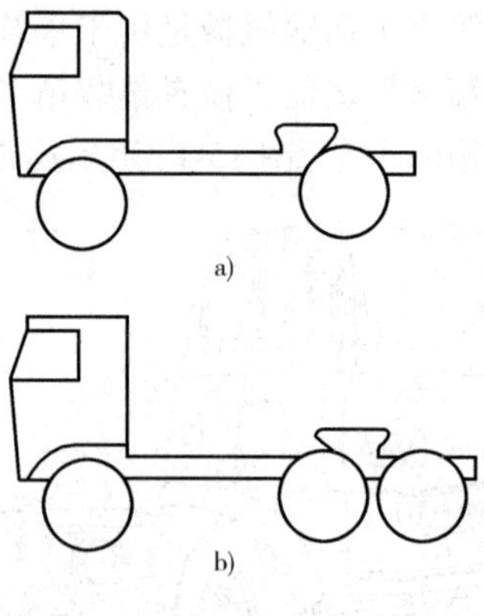

图 15-4 牵引车按其轴的数量分类

a)双轴式牵引车;b)三轴式牵引车

2. 三轴式集装箱牵引车(图 15-4b)

这种牵引车后轴为双轴,承载能力大,牵引力大,一般用于牵引装运 40ft 集装箱的半挂车。这种牵引车车轴一般布置为 6×4 型,个别要求牵引力大和越野性能好的布置为 6×6 型,即后轴为驱动轴,前轴为转向轴或转向驱动轴。

三、公路运输用和货场运输用集装箱牵引车

1. 公路运输用集装箱牵引车。

这种牵引车采用大功率发动机(220~400 马力),速度高(一般可达 100km/h),具有多档高速,其制动性能及加速性能较好,因此主要用于高速和长距离运输。

2. 货场运输用集装箱牵引车。

这种牵引车用于港口或集装箱货场作短距离运输，行驶速度低（一般不超过 40km/h），牵引力大，牵引鞍座为低台式。

第二节 集装箱挂车

集装箱挂车有底盘车和平板车等。底盘车的车架仅由底盘骨架构成，车架的前后四角装有集装箱固定锁件装置，车架下部前方有单腿或双腿支架，后方有一个或两个车桥装有轮胎车轮。它的结构简单，自重轻，维修方便，在集装箱运输中用得较多。平板车在底盘上全部铺有钢板，并在四角按集装箱尺寸要求装设集装箱下部固定锁件。平板车自重较大，宜用在兼顾装卸长大件和集装箱的码头。

牵引车拖带挂车大多采用半拖挂车方式（图 15-5a），半拖挂车和载货重量的一部分由牵引车直接支承，不仅牵引车的牵引力能得到有效的发挥，而且拖挂车身较短，便于倒车和转向，安全可靠。当牵引车与挂车脱离时，挂车可靠前端底部的支架支撑。在货物种类、目的地和数量不定的情况下，可采用全拖挂方式（图 15-5b），即通过牵引杆架使牵引车与挂车连接，牵引车本身亦可作为普通货车单独使用，但操作比半拖挂车要稍难一些。

集装箱半拖挂车的种类较多，有骨架式、鹅颈式和低床式等。其中以骨架式集装箱半挂车使用较多。图 15-6 为骨架式集装箱半挂车结构简图，它仅由底盘骨架构成，而且集装箱也作为强度构件，加入到半挂车的结构中加以考虑。因此，其自重轻，结构简单，维修方便。为了适应 20 ~ 45ft 不同长度的集装箱，还可将骨架式集装箱半挂车的车架做成可伸缩式的。骨架式集装箱半挂车适用于公路上运输集装箱。

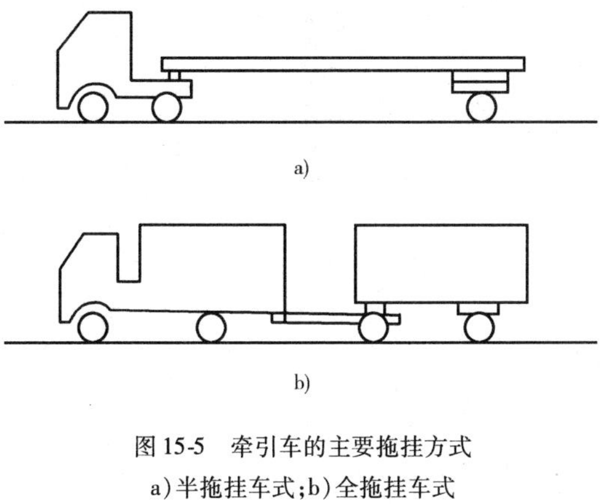

图 15-5 牵引车的主要拖挂方式

a）半拖挂车式；b）全拖挂车式

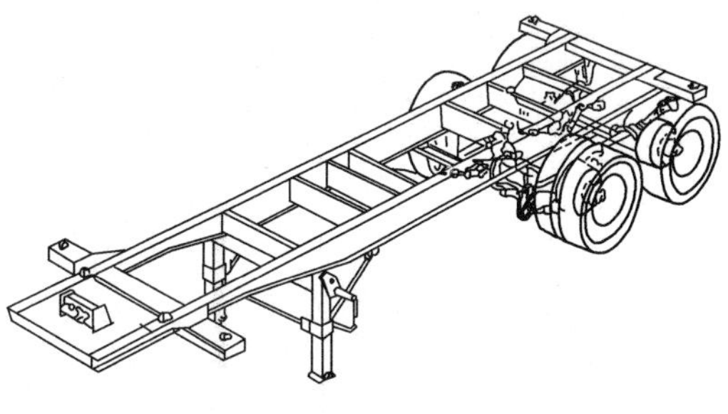

图 15-6 骨架式集装箱半挂车

货场运输用的集装箱半挂车的外廓尺寸一般可不受国家对于车辆限界的规定限制，但挂车的全长和轴负荷要考虑到码头、货场和道路的技术条件，其集装箱的固定装置可以做得比较简单。货场运输用的集装箱半拖挂车除上述公路上用的骨架式集装箱半挂车外，还有货场运输专用的集装箱半挂车。在地面比较平整、运输距离较短的场合，可使用带导板的集装箱半挂车（图 15-7）。这种半挂车可省去旋锁装置和司机固定旋锁的操作程序，又可使吊装集装箱较为方便。

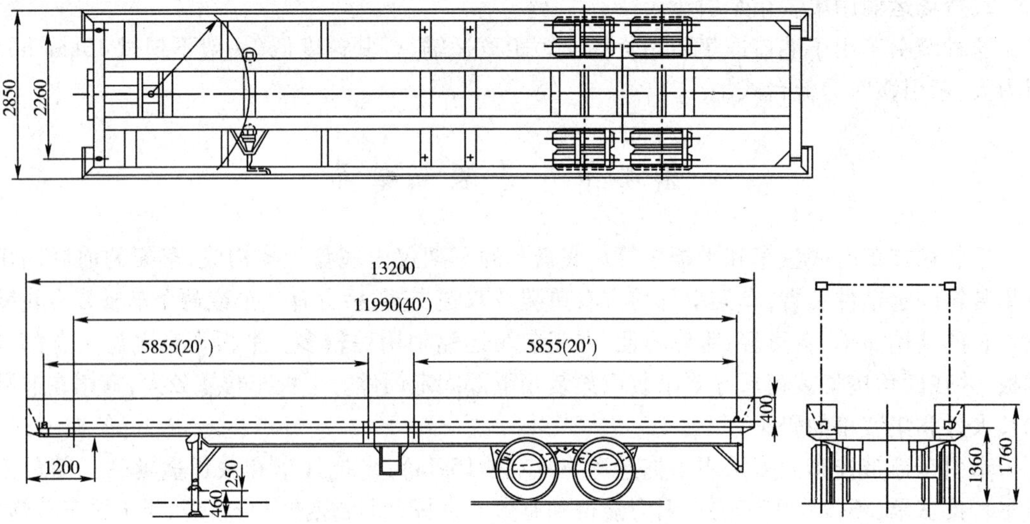

图 15-7　带导板的集装箱半挂车

思考与练习

1. 集装箱水平运输机械由哪些机械组成？
2. 集装箱牵引车有哪些类型？各有什么特点？
3. 集装箱挂车有哪些类型？各有什么特点？
4. 常用的牵引车拖带挂车的拖挂方式有哪些？

附表 1

传 动 滚 筒

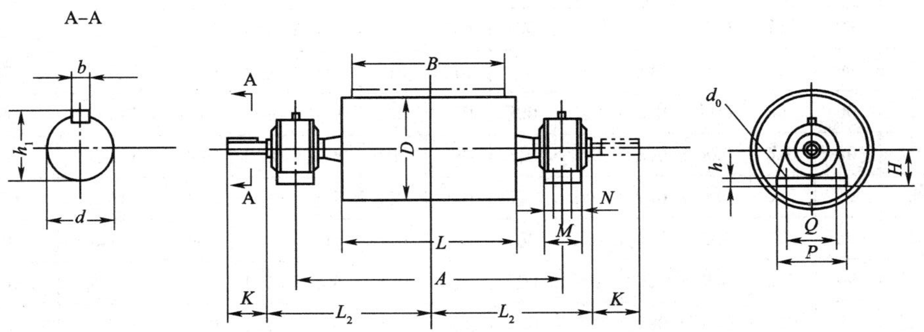

说明:滚筒表面要求一律为铸胶表面。

代号	D(mm)	许用扭矩 (kN·m)	许用合力 (kN)	轴承型号	主要尺寸(mm)														转动惯量 ($kg \cdot m^2$)	质量 (kg)
					A	L	L_2	d	K	M	N	Q	P	H	h	h_1	b	d_0		
5050	500	2.7	49	22216	850	600	495	70	140	70		350	410	120	33	74.5	20	M20	6	259
6550.1	500	3.5	40	22216	1000	750	570	70	140	70		350	410	120	33	74.5	20	M20	7.8	298
6550.2	500	6.3	59	22220	1000	750	590	90	170	80		380	460	135	46	95	25	M24	7.8	393
6563.1	630	4.1	40	22216	1000	750	570	70	140	70		350	410	120	33	74.5	20	M20	18.5	342
6563.2	630	7.3	80	22220	1000	750	590	90	170	80		380	460	135	46	95	25	M24	18.5	451
8050	500	4.1	40	22220	1300	950	740	90	170	80		380	460	135	46	95	25	M24	9.8	454
8063.1	630	6.0	50	22220	1300	950	740	90	170	80		380	460	135	46	95	25	M24	23.5	521
8063.2	630	12.0	80	22224	1300	950	740	110	210	110		440	530	155	46	116	28	M24	29.5	749
8063.3	630	20	100	22228	1300	950	750	130	250	120		480	570	170	63	137	32	M30	32	932
8080.1	800	7	50	22220	1300	950	740	90	170	80		380	460	135	46	95	25	M24	25	618
8080.2	800	12	80	22224	1300	950	740	110	210	110		440	530	155	46	116	28	M24	58	868

续上表

代号	D(mm)	许用扭矩 (kN·m)	许用合力 (kN)	轴承型号	主要尺寸(mm)														转动惯量 (kg·m²)	质量 (kg)
					A	L	L_2	d	K	M	N	Q	P	H	h	h_1	b	d_0		
8080.3	800	20	110	22228	1300	950	750	130	250	120		480	570	170	63	137	32	M30	66.3	1055
8080.4	800	32	160	22232	1400	950	800	150	250	200	105	520	640	200	60	158	36	M30	67.5	1255
80100	1000	40	240	22236	1400	950	870	170	300	220	120	570	700	220	70	179	40	M30	132.7	1770
80125	1250	52	360	23240	1500	950	870	190	350	225	140	640	780	240	75	200	45	M30	313	2884
10063.1	630	6	40	22220	1500	1150	840	90	170	80		380	460	135	46	95	25	M24	26.5	585
10063.2	630	12	73	22224	1500	1150	840	110	210	110		440	530	155	46	116	28	M24	38.3	823
10080.1	800	12	73	22224	1500	1150	840	110	210	110		440	530	155	46	116	28	M24	78.8	962
10080.2	800	20	110	22228	1500	1150	850	130	250	120		480	570	170	63	137	32	M30	80.3	1165
10080.3	800	27	160	22232	1600	1150	900	150	250	200	105	520	640	200	60	158	36	M30	81.8	1375
10080.4	800	40	190	22236	1600	1150	910	170	300	220	120	570	700	220	70	179	40	M30	83.3	1693
100100.1	1000	12	80	22224	1500	1150	840	110	210	110		440	530	155	46	116	28	M24	164.8	1176
100100.2	1000	20	110	22228	1500	1150	850	130	250	120		480	570	170	63	137	32	M30	166.8	1341
100100.3	1000	27	170	22232	1600	1150	900	150	250	200	105	520	640	200	65	158	36	M30	168.3	1607
100100.4	1000	40	210	22236	1600	1150	910	170	300	220	120	570	700	220	70	179	40	M30	170	1922
100100.5	1000	52	330	23240	1650	1150	875	190	350	255	140	640	780	240	75	200	45	M30	215.3	2683
100125	1250	52	450	23244	1650	1150	1000	200	350	270	140	720	880	270	80	210	45	M36	410.7	3500
100140	1400	66	560	23248	1650	1150	1000	220	350	300	150	750	900	290	90	231	50	M36	736	4233
12063.1	630	12	52	22224	1750	1400	975	110	210	110		440	530	155	46	116	28	M24	46.5	924
12063.2	630	20	85	22228	1750	1400	975	130	250	120		480	570	170	63	137	32	M30	47.3	1141
12080.1	800	12	80	22224	1750	1400	975	110	210	110		440	530	155	46	116	28	M24	96	1026
12080.2	800	20	110	22228	1750	1400	975	130	250	120		480	570	170	63	137	32	M30	97.8	1247
12080.3	800	27	140	22232	1850	1400	1025	150	250	200	105	520	640	200	65	158	36	M30	99.5	1467

续上表

代号	D(mm)	许用扭矩（kN·m）	许用合力（kN）	轴承型号	主要尺寸(mm)														转动惯量（kg·m^2）	质量（kg）
					A	L	L_2	d	K	M	N	Q	P	H	h	h_1	b	d_0		
12080.4	800	40	180	22236	1850	1400	1035	170	300	220	120	570	700	220	70	179	40	M30	101.3	1868
12080.5	800	52	230	23240	1900	1400	1100	190	350	240	140	640	780	240	75	200	45	M30	118.3	2517
120100.1	1000	12	80	22224	1750	1400	975	110	210	110		440	530	155	46	116	28	M24	200	1259
120100.2	1000	20	110	22228	1750	1400	975	130	250	120		480	570	170	63	137	32	M30	202.5	1430
120100.3	1000	27	160	22232	1850	1400	1025	150	250	200	105	520	640	200	65	158	36	M30	204.8	1710
120100.4	1000	40	210	22236	1850	1400	1035	170	300	220	120	570	700	220	70	179	40	M30	207	2055
120100.5	1000	52	290	23240	1900	1400	1100	190	350	255	140	640	780	240	75	200	45	M30	262	2911
120100.6	1000	66	330	23244	1900	1400	1100	200	350	270	140	720	880	270	80	210	45	M36	283	3311
120125.1	1250	40	420	23248	1900	1400	1150	220	350	300	150	750	900	290	90	231	50	M36	444	4265
120125.2	1250	66	560	24152	1900	1400	1150	240	350	320	170	750	900	290	90	252	56	M36	560	4569
120140	1400	80	650	24156	1900	1400	1150	260	350	320	170	840	1000	310	100	272	56	M36	855	5390
14080.1	800	20	100	22228	2050	1600	1125	130	250	120		480	570	170	63	137	32	M30	111.8	1359
14080.2	800	27	130	22232	2050	1600	1125	150	250	200	105	520	640	200	65	158	36	M30	113.8	1614
14080.3	800	40	170	22236	2050	1600	1135	170	300	220	120	570	700	220	70	179	40	M30	115.8	1942
14080.4	800	52	210	23240	2100	1600	1200	190	350	255	140	640	780	240	75	200	45	M30	135.3	2673
140100.1	1000	20	100	22228	2050	1600	1125	130	250	120		480	570	170	63	137	32	M30	202.5	1560
140100.2	1000	27	160	22232	2050	1600	1125	150	250	200	105	520	640	200	60	158	36	M30	204.8	1832
140100.3	1000	40	210	22236	2050	1600	1135	170	300	220	120	570	700	220	70	179	40	M30	236.5	2199
140100.4	1000	52	260	23240	2100	1600	1200	190	350	255	140	640	780	240	75	200	45	M30	299.5	3098
140100.5	1000	66	300	23244	2100	1600	1200	200	350	270	140	720	880	270	80	210	45	M36	300	3516
140125.1	1250	40	300	23248	2100	1600	1250	220	350	300	150	750	900	290	90	231	50	M36	541	4515
140125.2	1250	66	560	24152	2100	1600	1250	240	350	320	170	750	900	290	90	252	56	M36	592	4793
140140	1400	80	900	24060	2100	1600	1250	280	350	320	170	940	1150	330	100	272	63	M36	940	6546

附表 2

改 向 滚 筒

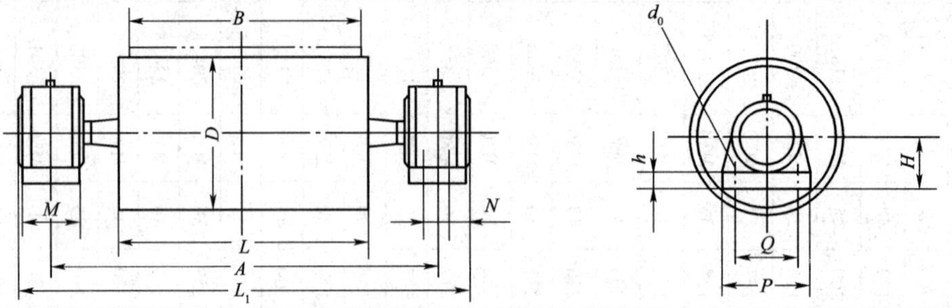

B (mm)	D (mm)	许用合力 (kN)	轴承型号	主要尺寸(mm)										光面		胶面	
				A	L	L_1	Q	P	H	h	M	N	d_0	转动惯量 ($kg \cdot m^2$)	质量 (kg)	转动惯量 ($kg \cdot m^2$)	质量 (kg)
500	250	9	22210	850	600	945	260	320	90	33	70		M16	0.5	102		
	315	10												1.3	116		
	400	10												3	135	3.5	147
		23	22212	850	600	953	280	340	100	33	70		M16	3	166	3.5	177
	500	28	22212											5	187	6	201
		49	22216			959	350	410	120	33			M20	5	245	6	260
650	250	8	22210	1000	750	1095	260	320	90	33	70		M16	0.8	117		
	315	8												1.5	133		
		16	22212			1103	280	340	100	33	70		M16	1.8	166		
		26	22216			1109	350	410	120	33	70		M20	2	227		
	400	20	22212	1000	750	1103	280	340	100	33	70		M16	3	189	3.5	203
		32	22216			1109	350	410	120	33	70		M20	3.3	251	3.8	265
		46	22220			1129	380	460	135	46	80		M24	3.5	332	4	346
	500	40	22216	1000	750	1109	350	410	120	33	70		M20	6.5	278	7.8	296
		59	22220			1129	380	460	135	46	80		M24	6.5	368	7.8	386
	630	59	22220	1000	750	1129	380	460	135	46	80		M24	16.3	422	18.5	440
		70	22224	1050		1189	440	530	155	46	110		M24	20.3	613	21.3	640
800	250	6	22210	1250	950	1345	260	320	90	33	70		M16	0.8	136		
	315	12	22212			1353	280	340	100					1.5	200		
		20	22216			1359	350	410	120				M20	1.8	260		
	400	20	22216										M20	4.5	288	4.8	306
		29	22220	1300		1429	380	460	135	46	80		M24	4.8	360	5	487
		45	22224			1439	440	530	155		110			5.5	509	6.3	527
	500	40	22220	1300	950	1429	380	460	135	46	80		M24	7.8	412	9.8	434
		56	22224			1439	440	530	155	46	110		M24	7.8	560	9.3	582
	630	50	22220	1300	950	1429	380	460	135	46	80		M24	19.5	472	23.5	560
		73	22224			1439	440	530	155	46	110		M24	24.3	690	49.5	719
		100	22228			1449	480	570	170	63	120		M30	27.8	855	30.8	883
		170	22232	1400	950	1600	520	640	200	60	200	105	M30	30	1080	33	1108

续上表

B (mm)	D (mm)	许用合力 (kN)	轴承型号	主要尺寸(mm)										光面		胶面	
				A	L	L_1	Q	P	H	h	M	N	d_0	转动惯量 (kg·m²)	质量 (kg)	转动惯量 (kg·m²)	质量 (kg)
800	800	90	22224	1300	950	1439	440	530	155	46	110		M24	49.8	780	57.3	823
		126	22228	1300		1449	480	570	170	63	120		M30	54.8	942	61.8	976
		170	22232	1400		1600	520	640	200	65	120	105		60.5	1200	67.5	1243
		250	22236	1400		1620	570	700	220	70	220	120		61.8	1469	68.8	1533
	1000	240	22232	1400	950	1600	520	640	200	65	200	105	M30	125.3	1413	140	1487
		330	22236	1400	950	1620	570	700	220	70	220	120	M30	126.5	1675	140.3	1755
		400	23240	1400	950	1655	640	780	240	75	255	140	M30	285.8	2397	290.4	2643
	1250	400	23244	1400	950	1702	720	880	270	80	270	140	M36	365.4	3104	370.8	3174
1000	250	6	22210	1450	1150	1545	260	320	90	33	70		M16	1	156		
	315	11	22212			1553	280	340	100				M16	1.8	221		
		18	22216			1559	350	410	120				M20	2	296		
	400	18	22216	1450	1150	1559	350	410	120	33	70		M20	5	328	6	350
		29	22220	1500		1629	380	460	135	46	80		M24	5	427	6	445
		45	22224	1500	1150	1639	440	530	155	46	110		M24	7.3	567	8.3	589
	500	35	22220	1500	1150	1629	380	460	135	46	80		M24	8.5	472	9.8	500
		45	22224			1639	440	530	155	46	110		M24	9.5	624	11.3	652
		75	22228			1649	480	570	170	63	120		M30	11.5	804	13.3	831
	630	43	22220	1500	1150	1629	380	460	135	46	80		M24	23	546	26.5	567
		64	22224			1639	440	530	155	46	110		M24	29.8	753	33.3	797
		87	22228	1500	1150	1649	480	570	170	63	120		M30	32.5	940	36	975
		168	22232	1600	1150	1800	520	640	200	65	200	105	M30	34	1180	38.5	1214
	800	79	22224	1500	1150	1639	440	530	155	46	110		M24	58.3	864	67	916
		110	22228			1649	480	570	170	63	120		M30	64.3	1042	73	1094
		168	22232	1600	1150	1800	520	640	200	65	200	105	M30	73.3	1313	81.8	1365
		220	22236			1820	570	700	220	70	220	120	M30	74.8	1606	83.3	1659
	1000	130	22228	1500	1150	1649	480	570	170	63	120		M30	131.5	1214	150.8	1280
		200	22232	1600		1800	520	640	200	65	200	105	M30	151.5	1542	168.3	1607
		290	22236			1822	570	700	220	70	220	120	M30	153.3	1830	170	1885
		387	23240	1650		1930	640	780	240	75	255	140	M30	198.5	2440	215.3	2510
		429	23244			1952	720	880	270	80	270	140	M36	215.8	2818	232.5	2884
	1250	400	23244	1650	1150	1952	720	880	270	80	270	140	M36	410.5	3340	419.8	3425
	1400	600	23248	1650		1976	750	900	290	90	300	150	M36	556.3	3972	232.5	5684
1200	250	6	22210	1700	1400	1795	260	320	90	33	70		M16	1.3	181		
	315	11	22212			1803	280	340	100	33	70		M16	1.8	255		
		17	22216			1809	350	410	120	33	70		M20	2	341		
	400	17	22216	1700	1400	1809	350	410	120	33	70		M20	6	378	7	405
		26	22220	1750		1879	380	460	135	46	80		M24			7	556
		38	22224	1750	1400	1889	440	530	155	46	110		M24			10	659
	500	30	22220	1750	1400	1879	380	460	135	46	80		M24			16.3	572
		41	22224			1889	440	530	155	46	110		M24			13.8	731
		70	22228			1899	480	570	170	63	120		M30			21	925
	630	37	22220	1750	1400	1879	380	460	135	46	80		M24			32.3	659

续上表

B (mm)	D (mm)	许用合力 (kN)	轴承型号	主要尺寸(mm) A	L	L_1	Q	P	H	h	M	N	d_0	光面 转动惯量 ($kg\cdot m^2$)	光面 质量 (kg)	胶面 转动惯量 ($kg\cdot m^2$)	胶面 质量 (kg)
1200	630	53	22224	1750	1400	1889	440	530	155	46	110		M24			38	893
		90	22228			1899	480	570	170	63	120		M30			42.5	1090
		150	22232	1850	1400	2050	520	640	200	65	200	105	M30			46.8	1334
	800	64	22224	1750	1400	1889	440	530	155	46	110		M24			79.5	1032
		100	22228			1899	480	570	170	63	120		M30			87	1229
		150	22232	1850		2050	520	640	200	65	200	105	M30			99.5	1507
		200	22236			2070	570	700	220	70	220	120	M30			101.3	1824
		230	23240	1900		2180	640	780	240	75	255	140	M30			118.3	2309
	1000	134	22228	1750	1400	1899	480	570	170	63	120		M30			175.8	1438
		150	22232	1850		2050	520	640	200	65	200	105	M30			204.8	1770
		200	22236			2070	570	700	220	70	220	120	M30			207	2086
		351	23240	1900	1400	2180	640	780	240	75	255	140	M30			262	2711
		391	23244			2202	720	880	270	80	270	140	M36			283	3068
		437	23248			2226	750	900	290	90	300	150	M36			291	3622
	1250	400	23248	1900	1400	2226	750	900	290	90	300	150	M36			528	4173
		550	24152			2230	750	900	290	90	320	170	M36			564	4324
	1400	900	24060			2230	940	1150	330	100	320	170	M36			906	5983
1400	315	17	22216	1900	1400	2009	350	410	120	33	70		M20	2.3	356		
	400	17	22216	1900	1600	2009	350	410	120	33	70		M20	6.8	398	8	429
		25	22220	1950		2079	380	460	135	46	80		M24			8	560
		40	22224			2089	440	530	155	46	110		M24			11.5	729
	500	25	22220	1950	1600	2079	380	460	135	46	80		M24			18.5	629
		40	22224			2089	440	530	155	46	110		M24			15.8	809
		66	22228	2050		2199	480	570	170	63	120		M30			24	1009
	630	50	22224	1950	1600	2089	440	530	155	46	110		M24			42.8	971
		90	22228	2050	1600	2199	480	570	170	63	120		M30			48	1197
		120	22232			2250	520	640	200	65	200	105	M30			53.5	1439
	800	50	22224	1950	1600	2089	440	530	155	46	110		M24			89.3	1124
		94	22228	2050	1600	2199	480	570	170	63	120		M30			98.3	1350
		150	22232			2250	520	640	200	65	200	105	M30			113.8	1628
		186	22236			2270	570	700	220	70	220	120	M30			115.8	1970
		214	23240	2100		2380	640	780	240	75	240	140	M30			135.3	2253
	1000	100	22228	2050	1600	2199	480	570	170	63	120		M30			198	1580
		150	22232			2250	520	640	200	65	200	105	M30			234	1910
		236	22236			2270	570	700	220	70	220	120	M30			236.5	2253
		331	23240	2100		2380	640	780	240	75	255	140	M30			299.5	2820
		361	23244			2402	720	880	270	80	270	140	M36			300	3831
		400	23248			2426	750	900	290	90	300	150	M36			323.8	3748
		427	24152			2444	750	900	290	90	320	170	M36			375.5	4118
	1250	600	24156	2100	1600	2444	840	1000	310	100	320	170	M36			592	4519
		900	24060			2444	940	1150	330	100	320	170	M36			713	5828
	1400	900	24060			2444	940	1150	330	100	320	170	M36			990	6329

附表 3

Y-ZLY/ZSY(Y-DBY/DCY)驱动装置选择表

输送机代号	带速	减速机	传动滚筒			电动机功率(kW)																									
	v (m·s^{-1})	速比 i	D (mm)	许用扭矩 (kN·m)	许用功率 (kW)	1.1	1.5	2.2	3	4	5.5	7.5	11	15	18.5	22	30	37	45	55	75	90	110	132	160	185	200	220	250	280	315
						驱动装置组合号																									
5050	0.5	6P-50	500	2.7	5.3	301	302	303	304	305	306																				
	0.625	40			6.6	351	352	353	354	355	356																				
	0.8	4P-50			8.5	401	402	403	404	405	406	407																			
	1	40			10.6	451	452	453	454	455	456	457	458																		
	1.25	31.5			13.2		502	503	504	505	506	507	508	509																	
	1.6	25			16.9			553	554	555	556	557	558	559	560																
	2	20			21.2				604	605	606	607	608	609	610	611															
	2.5	16			26.4					655	656	657	658	659	660	661															
6550	0.5	6P-50	500	6.3	12.3	301	302	303	304	305	306	307	308																		
	0.625	40			15.4	351	352	353	354	355	356	357	358	359																	
	0.8	4P-50			19.8	401	402	403	404	405	406	407	408	409	410																
	1	40			24.7		452	453	454	455	456	457	458	459	460	461															
	1.25	31.5			30.9		502	503	504	505	506	507	508	509	510	511	512														
	1.6	25			39.5			553	554	555	556	557	558	559	560	561	562	563													
	2	20			49.4				604	605	606	607	608	609	610	611	612	613	614												
	2.5	16			61.7					655	656	657	658	659	660	661	662	663	664	665											
6563	0.625	6P-50	630	7.3	14.6			303	304	305	306	307	308	309																	
	0.8	40			18.2				354	355	356	357	358	359	360																
	1	4P-50			22.7					405	406	407	408	409	410	411															
	1.25	40			28.4						456	457	458	459	460	461	462														
	1.6	31.5			36.3							507	508	509	510	511	512	513													
	2	25			45.4								558	559	560	561	562	563	564												
	2.5	20			56.8									609	610	611	612	613	614	615											
8050	0.5	6P-50	500	4.1	8	301	302	303	304	305	306	307																			
	0.625	40			10	351	352	353	354	355	356	357																			
	0.8	4P-50			12.9	401	402	403	404	405	406	407	408																		
	1	40			16.1		452	453	454	455	456	457	458	459																	
	1.25	31.5			20.1			503	504	505	506	507	508	509	510																
	1.6	25			25.7				554	555	556	557	558	559	560	561															
	2	20			32.1					605	606	607	608	609	610	611	612														
	2.5	16			40.2						656	657	658	659	660	661	662	663													

续上表

输送机代号	带速 v (m·s⁻¹)	减速机速比 i	传动滚筒 D (mm)	许用扭矩 (kN·m)	许用功率 (kW)	电动机功率(kW) 1.1	1.5	2.2	3	4	5.5	7.5	11	15	18.5	22	30	37	45	55	75	90	110	132	160	185	200	220	250	280	315
						驱动装置组合号																									
8063	0.8	6P-40	630	20	49.7							357	358	359	360	361	362	363	364												
	1	4P-50			62.2								408	409	410	411	412	413	414	415											
	1.25	40			77.7								458	459	460	461	462	463	464	465	466										
	1.6	31.5			99.5									509	510	511	512	513	514	515	516	517									
	2	25			124.4										560	561	562	563	564	565	566	567	568	569							
	2.5	20			155.5											611	612	613	614	615	616	617	618	619	620						
	3.15	16			195.9												662	663	664	665	666	667	668	669	670	671	672				
8080	0.8	6P-50	800	32	62.7								308	309	310	311	312	313	314	315											
	1	40			78.3								358	359	360	361	362	363	364	365	366	367									
	1.25	4P-50			97.9									409	410	411	412	413	414	415	416	417	418								
	1.6	40			125.4										460	461	462	463	464	465	466	467	468	469							
	2	31.5			156.7											511	512	513	514	515	516	517	518	519	520						
	2.5	25			195.9												562	563	564	565	566	567	568	569	570	571	572				
	3.15	20			246.8													613	614	615	616	617	618	619	620	621	622	623	624		
80100	1	6P-50	1000	40	78.4														314	315	316	317									
	1.25	40			97.9															365	366	367	368								
	1.6	4P-50			125.4																416	417	418	419							
	2	40			156.7																	467	468	469	470						
	2.5	31.5			195.9																		518	519	520	521	522				
	3.15	25			246.8																			569	570	571	572	573	574		
	4	20			313.4																				620	621	622	623	624	625	626
80125	1.25	6P-50	1250	52	101.9															315	316	317	318								
	1.6	40			130.4																366	367	368	369							
	2	4P-50			163																	417	418	419	420						
	2.5	40			203.7																		468	469	470	471	472				
	3.15	31.5			256.7																			519	520	521	522	523	524		
	4	25			326																				570	571	572	573	574	575	576
	5	20			407.4																									625	626
10063	0.8	6P-40	630	12	29.9		352	353	354	355	356	357	358	359	360	361	362														
	1	4P-50			37.3			403	404	405	406	407	408	409	410	411	412	413													
	1.25	40			46.6				454	455	456	457	458	459	460	461	462	463	464												
	1.6	31.5			59.7					505	506	507	508	509	510	511	512	513	514	515											
	2	25			74.6						556	557	558	559	560	561	562	563	564	565	566										
	2.5	20			93.3							607	608	609	610	611	612	613	614	615	616	617									
	3.15	16			117.5								658	659	660	661	662	663	664	665	666	667	668	669							
	4	12.5			149.2														714	715	716	717	718	719	720						

续上表

输送机代号	带速 v $(m \cdot s^{-1})$	减速机速比 i	传动滚筒 D (mm)	传动滚筒 许用扭矩 (kN·m)	传动滚筒 许用功率 (kW)	电动机功率(kW) 1.1	1.5	2.2	3	4	5.5	7.5	11	15	18.5	22	30	37	45	55	75	90	110	132	160	185	200	220	250	280	315
						驱动装置组合号																									
10080	0.8	6P-50	800	40	78.4								308	309	310	311	312	313	314	315	316	317									
	1	40			97.9									359	360	361	362	363	364	365	366	367	368								
	1.25	4P-50			122.4										410	411	412	413	414	415	416	417	418	419							
	1.6	40			156.7											461	462	463	464	465	466	467	468	469	470						
	2	31.5			195.9												512	513	514	515	516	517	518	519	520	521	522				
	2.5	25			244.8													563	564	565	566	567	568	569	570	571	572	573	574		
	3.15	20			308.5														614	615	616	617	618	619	620	621	622	623	624	625	626
	4	16			391.8															665	666	667	668	669	670	671	672	673	674	675	576
100100	1	6P-50	100	52	101.9											311	312	313	314	315	316	317	318								
	1.25	40			127.3												362	363	364	365	366	367	368	369							
	1.6	4P-50			163													413	414	415	416	417	418	419	420	421					
	2	40			203.7														464	465	466	467	468	469	470	471	472	473			
	2.5	31.5			254.7															515	516	517	518	519	520	521	522	523	524	525	
	3.15	25			320.9																566	567	568	569	570	571	572	573	574	575	576
	4	20			407.4																616	617	618	619	620	621	622	623	624	625	626
100125	1.25	6P-50	1250	52	101.9															315	316	317									
	1.6	40			130.4																366	367	368	369							
	2	4P-50			163																	417	418	419	420						
	2.5	40			203.7																		468	469	470	471	472				
	3.15	31.5			256.7																				520	521	522	523	524		
	4	25			326																					571	572	573	574	575	576
	5	20			407.4																								624	625	626
100140	1.6	6P-50	1400	60	147.8																		318	319							
	2	40			184.7																				370	371					
	2.5	4P-50			230.8																					421	422	423			
	3.15	40			290.9																							473	474	475	
	4	31.5			369.4																									525	526
	5	25			461.7																									575	576
12063	1	4P-50	630	20	62.2						406	407	408	409	410	411	412	413	414	415											
	1.25	40			77.8						456	457	458	459	460	461	462	463	464	465	466										
	1.6	31.5			99.5						506	507	508	509	510	511	512	513	514	515	516	517									
	2	25			124.4							557	558	559	560	561	562	563	564	565	566	567	568	569							
	2.5	20			155.5								608	609	610	611	612	613	614	615	616	617	618	619	620						
	3.15	16			195.9									659	660	661	662	663	664	665	666	667	668	669	670	671	672				
	4	12.5			248.7														714	715	716	717	718	719	720	721	722	723			
	5	10			310.9																										

续上表

输送机代号	带速 v $(m \cdot s^{-1})$	减速机速比 i	传动滚筒			电动机功率(kW)																									
			D (mm)	许用扭矩 (kN·m)	许用功率 (kW)	1.1	1.5	2.2	3	4	5.5	7.5	11	15	18.5	22	30	37	45	55	75	90	110	132	160	185	200	220	250	280	315
						驱动装置组合号																									
12080	1	6P-50	800	52	127.3									359	360	361	362	363	364	365	366	367	368	369							
	1.25	4P-50			159.2											411	412	413	414	415	416	417	418	419	420	421					
	1.6	40			203.7												462	463	464	465	466	467	468	469	470	471	472	473			
	2	31.5			254.7													513	514	515	516	517	518	519	520	521	522	523	524	525	
	2.5	25			318.3														564	565	566	567	568	569	570	571	572	573	574	575	576
	3.15	20			401.1															615	616	617	618	619	620	621	622	623	624	625	626
	4	16			509.3																666	667	668	669	670	671	672	673	674	675	676
	5	12.5			636.6																716	717	718	719	720	721	722	723	724	725	726
120100	1	6P-50	1000	66	129.3											311	312	313	314	315	316	317	318	319							
	1.25	40			161.6												362	363	364	365	366	367	368	369	370	371					
	1.6	4P-50			206.9												412	413	414	415	416	417	418	419	420	421	422	423			
	2	40			258.6													463	464	465	466	467	468	469	470	471	472	473	474	475	
	2.5	31.5			323.2															515	516	517	518	519	520	521	522	523	524	525	526
	3.15	25			407.2																566	567	568	569	570	571	572	573	574	575	576
	4	20			517.1																616	617	618	619	620	621	622	623	624	625	626
	5	16			646.4																666	667	668	669	670	671	672	673	674	675	676
120125	1.25	6P-50	1250	66	128.1															315	316	317	318	319							
	1.6	40			165.5																366	367	368	369	370						
	2	4P-50			206.9																	417	418	419	420	421	422				
	2.5	40			258.5																	467	468	469	470	471	472	473	474		
	3.15	31.5			325.8																				520	521	522	523	524	525	526
	4	25			413.8																						572	573	574	575	576
	5	20			517.1																								624	625	626
120140	1.6	6P-50	1400	80	179.2																		318	319	320	321					
	2	40			223.9																				370	371	372	373			
	2.5	4P-50			279.8																						422	423	424	425	
	3.15	40			352.6																								474	475	476
	4	31.5			447.8																									525	526
	5	25			559.6																										576
14080	1	6P-40	800	52	127.3									359	360	361	362	363	364	365	366	367	368	369							
	1.25	4P-50			159.1										410	411	412	413	414	415	416	417	418	419	420						
	1.6	40			203.7										460	461	462	463	464	465	466	467	468	469	470	471	472	473			
	2	31.5			254.7											511	512	513	514	515	516	517	518	519	520	521	522	523	524		
	2.5	25			318.3													563	564	565	566	567	568	569	570	571	572	573	574	575	576
	3.15	20			401.1														614	615	616	617	618	619	620	621	622	623	624	625	626
	4	16			509.3															665	666	667	668	669	670	671	672	673	674	675	676

输送机代号	带速 v $(m \cdot s^{-1})$	减速机速比 i	传动滚筒 D (mm)	传动滚筒 许用扭矩 (kN·m)	传动滚筒 许用功率 (kW)	电动机功率(kW) 1.1	1.5	2.2	3	4	5.5	7.5	11	15	18.5	22	30	37	45	55	75	90	110	132	160	185	200	220	250	280	315
						驱动装置组合号																									
14080	5	12.5	800	52	636.6																716	717	718	719	720	721	722	723	724	725	726
140100	1	6P-50	1000	66	129.3											311	312	313	314	315	316	317	318	319							
	1.25	40			161.6												362	363	364	365	366	367	368	369	370						
	1.6	4P-50			206.9													413	414	415	416	417	418	419	420	421	422	423			
	2	40			258.6														464	465	466	467	468	469	470	471	472	473	474	475	
	2.5	31.5			323.2															515	516	517	518	519	520	521	522	523	524	525	526
	3.15	25			407.2																566	567	568	569	570	571	572	573	574	575	576
	4	20			517.1																616	617	618	619	620	621	622	623	624	625	626
	5	16			646.4																666	667	668	669	670	671	672	673	674	675	676
140125	1.25	6P-50	1250	66	128.1														314	315	316	317	318	319							
	1.6	40			165.5															365	366	367	368	369	370						
	2	4P-50			206.9																416	417	418	419	420	421	422				
	2.5	40			258.5																	467	468	469	470	471	472	473	474		
	3.15	31.5			325.8																			519	520	521	522	523	524	525	526
	4	25			413.8																						572	573	574	575	576
	5	20			517.1																								624	625	626
140140	1.6	6P-50	1400	80	179.2																		318	319	320	321					
	2	40			223.9																				370	371	372	373			
	2.5	4P-50			279.8																					421	422	423	424	425	
	3.15	40			325.6																							473	474	475	476
	4	31.5			447.8																									525	526
	5	25			559.6																										576

附表 4

Y-ZLY/ZSY 驱动装置组合表

Q 401 — 4 N Z

- Z —— ZLY/ZSY 减速器
- N —— 带逆止器（带制动器为 Z, 无 Z、N 表示不带制动器，也不带逆止器）
- 4 —— 第 4 种装配型式
- 401 —— 驱动装置组合号
- Q —— 驱动装置代码

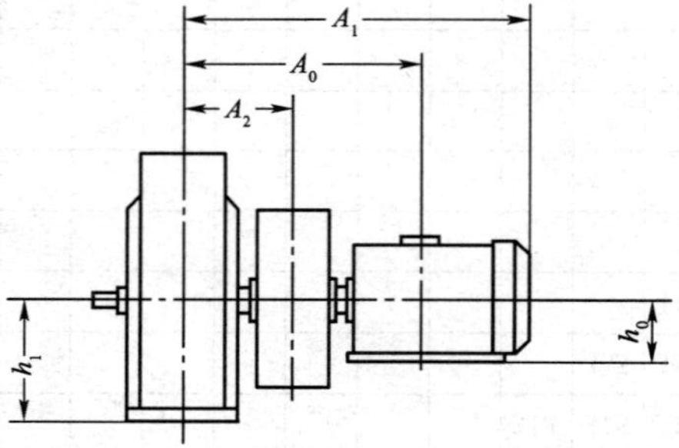

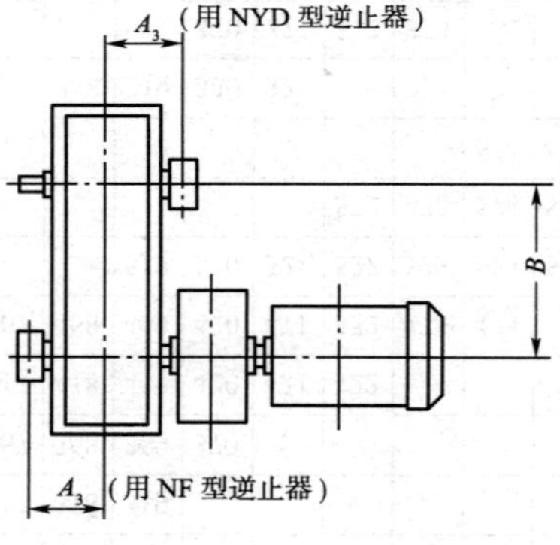

组合号	装配型式代号	电动机规格型号功率（kW）	高速轴联轴器（或耦合器）规格型号	制动器规格型号	逆止器规格型号	减速器规格型号	联轴器或耦合器护罩	装配尺寸(mm) A_0	A_1	A_2	A_3	B	h_0	h_1	驱动装置 总质量（kg）	代号	驱动装置架图号
301	1	Y90L-6 1.1	ML2 $\frac{24\times52}{J24\times38}$MT2b			ZSY160-50	MF14	375.5	542		256	352	90	180	202	Q301-1Z	JQ301-Z
	2															Q301-2Z	
	3				NFA10										233	Q301-3NZ	JQ301N-Z
	4															Q301-4NZ	
	5		MLL4-1-160 $\frac{28\times62}{J24\times44}$MT4b	YW160				399.5	566	192					229	Q301-5ZZ	JQ301Z-Z
	6															Q301-6ZZ	

续上表

组合号	装配型式代号	电动机规格型号功率（kW）	高速轴联轴器（或耦合器）规格型号	制动器规格型号	逆止器规格型号	减速器规格型号	联轴器或耦合器护罩	装配尺寸（mm）							驱动装置		驱动装置架图号
								A_0	A_1	A_2	A_3	B	h_0	h_1	总质量（kg）	代号	
302	1	Y100L-6 1.5	ML2 $\frac{28\times62}{J24\times38}$MT2b			ZSY160-50	MF14	400.5	587.5		256	352	100	180	207	Q302-1Z	JQ302-Z
	2															Q302-2Z	
	3				NFA10										238	Q302-3NZ	JQ302N-Z
	4															Q302-4NZ	
	5		MLL4-1-160 $\frac{28\times62}{J24\times44}$MT4b	YW160				414	601	192					234	Q302-5ZZ	JQ302Z-Z
	6															Q302-6ZZ	
303	1	Y112M-6 2.2	ML2 $\frac{28\times62}{J24\times38}$MT2b			ZSY160-50	MF14	407.5	607.5		256	352	112	180	220	Q303-1Z	JQ303-Z
	2															Q303-2Z	
	3				NFA10										251	Q303-3NZ	JQ303N-Z
	4															Q303-4NZ	
	5		MLL4-1-160 $\frac{28\times62}{J24\times44}$MT4b	YW160				421	621	192					247	Q303-5ZZ	JQ303Z-Z
	6															Q303-6ZZ	
304	1	Y132S-6 3.0	ML3 $\frac{38\times82}{J28\times44}$MT3b			ZSY180-50	MF14	472	708		271	395	132	200	277	Q304-1Z	JQ304-Z
	2															Q304-2Z	
	3				NFA10										308	Q304-3NZ	JQ304N-Z
	4															Q304-4NZ	
	5		MLL4-1-160 $\frac{28\times82}{J28\times44}$MT4b	YW160				475	711	207					302	Q304-5ZZ	JQ304Z-Z
	6															Q304-6ZZ	
305	1	$Y132M_1$-6 4	ML3 $\frac{38\times82}{J28\times44}$MT3b			ZSY180-50	MF18	491	748		271	395	132	200	387	Q305-1Z	JQ305-Z
	2															Q305-2Z	
	3				NFA10										318	Q305-3NZ	JQ305N-Z
	4															Q305-4NZ	
	5		MLL4-1-160 $\frac{38\times82}{J28\times44}$MT4b	YW160				494	751	207					312	Q305-5ZZ	JQ305Z-Z
	6															Q305-6ZZ	

续上表

组合号	装配型式代号	电动机规格型号功率(kW)	高速轴联轴器(或耦合器)规格型号	制动器规格型号	逆止器规格型号	减速器规格型号	联轴器或耦合器护罩	装配尺寸(mm) A_0	A_1	A_2	A_3	B	h_0	h_1	驱动装置 总质量(kg)	驱动装置 代号	驱动装置架图号
306	1	$Y132M_2$-6 5.5	ML4 $\frac{38\times82}{J32\times60}$MT4b			ZSY200-50	MF21	529	786		286	440	132	255	379	Q306-1Z	JQ306-Z
	2															Q306-2Z	
	3				NFA10										410	Q306-3NZ	JQ306N-Z
	4															Q306-4NZ	
	5		MLL4-1-160 $\frac{38\times82}{J32\times60}$MT4b	YW160				529	786	242					401	Q306-5ZZ	JQ306Z-Z
	6															Q306-6ZZ	
307	1	Y160M-6 7.5	ML4 $\frac{42\times112}{J38\times60}$MT4b			ZSY224-50	MF25	609	886		31	496	160	250	527	Q307-1Z	JQ307-Z
	2															Q307-2Z	
	3				NFA10										558	Q307-3NZ	JQ307N-Z
	4															Q307-4NZ	
	5		MLL4-1-160 $\frac{42\times112}{J38\times60}$MT4b	YW160				609	886	257					548	Q307-5ZZ	JQ307Z-Z
	6															Q307-6ZZ	
308	1	Y160L-6 11	ML4 $\frac{42\times112}{J38\times60}$MT4b			ZSY224-50	MF25	631	931		304	496	160	250	552	Q308-1Z	JQ308-Z
	2															Q308-2Z	
	3				NFA16										587	Q308-3NZ	JQ308N-Z
	4															Q308-4NZ	
	5		MLL4-1-160 $\frac{42\times112}{J38\times60}$MT4b	YW160				631	931	257					573	Q308-5ZZ	JQ308Z-Z
	6															Q308-6ZZ	
309	1	Y180L-6 15	ML5 $\frac{48\times112}{J42\times84}$MT5b			ZSY250-50	MF29	717.5	1057		329	555	180	280	739	Q309-1Z	JQ309-Z
	2															Q309-2Z	
	3				NFA16										774	Q309-3NZ	JQ309N-Z
	4															Q309-4NZ	
	5		MLL5-1-200 $\frac{48\times112}{J42\times84}$MT5b	YWZ_5-200/30				717.5	1057	312					772	Q309-5ZZ	JQ309Z-Z
	6															Q309-6ZZ	

续上表

组合号	装配型式代号	电动机规格型号功率(kW)	高速轴联轴器(或耦合器)规格型号	制动器规格型号	逆止器规格型号	减速器规格型号	联轴器或耦合器护罩	装配尺寸(mm)							驱动装置		驱动装置架图号
								A_0	A_1	A_2	A_3	B	h_0	h_1	总质量(kg)	代号	
310	1	$Y200L_1$-6 18.5	ML6 $\frac{55\times112}{J48\times84}$MT6b			ZSY280-50	MF32	773.5	1153		354	620	200	315	1002	Q310-1Z	JQ310-Z
	2															Q310-2Z	
	3				NFA16										1037	Q310-3NZ	JQ310N-Z
	4															Q310-4NZ	
	5		MLL6-1-200 $\frac{55\times112}{J48\times84}$MT6b	YWZ_5-200/30				773.5	1153	337					1034	Q310-5ZZ	JQ310Z-Z
	6															Q310-6ZZ	
311	1	$Y200L_2$-6 22	ML6 $\frac{55\times112}{J48\times84}$MT6b			ZSY280-50	MF32	773.5	1153		354	620	200	315	1027	Q311-1Z	JQ310-Z
	2															Q311-2Z	
	3				NFA16										1062	Q311-3NZ	JQ310N-Z
	4															Q311-4NZ	
	5		MLL6-1-200 $\frac{55\times112}{J48\times84}$MT6b	YWZ_5-200/30				773.5	1153	337					1059	Q311-5ZZ	JQ310Z-Z
	6															Q311-6ZZ	
312	1	Y225M-6 30	ML7 $\frac{60\times142}{J48\times84}$MT7b			ZSY315-50	MF34	854.5	1255		384	699	225	355	1265	Q312-1Z	JQ312-Z
	2															Q312-2Z	
	3				NFA25										1309	Q312-3NZ	JQ312N-Z
	4															Q312-4NZ	
	5		MLL7-1-250 $\frac{60\times142}{J48\times84}$MT7b	YWZ_5-250/30				854.5	1255	367					1312	Q312-5ZZ	JQ312Z-Z
	6															Q312-6ZZ	
313	1	Y250M-6 37	ML7 $\frac{65\times142}{J48\times84}$MT7b			ZSY355-50	MF35	912.5	1360		410	785	250	400	1824	Q313-1Z	JQ313-Z
	2															Q313-2Z	
	3				NFA40										1879	Q313-3NZ	JQ313N-Z
	4															Q313-4NZ	
	5		MLL7-1-250 $\frac{65\times142}{J48\times84}$MT7b	YWZ_5-250/30				912.5	1360	387					1870	Q313-5ZZ	JQ313Z-Z
	6															Q313-6ZZ	

续上表

组合号	装配型式代号	电动机规格型号功率（kW）	高速轴联轴器（或耦合器）规格型号	制动器规格型号	逆止器规格型号	减速器规格型号	联轴器或耦合器护罩	装配尺寸（mm） A_0	A_1	A_2	A_3	B	h_0	h_1	驱动装置 总质量（kg）	代号	驱动装置架图号
314	1	Y280S-6 45	YOX_F500 （YOX II 500）			ZSY400-50	YF57	1259 （1114）	1745 （1600）		465	880	280	450	2599 （2604）	Q314-1Z	JQ314-Z
	2															Q314-2Z	
	3				NYD250										3274 （3279）	Q314-3NZ	JQ314N-Z
	4															Q314-4NZ	
	5		$YOX_{FZ}500$ （YOX II_Z 500）	YWZ_5-400/80			YF57	1259 （1343）	1745 （1829）	415					2721 （2750）	Q314-5ZZ	JQ314Z-Z
	6															Q314-6ZZ	
315	1	Y280M-6 55	YOX_F560 （YOX II 560）			ZSY400-50	YF61	1354.5 （1193.5）	1865 （1704）		465	880	280	450	2692 （2714）	Q315-1Z	JQ315-Z
	2															Q315-2Z	
	3				NYD250										3365 （3389）	Q315-3NZ	JQ315N-Z
	4															Q315-4NZ	
	5		$YOX_{FZ}560$ （YOX II_Z 560）	YWZ_5-400/121			YF61	1354.5 （1440.5）	1865 （1951）	415					2827 （2874）	Q315-5ZZ	JQ315Z-Z
	6															Q315-6ZZ	

附表 5

Y-DBY/DCY 驱动装置组合表

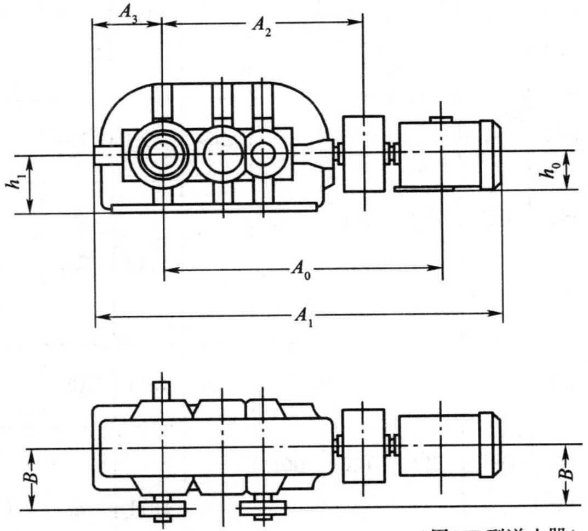

（用 NYD 型逆止器）　　（用 NF 型逆止器）

Q 504 — 6 Z D

- D：DBY/DCY 减速器
- Z：带制动器（带逆止器为 N，无 N、Z 表示不带逆止器也不带制动器）
- 6：第 6 种装配型式
- 504：驱动装置组合号
- Q：驱动装置代码

组合号	装配型式代号	电动机规格型号功率（kW）	高速轴联轴器（或耦合器）规格型号	制动器规格型号	逆止器规格型号	减速器规格型号	联轴器或耦合器护罩	装配尺寸（mm） A_0	A_1	A_2	A_3	B	h_0	h_1	驱动装置 总质量（kg）	驱动装置 代号	驱动装置架图号
301	1	Y90L-6 1.1	ML2 $\frac{24\times52}{25\times62}$MT2b			DCY160-50	MF14	765.5	1122		190	271	90	180	232	Q301-1D	JQ301-D
	2															Q301-2D	
	3				NFA10										263	Q301-3ND	JQ301N-D
	4															Q301-4ND	
	5		MLL4-1-160 $\frac{24\times62}{25\times62}$MT4b	YW160				779.5	1136	572					259	Q301-5ZD	JQ301Z-D
	6															Q301-6ZD	

续上表

组合号	装配型式代号	电动机规格型号功率（kW）	高速轴联轴器（或耦合器）规格型号	制动器规格型号	逆止器规格型号	减速器规格型号	联轴器或耦合器护罩	装配尺寸(mm) A_0	A_1	A_2	A_3	B	h_0	h_1	驱动装置 总质量（kg）	代号	驱动装置架图号
302	1	Y100L-6 1.5	ML2 $\frac{28\times62}{25\times62}$MT2b			DCY160-50	MF14	790	1167		190	271	100	180	237	Q302-1D	JQ302-D
	2															Q302-2D	
	3				NFA10										268	Q302-3ND	JQ302N-D
	4															Q302-4ND	
	5		MLL4-1-160 $\frac{28\times62}{25\times62}$MT4b	YW160				794	1171	572					264	Q302-5ZD	JQ302Z-D
	6															Q302-6ZD	
303	1	Y112M-6 2.2	ML2 $\frac{28\times62}{25\times62}$MT2b			DCY160-50	MF14	797	1187		190	271	112	180	250	Q303-1D	JQ303-D
	2															Q303-2D	
	3				NFA10										281	Q303-3ND	JQ303N-D
	4															Q303-4ND	
	5		MLL4-1-160 $\frac{28\times62}{25\times62}$MT4b	YW160				801	1191	572					277	Q303-5ZD	JQ303Z-D
	6															Q303-6ZD	
304	1	Y132S-6 3.0	ML3 $\frac{38\times82}{30\times82}$MT3b			DCY180-50	MF18	922	1373		215	286	132	200	327	Q304-1D	JQ304-D
	2															Q304-2D	
	3				NFA10										358	Q304-3ND	JQ304N-D
	4															Q304-4ND	
	5		MLL4-1-160 $\frac{38\times82}{30\times82}$MT4b	YW160				925	1376	627					352	Q304-5ZD	JQ304Z-D
	6															Q304-6ZD	
305	1	$Y132M_1$-6 4	ML3 $\frac{38\times82}{30\times82}$MT3b			DCY180-50	MF18	941	1413		215	286	132	200	337	Q305-1D	JQ305-D
	2															Q305-2D	
	3				NFA10										368	Q305-3ND	JQ305N-D
	4															Q305-4ND	
	5		MLL4-1-160 $\frac{38\times82}{30\times82}$MT4b	YW160				944	1416	657					362	Q305-5ZD	JQ305Z-D
	6															Q305-6ZD	

续上表

组合号	装配型式代号	电动机规格型号功率（kW）	高速轴联轴器（或耦合器）规格型号	制动器规格型号	逆止器规格型号	减速器规格型号	联轴器或耦合器护罩	装配尺寸（mm） A_0	A_1	A_2	A_3	B	h_0	h_1	驱动装置 总质量（kg）	代号	驱动装置架图号
306	1	Y132M2-6 5.5	ML4 $\frac{38\times82}{35\times82}$MT4b			DCY200-50	MF21	1009	1506		240	301	132	225	419	Q306-1D	JQ306-D
	2															Q306-2D	
	3				NFA10										450	Q306-3ND	JQ306N-D
	4															Q306-4ND	
	5		MLL4-1-160 $\frac{38\times82}{35\times82}$MT4b	YW160				1009	1506	722					441	Q306-5ZD	JQ306Z-D
	6															Q306-6ZD	
307	1	Y160M-6 7.5	ML4 $\frac{42\times112}{35\times82}$MT4b			DCY200-50	MF21	1074	1591		240	301	160	225	456	Q307-1D	JQ307-D
	2															Q307-2D	
	3				NFA10										487	Q307-3ND	JQ307N-D
	4															Q307-4ND	
	5		MLL4-1-160 $\frac{42\times112}{35\times82}$MT4b	YW160				1074	1591	722					478	Q307-5ZD	JQ307Z-D
	6															Q307-6ZD	
308	1	Y160L-6 11	ML4 $\frac{42\times112}{42\times112}$MT4b			DCY224-50	MF25	1211	1771		260	319	160	250	610	Q308-1D	JQ308-D
	2															Q308-2D	
	3				NFA16										645	Q308-3ND	JQ308N-D
	4															Q308-4ND	
	5		MLL4-1-160 $\frac{42\times112}{40\times112}$MT4b	YW160				1211	1771	837					631	Q308-5ZD	JQ308Z-D
	6															Q308-6ZD	
309	1	Y180L-6 15	ML5 $\frac{48\times112}{42\times112}$MT5b			DCY250-50	MF29	1332.5	1962		290	339	180	280	785	Q309-1D	JQ309-D
	2															Q309-2D	
	3				NFA16										820	Q309-3ND	JQ309N-D
	4															Q309-4ND	
	5		MLL5-1-200 $\frac{48\times112}{42\times112}$MT5b	YWZ_5-200/30				1332.5	1962	927					818	Q309-5ZD	JQ309Z-D
	6															Q309-6ZD	

续上表

组合号	装配型式代号	电动机规格型号功率(kW)	高速轴联轴器(或耦合器)规格型号	制动器规格型号	逆止器规格型号	减速器规格型号	联轴器或耦合器护罩	装配尺寸(mm) A_0	A_1	A_2	A_3	B	h_0	h_1	驱动装置 总质量(kg)	代号	驱动装置架图号
310	1	Y200L1-6 18.5	ML6 $\frac{55 \times 112}{50 \times 112}$ MT6b			DCY280-50	MF32	1453.5	2158		325	359	200	315	1089	Q310-1D	JQ310-D
	2															Q310-2D	
	3				NFA16										1124	Q310-3ND	JQ310N-D
	4															Q310-4ND	
	5		MLL6-1-200 $\frac{55 \times 112}{50 \times 112}$ MT6b	YWZ_5-200/30				1453.5	2158	1017					1121	Q310-5ZD	JQ310Z-D
	6															Q310-6ZD	
311	1	Y200L2-6 22	ML6 $\frac{55 \times 112}{50 \times 112}$ MT6b			DCY280-50	MF32	1453.5	2158		325	359	200	315	1114	Q311-1D	JQ310-D
	2															Q311-2D	
	3				NFA16										1149	Q311-3ND	JQ310N-D
	4															Q311-4ND	
	5		MLL6-1-200 $\frac{55 \times 112}{50 \times 112}$ MT6b	YWZ_5-200/30				1453.5	2158	1017					1146	Q311-5ZD	JQ310Z-D
	6															Q311-6ZD	
312	1	Y225M-6 30	ML7 $\frac{60 \times 142}{55 \times 112}$ MT7b			DCY315-50	MF34	1619.5	2375		355	389	225	355	1425	Q312-1D	JQ312-D
	2															Q312-2D	
	3				NFA25										1469	Q312-3ND	JQ312N-D
	4															Q312-4ND	
	5		MLL7-1-250 $\frac{60 \times 142}{55 \times 112}$ MT7b	YWZ_5-250/30				1619.5	2375	1132					1472	Q312-5ZD	JQ312Z-D
	6															Q312-6ZD	
313	1	Y250M-6 37	ML7 $\frac{65 \times 142}{60 \times 142}$ MT7b			DCY355-50	MF35	1807.5	2645		390	420	250	400	1974	Q313-1D	JQ313-D
	2															Q313-2D	
	3				NFA40										2029	Q313-3ND	JQ313N-D
	4															Q313-4ND	
	5		MLL7-1-250 $\frac{65 \times 142}{60 \times 142}$ MT7b	YWZ_5-250/30				1807.5	2645	1282					2020	Q313-5ZD	JQ313Z-D
	6															Q313-6ZD	

续上表

组合号	装配型式代号	电动机规格型号功率(kW)	高速轴联轴器(或耦合器)规格型号	制动器规格型号	逆止器规格型号	减速器规格型号	联轴器或耦合器护罩	装配尺寸(mm)							驱动装置		驱动装置架图号
								A_0	A_1	A_2	A_3	B	h_0	h_1	总质量(kg)	代号	
314	1	Y280S-6 45	YOX_F500 (YOX II 500)			DCY400-50	YF57	2229 (2084)	3135 (3010)		440	450	280	450	2616	Q314-1D	JQ314-D
	2														(2621)	Q314-2D	
	3				NYD250										3291	Q314-3ND	JQ314N-D
	4														(3296)	Q314-4ND	
	5		$YOX_{FZ}500$ (YOX II_Z 500)	YWZ_5- 400/80				2229 (2313)	3135 (3239)	1385					2738	Q314-5ZD	JQ314Z-D
	6														(2767)	Q314-6ZD	
315	1	Y280M-6 55	YOX_F560 (YOX II 560)			DCY400-50	YF61	2324.5 (2163.5)	3275 (3114)		440	450	280	450	2709	Q315-1D	JQ315-D
	2														(2731)	Q315-2D	
	3				NYD250										3384	Q315-3ND	JQ315N-D
	4														(3406)	Q315-4ND	
	5		$YOX_{FZ}560$ (YOX II_Z 560)	YWZ_5- 400/121				2324.5 (2410.5)	3275 (3361)	1385					2844	Q315-5ZD	JQ315Z-D
	6														(2891)	Q315-6ZD	

参 考 文 献

[1] 汪诚强. 港口输送机械与集装箱机械. 北京:人民交通出版社,2004.

[2] 北京起重运输机械研究所. DT Ⅱ(A)型带式输送机设计手册. 北京:冶金工业出版社,2003.

[3] 交通部水运司. 港口起重运输机械设计手册. 北京:人民交通出版社,2001.

[4] 王鹰. 连续输送机械设计手册. 北京:中国铁道出版社,2001.

[5] 运输机械设计选用手册编辑委员会. 运输机械设计选用手册. 北京:化学工业出版社,1999.

[6] 宋伟刚. 特种带式输送机设计. 北京:机械工业出版社,2007.

[7] 宋伟刚. 通用带式输送机设计. 北京:机械工业出版社,2006.

[8] 邵明亮,于国飞,耿华. 斗轮堆取料机. 北京:化学工业出版社,2006.

[9] 机械设备维修问答丛书编委会. 输送设备维修问答. 北京:机械工业出版社,2004.

[10] 蒋国仁. 岸边集装箱起重机. 武汉:湖北科学技术出版社,2000.

[11] 王鹰,杜群贵,韩刚,韩刚华. 环保型连续输送设备——圆管状带式输送机. 机械工程学报,2003(1).